भारतीय इतिहास जिसे आप देखना चाहते हैं

作者/梁捍江、韓夢澤

你一定想看的印度史

乾乾，把印度史一次給理清楚！

每個事件都與中國、世界歷史對照
一目瞭然，給記憶一個重要的位置

印度史

前言

揭開印度的神秘面紗

印度擁有五千年的燦爛文明。梁啟超在《二十世紀太平洋歌》中曾將印度與中國、埃及、小亞細亞（後來人們將「小亞細亞」改為兩河文明中的巴比倫），稱為地球上古文明四國。同樣，身處太平洋彼岸的美國人威廉・麥克高希在其編寫的《世界文明史》中，也將古代印度與巴比倫、古代中國、古希臘、古埃及合稱為「世界上的五大文明發源地」。古往今來，在眾多學者的考古發現和研究下，古老而又神秘的東方之國——印度，漸漸顯露出她的迷人面目。面對這樣的印度，世人該如何去解讀呢？國名、宗教、民族、地理環境——這四個元素或許能夠成為快速解讀她的「原始程式碼」。

國名

「印度」由英文「India」音譯而來，然而這個名字並不是印度人自己起的。西元前326年，古希臘馬其頓帝國的君主——亞歷山大大帝，征服了印度河流域，至此其侵略的腳步到達了最東邊，征服者將這片土地稱為

「印度」。西元18世紀，英國征服印度，將直接統治的地區稱為「英屬印度」，這一稱呼逐漸被印度人接受。一個世紀後，印度人民擺脫了殖民統治，但「印度」這一名稱卻被保留下來。

印度河在梵文（即古印度語，為印度雅利安語的早期名稱）中稱為「信度」（Sindhu），在亞歷山大東侵印度河流域之前，其一度為波斯帝國的行省。按照古代波斯人的讀音習慣，「信度」（Sindhu）中的「S」變成了「H」，於是「欣度」（Hidu）一詞出現在波斯古碑銘中。西元前4世紀，古希臘佔領者又按照自己的發音習慣，將「欣度」（Hidu）變為「印度伊」（indoi）。百年後，偉大的古希臘歷史學家希羅多德，在其著名的《歷史》一書中，將印度稱為「印度斯」，這一發音與今天「印度」已十分接近。

我國對印度最早的稱呼為「身毒」（見《史記・大宛傳》），後又稱為「天竺」（見《後漢書・西域傳》）。西元7世紀，玄奘西遊取經回國，撰寫了《大唐西域記》。在書中玄奘首次為「印度」正名，稱：「詳夫天竺之稱，異議糾紛，舊云身毒，或曰賢豆，今從正音，宜云印度。」既然「印度」這一名稱是由外國人起的，那在西元前4世紀以前，印度本土人怎樣稱呼自己呢？答案是「婆羅多」（Bharata）。這一名詞源自印度家喻戶曉的神話。相傳婆羅多是遠古時代一位偉大的君主、月神後裔，智勇蓋世，萬民敬仰，故以其名為國名。當時的婆羅多國居喜馬拉雅山下，處恆河中游，從國勢與版圖來看，皆強於整個南亞次大陸周圍諸國，於是次大陸的人們皆以婆羅多國人自稱。久而久之，次大陸成為婆羅多的土地，居民也成為婆羅多後裔。在史詩《摩訶婆羅多》和《毗濕奴往事書》中，南亞次大陸被稱為婆羅多伐娑，即婆羅多的領土之意。現代印度人仍不忘這一古稱，在印度憲法第一條中便寫明其國名原為婆羅多。

宗教

在印度，全民幾乎皆信教。宗教，不僅是我們瞭解印度的重要元素之一，也為這一東方國度蒙上了一層濃厚的神秘色彩。印度自古以來盛行各種宗教，婆羅門教、耆那教、佛教、印度教、錫克教等大的宗教皆起源於此。在教派林立的印度，居民們的宗教信仰變得極為複雜。而印度歷史上的每一重大轉折，也都與宗教改革脫不了干係。從西元前15世紀雅利安人進入印度創婆羅門教開始，至千年後為讓印度脫離英國的殖民統治，甘地發起的復興印度教運動，數世紀間發生的宗教改革，無不引發全國範圍的政治、經濟與文化的變易。可以說，印度宗教演變的軌跡與印度歷史的發展進程息息相關。

婆羅門教是最早在印度創立的宗教，由雅利安人創立。以婆羅門教為中心的印度，處於印度河流域與恆河流域。雅利安人最早創造了梵文，並將其用於宗教祭祀。同時，他們根據婆羅門教的教義，建立了嚴密的社會結構和階級制度。婆羅門教主張神權至上，因此代表教會的僧侶們，控制著各城邦的政治領袖，對祭祀、婚嫁、納稅、司法等事務握有直接干預權，成為當時社會真正的統治者。隨著社會的發展，越來越多的人開始對婆羅門僧侶的主宰權表示不滿。至西元前5世紀，在人們不滿情緒的催生下佛教與耆那教興起。

佛教與耆那教都宣導宗教改革，但改革方向卻截然不同。耆那教主張絕對苦修，把抑制情欲當作獲得精神解脫的唯一途徑，如此極端的修行方式，讓一大部分民眾無法接受。與之相反，佛教則採用了溫和的改革方式，其創始人喬達摩‧悉達多（釋迦牟尼）主張泛愛、眾生平等，反對殺牲獻祭，認為任何人只要能放下屠刀，皆可立地成佛。在這些佛教思想啟發下，長期受婆羅門教思想控制與階級壓迫的人們，為了擺脫畏懼之心，

釋放身心，開始信奉佛教。宗教界的轉變迎合了當時社會發展的需要，政治領袖們也從中獲得新的鼓舞。他們藉助佛教的影響力，顛覆了舊的統治，建立新的政權，不久，印度歷史上的第一個帝國——孔雀王朝在東方崛起。西元前3世紀，為孔雀王朝的黃金時代，當時的統治者阿育王獨崇佛教，在他統治時期，佛教取代了婆羅門教的地位。

阿育王死後，中央政權瓦解，戰事四起，人民深陷苦難之中。在這樣的環境下，新一輪的宗教改革再度興起。新的改革反對阿育王時期對佛教的獨崇，宣揚回歸遠古毫無拘束的浪漫情懷。與之前的宗教改革不同，新的轉變是長期的、溫和漸進的，沒有固定宣導者。這種將婆羅門教與佛教之精神融合在一起的新宗教，被稱為印度教，在一些學者眼裡，它被看作是婆羅門教的復辟。印度教恢復了婆羅門教通用的梵文，確定所崇拜的神為三神，即創造神、破壞神與保護神。這雖不及婆羅門教所拜三十六神之多，卻明顯與佛教獨崇一神有別。另外，印度教傳揚輪迴之說，重視殺牲獻祭、聖地巡禮、設立廟宇、崇拜偶像。從這些方面不難看出，印度教兼具婆羅門教和佛教之特徵，讓早先水火不容的兩個宗教得以相互調和。這一時期的社會氛圍祥和，印度歷史上第二個王朝——笈多王朝（也稱印度教王朝）也由此建立。雖然印度教王朝比不上佛教王朝長久，卻被稱為「文藝復興的黃金時代」。至此，印度教取代了佛教的地位。

西元8世紀，伊斯蘭教作為一支外來宗教，傳入印度次大陸，並逐漸取代印度教原有的主導地位。與印度本土宗教不同，伊斯蘭教不單單是一種宗教信仰的傳播，伴隨而來的是強大的軍事力量與政治管制。其所到之處，不僅要建立帝國，整個行政體系、社會結構、文教設施等都重新改變與規劃。雖然，在伊斯蘭教勢力全盛的八百年裡，印度教仍然存在，但中央政權的統治階層，皆由伊斯蘭教徒們掌控。

伊斯蘭教相信真主是唯一的全能創世主，宇宙間一切均由真主安排，世人須順應真主旨意，不能逃避現實、否定現實。與印度教、佛教較為溫和的處世態度不同，伊斯蘭教崇尚武德，不否定戰爭，宣揚衛道而戰可獲真理、入天國。伊斯蘭教崇尚清規戒律的團體生活，強調個人行善、仁愛，注重團結合作，互助禦外。由於伊斯蘭教的思想信仰、生活方式、語言文字及政教設施都與傳統的印度宗教極不相容，所以雙方經常發生衝突與戰爭。

西元15世紀，隨著西方通往東方新航路的發現，另一外來宗教──基督教登陸印度次大陸，依靠這面宗教旗幟，西方人開始了對印度的貿易殖民。首先到達的是善於航海的葡萄牙人，他們強制推行基督教，甚至不惜採取幾乎是暴力洗腦的傳教方式，雖遭遇頑強的反抗，最終還是取得了貿易據點，建立了教會和殖民圈。看到葡萄牙人在印度站穩腳跟後，西班牙、法國、英國等西方國家也相繼來印度分一杯羹。其中，英國於1600年在印度成立了大名鼎鼎的東印度公司，藉此掠奪了大量資源。此後兩百多年間，英國的野心日益膨脹，先後擊敗葡萄牙、西班牙以及法國，建立了英國殖民統治政權。1858年，印度徹底淪為英國殖民地。

為了站穩腳跟，英國統治者在這片殖民地引進了以基督教為中心的西方文明。他們大力宣揚基督教教義，建立教堂與教會，吸收教徒，對阻擋他們的伊斯蘭教勢力毫不手軟，大力剷除。當基督教進入印度後，凡是入教的人，自然信奉基督教的教義、教規、《聖經》及禮拜儀式等等，其所反映的生活方式與意識形態，都與原有印度人的生活方式和思想不同。正如後來印度國父甘地所說：滅亡、統治印度的，不是英國殖民者，而是西方文明以及基督教。

為了將印度從殖民牢籠中拯救出來，甘地率先站出來領導革命運動。

他從宗教著手，主張拋棄西方文明，復興印度文明。自幼受宗教薰陶的甘地，相信印度人民有服膺真理的宗教狂熱。信仰宗教，就是相信真理，相信神。而印度之大，英國統治之強，絕非以暴制暴就能勝利，在甘地看來，非暴力可以勝過暴力，愛永遠勝過恨。最終，在甘地的領導下，印度人民開展了非暴力不合作運動，並走向獨立之路。甘地，這位以身殉道的宗教家，死後被尊為國父，成為印度的象徵。

民族

印度是一個多民族的國家，較大的民族有13個。由於語言、宗教、風俗習慣等方面的差異，各民族間易產生摩擦與隔閡。尤其在遭遇外來侵略的時候，民族之間的矛盾往往會被激化，引起內部分裂，最終導致外族侵略者坐享漁翁之利。印度早期光輝燦爛的文化，由外來民族雅利安人創造。雖然在此之前印度河流域存在哈拉巴文化，卻未發現流傳下來的相關文字。唯一可以肯定的是，兩個民族之間的文化毫無相似之處。

西元前326年，繼雅利安人後，希臘人也藉亞歷山大東征的機會進駐印度。據希臘歷史學家考證，他們的足跡遍佈現在的旁遮普邦和西北邊省。前面提到過，希臘人初至印度河即以河名稱所到之地為印度。亞歷山大東征，促進了東西方之間的交流，雙方貿易往來更加頻繁，許多希臘人移民到了印度，其生活方式、風俗、語言文字由此傳入．同時西方也從東方汲取了不少文化養分。亞歷山大出兵印度，促使印度內部發生變故，孔雀王朝得以建立。

西元前2世紀，薩卡人（Sakas）遷移到印度。薩卡是當時生活在今伊朗高原北部大草原的游牧民族，曾在旁遮普、馬朵拉及凱西阿瓦建立小型王國。西元1世紀，中亞的另一民族大月氏遷徙入印。為了遷往東部山區，

大月氏部族一分為五，設五部翕侯統治。五部翕侯中最強大的一支是貴霜翕侯，最終建立了貴霜帝國，統治範圍也從印度西北擴展至南邊的拉巴達。大月氏的遷徙，對印度歷史影響是多方面的，其中之一是促成了絲綢之路的開闢。

西元5世紀至6世紀，來自中亞的匈奴人大舉入侵波斯和印度。這些匈奴人與西入歐洲的匈奴人稍有不同，他們皮膚比較白皙，有些像土耳其人，所以又被稱為白匈奴。而進入歐洲的匈奴人由於屬於黃色的蒙古種，故被稱為黃禍。白匈奴對北印度有極大的影響。現在的拉吉甫迷等地居民，即為白匈奴的後裔。他們都具有高大的、白皙的、俊美的外形。

同上述外族入侵相比，阿拉伯人伊斯蘭教教徒之入侵，對印度歷史影響最大。他們建立了蒙兀兒王朝，稱霸全印將近八百年。蒙兀兒王朝治理下的印度，其政治制度、經濟生活與社會結構，都發生了根本性的變化，伊斯蘭教也成為印度宗教之首。在伊斯蘭教的薰陶下，印度人原有的宗教信仰、語言文字、生活習慣，都一一發生改變。西元15世紀，葡萄牙人、西班牙人、法國人與英國人相繼來到印度。到19世紀中葉，英國人趕走其他國家的殖民者，建立了英治印度的霸業。新的西方統治者允許本國人同當地人通婚，因此許多英印混血兒出現，但為數不過三、四十萬人。

印度還擁有幾百個少數民族，雖人口不到全國人口的十分之一，但幾乎遍佈於全國各地。各少數民族人口數量多少不等，相差懸殊。人數最多的有貢德人、桑塔爾人、皮爾人等，人口都在200萬以上；人口最少的是安達曼人，只有幾百人。由於印度的少數民族居住的地區和自然條件不同，以及一些其他原因，生產發展很不平衡，生活方式也不盡相同。他們的謀生方式可分為採集漁獵型、游牧型、刀耕火種農業型、固定耕作型、勞工型、民間藝人型六種。

地理環境

古代印度版圖包括今日南亞次大陸的印度、巴基斯坦、孟加拉等八國的領土，總面積為430萬平方公里，東臨孟加拉灣，西瀕阿拉伯海，南部呈一個倒立的等邊三角形垂入印度洋中，海岸線約5000公里。在其北部，坐落著雄偉的喜馬拉雅山脈和興都庫什山脈，這兩條山脈如同屏障一般，將它與亞洲其他部分隔離開。

南亞次大陸，早前亦稱為印度次大陸，雖境內地形、地貌豐富多樣，但大體可分為北部平原與南部高原兩大部分。北印度有三大河流：印度河、恆河、布拉馬普特拉河。其平原區，主要由印度河和恆河兩大河系的流域組成。印度河發源於岡底斯山以西，全長3180公里，流入阿拉伯海；恆河發源於喜馬拉雅山南坡，全長2580公里，流入孟加拉灣。印度河、恆河兩大水系形成北印度遼闊的沖積平原——「印度斯坦」。這一地區土壤肥沃，氣候溫濕，水利資源豐富，灌溉農業發達，是整個南亞大陸的中心區域，也是古代世界人類文明中心的發源地之一。印度河流域可分為三部分：北部旁遮普平原、中部信德平原及南部印度河三角洲。恆河流域也分為三部分：西部河間地帶、恆河中游地區以及東部三角洲平原。兩河流域之間有塔爾沙漠，也稱「印度沙漠」。

南印度是高原區，以德干高原為主體。德干高原西高東低，兩側分別為東、西高止山。西高止山海拔約900米，東高止山的海拔高度約400米。南印度有哥達瓦利河、克里希納河及科佛里河等河流，它們大多數發源於西高止山麓，自西向東流入孟加拉灣。

印度次大陸在北緯8度至37度，屬熱帶季風型氣候。平原區處於北緯20度至30度，相當於中國長江以南，由於地形及西南信風影響，印度平原區比中國長江以南地區更熱、更潮濕。這裡每年4—11月盛行西南季風，11

月到第二年3月盛行東北季風。由於北部喜馬拉雅山的屏障作用，阻擋了來自西伯利亞的冷空氣，也挽留了來自印度洋的季風雨，因而次大陸雨量充沛，這也直接影響農業收成的好壞，成為影響人們生活和生產的關鍵因素。因此，在印度人們十分重視興修水利工程，經過千百年來的建設，平原地區水渠成網，德干高原人工水池處處可見，兩地區的農業都很發達。印度的季風氣候對形成印度民族的性格有相當重要的影響，如氣候酷熱、潮濕，容易令人困倦，昏昏欲睡，形成當地居民「被動」、「忍從」和「思索」的性格。炎熱的氣候，也使印度的出生率高，死亡率亦高。

次大陸的地理環境，不僅成為阻擋其向外擴展的重要因素，也讓其成為強國眼中的「寶藏」。其富庶的農業區域，令早先的中亞游牧民族垂涎。印度東北、西北雖有山脈阻斷與亞洲大陸的連接，但西北部的隘道卻成為外族入侵的捷徑。印度史上的外患，如希臘人、波斯人、阿富汗人以及阿拉伯人入侵印度，均從西北部的隘道進攻，所以現代印度特別重視西北邊防。

另外，印度的戰略位置也十分重要，這增加了其在印度洋地區的重要性。印度恰好居於印度洋東西兩門戶的中間，位置優越，幅員遼闊，若不能確保印度，則整個印度洋就受到很大的威脅。最明顯的例子就發生在19世紀中葉。當時，英國攻佔下了印度，印度洋的海上霸權就自然落入了英人之手。

目錄

| 第一章 | 失落的印度文明

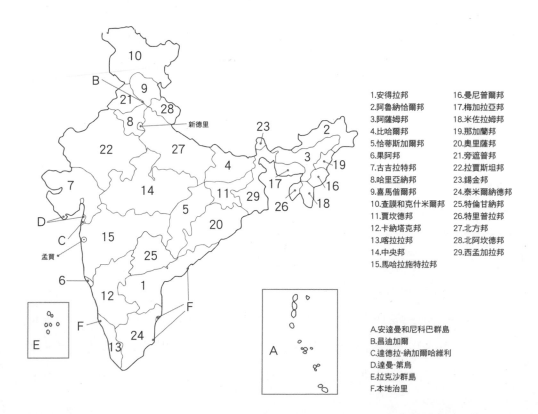

1.安得拉邦
2.阿魯納恰爾爾邦
3.阿薩姆邦
4.比哈爾邦
5.恰蒂斯加爾邦
6.果阿邦
7.古吉拉特邦
8.哈里亞納邦
9.喜馬偕爾邦
10.查謨和克什米爾邦
11.賈坎德邦
12.卡納塔克邦
13.喀拉拉邦
14.中央邦
15.馬哈拉施特拉邦

16.曼尼普爾邦
17.梅加拉亞邦
18.米佐拉姆邦
19.那加蘭邦
20.奧里薩邦
21.旁遮普邦
22.拉賈斯坦邦
23.錫金邦
24.泰米爾納德邦
25.特倫甘納邦
26.特里普拉邦
27.北方邦
28.北阿坎德邦
29.西孟加拉邦

A.安達曼和尼科巴群島
B.昌迪加爾
C.達德拉-納加爾哈維利
D.達曼-第烏
E.拉克沙群島
F.本地治里

回望史前瘋狂

最原始的「磨石匠」

在遼闊的印度次大陸生活著這樣一群人：他們矮小、扁鼻、捲髮、黑膚，居無定所，為了躲避野獸的侵襲，經常棲居在巢穴之中；他們不會耕種，靠茹毛飲血生存；他們不知道如何鍛造金屬和燒製陶器，唯一能做的就是打磨粗糙的石斧。或許，把這一群人同現居於孟加拉灣安達曼群島的矮黑人放到一起，會發現許多相同點。那麼，他們會是出現在印度次大陸的最原始人類嗎？答案很難確定，因為他們所留下的線索，僅僅是幾塊形狀各異的粗糙石斧而已。然而根據這些有限的證據，聰明的現代人還是模擬出了這群原始人的生活狀態，並把其歸入印度史前舊石器時代人類。

考古學界認為，印度次大陸的舊石器文化從喜馬拉雅冰期序列的第二冰期開始，分為早期、中期和晚期三個階段。

早期舊石器文化的典型是梭安文化和馬德拉斯文化。梭安文化取名於印度河支流梭安省，分佈在印度河流域北部，存在年代估計為西元前40萬年至前10萬年或前5萬年。該文化中心位於拉瓦爾品第（現屬巴基斯坦）一帶，傑盧姆河流域以及南印安得拉邦也有零星存在。梭安文化由生活在第二間冰期的人類創造，其發展演化過程較為漫長，先後經

歷了前期梭安石器文化、早期梭安石器文化、晚期梭安石器文化三個階段。這期間他們從製造以砍砸器為代表的圓石礫開始，逐漸學會了控制火和馴養動物，並會用獸皮、樹皮和樹葉禦寒，最後能製造出較好的刮削器和石片工具等。雖然梭安文化沒有人骨化石出土，但在晚期文化遺址中，首次發現了用勒瓦婁哇技術（亦稱修理石核技術）處理的工具，這大大提升了這一文化的文明程度。

　　馬德拉斯文化是南印度舊石器文化的典型代表。1863年歐洲人在馬德拉斯地區的阿布維爾、阿舍利等地發現此文化遺址，故名。又因該文化以馬德拉斯附近發現的一種兩面製造的手斧為典型，也稱為手斧文化。馬德拉斯文化按照雨期和間雨期分為若干層次，前期的石器主要用石核加工，後期開始利用石片，原料也從石英石轉為玄武岩。從石器工具的打磨程度上看，馬德拉斯文化似乎比梭安文化更為先進。另外，在印度次大陸西部、中部的拉賈斯坦、古吉拉特、中央邦和東印的孟加拉、比哈爾邦、奧利薩也都發現了舊石器時代的遺址，這些遺址的文明程度同上述兩種文化較為相似，當然有的屬於梭安文化和手斧文化的混合型。

　　舊石器時代遺留給後人的不僅僅是一些石質工具，也包括人類化石。訥爾默達人類化石是南亞地區現存最古老的人類化石，因發掘於訥爾默達河谷，故名。該化石的出現，表明至少在舊石器時代中期印度已有人類居住。對於其生存年代，考古學家估算為距今20萬年到50萬年。不過，因出土的化石僅僅是零散碎片，故對訥爾默達人屬於直立人還是智人，至今未能界定。

　　總之，舊石器時代的人過著狩獵、採集的生活，他們或住森林，或住河岸，遊徙不定。不過，在安德拉邦庫爾努爾山洞遺址，還是發現了舊石器時代人類用火的遺跡。從一些自遺跡中出土的工具性質上也不難推測，舊石器時代晚期的人類已有了朦朧的宗教意識。另外，印度最古

BC　雅利安文化
　　婆羅門教
　　釋迦牟尼誕生
漢
　　印度教興起

0　貴霜王國

100

200
三國
晉
300　笈多王朝

400
南北朝　　白匈奴人入侵

500

隋朝　　戒日王帝國
600
唐朝

700

帕拉王朝

800

五代十國
900

宋朝
1000

1100

1200　德里蘇丹五朝

元朝　卡爾吉王朝
1300
明朝　帖木兒入侵

1400

錫克教創立
1500
蒙兀兒帝國

1600
清朝

1700
阿富汗入侵

1800
英錫戰爭
英國統治
1900
中華民國
印度獨立

2000

BC

耶穌基督出生　0—

君士坦丁統一羅馬

羅馬帝國分成兩部

波斯帝國　500—

回教建立

東羅馬馬其頓王朝

神聖羅馬帝國建立
　　　　1000—

英國征服愛爾蘭

蒙古第一次西征

歐洲流行黑死病

哥倫布發現新大陸
　　　　1500—

英國大破無敵艦隊

發明蒸汽機

美國獨立
拿破崙稱帝

美國南北戰爭開始

第一次世界大戰
第二次世界大戰

　　　　2000—

老的岩洞壁畫也發現於舊石器時代的遺址中。

按照印度學者的意見，舊石器時代以後接著就是新石器時代。但根據石器工具發展的特徵，一般仍從新石器時代中分出中石器時代階段，其年代大約始自西元前3萬年，並經過2.5萬年的時間跨度。

中石器時代的遺址分佈得較為廣泛，從俾路支到孟加拉，從西北邊境到南印度都有發現。其中，在斯里蘭卡的遺址為最早的中石器時代遺址。古吉拉特的朗格拉傑、拉賈斯坦的巴戈爾和納巴達河邊的阿達姆加爾等遺址較為重要。中石器文化的特徵是使用所謂細石器。細石器較舊石器時代的石器製品小，加工也更加細緻，有刮削器、切肉刀、手斧、鑽頭等多種類型，主要材料是用燧石。另外，在一些中石器文化遺址中，還發現了粗製陶器、人類骨骸和獸骨。

中石器時代的人們依舊以狩獵、採集、捕魚為生，活動範圍已到達遠離森林、河岸的地區。不過馴養動物和從事小規模農業活動正逐漸成為他們的副業。

根據最近的考古研究，南亞穀物的種植大約開始於西元前7000年。這一時期次大陸的降雨量逐步增多，從而促使越來越多的沖積土壤形成。於是，一些有冒險精神的原始人開始嘗試小規模的耕種。另外，在中石器時代人生活的山洞裡，岩畫更加頻繁地出現，它們將原始人類狩獵等一系列社會活動生動地記錄下來。

漫長的演化

西元前5000年左右的印度次大陸，具有比較高級文化的人類開始出現，這預示著一個新時代的來臨。學者無法估計這種演進的進度，也許經過了幾百年、幾千年，或若干萬年。不過，為了與舊石器時代區分開，它被稱為「新石器時代」。

新石器文化在次大陸的分佈範圍更加廣泛，從北部到南部、東部到西部，許多地區的山坡、河谷都發現有這一時期的遺址，其中比較著名的有：南部印度的桑加那卡魯遺址、毗課利哈爾遺址、喀什米爾的布林紮霍姆遺址、比哈爾邦的奇蘭德遺址、俾路支斯坦穆罕默德遺址等。

新石器時代的文化雖沒有完全放棄粗石器的使用，但這些石器大多是已經打磨加工過的，適於更廣泛的用途，如石斧、鋤、鑿子等。除了打磨石器外，那時的人類還發明了燒窯。在喀什米爾的布林紮霍姆岩洞遺址內，出土了一些粗陶器物。透過這些出土文物，可知幾千年前陶器的使用已十分普遍，從其形狀可以分出水壺、水罐、花瓶等；材質也可分為樸素型和裝飾型，前者是光面的、粗面的、有色的，後者是刻畫的、印花紋的和描繪線條的；在製陶工藝上，也由早先的徒手製作，發展到使用窯輪製作。新石器時代的人也嘗試用木料造舟出海，並逐漸學會了紡織。

與舊石器時代相同，捕魚狩獵依舊是人們主要的生產活動，但栽培穀物和豢養動物也已經開始。至新石器時代中晚期，人們已經懂得農耕。他們耕種土地，種植果樹與稻類，飼養動物並掌握了用竹木燒火的方法。

在比哈爾邦的奇蘭德遺址中，考古人員發掘出燒焦的稻殼和麥粒。而代表新石器晚期文化的巴基斯坦南部基達山谷遺址，則發現了人類最早種植大麥的證據。由此可見，新石器時代的人類已開始了原始農業。另外，當時飼養家畜也已經很普遍。考古學家相信，遠在西元前2000年，印度河谷的居民就已經把野雞馴化成家雞了。從印度河谷洞穴中發現的雞骨頭不難看出，「洞穴雞」專供人類食用，其骨架明顯比野生雞大，因此飛不高也飛不遠。

關於新石器時代居民是否已經從游牧和狩獵的生活方式轉為定居務農，還沒有確定。已知的邁索爾地區高原上的新石器時代人類顯然是游

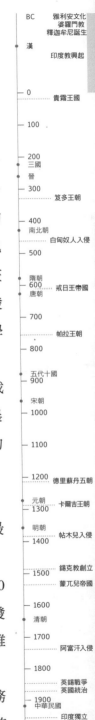

BC　雅利安文化
　　婆羅門教
漢　釋迦牟尼誕生

　　印度教興起

0　貴霜王國

100

200　三國
晉
300　笈多王朝

400
南北朝　白匈奴人入侵

500

隋朝
600　戒日王帝國
唐朝

700

帕拉王朝

800

五代十國
900

宋朝
1000

1100

1200　德里蘇丹五朝

元朝　卡爾吉王朝
1300

明朝　帖木兒入侵
1400

錫克教創立
1500
蒙兀兒帝國

1600

清朝
1700

阿富汗入侵

1800

英錫戰爭
1900　英國統治
中華民國
印度獨立

2000

BC

耶穌基督出生　0—

君士坦丁統一羅馬

羅馬帝國分成兩部

波斯帝國　500—

回教建立

東羅馬其頓王朝

神聖羅馬帝國建立
　　　　1000—

英國征服愛爾蘭

蒙古第一次西征

歐洲流行黑死病

哥倫布發現新大陸
　　　　1500—

英國大破無敵艦隊

發明蒸汽機

美國獨立
拿破崙稱帝

美國南北戰爭開始

第一次世界大戰
第二次世界大戰

　　　　2000—

牧的。而俾路支的阿姆利遺址，則首先發掘出農業小村落，這無疑成為新石器時代獨具特色的居民點。這些遠古村民開始時住地穴，後逐漸用泥土和土坯在地面上建造茅屋。

另外，據考古學記載，早在4000年前的印度河流域，人們就已經開始廣泛使用抽水馬桶，但後來那一套複雜的汙水處理圖紙卻失傳了。

土葬並不是新石器時代人們安葬逝者的唯一方式。已發現的新石器時代的墓穴，有些是用石塊堆成的，它們被人們分成幾層，每層安放若干死者。這種合葬方式的墓穴，成為全世界所有發現的新石器時代遺跡中唯一的「印度特色」。在喀什米爾和南部印度的婆羅門吉里、皮克利哈爾等地都發現了這種墓穴。

新石器時代的居民與舊石器時代的居住者是否屬於同一種族，這是很難說的。人類學家把居住在印度次大陸的原始土著人稱為「原澳型人」，他們身材較矮，頭髮捲曲，膚色較黑，鼻子扁平，嘴唇寬厚，活躍在舊石器時代晚期至新石器時代。新石器時代後期，新民族進入，這在印度古文獻、歐洲和中國的典籍上都有記載。歐洲人稱他們為「古地中海人」，中國南北朝僧人漢譯為「達羅毗荼人」。他們身材稍高，膚色淺黑，圓顱鉤鼻。原澳型人一部分與新來者混血，一部分退入山中，至今尚存並保留著自身的語言和習俗，另一部分則逐漸成為金石並用時期的主要居民。

印度的金石並用時代，或稱為紅銅時代，是部分學者提出的介於新石器時代和下文即將介紹的哈拉帕文明之間的一個時代。這一時代的文化主要發現於恆河與亞穆納河河間地，以及拉賈斯坦、旁遮普和古吉拉特。居民在畜牧和種植業基礎上，更加廣泛地飼養牛羊，種植大麥、小麥和豆類。而在工具的使用上，除了以石器和骨器為主，金屬也已經進入到人類生產生活中。

黃金是當時居民較早利用的金屬，不過他們只把黃金用來做飾品。

最早作為實用工具的金屬也許是紅銅。在發掘的銅器時代的古物中，可以非常清楚地看到斧、錘、鑿、匕首、銅環和銅條等，可見紅銅器被普遍使用。

　　北部印度由銅器進入鐵器時代，也很明顯，但南部印度似乎沒有經過銅器時代，而從新石器時代直接進入鐵器時代。到了鐵器時代，印度已漸漸進入印度文化的搖籃。在金石並用時代的遺跡中，還發現了中亞產的天青石和綠寶石，這表示當時已經存在商品交換。這是一種初始的金石並用文化，它意味著在次大陸文明史的新紀元就要從這裡開始了。

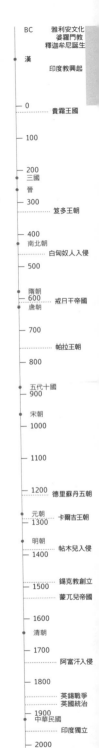

哈拉巴的發現之旅

耶穌基督出生　0—

君士坦丁統一羅馬

羅馬帝國分成兩部

波斯帝國　500—

回教建立

東羅馬馬其頓王朝

神聖羅馬帝國建立
　　　　　1000—

英國征服愛爾蘭

蒙古第一次西征

歐洲流行黑死病

哥倫布發現新大陸
　　　　　1500—

英國大破無敵艦隊

發明蒸汽機

美國獨立
拿破崙稱帝

美國南北戰爭開始

第一次世界大戰
第二次世界大戰

　　　　　2000—

重返地下之城

　　1856年，英國人修建西北印度鐵路時，在哈拉巴村（今巴基斯坦境內）發現許多堅固整齊的窯製磚塊，以及刻有銘文並伴有圖案的小石塊，這引起了考古學者的注意。60多年後，隨著英國考古調查團對哈拉巴村的深入挖掘，一個規模宏大的史前古城重見天日。兩年後，英國考古調查團在哈拉巴以南600公里處，名為「摩亨佐-達羅」（意為「死者之丘」）的地方，再次發現了另外一座史前古城。兩座古城的出土，震驚考古學界。

　　1931年，該考古調查團發表報告書，書中將兩地文化合稱為「印度河流域文明」。由於印度河流域文化最初發現於哈拉巴，所以也稱哈拉巴文明。印度河流域文明的發現可以看作是近代印度學研究的一座豐碑。西元20世紀初期，印度的舊傳統史學都認為，印度文明史開端於西元前15世紀雅利安人進入七河地區的「梨俱吠陀時代」，從而斷言印度文化純係外來文化。但哈拉巴和摩亨佐-達羅遺跡的出現，推翻了上述斷言，將印度古代文明史的開端提前了1000餘年。如今，哈拉巴文明已公認為是印度文明史的開端，以及印度後來各個文化時期的先驅。

　　在印度次大陸，現已發現的哈拉巴文明遺址共有250餘處，包括城

市和村鎮。其中摩亨佐-達羅古城規模最大，哈拉巴古城發掘的文物則相對完整。除了這兩個城市文明中心，其他重要城鎮有：強胡・達羅、卡里班甘、洛塔爾、巴納瓦里等，文明性質與兩大古城基本相同。從已發掘的遺跡分佈看，哈拉巴文明涵蓋的地域非常廣闊：北起喜馬拉雅山麓的魯帕爾，南至坎貝灣附近的塔普提河，西起伊朗邊境的薩特卡金・杜爾，東至德里附近。東西橫跨1600公里，南北相距1100公里，總面積近130萬平方公里，比當時埃及文明和美索不達米亞文明的總面積之和還要大得多。

根據考古鑑定，哈拉巴文明的年代範圍應是西元前2800年至西元前1700年，其中西元前2200年至西元前1800年屬全盛時期。關於這個文明的起源，近年來較為公認的看法是：其文明的創造者就是這一地區的本地居民。在哈拉巴文化的許多遺址的地層，可以看到早於哈拉巴文化的遺址。例如在阿姆利就發現在哈拉巴文化層下有和俾路支村落文化一致的文化。因此學者推斷：哈拉巴文化淵源於印度次大陸本土的史前金石並用時代的前哈拉巴文化，與俾路支村落文化處於同一水準。前哈拉巴文化時期的居民最初在俾路支斯坦高地的山麓和河谷活動，他們建立了許多以經營農業為主的居民點。隨著人口增多，居民們需要尋求更適於農業生產的地區，於是開始向更適合農耕的印度河平原地區遷徙。他們在這裡建立了新村落。多年後，村落發展為小鎮，又過了許多年，小鎮發展為城市。在這個變化過程中，貿易交流的擴大化與生產技術的提高起了至關重要的推動作用。關於哈拉巴文明的人種，現在漸趨一致的看法是屬高度混合的人種，以達羅毗荼人為主，混合原澳型人種及其他少數民族人種。

西元前2200年，哈拉巴文明走到了鼎盛階段，其極具特徵性的城市文明也逐漸形成，這在兩個最大的遺址摩亨佐-達羅和哈拉巴以及另外幾個城市遺址中可以看出。這些城市在規模和設施、建築技術、供排水

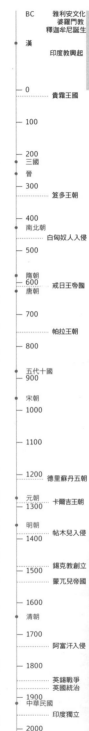

BC

耶穌基督出生　0—

君士坦丁統一羅馬

羅馬帝國分成兩部

波斯帝國　500—

回教建立

東羅馬馬其頓王朝

神聖羅馬帝國建立
　　　　1000—

英國征服愛爾蘭

蒙古第一次西征

歐洲流行黑死病

哥倫布發現新大陸
　　　　1500—

英國大破無敵艦隊

發明蒸汽機

美國獨立
拿破崙稱帝

美國南北戰爭開始

第一次世界大戰
第二次世界大戰
　　　　2000—

系統及城市規劃和佈局等方面都有特色，有些甚至達到了同時期的世界先進水準。摩亨佐-達羅城面積為2.5平方公里，哈拉巴的面積是1平方公里。兩城的基本樣式一致，南北向，格子形，都在河道旁，由城堡和下城兩部分組成。城堡較小，位於西邊，建築在土丘之上，四周有高大的磚牆，有的還有守衛用的塔樓，城牆周邊掘有壕溝。城堡是政治和宗教中心，有用燒磚建成的寬大建築群，包括：會議堂、規模較大的穀倉、冶煉爐、學校（或集體宿舍）。會議堂占地750平方公尺以上，有20個方形磚砌柱子托起，分為4排，每排5柱。儘管會議堂十分顯眼，但它與城堡內其他建築物相配合理。穀倉長55公尺，寬37公尺，用磚砌起墩座，設9個倉，彼此間有1公尺寬的過道分隔，使空氣流暢，利於糧食保存。穀倉還建有平臺，平臺有坡道緩緩降至地面，利於牛車裝卸糧食。

　　摩亨佐-達羅還有一個引人注目的大浴池，五千年來保持完好。整個浴池的建築長55公尺，寬33公尺，外牆厚2.5公尺。中心是一個露天浴池，長12公尺，寬7公尺，深約2.5公尺。南北兩端各有磚砌臺階通到池底，池底及四壁使用塗膠泥板以防漏水，並在四壁塗上瀝青。浴池是露天的，柱廊環繞四周，並有通道走向更衣室與走廊。浴池有專用大水井供水，並建有很寬的下水道排泄，其引水道高達1.8公尺。據學者推測，這個大浴池可能主要用於宗教儀式，因為水被認為是純潔的象徵。

　　下城面積相對較大，位於東部，屬於商業區及居民住宅區，總體設計舒適而便利。街道佈局呈直角交叉，排列整齊。主街是南北走向，寬達10公尺。其他平行的街道寬度為6-7公尺；而東西走向的街道較窄，一般是3-5公尺。街道兩旁都是用結實火磚砌成的高大建築物，多為富裕市民居住的寬敞舒適的二、三層高樓房，及商店和貨棧。最小的套房有2間居室，最大的達30多間，設計相當精美，有地板、門窗、走廊，室內有水井和浴室。房屋格式整齊，中間設有庭院，挖有自用水井。普通住宅一般4-6間，還配有一個洗澡間和一個廚房。城內最受矚目的是精心設計

的排水系統，結構整齊，通向每一套房子。管道用磚砌成，鋪塗瀝青，有的至今不漏水。排水溝隔一定距離留有清理口。這種街區佈局和良好的排水系統都是兩河流域文明和尼羅河文明所沒有的。從城市建築可以清楚地看到，統治者與被統治者、富人和窮人在生活上已有明顯的差別。

印度河流域平原是古代東方最早出現農業經濟中心的地區之一，它高度的城市物質文明和商業貿易是奠基於農業經濟基礎之上的。城市周圍的農村人口多數從事農業生產，以養活幾萬人的城市人口。哈拉巴人已經學會修築攔河堤壩，引水灌溉農田和與洪水做抗爭，並實行兩穫作物制。農作物以大麥、小麥為主，棗、芝麻是普及的經濟作物，豆類也有發現，文明的末期出現稻米。棉花的栽培是世界上最早的，比尼羅河流域早了幾百年。洛塔爾遺址發現有稻穀，但別的地區沒有發現。在代馬巴德遺址還發現了向日葵、扁豆。除了農業，哈拉巴人還兼營畜牧業。從出土的赤陶像和印章中可以看到許多家畜和野生動物的形象，顯示飼養家畜已是普遍現象。家畜有駝峰牛、水牛、山羊、綿羊、豬、貓、狗、雞、驢、駱駝等。馬骨僅在朵拉維拉遺址發現。牛用來耕地，驢和駱駝用來馱物，是重要的陸上交通工具。

印度河流域文明中石製工具仍占重要地位。摩亨佐-達羅東北25公里的蘇克爾偶石礦和石器製造場，用大塊燧石製作整齊勻稱的石刀片。這種石刀片幾乎在哈拉巴文明所有遺址中都有發現。犁頭也是燧石製作的。住房、街道用石條。水溝的蓋子是用石灰石塊製成。石製物品還有雕像、念珠、印章等。除石製品外，還有玉、貝殼、象牙加工成的工藝品，如念珠、各種鑲嵌物、梳子、首飾等。有個珠子上刻有三個猴子嬉戲，生動逼真。

考古發現哈拉巴人能夠掌握銅、青銅、錫、鉛、金、銀等多種金屬的冶煉、鍛造和焊接及冷熱加工技術，並能利用融蠟法鑄造銅錫合金及銅

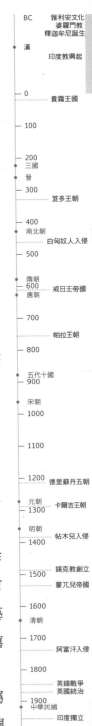

BC

耶穌基督出生　0—

君士坦丁統一羅馬

羅馬帝國分成兩部

波斯帝國　500—

回教建立

東羅馬馬其頓王朝

神聖羅馬帝國建立
1000—

英國征服愛爾蘭

蒙古第一次西征

歐洲流行黑死病

哥倫布發現新大陸
1500—

英國大破無敵艦隊

發明蒸汽機

美國獨立
拿破崙稱帝

美國南北戰爭開始

第一次世界大戰
第二次世界大戰

2000—

砷合金的青銅器。透過冶金爐，當地人製成斧、鑿、刀、矛、箭頭、鋸等工具，同時還製造出鏡子、燈、蠟臺等以及人物和動物雕像等藝術品。著名的青銅舞女裸體小雕像生動活潑，栩栩如生。除了製造青銅器，他們還會製造黃銅器、金器等，銀器也較為普遍，男人和女人都佩戴裝飾品，包括項鍊、手鐲與戒指。女人也戴鼻環與耳環，大小形式均有，大半為金、銀、銅與象牙材質。家庭用具多為金屬或陶器或石器，但沒有鐵器，所有這些工藝品製作都十分精細。在洛塔爾就發現有金銀器場、銅器場和製珠場。

哈拉巴文明中令人矚目的還有製陶業，生產如念珠、護符、印章、小容器、首飾、塑像等普通物品。除此之外，還發現有玩具用品，如會點頭的羊、會穿孔爬繩的猴子以及賭博用的骰子等。一般家用陶器已使用陶輪成批生產，不過大部分是素陶，燒製工藝很好，但造型缺乏美感。一些遺址中也發現了世界上最早的上釉彩陶，其中紅陶居多，其在紅赭石上以紅釉作底，塗以黑色彩飾。圖案有植物、交切圓周、魚鱗狀等。洛塔爾出土的彩陶罐上，畫著一隻鳥棲於樹枝，口含一條小魚，樹下是抬頭仰望的狐狸。最有名的上釉彩陶是一人推獨輪車的造型，生動形象地反映了當時生活。

手工業方面引人注目的還有摩亨佐-達羅發現的棉紡織碎片。根據考古發現包藏銀瓶的棉布碎片、紡錘、錠盤和盛染料的大桶，證明哈拉巴人精通棉、毛紡織技術，懂得從茜草中提取紫紅色染料。儘管棉紡織碎片數量極少，卻說明當時人們的衣著已由棉紡織手工業提供。當時的棉紡工藝包括軋棉、紡、織、染色，而大染缸的發現更證明了染色工序的存在。有的遺址還發現了大量的陶、玉紡錘，表明挫線、紡紗已成為家庭副業。

印度河流域城市文明興起的關鍵因素是對外貿易發達。通過海路，它與兩河流域有著頻繁的大規模的貿易往來。摩亨佐-達羅和洛塔爾是商

業中心和對外貿易港口，控制著通向西方的三條重要商道：通向阿拉伯海德港口、俾路支的南部平原和波蘭山口。同時，印度河流域與外界也有貿易往來，交往的路線有海、陸兩路。距阿拉伯海坎貝灣不遠的洛塔爾發掘出船塢遺跡，船塢就建在城東，南北走向，長216公尺，寬37公尺，有一條長2.5公里的運河通向坎貝灣和阿拉伯海。港口出口的主要商品是木材、棉花、棉織品、香料、象牙、珠寶裝飾；輸入的主要商品有銅、錫、銀、寶石、青金石、大麥、食油、品質較高的羊毛紡織品和服裝。

印度河流域文化遺址出土的印章文字是印度最早的文字，主要刻在天青石、陶土、象牙和銅製成的印章上。迄今這種有文字的文物已發現約2500件，文字符號加在一起約500個。文字符號一般用直線條組成，字跡清晰；每個文字一般由兩個或兩個以上的符號組成。有的符號表示概念、意義和數字，有的符號表示音節，並在其上加上短線表示重音。銘文很短，書寫多為由右而左。印章用途分為兩類：宗教上表示對神的崇拜和作辟邪用的護符，例如刻有三面神獸主雕像等符號的印章；另外，是作私人名章或商業機構的印鑑。可惜到目前為止，儘管許多學者做了各種努力，仍然未能解讀。這就使許多問題，包括這個文明的真正創造者是誰，仍處在雲霧之中。

印度河流域文明居民的宗教情況，現有的發掘材料只能提供一些推測的線索。當時似乎崇拜許多神，其中最突出的是許多印章上出現的一個頭上有角、呈瑜伽坐式、周圍有象、虎、犀牛、水牛、鹿等動物的神，祂和後來印度教濕婆神的形象很接近。在發掘過程中，除了大浴池被認為可能與宗教有關外，各地出土的許多印章、赤陶塑像、石雕像、護身符等很可能都與宗教有關，似乎宗教成為當時居民生活中不可或缺的。但奇怪的是，沒有發現大的神像，也沒有大神廟。

哈拉巴文明的社會形態至今還不是十分清楚，從印度河流域文明達

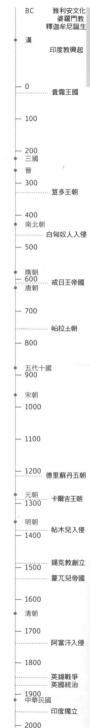

BC

耶穌基督出生　0—

君士坦丁統一羅馬

羅馬帝國分成兩部

波斯帝國　500—

回教建立

東羅馬其頓王朝

神聖羅馬帝國建立
　　　　1000—

英國征服愛爾蘭

蒙古第一次西征

歐洲流行黑死病

哥倫布發現新大陸
　　　　1500—

英國大破無敵艦隊

發明蒸汽機

美國獨立
拿破崙稱帝

美國南北戰爭開始

第一次世界大戰
第二次世界大戰

　　　　2000—

到的社會發展程度看，顯然已進入階級社會，有了早期的國家。但階級關係、國家組織是什麼樣的，從現有資料中都無法知曉。從當時的墓葬中發現，富裕墓主們的陪葬物有許多金銀裝飾品，窮人則只有銅的、貝殼的和陶製的首飾。

衰落之謎

印度河流域文明存在約600年，終結原因迄今仍是個謎。摩亨佐-達羅遺址最後幾層發現大堆散亂的骸骨，像是發生過屠殺，在哈拉巴也有類似情況。曾有學者據此推論說可能是雅利安人的入侵，毀壞了這裡的文明。

但是，作為屠殺的證據顯然還不充分，況且也不能排斥這可能是內亂造成的。另外，雅利安人入侵在時間上要晚數百年，而且多數遺址並沒有發現類似摩亨佐-達羅那樣的骸骨，看不到戰亂跡象。

有人提出，生態環境的改變可能是哈拉巴文明衰落的重要因素。公元前2000年左右，印度次大陸生態環境發生巨大變化，此時的哈拉巴文明也開始走向衰落。地理學家們推論，地殼變動可能在印度河下游的河谷造成了一座大壩，後因年久失修而引起洪水氾濫，平原地帶的大片地區被淹沒，由此造成饑荒和逃亡。近期透過考古發掘，證實哈拉巴城被水淹過，強胡‧達羅也曾兩次被淹沒。摩亨佐-達羅則曾連續被沖毀，並至少重建了七次，其最初的地基也已低於地下水面約7公尺，這可以解釋為何該城遺址的文化層中會存在厚厚的淤泥層。此外，河水氾濫也為印度河平原地方病的流行提供一個理想的環境，這也是人口銳減的一個因素。

一些印度次大陸的古植物學研究，為印度河文明的衰落提供了另一種驚人的解釋。西元前6000年印度河地區的降水和植被都有了小幅增

長，但是在西元前3000年降水量卻突然猛增，約在西元前2500年達到了頂峰。不過，自此降水量便逐漸減少。西元前400年左右的時候大概是史上最乾旱的時期之一，這使得恆河平原的叢林不再無法穿越。那時的氣候變得異常乾燥，印度河一些河道開始乾涸，斷絕了農業所依賴的水源，造成嚴重乾旱。農業受乾旱影響逐年減產，斷糧的城市居民和農村居民開始湧入鄰近城市，形成動亂。考古學家稱這個時期為混亂期，因為城市建設與規劃不再存在，就連碎磚也用於建築，修建適宜的排水系統的事情也不再有人問津，居民們有些似乎是在慢慢消失，有些則是像摩亨佐-達羅的「最後的大屠殺」那樣，被掠奪者一夜之間滅絕。

　　也有人提出，沿海城市的毀滅可能與海岸線的後退有關。河流改道、淤塞，河床升高，海水後退，造成港口、城市交通困難，貿易衰落；雨量減少，連年遭受旱災；沙漠擴大、土壤日益鹽鹼化，侵蝕了大面積的耕地，導致糧食歉收。還有過度放牧，以及無數火灶和磚窯的存在而造成的森林退化，水土流失，這些都讓哈拉巴文明走向衰落。當然，除了氣候變化和地殼運動造成的河水氾濫，應該還有社會與經濟因素推動這個偉大文明衰落。在它們的鼎盛時期，即西元前2200年左右，這個文明的諸中心已經遠離了它們的農業根基，雖然它們比以前任何時候都更加依賴土地上的產出。當氣候變化和農業生產衰落時，這些城市可能就開始無力從比較遠的鄉下榨取剩餘。因為對貿易路線和農業基地的常年控制，需要一支龐大的軍隊和許多行政官員來維繫，但發掘結果卻證實從沒有一支軍隊產生過。在這種背景下，社會經濟危機迫使印度河流域的大批居民放棄這些城市中心，向東南遷徙到恆河流域溫濕地帶，開墾水稻產區的茂密叢林。人口的流失又加速了這些城市的衰落，大城市比小城市更早和更嚴重地受到了這種影響。或許，印度河谷大城市中的某些居民已經遷到了位於邊陲的較小的新城鎮，如古吉拉特的城鎮。這樣，在那些大城市已然滅絕後，阿姆利和洛塔爾這類較小的地方

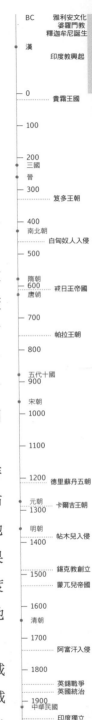

在後哈拉巴時代又存續了幾十年。最後，當城市生活失去了它的生計來源後，這些較小的地方也退回到了簡樸村莊的階段。在擴散過程中，哈拉巴城市文明的特徵逐漸消失，哈拉巴文化退化為非城市文明的晚期哈拉巴文化。

　　晚期哈拉巴文化主要是村落形式，遺跡主要在印度河文明遺址哈拉巴、阿姆利等廢墟上或附近有發現。由於晚期哈拉巴文化是一系列地區性的多樣化的文化，所以考古學界用四大類陶器劃分其區域。首先是黑灰陶，陶器很粗糙，與哈拉帕陶器相似。該類型文明主要有朱爾卡和揚伽兩個村落遺址，皆在胡強・達羅附近發現。其中朱卡爾遺址命名為朱喀爾文化，時間為西元前1500年左右。這種文化與哈拉巴文化相連接，其創造者可能是流散到古吉拉特的原印度河流域居民，也可能有最早進入這一地區的雅利安人。其次是在洛塔爾發現的紅色磨光陶器。製陶工藝與哈拉巴文明有某些相似之處，地理分佈也頗為相近，可能是逃亡到古吉拉特的哈拉巴難民創造的。再來就是赭色陶器，它發現於魯帕爾的晚期哈拉巴陶器與早期雅利安人文化的灰色彩陶相重疊的地層之間。學者們認為，赭色陶器將兩種傳統結合在一起，即包含哈拉巴文明特點，也展現哈拉巴的陶器製作工藝。最後是在旁遮普發現的「H墓地」陶器。「H墓地」的居民在文化與種族上似乎與哈拉巴文明相去不遠，其文化中的外來因素顯示這裡有過外來移民。

　　總之，印度河流域文明衰落後，次大陸又回到史前時代。這一時期各個文化創造群體種族不同、起源和水準不一，許多文化或受到印度河流域文明的影響，或繼承了它的部分遺產，但都比印度河流域文明低得多。唯一可以肯定的是，它們不再是城市文明，而是處在向定居農業轉變階段的村落文化。

| 第二章 | 雅利安人帶來吠陀時代

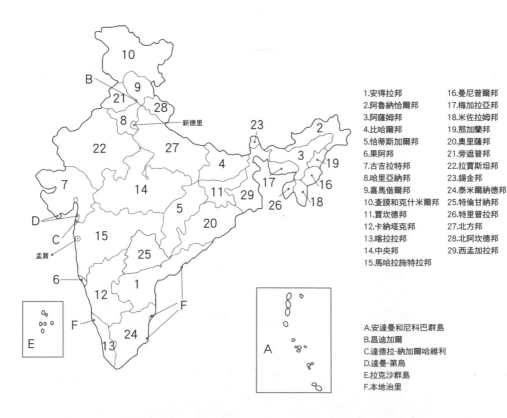

1.安得拉邦
2.阿魯納恰爾邦
3.阿薩姆邦
4.比哈爾邦
5.恰蒂斯加爾邦
6.果阿邦
7.古吉拉特邦
8.哈里亞納邦
9.喜馬偕爾邦
10.查謨和克什米爾邦
11.賈坎德邦
12.卡納塔克邦
13.喀拉拉邦
14.中央邦
15.馬哈拉施特拉邦

16.曼尼普爾邦
17.梅加拉亞邦
18.米佐拉姆邦
19.那加蘭邦
20.奧里薩邦
21.旁遮普邦
22.拉賈斯坦邦
23.錫金邦
24.泰米爾納德邦
25.特倫甘納邦
26.特里普拉邦
27.北方邦
28.北阿坎德邦
29.西孟加拉邦

A.安達曼和尼科巴群島
B.昌迪加爾
C.達德拉-納加爾哈維利
D.達曼-第烏
E.拉克沙群島
F.本地治里

反客為主的雅利安人

BC

耶穌基督出生　0—

君士坦丁統一羅馬

羅馬帝國分成兩部

波斯帝國　500—

回教建立

東羅馬馬其頓王朝

神聖羅馬帝國建立
1000—

英國征服愛爾蘭

蒙古第一次西征

歐洲流行黑死病

哥倫布發現新大陸
1500—

英國大破無敵艦隊

發明蒸汽機

美國獨立
拿破崙稱帝

美國南北戰爭開始

第一次世界大戰
第二次世界大戰

2000—

歷史學之外的猜想

　　西元前1500年，印度進入吠陀時代。《吠陀》是古代印度雅利安人祭神用的聖典，雖然在一般人眼裡它艱深又神秘，但在歷史學家和文學家心中，《吠陀》不僅是一部千古不朽的文學作品，同時也是研究印度古代唯一重要的史料。學界對《吠陀》的解讀有廣義和狹義兩種：廣義的《吠陀》除了包括《吠陀本集》部分外，還涵蓋《梵書》、《奧義書》等內容（這部分將在後文有所敘述）；狹義的《吠陀》則等同於《吠陀本集》。

　　《吠陀本集》由《梨俱吠陀》、《娑摩吠陀》、《耶柔吠陀》和《阿闥婆吠陀》四部組成，其中《梨俱吠陀》最古老，史料價值較高。史學家們將《梨俱吠陀》中所反映的歷史時期稱為「早期吠陀時期」或「梨俱吠陀時期」，其年代約為西元前1500年至西元前1000年。而後三部吠陀所反映的時期則被稱為「後期吠陀時期」，約在西元前1000年至西元前600年。

　　瞭解吠陀時代所處年代和劃分的階段後，接下來要介紹的是生活在這一歷史時期的「主人公」——雅利安人。「雅利安人」一詞最早出現於《梨俱吠陀》中，原意為高貴的人。不過早在19世紀歐洲比較語言

學家的論著裡，「雅利安人」卻被當作一個新的種族被界定出來。當時的比較語言學家對印歐語系各種語言做了一系列比較研究，其結果顯示吠陀梵語與印歐母語之間有一定的親緣關係。他們把這種語言親屬關係推廣到人種學上，並得出結論，即古代印度有一個雅利安種族。然而，很快這個猜想便被推翻。印度新派歷史學家經過考證，認為「雅利安」應該是語言學的概念，並進一步批判「雅利安種族論」的錯誤在於把語言與種族等同起來。種族顯然不可能是區別雅利安人與非雅利安人的標準。雖然雅利安人之間採用印歐語系的語言交流，但他們有著不同的部落起源，並經歷了多次部落的分化與融合。因此，「雅利安人」比較可靠一點的定義是指一個有單獨語言和文化的集團。此後，人種學研究和考古發現都得出類似結論。於是，雅利安人在歷史舞臺上的圖像開始慢慢變清晰。

西元前15世紀，由於人口增長的壓力或自然災害，操印歐語系語言的雅利安人游牧部落，離開南俄、中亞一帶的印歐草原，向廣袤的歐亞大陸輻射。他們在途中分成許多部落，四處尋找牧場，有的到了希臘，有的去了小亞細亞，其中有一支來到伊朗，並在此居留了相當長的一段時間。然後，他們中的一部分人留在了伊朗，另一部分人則經阿富汗，越過阿姆河、興都庫什山脈及帕米爾高原山口，陸續進入印度次大陸西北部。這後一部分人逐漸形成自己的語言，即吠陀語，但無論在發音還是在結構上，吠陀語都與希臘語和拉丁語有密切聯繫。而這群使用吠陀語的雅利安人在歷史上則被稱為印度雅利安人。

雅利安人進入印度次大陸初期，過著四處遊蕩和不斷遷徙的游牧部落生活。不過，從《梨俱吠陀》提到的25條河流名稱中，考古學家還是能確定他們當時主要的活動範圍。據考，25條河流中僅3條河流不屬於印度河上游，其他22條河流都屬於印度河至恆河的上游，如喀布爾河、斯瓦特河、庫盧姆河、加瑪律河、印度河、傑盧姆河、吉納布河、拉維

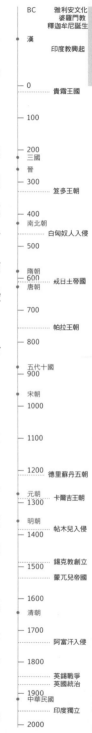

BC　雅利安文化
　　婆羅門教
　　釋迦牟尼誕生
漢
　　印度教興起

0　貴霜王國

100

200
三國
晉　300　笈多王朝

400
南北朝
　　白匈奴人入侵
500

隋朝
600　戒日土帝國
唐朝

700

800　帕拉王朝

五代十國
900

宋朝
1000

1100

1200　德里蘇丹五朝
元朝　卡爾吉王朝
1300
明朝
　　帖木兒入侵
1400

1500　錫克教創立
　　蒙兀兒帝國

1600
清朝
1700
　　阿富汗入侵

1800
　　英錫戰爭
　　英國統治
1900
中華民國　印度獨立

2000

河、比阿斯河和薩特累季河等，這些河流基本給出了一個地域框架，即「五河地區」。此外，《梨俱吠陀》多次提及獅子，但沒有提及印度虎。而吠陀後期梵文詩中經常提的蓮花，還有印度東部特產的稻米等，卻沒有在《梨俱吠陀》中出現。由此可見，當時雅利安人雖然已到了五河地區，但並沒再向東、向南拓展。

初到五河地區，雅利安人很快就遇到了當地的土著居民。這些土著居民可能是後期哈拉巴文化的倖存者，或者是哈拉巴文化衰落後的居民。與膚色白、高鼻樑的雅利安人不同，土著居民幾乎個個是扁鼻子、黑皮膚。兩者除了相貌不同，生活方式也很不一樣。雅利安人居住在村落，早期以牧業為主，養母牛產奶，養馬匹作戰；土著居民居住在城市，以農耕為主，養公牛耕地，養馬匹拉車。當然，外來的雅利安文化同本土殘存的哈拉巴文化還有一些共同點，即種植大麥和小麥、鑄造銅器、崇拜多神、玩骰子賭博等。

據歷史學家考證，西元前1500年雅利安人進入五河地區，西元前1700年哈拉巴文化消逝。顯然這兩百年間，雅利安文化與本土殘存的哈拉巴文化存在交叉重疊，並且導致了不同的結果，即一個文化走向強大，另一個文化逐漸衰亡。它們中間究竟發生了什麼，至今無定論。不過，從文獻和考古的證據看，雅利安人對土著居民先學習後征服的說法比較合理。

東羅馬馬其頓王朝

神聖羅馬帝國建立　1000

英國征服愛爾蘭

蒙古第一次西征

歐洲流行黑死病

哥倫布發現新大陸　1500

雅利安人早期進入五河地區時，無論在經濟還是文化水準方面，都遜色於土著居民。透過與土著居民的接觸，他們學會先進的犁耕和水利灌溉技術，開始過渡到農牧混合經濟的農村公社階段，並逐步轉入定居生活。接下來，雅利安人掌握了銅器鑄造技藝，並製造出比較先進的有輻條車輪的馬車，這讓其生產力提高了一大步。隨著雅利安人的壯大，他們不僅需要更多的生產資源，還需要建立更多的居民定居點。於是，好鄰居變成了敵人。

英國大破無敵艦隊

發明蒸汽機

美國獨立
拿破崙稱帝

美國南北戰爭開始

第一次世界大戰
第二次世界大戰

2000

當雅利安人展開對土著居民的征服時，遇到激烈的反抗，雙方進行了長期戰爭。雖然土著居民築有城堡，戰鬥能力強大，但身材高大的雅利安人還是憑藉戰馬、輕便戰車和鐵製兵器等軍事優勢征服了他們。在《梨俱吠陀》中提到，雅利安人在其戰神因陀羅支持下戰勝土著部落。文中因陀羅經常施展霹靂般的威力，踩爆敵人的首級，將城堡夷為平地，因此被描繪為「城堡的摧毀者」。雅利安人每戰都要祭神，尤其是祭因陀羅戰神。

《梨俱吠陀》中四分之一的詩是頌揚因陀羅神的，由此可見，與達薩人的戰爭曠日持久。被征服的居民或被殺戮，或被驅趕到恆河流域及南印度，或在當地遭受奴役。雅利安人將這類人稱為「達薩」（Dasas），即被征服的敵人。這些「達薩人」大部分是土著居民，也有少數膚色和雅利安人相同的，可能是更早進入次大陸定居下來的外來人。在梨俱吠陀時代晚期，達薩的含義由「被征服的敵人」演化為奴隸。這也說明雅利安人取得了決定性的勝利，佔據了原來屬於土著居民的土地。

早期吠陀時代的文化性質屬於純農村文化。《梨俱吠陀》中根本沒有提到過「城市」一詞，而其中的城鎮也不過是農村居民定居點中心。五河地區時期，雅利安人以血緣為紐帶散居各地，村落實則是一種血緣加地域的部落共同體。居民以農業為主，很少從事商業，彼此間交換有無。居民財富的標誌是牲畜，牛在生產和生活中具有重要的作用，最受重視。牛奶是雅利安人的重要食品，母牛是交換的主要媒介。家畜除牛以外，尚有馬匹羊群。運輸工具則用牛車或馬車。衣著原以毛織品為主，後學會了種棉織布。手工業開始脫離畜牧業、農業，成為單獨產業，包括紡織、製陶、雕刻、鑄造金屬等，其中雕刻藝術品相當豐富，主要為神像。製陶業也有了新發展，在旁遮普、東北拉賈斯坦附近的雅利安人的文化遺址發現了彩繪灰陶。

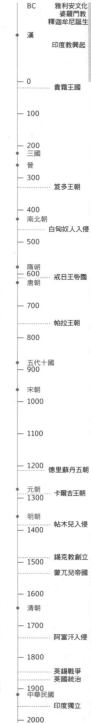

君士坦丁統一羅馬

羅馬帝國分成兩部

波斯帝國　　500—

回教建立

東羅馬馬其頓王朝

神聖羅馬帝國建立
　　　　　1000—

英國征服愛爾蘭

蒙古第一次西征

歐洲流行黑死病

哥倫布發現新大陸
　　　　　1500—

英國大破無敵艦隊

發明蒸汽機

美國獨立
拿破崙稱帝
美國南北戰爭開始

第一次世界大戰
第二次世界大戰

　　　　　2000—

　　早期吠陀時代的社會習俗以父系大家族為中心，家族成員都合住在一起，一般都是三、四代同堂。婚姻一般為一夫一妻，也容許一夫多妻，但不准一妻多夫。家族風尚喜歡多子多孫，祈求多子，生女亦予善待，且子女皆有受教育的權利。婦女的社會地位還不低，有與男子平等的社會權利，有權利參加家庭管理、宗教祭祀和社會活動，童婚及寡婦自焚殉夫的「薩蒂」（Sati）習俗尚未出現。

　　村落的住宅通常都是木造房屋，有會客室與臥室，且每家都有一個火爐。居民對服飾相當重視，上裝多為棉織或羊毛織品三件式：內衣、上衣加外衣；一般外衣常綴有金飾，在重要宴會或節日穿著。一日三餐，食用麥餅、牛奶、乾酪、蔬菜、水果，亦偶爾食肉，牛肉很少。飲水為河水或井水，也用植物汁做飲料。流行的娛樂活動有競技、狩獵、歌舞和擲骰子賭博。《梨俱吠陀》中對擲骰子有非常生動的描述：「它們滾下又疾速翻身，雖然無手，卻以手征服人；如有魔術的炭塊擲在桌上，它們自身雖冷卻能燒毀人們的心。」

　　早期吠陀社會中部落組織居統治地位。在《梨俱吠陀》中，部落稱為「賈納」（Jana）或「噶納」（Gana），是雅利安人或土著居民的氏族聯合組織，它以血緣關係為基礎。氏族稱為「維什」（Vis），雖然氏族內部平等，但氏族之間有等級區分，強大的氏族是統治氏族，弱小的氏族是被統治氏族。氏族之下有「哥羅摩」（Grama），即村、村莊、村落，由父權制大家庭（Kula）組成，這類大家庭是吠陀社會組織的基礎。村莊用泥磚圈圍住以保安全，內有神廟、祭壇，神廟兼作公共議事場，居民住宅多數是成排的房屋。

　　隨著各部落長久定居，政治組織也慢慢發生演化。各部落之上為王，《梨俱吠陀》中稱為「拉甲」（Raja）。一個王大概是管一個地區內的幾個部落，現在印度的王公也稱為「麻哈拉甲」（Maharaja），即大王的意思。王之下有「薩米蒂」（Samiti）和「沙巴」（Sabha），

前者是部落民眾大會，差不多相當於國務院，有時也具有中央民意機關的地位；後者是部落長老議事會，由少數富貴先賢們組成，輔助「拉甲」，同時也有制衡作用，掌管部落日常行政事務和行使司法職能。拉甲、薩米蒂、沙巴，構成中央權力中心。拉甲就位時，必須在薩米蒂與沙巴的聯合會中宣誓，如果沒有經過宣誓禮，就不會被承認為王。大事則由拉甲、薩米蒂、沙巴共同定奪。例如當時的祭司長和軍事指揮者既非世襲，又非終身制，所以選舉祭司長、軍事指揮者這類的大事，由三方共同商議決定，從這點不難看出三千多年前的原始民主性。另外，部落成員對部落共同體實行自願的貢奉制，貢奉的大部分將消耗於宗教典禮，小部分分配給祭司和拉甲。這種貢奉後來演變為國家的賦稅。

早期吠陀時代後期，部落間的爭鬥接二連三地出現。以圖騰命名的雅利安部落之間經常因為掠奪財富、爭奪地盤而爆發戰爭。前面提到，雅利安人是以養牛為生的半游牧民，母牛多少是財富的衡量標準。《梨俱吠陀》中，一位王名叫格帕拉（Gopala），該詞意為「牲畜的保護者」；另一位王叫格巴拉曼帕拉蒂-帕拉克（Gobrahmanprati palak），意為「擁有牛的人的保護者」。因此對牛的劫掠常常導致部落戰爭。「gavishti」一詞原意為「去尋找母牛」，後直接轉意為「去戰鬥」。這一階段最有名的部落戰爭是「十王之戰」，即由十個部落的聯盟，共同反對當時北印度最強大的婆羅多部落。據《梨俱吠陀》描繪，婆羅多部落首領常舉行馬祭以顯示自己實力。馬祭通常由部落首領主持，挑選最優秀的馬匹，在一個黎明將其放到大地上自由馳騁，而武士則緊跟其後，馬兒所到之處若屬於本部落領地則要求當地居民舉行祭祀；若不屬於本部落領地，首領將指揮武士們奮勇殺敵，直到敵人臣服或戰敗。至年底，馬被收回宰殺獻祭。十王之戰中，婆羅多的對手雖然是由雅利安人和非雅利安人組成的部落聯盟，但結果還是被婆羅多部落首領擊敗。回顧這場戰爭，不僅出現了部落聯盟，而且「國家」這一機構已經處在

BC 雅利安文化
婆羅門教
釋迦牟尼誕生
漢
印度教興起

0 貴霜王國

100

200 三國
晉
300 笈多王朝

400 南北朝
白匈奴人入侵
500

隋朝
600 戒日王帝國
唐朝

700

帕拉王朝
800

五代十國
900

宋朝
1000

1100

1200 德里蘇丹五國

元朝 卡爾吉王朝
1300

明朝 帖木兒入侵
1400

錫克教創立
1500
蒙兀兒帝國

1600
清朝

1700
阿富汗入侵

1800
英錫戰爭
英國統治
1900 中華民國
印度獨立

2000

BC

耶穌基督出生　0—

—

—

君士坦丁統一羅馬

羅馬帝國分成兩部

波斯帝國　500—

回教建立

—

—

東羅馬其頓王朝

神聖羅馬帝國建立
1000—

英國征服愛爾蘭

蒙古第一次西征

—

歐洲流行黑死病

哥倫布發現新大陸
1500—

英國大破無敵艦隊

發明蒸汽機

美國獨立
拿破崙稱帝

美國南北戰爭開始

第一次世界大戰
第二次世界大戰

2000—

孕育時期。同時，雅利安人出身的戰俘奴隸和由於天災人禍等原因導致的債務奴隸逐漸增多。如此一來，隨著奴隸群體的擴大，部落首領、上層權貴、村落族長等擁有奴隸的數量也在逐漸擴大。於是，階級開始在吠陀社會悄然滋生蔓延開來。

鐵器革命

西元前1000年至西元前600年，後期吠陀時代來臨。這期間，新的生產力和文化因素，推動吠陀文化向印度次大陸南部的恆河平原發展和傳播，促使古代印度進入「第二次城市化」時期。

由於人口大幅度增長，雅利安人在西元前1200年開始向恆河流域上游擴張。《梵書》中出現了許多恆河流域的地名，將其串聯起來，可看出雅利安人東進的主要路線是，順著喜馬拉雅山脈以南的丘陵地帶前進的。考古學家還在這一地帶發掘出紅色和灰色陶器，推測是雅利安人帶去的。那時恆河中下游許多地區被森林覆蓋，遍地沼澤，順河而下很難通行。於是，他們選擇了上述路線，不過這是一條比較漫長的遷徙路程，途中阻撓他們的不只有茂密的森林，還有強悍的土著居民。還好，雅利安人此時已經有了征服這一切的秘密武器。

西元前1000年，鐵器在恆河流域推廣使用。鐵製的斧頭、犁頭、匕首、鋤、鉗子、矛頭等成為雅利安人開闢疆土的有力武器和工具。雖然《梨俱吠陀》中沒有提到鐵，卻提到「Ayas」，而它指的是銅還是鐵未定。《耶柔吠陀》和《阿闥婆吠陀》中都提到了鐵，不過是用黑銅一詞代稱。至今，考古發現的早期鐵器時代文化遺址是阿特蘭吉克拉遺址，出土的鐵器製品與彩繪灰陶年代為西元前1000年左右。德里以東河間地帶的雅利安人部落都城哈斯提納普拉遺址，也同樣發掘出彩繪陶器和鐵製用具，其時間在西元前600年左右。另外還有阿拉姆基普爾、考沙姆

比等地也有類似鐵器、陶器出現。由此可以肯定，因為有了鐵，雅利安人的生產力得以迅速發展。

　　根據《梵書》中對開闢森林的記載可知，最初的幾百年裡，雅利安人靠「火神」引路，用火來焚燒森林，拓展緩慢而艱難。有了鐵斧後，對森林可以採伐不必燒毀，從而維護了森林資源。隨著雅利安人對鑄鐵技術的掌握和改良，鐵犁等農業用具也開始得到廣泛使用，恆河流域廣闊茂密的森林地帶被開墾出來，早先的荒蕪土地也被重新深耕。這一時期，耕地面積的迅速擴大推動了農業生產發展，使其成為社會經濟中的主導，為部落經濟社會向農業經濟社會過渡開闢道路。此時，雅利安人開始在恆河流域的廣闊平原上建立永久性的定居地。據《梵書》所載，早先在恆河流域生活的達羅毗荼人等原著居民，亦被雅利安人的鐵製武器擊敗，他們或被征服，或被趕到森林地區。由此雅利安人成為恆河流域新的主宰者，其所控制的地域，南抵文底耶山，北至喜馬拉雅山麓，東到今比哈爾邦地區。比哈爾南部所擁有的豐富鐵礦資源，讓雅利安人在鐵器製造業上有了更大發展，至今比哈爾邦依舊是印度的鋼鐵生產中心。

　　雅利安人定居恆河流域後，吸收了當地文化，尤其是學會了種植水稻。因為恆河流域雨水充足，水稻自然而然成為主要種植作物。除此之外，居民還種植大麥、小麥、豆類、棉花、芝麻和甘蔗等農作物。隨著人口密度提高，城市需要農村供應更多的糧食，由此水稻、棉花和甘蔗等種植量大增。為了擴大生產，雅利安人開始改良耕種灌溉技術。《耶柔吠陀》中提到耕作採用重型鐵犁裝備，需要使用6至12頭牛才能牽拉運作。而《梵書》中講到的與犁田有關的裝備最多需要24頭牛去牽拉。這樣牛成為更加寶貴的財富，尤其是母牛，幾乎被神化。居民吃牛肉、殺母牛的事件幾乎不再發生。另外，雅利安人還從土著居民那裡學會修建水利灌溉工程，將農田開溝做畦以抗旱排澇。天文學和氣象學也開始

興起，主要應用於農業生產。牛、馬等畜牧業在經濟生活中仍占重要地
位。此外，雅利安人在這個時期開始馴養大象，其主要用途是運輸。

　　安定的農耕生活促使手工業有了進一步發展，其所涵蓋的範圍和
種類更多更廣。在所有工匠種類中，鐵匠和木匠十分吃香，因為他們不
僅能製造馬車、牛車，而且是耕犁的製造者。《耶柔吠陀》中也提到，
從事手工業的工作者中最受尊敬的是鐵匠。另外，銅匠、製陶工、製革
工、建築工、紡織工等分類不斷細化，尤其是紡織業，專業化的織工逐
漸增多，標示著手工業的進一步發展。製陶業方面，考古學家在恆河中
游地區發現分布較廣的北方黑色塗釉彩陶，其色光質滑，製作工藝遠比
彩繪灰陶精緻許多。此外在這一帶還發現了紅色、褐色陶器。這些陶器
與恆河流域西部地區出土的灰色彩陶不同，代表了雅利安人文化與地方
文化融合後的早期城市文化。

　　這一時期商業的發展更為突出，既有地區間的交易，也有透過商路
與西亞的貿易。貿易主要商品是鹽、金屬，並形成了一定的商業路線。
與西亞間的交易路線包含陸路和海路，陸上通道的重要樞紐是塔克西
拉。早在《梨俱吠陀》中就提到了船和航海，當時沿波斯灣的西亞各海
運中心成為海路貿易的開端。另外，恆河流域的水道成為天然的商路，
匯合於此的一些集貿中心逐漸成為地方集市。隨著商人團體、集市和交
易中心的擴大，城鎮開始出現，但規模不大，不能和哈拉巴相比。隨著
商業貿易的發展，西元前7世紀末出現了富商階層及其行會組織，貨幣也
開始成為商品交換的媒介。貨幣的鑄造者一般是商人行會或地區行政當
局。貨幣的形式和重量都不統一，稱呼也不同，如帕拉達、薩塔馬納、
尼什卡等，並且錢幣只有一面有沖壓的印記。

　　後期吠陀時代是古代印度階級形成及國家產生的時代。由於部落間
衝突加劇，與土著居民又戰爭不止，部落首領的重要性日益顯現。而經
濟的發展和戰爭掠奪加速兩極分化，部落首領和上層經濟地位上升，開

耶穌基督出生　0—

君士坦丁統一羅馬

羅馬帝國分成兩部

波斯帝國　500—

回教建立

東羅馬馬其頓王朝

神聖羅馬帝國建立
　　　　　1000—

英國征服愛爾蘭
蒙古第一次西征

歐洲流行黑死病

哥倫布發現新大陸
　　　　　1500—

英國大破無敵艦隊

發明蒸汽機

美國獨立
拿破崙稱帝
美國南北戰爭開始

第一次世界大戰
第二次世界大戰

　　　　　2000—

始成為統治階級。他們把部落成員過去向部落首領自願交納的貢奉，變成強制性賦稅。於是雅利安人部落內部出現了階級分化。同時，隨著社會經濟的發展，奴隸的數量不斷增多，其主要來源有：戰俘奴隸、債務奴隸、買來的奴隸、贈予的奴隸、家生的奴隸以及賭博贏來的奴隸。他們從事家務勞動和輔助性的生產勞動，不僅被奴隸主奴役和剝削，而且有時還會被當作禮品贈送別人。如此一來，奴隸和社會底層勞動者——農民、手工業者等組成雅利安社會中的被統治階級。

隨著階級的產生和階級矛盾的加深，早先部落軍事民主制組織逐漸被階級統治的暴力機關所取代。原部落的長老會變成了少數貴族壟斷的機構，專門為部落首領出謀劃策；部落民眾大會的權力也逐漸喪失；部落成員的自願貢奉轉變為國家強制徵收的賦稅，但在這一時期尚未形成正式的賦稅制度。隨著君權神授思想的滲入，部落首領被賦予神聖的屬性。這無疑助長了部落首領的貪欲，越來越大的權力被他攬於手中，部落所轄領土也視作自己所有。在《阿闍婆吠陀》中說到，領土由王據有，可見地域性質的王權開始形成。於是，首領演變為國王，王位世襲成為必然趨勢。文獻中記載，取得軍事勝利並登上王位的國王，必須按照宗教慣例舉行馬祭、灌頂大禮和勝利酒等盛大祭禮儀式，以象徵統治權的不可挑戰性。為了鞏固自己的地位，國王建立了職業軍隊，任命自己的親兵或軍事長官為高級官吏。村落頭領成了基層官吏和國王的收稅人。在後期吠陀時代，村落的內部組織進一步完備，村社的行政人員和管理機構包括村落頭領和上層人物組成公共議事機構。

據吠陀文獻和史料，早期的國家形成於西元前7世紀左右，其中包括犍陀羅、俱盧、般闍羅等。從反映北印度歷史輪廓的史詩《羅摩衍那》中可以考證，這一時期的國家已經出現了君主國統治形式的發展趨勢。不過放眼整個印度次大陸，部落轉變成國家的還是少數，而且這些國家也僅僅有了較為固定的統治區域，但尚未形成「領土」概念。

社會風俗方面，後期吠陀時代居民在服飾和住所方面很少變化，食物則較多素食，少用肉類。居民大多住在鄉村，但記載中已開始出現城市。鄉下農民漸成職業性的佃農或農奴，土地所有權歸地主。商人逐漸增多，他們販賣藥物、布匹、床墊和皮貨，且有國外買賣。在節慶日裡，大的集會並有歌舞樂隊出現，所歌頌者多為史詩和較優美的梵文文學作品。

家族中父權不斷加強，重男輕女的觀念開始流行，女孩子的誕生被認為是家庭的包袱和不幸的根源。女子無財產繼承權，不得參加祭祀典禮或政治事務，沒有接受平等教育的權利。童婚、殉葬習俗開始出現，史詩《摩訶婆羅多》證實了這種摧殘婦女惡習的存在。一些文獻中甚至將婦女、酒、投骰子都列為罪惡。

耶穌基督出生　0—

君士坦丁統一羅馬

羅馬帝國分成兩部

波斯帝國　500—

回教建立

東羅馬馬其頓王朝

神聖羅馬帝國建立
　1000—

英國征服愛爾蘭

蒙古第一次西征

歐洲流行黑死病

哥倫布發現新大陸
　1500—

英國大破無敵艦隊

發明蒸汽機

美國獨立
拿破崙稱帝

美國南北戰爭開始

第一次世界大戰
第二次世界大戰

　2000—

延續千年的種姓制度

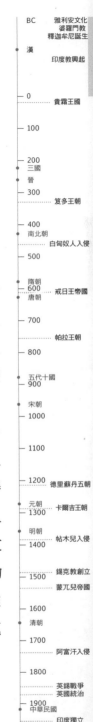

印度種姓制度，亦稱為「瓦爾那」（Varna）制度，是一種特殊的社會等級制度。這種制度並非印度所獨有，但它在印度存在的時間最久，且發展到最完整、最森嚴的程度。瓦爾那制度伴隨著雅利安人部落社會向階級社會過渡而產生。西元前1500年，當雅利安人進入印度次大陸時，只形成三個階層，武士、祭司以及部落民。當時的居民不存在種姓的意識，職業也不是世襲的，彼此之間可以隨意通婚。不過，隨著達薩人的出現，這種局面被迅速打破。

達薩人，前文有提到，他們是被雅利安人征服的土著居民。在外貌上，達薩人與雅利安人有著明顯區別，前者黑，後者白。雅利安人在「五河地區」活動時期，部落的氏族血緣關係尚未完全解體。獲勝的雅利安人為了保持雅利安人自己的純潔血統，同時要把俘虜的達薩人納入到雅利安人社會中來，想出了瓦爾那制度。「瓦爾那」一詞在梵文中原意為「色」、「質」。因此這一制度是根據居民的膚色及文化上的差異，將非雅利安人同雅利安人區分開。《梨俱吠陀》中可以看到，雅利安人自稱「雅利安瓦爾那」，而把黑皮膚的被征服種族稱為「達薩瓦爾那」，含有輕蔑、貶損之意。尼赫魯的《印度的發現》一書中也說：「種姓制度是從雅利安人和非雅利安人的嚴格界限中開始的」。

吠陀時代早期，雅利安人部落內部由於階級分化尚處於初期階段，

社會勞動分工也尚未發展，所以還沒有種姓區分，因此在社會上只出現雅利安瓦爾那和達薩瓦爾那兩部分。到梨俱吠陀時代末期，隨著雅利安人在西北印度定居和向恆河上游擴張，其內部階級分化逐漸清晰，相應的社會勞動分工也已形成，於是瓦爾那制度有了新的劃分，即婆羅門、剎帝利、吠舍、首陀羅。

最早提到四個瓦爾那劃分的古代文獻是《梨俱吠陀》，其第十卷的《普魯沙讚歌》（又稱《原心篇》或《原人讚歌》）中記述了這樣一個故事：梵天大神從祂的口中生出了婆羅門，從雙臂生出了剎帝利，從腿生出了吠舍，從腳生出了首陀羅。顯然為新的瓦爾那制度的劃分披上神性色彩。不過，在多數學者看來，這個涉及四個瓦爾那起源的《普魯沙讚歌》是後來加入的章節。始作俑者當然是婆羅門僧侶們，他們為了鞏固自己及剎帝利軍事貴族的特權地位，假借神的旨意把現實中四個瓦爾那的等級地位固定下來。於是在瓦爾那制度下，人們一出生就屬於某一個瓦爾那，並且終生不變。

後期吠陀時代，社會經濟迅速發展，雅利安人內部社會勞動分工確立，原有的三個階層逐漸形成三個「瓦爾那」，加上由達薩瓦爾那演變而來的首陀羅，四個瓦爾那的社會制度逐步固定下來。而此時的「瓦爾那」一詞也與「色」的含義脫離了關係，其所代表的制度成為真正意義上的種姓制度。

種姓制度是一套維護雅利安人統治的社會等級制度，其核心是社會等級地位的差別。這一制度的最高等級是婆羅門。他們屬於思想高超，地位超然的人，掌握神權，主持宗教祭祀活動，同時又壟斷文化和教育特權。他們不必實際負責國事，但有一言九鼎的發言權，常常對政治生活施加影響，是人民精神生活的統治者。

英國征服愛爾蘭

蒙古第一次西征

歐洲流行黑死病

哥倫布發現新大陸
1500—

英國大破無敵艦隊

發明蒸汽機

美國獨立
拿破崙稱帝

美國南北戰爭開始

第一次世界大戰
第二次世界大戰

2000—

第二個等級是剎帝利，相傳是由早期吠陀時代的羅闍尼亞（王族）直接演變而來的。在階級社會中，他們屬於軍政領導人物，握有實權，

負責征戰和管理國家。不過剎帝利依舊需要聽命於婆羅門的決策。

第三個等級是吠舍。吠舍一詞起源「維希」（Vis），原指氏族部落成員。吠舍可以說是生產者的中產階級，在總人口中人數最多，是社會的重要成分。吠舍中的大多數人是村社的農民小生產者，從事農、牧、商和手工業等職業。少數人是富裕的城市工商業奴隸主，他們擁有財富，地位則次於軍政領袖。吠舍在政治上無權，必須以自願貢奉和納稅的方式，供養完全脫離生產勞動的婆羅門和剎帝利。

最後一個等級是首陀羅。他們是受到普遍奴役、壓迫和歧視的無權等級，大部分是由被征服的達薩瓦爾那直接演變而來的。在早期，首陀羅作為被征服的異族部落人，成為征服者公社的共同財產、集體控制的勞動人口，帶有「種族奴隸」的性質。不過由於雅利安人瓦爾那本身社會分化及社會勞動分工的發展，首陀羅中也有的來自雅利安人，所以並不完全只有被征服的土著居民。首陀羅是社會生產勞動的主要承擔者，其中有奴隸、雇工，也有獨立的小生產者，從事農、牧、手工業等多種職業。首陀羅是不可接觸的、卑下的，只能永生永世聽命於高級階層，被上述三個種姓普遍奴役。在宗教儀式上，首陀羅只能為高級種姓的人洗腳，因為他們是從生主神的腳創造出來的。不過，首陀羅在人身上是比較自由的，並不專屬於某一具體的主人，也不為某一主人所佔有。首陀羅儘管社會地位低下，但也是梵天大神所生，僅分工不同，前三種姓是「再生族」，意為下輩子仍投胎為人，首陀羅是「一生族」，即下輩子不一定是人。

印度的種姓制度很早就被婆羅門加以宗教化、神聖化，「業」與「輪迴」，這兩種概念是種姓制度的基礎。所做的事稱為「業」。「輪迴」，即人生輪迴或「塵世轉動說」，是印度特有的概念。它們最早見於《奧義書》中。兩者的結合形成懲惡褒善的「因果報應」。來生是幸福、是悲慘，取決於前生的所作所為。值得注意的是，後來的宗教大都

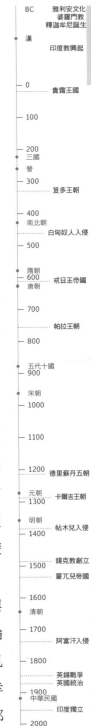

借鑑了「業」與「輪迴」的概念，如佛教、耆那教等。因此，這兩個概念在印度的宗教哲學和思想史上有著重要的地位。

前三個瓦爾那在《梨俱吠陀》時期，職業上還沒有規定世襲，在通婚、共餐和接受食物方面也沒有限制。從吠陀末期開始，婆羅門就制定出種種清規戒律，在宗教和社會生活上限制和歧視低種姓，特別是首陀羅。如前三個瓦爾那能參與吠陀宗教生活，可佩戴作為再生族標誌的聖線；首陀羅沒有參與吠陀宗教生活和佩戴聖線的資格。高級瓦爾那可

以不受懲罰地打罵首陀羅，其他瓦爾納對首陀羅的欺壓行為也只受很輕

的懲罰；首陀羅如冒犯高級瓦爾那則要受重罰。首陀羅從事的職業是不

潔的，高級種姓者不能與他們共餐，不能接受他們的食物。種姓是世襲的，彼此不得逾越。

16世紀，葡萄牙人到印度看到種姓制度，認識到其特點之一是據

出身定一輩子職業，於是稱種姓制度為「卡斯特」，意為「世襲職業集

團」。另外，高級種姓男子娶低級種姓女子是可以的，但反過來則不行。諸如以上種種規定，任何種姓都要遵守，違反者都要受到懲罰，嚴重的不僅會喪失種姓，而且其子女要降為賤民。清規戒律的出現，人為

地加劇了本來就因經濟、社會地位差別而形成的不平等。但從另外一方面看，它又與婆羅門、剎帝利在國家中愈加突出的強權趨勢保持一致。

大約在吠陀社會後期，四瓦爾那以外的賤民開始出現。賤民，又稱

不可接觸者。賤民是指從事屠宰、製革、埋葬、清掃等職業的人。這些

職業被婆羅門認為是最不潔的，是褻瀆神的，從事這些工作的人也就被

認為是不潔者，不可接觸。婆羅門還宣稱高級種姓者接觸不可接觸者就會被玷汙，因此必須避免接觸，被玷污的要舉行相應儀式淨身。為了避

免與賤民接觸，村舍、公共場所，甚至道路上，都不允許他們出現。賤

民群體主要由一些被征服的原始部落居民組成，另外一小部分是違反清

規戒律後被處罰的高級種姓的人，如其在婚姻等問題上嚴重違反規定，

就會喪失原種族身份，貶為賤民。隨著社會的發展，賤民隊伍不斷擴充，他們和首陀羅無疑成為種姓金字塔中處於最底層的受壓迫者。

種姓制度是印度進入階級社會後社會組織的基本結構，它將社會各個集團隔離，使之相互封閉，同時又使之相互依存，形成一種靜態的平衡。如統治剝削者屬於婆羅門、剎帝利兩個高級種姓，但這兩個高級種姓內又都有貧富之分、有權無權之分；吠舍屬於高級種姓，但大多數是被剝削的下層平民，只有少數人如大商人不算是被剝削者；首陀羅和賤民都屬於下層群眾，但賤民連首陀羅的地位都沒有，不過兩者都是社會中最受歧視和壓迫的對象。

雅利安人雖然基於分工的原理定下種姓制度，但因為它是強制的，而且不承認人與人之間的平等，否定了個人的自由與權利，久而久之自然形成嚴重的社會問題，並導致階級矛盾升級，其結果必致造成社會的不安與動亂。不過，弄清種姓制度依舊是瞭解古代印度歷史發展的一把鑰匙。

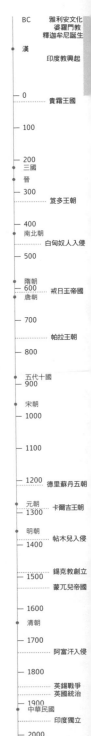

BC　雅利安文化
　　婆羅門教
　　釋迦牟尼誕生
漢
　　印度教興起

0　　貴霜王國

100

200　三國
晉
300　笈多王朝

400
南北朝
　　白匈奴人入侵
500

隋朝
600　戒日王帝國
唐朝
700
　　帕拉王朝
800

五代十國
900
宋朝
1000

1100

1200　德里蘇丹五朝

元朝
1300　卡爾吉王朝

明朝
　　帖木兒入侵
1400

1500　錫克教創立
　　蒙兀兒帝國

1600
清朝
1700
　　阿富汗入侵
1800
　　英錫戰爭
　　英國統治
1900　中華民國
　　印度獨立
2000

BC

耶穌基督出生　0—

君士坦丁統一羅馬

羅馬帝國分成兩部

波斯帝國　500—

回教建立

東羅馬馬其頓王朝

神聖羅馬帝國建立
　　　　1000—

英國征服愛爾蘭

蒙古第一次西征

歐洲流行黑死病

哥倫布發現新大陸
　　　　1500—

英國大破無敵艦隊

發明蒸汽機

美國獨立
拿破崙稱帝

美國南北戰爭開始

第一次世界大戰
第二次世界大戰

　　　　2000—

史詩中的世界

　　印度古代典籍浩瀚，吠陀文獻只是其中一類，另外一類重要文獻則是史詩。史詩主要產生於吠陀時期的後期，與吠陀用梵文傳教佈道訓世不同，它用俗語以講故事的方式將當時社會的各方各面呈現出來，因此具有極高的文學地位和濃郁的民間色彩。史詩的數量很多，家喻戶曉的史詩有兩部，一部是《摩訶婆羅多》（亦稱《大戰書》），另一部是《羅摩衍那》。

　　《摩訶婆羅多》描述了西元前9世紀規模最大的一次戰爭，「摩訶」意為大，「婆羅多」是雅利安人最大部落的名稱，因此亦稱為《大戰書》。全文共十八卷，另附一卷補充資料。這部史詩採用「偈韻」體裁寫成（即用對句寫），每句分16音節，2句為一對，共10萬對句，每對句末尾有抑揚的聲韻。當時，這種體裁普遍流行於史詩創作中。

　　該史詩作者至今不能確定，相傳為毗耶娑所撰。毗耶娑是漁家女貞信婚前的私生子。貞信後來嫁給福身王，生下兒子奇武，奇武婚後不久死去，留下兩個遺孀。福身王面臨斷絕後嗣的危險。於是，貞信找來在森林中修煉苦行的毗耶娑，讓他代替奇武傳宗接代，生下了兒子持國、般度和維杜羅。此後，毗耶娑仍然隱居森林，目睹和參與了持國百子和般度五子兩族鬥爭的全部過程。在般度族五兄弟升天後，他創作了這部史詩。如今這段傳說已無可考證，不過一些學者認為，這部史詩非一人

一時創作，而是幾個世紀眾多篇章的集大成。

　　《摩訶婆羅多》中婆羅多族部落被稱為月種王朝，其統治的地域包括恆河與朱木拿河的河間地帶及恆河上游。當時，月種王朝分為許多支系，每一個支系有一定的統治區。恆河上游象城的俱盧族與因陀羅普羅斯泰的般度族，屬於比較強大的支系，幾乎統治了大部分領土；然而一山不容二虎，故事中心內容就圍繞這兩個部族爭奪王國統治權而展開。最先不滿現狀的是俱盧族一百兄弟，他們設了一個賭局，以半壁江山為籌碼，邀般度族五兄弟加入。般度族五兄弟終經不住誘惑加入進去，結果輸掉自己統治的領土。俱盧族怕般度族賴帳，雙方妥協，只要般度兄弟先去流亡13年，就允許保留王國。不過，當流亡期結束後，俱盧兄弟拒絕般度兄弟復位。此時，般度族人終於看清俱盧兄弟貪婪狡詐、不守誠信的真面目，於是，一場曠世大戰拉開了序幕。雙方決戰於俱盧之野，幾乎北印度所有的部落都捲了進來，不過由於「王」的權力還比較分散，因此在這部史詩中只出現了一些較強大的部落名稱。戰爭持續了18天，雙方傷亡慘重，最終般度族取勝。王國終於得到統一，般度族兄弟進行了和平統治。故事發展到尾聲，般度族兄弟決定放棄王國，退隱於喜馬拉雅山麓之中。王位由般度族統帥阿周那之孫環住王（帕里克希特）繼承。他死後其子鎮群王繼位，遷都到阿桑蒂瓦特（即象城），並在舉行過馬祭後正式稱「大王」。

　　婆羅多大戰反映了古代印度早期國家已初具雛形，從此以後有了關於北印度較為可信但仍然模糊的歷史記載。以前大家認為這僅是個故事，但第二次世界大戰以後，經文獻考證和考古發掘，人們愈來愈傾向於認為這是事實。從這部偉大的史詩中，甚至可以瞭解當時恆河上游與河間地帶的許多生產生活面貌。從另一個角度看，婆羅多大戰不是一般的王族內爭，而是性質完全對立的兩類統治者的鬥爭。俱盧族一百兄弟代表強暴、高踞王位驕橫殘暴的貴族，般度族五兄弟則代表弱小、

受侮、遭遇流放迫害因而接近人民的貴族。雙方分別代表了正義與非正義，而史詩的基調則是頌揚般度族五兄弟代表的正義力量，譴責俱盧百子代表的邪惡勢力。同時，史詩也表達了人民在亂世希望由比較賢明的君主，而不是由暴虐的君主統一天下的願望。雖然《摩訶婆羅多》是一部描寫戰爭的詩歌，卻插入了各種神話傳說、寓言故事，以及宗教教義、哲學、政治、律法和倫理等論述。正如史詩本身所宣稱的：正法、利益、愛欲和解脫，這裡有，別處有，這裡無，別處無。可見這部史詩的內容囊括了人世間的一切，因此，在印度古代亦被奉為「第五吠陀」和「聖典」。例如它描寫每逢大戰關鍵時刻，般度族都是在黑天支持下採用詭計取勝的。這說明作者對統治者的認識是清醒的，並未違背生活真實而一味進行美化。

著名的印度教哲學經典《薄伽梵歌》就是其中的插敘之一，主要寫黑天尊者教訓一位將軍的話。這也是印度國父甘地最喜愛的聖歌之一，常在晚禱會用作唱詩之用。也有人說《薄伽梵歌》是印度哲學思想的基礎，講做人的道理、行為標準，缺少了這些倫理道德，社會就不能維繫。如服膺真理與非暴力等是永恆不變的，而法律則隨著時代與環境之不同而變易。整個史詩一面描述戰爭，一面又宣導非暴力，而二者又並無矛盾。

中國著名高僧玄奘讀了《摩訶婆羅多》後，亦獲得兩個強烈的印象，第一是複雜之中有和諧；第二是不斷追求統一，希望生活在發揚傳統的統一國度中。活在那個時代的雅利安人僅佔有北部印度及中印一部分地區，為了得到一個完整的印度，他們不斷向南擴張。而《摩訶婆羅多》中的爭霸之戰，勝利者即為整個印度的主人，這樣的結局無疑是圓了雅利安人統一印度的心願。另外，史詩中到處都有經典的至理名言與警句，如教人「己所不欲勿施於人」，「無益於社會而使自己蒙羞的事，千萬不做」、「成功不靠階級或家世，而賴真理、自制、慷慨與非

耶穌基督出生　0—

君士坦丁統一羅馬

羅馬帝國分成兩部

波斯帝國　500—

回教建立

東羅馬馬其頓王朝

神聖羅馬帝國建立
　　　　1000—

英國征服愛爾蘭

蒙古第一次西征

歐洲流行黑死病

哥倫布發現新大陸
　　　　1500—

英國大破無敵艦隊

發明蒸汽機

美國獨立
拿破崙稱帝

美國南北戰爭開始

第一次世界大戰
第二次世界大戰

　　　　2000—

暴力」、「真的喜悅從憂患中得來」、「滿招損，謙受益」等等。

《摩訶婆羅多》成書後，以口傳和抄本的形式流傳，其中抄本使用的材料主要是樺樹皮和貝葉。19世紀開始出現《摩訶婆羅多》的印刷文本。

20世紀初，《摩訶婆羅多》對於研究印度文化的重大學術價值，開始被西方學者發現。半個世紀後，印度梵文學者經過不懈努力，終於讓《摩訶婆羅多》精校本面世。在世人看來，這部百科全書式的史詩，不僅規模宏大，而且內容龐雜，堪稱「印度的靈魂」。

《羅摩衍那》是另一部可以和《摩訶婆羅多》媲美的史詩，其成書年代稍晚。「羅摩衍那」的意思是「羅摩的遊行」或「羅摩傳」。全書是用梵文寫成，詩律幾乎都是頌，每節2行，每行16個音節，2.4萬對句。書中主要講述阿逾陀國王子羅摩與他妻子悉多之間悲歡離合的故事。《羅摩衍那》是古代注重文飾的代表作，修飾講究，辭藻華麗，一度是宮廷史詩的典範。全詩不僅展現了印度古代宮廷內部和列國之間的鬥爭，而且穿插了不少神話傳說和小故事，及對自然景色、戰鬥場面的描繪，故而篇幅宏大。

《羅摩衍那》的作者傳說是蟻垤。相傳他出身婆羅門家庭，自小被遺棄，後以偷盜為生。也有人說他是古代的仙人，因靜坐修行數年不動，引無數螞蟻在其身築巢生息，故名蟻垤。還有人說他是一個語法專家。話說一天，他在樹林中看見一個獵人射死了一隻雄麻鷸，雌麻鷸因驚恐與悲哀慘叫不止，面對此情此景，悲憤不已的蟻垤突然脫口而出合轍押韻的話語，一種優美、和諧的詩體就此神奇地誕生了。這就是被後人稱為輸洛迦的短頌體，蟻垤正是用這種詩體創作了《羅摩衍那》。時至今日，作者的歷史真相已難以考證，只有史詩本身流傳下來，它講述了這樣一個故事：在恆河中下游有一個很古老的國家，名叫阿逾陀。國王為達薩拉塔，屬於第二種姓剎帝利。阿逾陀國後宮有皇后高沙麗雅、

BC 雅利安文化
婆羅門教
釋迦牟尼誕生

漢 印度教興起

0

貴霜王國

100

200 三國
晉

300 笈多王朝

400
南北朝
白匈奴人入侵

500

隋朝
600 戒日王帝國
唐朝

700 帕拉王朝

800

五代十國
900

宋朝
1000

1100

1200 德里蘇丹五朝

元朝 卡爾吉王朝
1300

明朝 帖木兒入侵
1400

錫克教創立
1500
蒙兀兒帝國

1600

清朝
1700
阿富汗入侵

1800
英錫戰爭
英國統治
1900
中華民國
印度獨立

2000

二妃蘇米特拉與最小的寵妃卡凱，她們為國王一共生育了四個皇子：皇后生長子羅摩，二妃生拉克與蘇特，寵妃亦有一子名為巴赫拉塔。羅摩王子容貌俊美，秉性仁孝，武藝超群，在一次射箭競技中獲勝，為鄰國公主悉多所傾慕，兩人喜結連理。不久後，國王因感年老，冊立羅摩為太子，全國人民大喜，懸燈結彩，舉國慶祝。但國王的寵妃獨感不悅，故作愁容。原來她在侍女慫惠下欲驅逐羅摩，立自己兒子為太子。國王得知她的非分要求，面露愁容，因為自己曾許諾在前：寵妃所求，有求必應。羅摩為讓父王不失信義，甘願流放。皇后聞訊後，亦欲偕往，但羅摩再三勸慰，請伴從父王，不宜從子。悉多為夫妻之情，堅持從夫，同甘共苦。同父異母二弟拉克手足情深，亦表示欲同行。自此，兄嫂與弟三人，一路南行，過苦行僧生活，食野菜樹根，穿樹皮草鞋，四處漂泊，專心祈禱，居無定所。

羅摩等漂泊在外，國王思子心切，三年後抑鬱而終。不瞭解內情的寵妃之子，被召回舉行父葬和繼承王位。然而紙包不住火，巴赫拉塔得知真相後，痛斥母親，舉行完父親葬禮後，親自去森林尋找羅摩，準備迎返交換王位。歷盡千山萬水，兄弟相遇，但羅摩堅持父王曾命放逐14年，限期未滿，不能中途回宮，並請其弟仍攝理國政。巴赫拉塔只得帶回羅摩的鞋子供在王座上，代為攝政。羅摩三人繼續南行，入森林跋涉歷險。不料，他們進入異族巢穴，雙方發生戰鬥，羅摩大勝，如此過了13載。不久後，印度南部隔海相對的獅子國（錫蘭，今斯里蘭卡）國王拉瓦拉垂涎悉多美貌，一日乘羅摩外出，擄走悉多至錫蘭。羅摩返回，結合德干諸部前往聲討。羅摩又與猴國結盟，猴王坐下有一神猴哈努曼神勇異常（也為中國《西遊記》孫悟空原型），在神猴哈奴曼及猴群相助下，終於戰勝錫蘭王，救回悉多。但羅摩懷疑悉多的貞操，使她投火自明。火神從熊熊烈火中托出悉多，證明了她的貞潔。時已滿14載，羅摩遂攜妻與弟回宮，重掌國政，阿逾陀國出現太平盛世。但不久風波又

耶穌基督出生　0—

君士坦丁統一羅馬

羅馬帝國分成兩部

波斯帝國　500—

回教建立

東羅馬其頓王朝

神聖羅馬帝國建立
　　　1000—

英國征服愛爾蘭

蒙古第一次西征

歐洲流行黑死病

哥倫布發現新大陸
　　　1500—
英國大破無敵艦隊

發明蒸汽機

美國獨立
拿破崙稱帝
美國南北戰爭開始

第一次世界大戰
第二次世界大戰

　　　2000—

起，民間謠傳悉多不算貞女。羅摩為不違民意，忍痛把懷孕在身的悉多遺棄在恆河岸邊。悉多得到蟻垤仙人的救護，住在淨修林裡，生下一對孿生子。後羅摩舉行馬祭，蟻垤安排孿生子與羅摩相會，並向羅摩辯明悉多的貞節，但羅摩仍認為無法取信於民。悉多無奈，向大地母親呼救，說如果自己貞潔無瑕，請大地收容她。頓時大地裂開，悉多縱身投入大地懷抱。最後羅摩兄弟都升入天國，復化為毗濕奴神。

《羅摩衍那》共分七章：《童年篇》、《阿逾陀篇》、《森林篇》、《猴國篇》、《美妙篇》、《戰鬥篇》和《後篇》。第二章到第六章是原作，第一章和第七章可能是後來（不早於西元前200年）補充進去的。最初《羅摩衍那》只是口頭流傳，增增刪刪，因人因地而異，寫成後仍無定本。如今《羅摩衍那》已被改寫為歌劇、話劇及各種民間故事，流傳於印度、斯里蘭卡、印尼等地。它所描寫的故事生動曲折，可歌可泣。詩中訴盡了忠孝節義的人間美德，無疑是為印度社會塑造了千秋萬世的典型。千年來，學者對這部史詩的主幹故事有各種解釋。有人認為該史詩反映的是農業技術從印度北方傳向南方的過程；有人認為它是一部戰勝艱苦和強暴的英雄頌歌；也有人說史詩歌頌的是新興地主階級，且透過大力宣揚一夫一妻制，強調女子的貞節，表現了作者對王位繼承的純潔性的關心。

《羅摩衍那》除了涵蓋眾多層面的思想內容外，還具有獨特的藝術風格。全詩語言雖樸素無華，簡明流暢，但已經呈現出精雕細鏤的傾向。文中對四季或六季、夜景、宮殿以及恆河生動細緻的描繪，可以說是開闢了一個新天地。

《摩訶婆羅多》和《羅摩衍那》兩大史詩對印度文學影響很大，幾千年來歷史學、文學和戲劇，古代和中古的文學創作大多從中取材。其影響早已遠超出印度，特別是在亞洲廣泛流傳，被視為人類最寶貴的文化遺產。它們對印度民間生活影響頗廣，在農村的節日集會上往往被婆

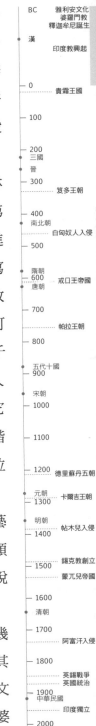

BC 雅利安文化
婆羅門教
釋迦牟尼誕生

漢

印度教興起

0 貴霜王國

100

200 三國
晉

300 笈多王朝

400
南北朝

白匈奴人入侵
500

隋朝 戒日王帝國
600
唐朝

700 帕拉王朝

800

五代十國
900

宋朝
1000

1100

1200 德里蘇丹五朝

元朝 卡爾吉王朝
1300

明朝 帖木兒入侵
1400

錫克教創立
1500 蒙兀兒帝國

1600

清朝
1700 阿富汗入侵

1800

英錫戰爭
英國統治
1900
中華民國
印度獨立

2000

羅門用梵語念一段，當地人以方言複誦一遍，邊講，邊唱，邊舞，所以不識字者也會背。小孩識字常常從兩大史詩開始。兩大史詩也影響了印度哲學思想，正如印度前總理尼赫魯所說：大部分的神話或故事都帶有英雄的概念，也教人服膺真理，信守諾言，知其不可而為之，置個人死生於度外，以大勇至善的服務來為大眾的福利奉獻犧牲。有時純粹是一片幻想，或者穿插了一些事實在神話之中，或者過分誇張了某些地方，像大家現在所知道的。事實與想像是這樣的混淆不清而又難於分辨，也許不能清楚地告訴我們究竟發生了些什麼事，但同樣重要的是，人們相信它發生了，人們認為他們的英勇祖先能夠辦得到，人們受到理想的鼓舞。所以不管它是真是假，它已成為他們思想中的一部分，使他們能從日常的現實醜陋生活中昇華，為他們指引一條人生奮鬥的大道，儘管它是那樣可望而不可及。尼赫魯的這一段話，很恰當地說明了印度史詩對後人的影響。

婆羅門教誕生

宗教改革的序幕

西元前1500年，雅利安人跋涉千里進入印度次大陸。在這片遼闊的土地上，這批新來的移民者開始狩獵捕魚，耕種紡織，建立家園，繁衍子孫。為了保障自己的生存，他們與其他原始土著居民一樣，敬畏與崇拜帶給他們一切的自然。於是當他們膜拜、禮讚、歌頌所謂的自然之神時，宗教開始在他們心中生根發芽。

早期吠陀時代，雅利安人原始宗教信仰是崇拜自然萬物有靈論。他們崇拜樸素的自然神和地方保護神，據《梨俱吠陀》所載，當時民間崇拜的神主要有33位，其中男神占多數，最大的神則是因多羅。因多羅是雷電神、雅利安人的戰神和保護神。平時祂手執金剛桿，駕著天馬拉的戰車巡行於天空，風神追隨在其身後，《梨俱吠陀》有四分之一的章節都在讚頌祂。除了因多羅，雅利安人崇拜的神還有火神阿耆尼、天神帝奧斯及梵倫那、酒神娑摩、雨神巴犍雄、黎明女神烏莎斯以及太陽神蘇里亞等。

早期的吠陀宗教沒有複雜的教義，婆羅門祭司的勢力還不強大，尚未形成壟斷宗教祭祀活動的特權等級，僅在祭祀活動中擁有最高的地位。為了保障自己的生存，他們膜拜、禮讚、歌頌一切自然神祇，且將

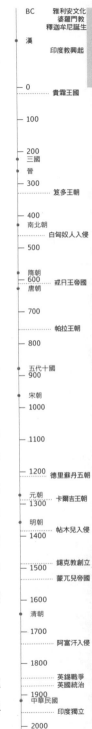

BC　雅利安文化
　　婆羅門教
　　釋迦牟尼誕生
漢
　　印度教興起

0　　貴霜王國

100

200
三國
晉
300　笈多王朝

400
南北朝
　　白匈奴人入侵
500

隋朝
600　戒日王帝國
唐朝

700
　　帕拉王朝

800

五代十國
900

宋朝
1000

1100

1200　德里蘇丹五朝
元朝　卡爾吉王朝
1300
明朝
　　帖木兒入侵
1400

　　錫克教創立
1500　蒙兀兒帝國

1600
清朝

1700
　　阿富汗入侵

1800
　　英錫戰爭
　　英國統治
1900
中華民國
　　印度獨立

2000

讚歌編為聖典，相互傳頌。《梨俱吠陀》就是這一時期婆羅門祭司舉行祭祀讚頌吠陀諸神的頌詩彙編，後來成為雅利安人的婆羅門教聖典。聖典裡吠陀諸神所司的職能及其威力，表現在祂們能駕馭自然界的各種力量，並能支配一切生靈，主宰人間禍福，為人類消滅一切邪惡勢力。諸神之間沒有等級，形象也極具人格化，例如日神和火神的四肢、舌、鬚髮和牙齒象徵日光和火焰等。

　　隨著時代的演進和社會的發展，一個專職的、掌握宗教特權的婆羅門種姓集團逐漸在後吠陀時代形成，他們把原始的吠陀教學說加以整理演變，最終形成了較為系統化的婆羅門教。

　　婆羅門教保留了多神崇拜的特點，但有新的變化，出現最高的神梵天。梵天是宇宙創造神，由《梨俱吠陀》中的生主神布魯沙演變而來。史詩時代的毗濕奴神和濕婆神逐漸突顯出來。毗濕奴神原為太陽神的形式之一，現在成了宇宙維護神。濕婆神由原動物神演變而成，職司破壞和毀滅邪惡。他們和梵天一起，成為婆羅門教三大主神。三大主神各司其職，共同主宰宇宙的一切，梵天創造宇宙，主宰人類的命運；毗濕奴維護宇宙間的和平，展現賞善懲惡的大無畏精神，因此也最讓民眾敬仰；濕婆神不但能毀壞宇宙，同時能降伏妖魔，還代表生殖與創造。

　　隨著雅利安人向奴隸制社會的過渡，吠陀諸神的性質也發生了相應的變化。因多羅、阿耆尼、梵倫那等《梨俱吠陀》時期的大神地位下降，有些神的職司發生變化。隨著國家政權的初步出現，因多羅成為國王及貴族的保護神。塵世有了法庭，天神梵倫那則變成天界的司法神。私有財產制度及商業貿易的出現，讓人們開始對財神庫伯拉的崇拜不斷升溫。而父系家長制大家庭的出現，則強化了族人對家族祖先及其鬼魂的崇拜，由此衍生出統治鬼魂的閻摩神。宗教的變化反映王權建立後人間等級的差距，也顯示隨著政權的建立維護統治制度得到強化。

　　婆羅門教在形成過程中，保留了原來崇拜的許多神和動植物神，

也吸收了當地居民的一些宗教內容，包括印度河流域文明的某些宗教因素，如照看牲畜的普賢神成了首陀羅的神，象頭神甘奈西、女神帕爾瓦提也逐漸受到崇敬等。

婆羅門教的經典文獻是《吠陀》。「吠陀」原意為宗教的知識，後來轉化為對婆羅門教經典的總稱。《吠陀》用吠陀梵文編寫而成，囊括了《吠陀本集》、《梵書》（又稱《婆羅門》或《淨行書》）、《森林書》（又稱《阿蘭若書》）、《奧義書》（又稱《優波尼沙曇》）等幾大部分內容。其中《吠陀本集》也被稱為狹義的《吠陀》，由《梨俱吠陀》、《娑摩吠陀》、《耶柔吠陀》和《阿闥婆吠陀》四部組成。

《梨俱吠陀》在《吠陀本集》中最古老、最重要，編成年代大致為西元前1300年至西元前1000年。它是雅利安人早期部落的詩歌集，記載了有關印度雅利安人的生產生活，展現出由氏族制原始社會向奴隸制階級社會過渡的早期歷史面貌，是極其寶貴的歷史文獻資料。「梨俱」的意思為「讚頌」，因此大部分詩歌是對自然界各種現象加以神話的歌頌。《梨俱吠陀》收錄詩歌共1028首，分10卷。每首詩長短不一，最短的是1節，最長的為58節，平均為10節。每節一般是四句話，一句為1行，所以又成為「四行詩」。也有一些詩每節是3行或5行的。這些詩是雅利安人在祭祀、祭神時用以頌唱神的，因此選取了當時流行的口頭語言「吠陀語言」，而唱詩者則稱為「雅利安」。最早期的《梨俱吠陀》並沒有形成文字，靠世代口耳相傳，後世人恐其失傳，故將其筆錄成冊。

《娑摩吠陀》是印度最古老的聖歌和樂章，共收錄歌曲1549首。「娑摩」原是一種飲料，酒神娑摩由此而來，後轉意為「曲調」。《娑摩吠陀》歌詞完全取自《梨俱吠陀》，因此最適合在祭祀時被用來歌頌吟唱。

《耶柔吠陀》是婆羅門祭祀用的禱文散文詩總集，共84章2000首

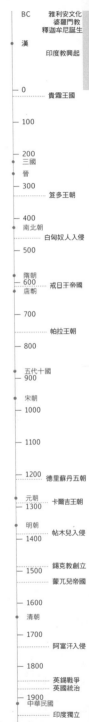

BC　雅利安文化
　　婆羅門教
　　釋迦牟尼誕生

漢　　印度教興起

0　　貴霜王國

100

200　三國
　　晉
300　笈多王朝

400　南北朝
　　白匈奴人入侵
500

隋朝
600　戒日王帝國
唐朝

700

　　帕拉王朝
800

五代十國
900

宋朝
1000

1100

1200　德里蘇丹五朝
元朝　卡爾吉王朝
1300

明朝　帖木兒入侵
1400

1500　錫克教創立
　　蒙兀兒帝國

1600
清朝

1700　阿富汗入侵

1800
　　英錫戰爭
　　英國統治
1900　中華民國
　　印度獨立
2000

詩。禱文內容基本上重複《梨俱吠陀》，只是在如何進行祭祀等方面做了一些必要的修改。《耶柔吠陀》又分為《白耶柔吠陀》和《黑耶柔吠陀》，後者比前者古老些。

《阿闥婆吠陀》意為「禳災明論」，是驅除災害、疾病的名言、咒語和巫術的彙集，共20卷731首詩。阿闥婆是傳說中第一位拜火祭祀的創行者，具有神力，可祈福消災。由此可知《阿闥婆吠陀》的內容涉及民間信仰，以及古代印度的醫學、化學、天文學和醫藥學方面的知識。在後人眼中，它稱得上是古代印度醫學知識的萌芽產物。

《梵書》是吠陀經文的注解書，透過它可以瞭解《吠陀本集》中頌詩、祭詞的意義和目的，以及祭祀的方法和祭祀的起源等。《梵書》

之所以產生，是由於雅利安人在恆河上游擴張過程中，逐漸與當地居民的語言產生融合，致使原來使用旁遮普地區方言的《吠陀本集》的經文日益費解。精通《吠陀本集》的婆羅門僧侶們為了讓經文適用於日益複

雜繁瑣的祭祀儀式，逐漸對《吠陀本集》的內容及祭祀儀式進行了注釋和闡述，由此衍生出《梵書》。隨著社會的發展，《梵書》的實用性讓它成為婆羅門僧侶的宗教秘典和手冊。特別是一些年邁體弱的婆羅門僧

侶，由於不能從事各種宗教活動，因而以誦讀此書代替祭祀儀式。《梵書》從寫作形式來看，屬散文體，可謂印度最古老的散文作品之一。

《吠陀本集》中的每一部吠陀經都有若干種為之作闡釋的《梵書》，如屬於《梨俱吠陀》的有《愛達羅氏梵書》、《海螺氏梵書》，屬於《阿

闥婆吠陀》的有《牛道梵書》等，這些闡釋《梵書》中最有名的是注釋

《耶柔吠陀》的《百道梵書》。

《極意》是《梵書》的最後一部分，由於其所闡釋的內容深奧，故

成為《梵書》的經典。

《森林書》是《梵書》的附屬部分，因在森林中傳授而得名。當時的哲人們棲居於森林深處，對宗教祭祀的意義，宇宙人生的奧秘，人、

自然和神三者之間的關係等哲學問題進行了深刻的冥想，因此《森林書》可看作是早期的宗教哲學著作。

《森林書》的附屬部分是《奧義書》。「奧義書」的梵文原意是「近坐」、「秘密的相會」，後來引申成師生對坐所論述的神秘教義。《奧義書》代表吠陀文獻的最後階段，其成書於西元前7至5世紀，內容極為龐雜，且相互矛盾，流傳至今的有200餘篇，大部分是散文，所使用的語言與古典梵語接近。《奧義書》的內容已開始擺脫宗教神話，祭祀儀式也已退居次要地位，人的本質、命運以及和世界的關係逐漸成為論述主體，從而表現出了自由思想傾向。相傳《奧義書》有108部，其中《鷓鴣氏奧義書》、《由誰奧義書》等13部現在確認是原始《奧義書》，而《唱徒奧義書》和《廣林奧義書》則是最重要的兩部。

與吠陀相關的文獻還有《經書》。《經書》雖然是研究吠陀各學科的簡短明晰的論著，卻可獨立出來。它內容龐大，有廣義和狹義兩種，廣義的是《吠陀分明論支節錄》，包括聲調學、音律學、文法學、難字集解、天文學、禮學六類。狹義的是《禮學》，分《所聞經》、《家範經》和《法經》三類。禮學內容與吠陀祭祀、日常祭祀儀式、家庭禮儀、社會職責、行為規範和宗教義務相關。如《葛屍伽經》中講述巫術與醫藥的實施儀式，《創造禮》中有關於印度最原始的冠禮之演變等。其中《法經》可說是印度最古老的法律學著作，涵蓋其中的《摩奴法論》（又譯為《摩奴法典》）可謂是重中之重。

吠陀時期與宗教相關的文獻還有許多模仿兩大史詩而撰寫的歷史著作，這類書稱為《往世書》，其內容談論開天闢地以及宇宙的毀滅和再生，敘述諸神與各大教長的譜系，以及太陽王朝和太陰王朝的世系與歷史等等。

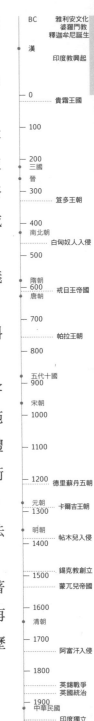

BC　雅利安文化
　　婆羅門教
　　釋迦牟尼誕生
漢
　　印度教興起

0　　貴霜王國

100

200　
三國
晉
300　笈多王朝

400
南北朝　白匈奴人入侵
500

隋朝　戒日王帝國
600
唐朝

700

800　帕拉王朝

五代十國
900
宋朝
1000

1100

1200　德里蘇丹五朝
元朝　卡爾吉王朝
1300
明朝　帖木兒入侵
1400

1500　錫克教創立
　　蒙兀兒帝國

1600
清朝
1700　阿富汗入侵

1800
　　英錫戰爭
　　英國統治
1900　
中華民國
　　印度獨立
2000

轉世輪迴精神

　　人類早期經典文獻的神聖性，是世界上幾大文化傳統所共有的一個特徵。婆羅門教認為，吠陀是「天啟」或「神的啟示」，由古代聖人受神的啟示誦出編輯而成，因此只有「再生族」有資格閱讀，「一生族」無權問津。除此之外，宗教祭祀活動在當時具有特別重要的意義，它是人類早期精神生活的一個基本要素，透過祭祀活動，人可向神獻祭，神亦能向人傳諭。主持祭祀活動的婆羅門祭司，則成為婆羅門教徒眼中人與神之間的中介，充當著人與神之間的溝通者。

　　婆羅門教信奉婆羅門至上，這一綱領與種姓制度相輔相成。在《梨俱吠陀》時代，婆羅門只是管理祭祀。梵書時期出現了世襲祭司的婆羅門家族，種姓制度確立後，他們的權力和地位日益提高。《耶柔吠陀》稱婆羅門為「最勝種姓」、「人間的神」，他們不單是宗教的指導者，也是當時的知識階層，甚至被稱為「一切知識的壟斷者」。神祇代言人的身份，讓婆羅門及其家屬們成為社會中的特權階層，他們可以接受佈施、豁免賦稅，甚至犯重大罪行時亦可免死。

　　婆羅門教義的核心是「羯摩」理論，即「因果業報」說，宣揚人一造業必有果報，有了果報就要產生輪迴。「因果業報」說在現世中轉化為「善」有「善報」，「惡」有「惡報」。《奧義書》等吠陀文獻，圍繞這一核心逐漸形成了婆羅門教的神學思想體系。在這一體系中，婆羅門教認為宇宙無限，身為宇宙一分子的個人亦是帶著無限的過去，走向無限的未來，並由此歷經「三生」，即人在母體內懷胎十月時為第一生；脫離母體進入凡世為第二生；子孫後代為在現世留下的第三生。「三生」論對人生有一種積極鼓舞的作用。雖然每個人的第二生也是短暫的，可謂人生自古誰無死，不過這一結束只是一種轉變，是奔向無限未來的一個過程。人們不因第二生的艱難險阻、生離死別而悲傷，要努

力向前，方可創造美好的第三生。按照這種理論，靈魂不滅，會轉世到新的形體上，這就是輪迴。人生在世的每個行動、意念都是在作業。今世造福，來生會向好的方向輪迴；堅持下去，最終能從輪迴中解脫。否則，就會向壞的方向輪迴，永無解脫之日。

　　圍繞上述靈魂輪迴和因果業報說，《奧義書》中還提到「自我至樂」、「自我至大」、「大仁大勇」、「泛愛眾生」等精神。另外，婆羅門教雖然信仰多神，但奧義書有一神論傾向。雅利安人相信宇宙萬物外相雖不同，但本體相同，皆屬於「梵」。「梵」遍存於整個宇宙，充塞天地與芸芸眾生之間。人肉血軀因「梵」的存在而成為生命之體，一旦不能覺察「梵」之存在，則軀殼若朽木，與草木同腐，永淪苦海。由此，婆羅門教強調了「梵」是萬物的創造者，又論證了一和多的統一。所以婆羅門教並非純粹的多神教，稱它為一元多神似乎更貼切。

　　婆羅門教思想的基本精神體系，源於其靜觀宇宙，體察人生的心得，同時也是為了維持其血統的純潔性和地位的優越性。為此，婆羅門僧侶又創造出「達摩」（譯為：作業），即各個種姓必須遵守的行為規範和準則。「達摩說」強調每個人、每個種姓都有其「達摩」，都必須按照「達摩」的要求行動，這是行為規範不能背棄、不能超越。「羯摩」的輪迴業報教義在「達摩」的概念中得到具體化和系統化。婆羅門教鼓吹說：如果人能夠摒棄社會生活，抑制七情六欲，實行「達摩」的規定，那麼，他就可以達到「梵我一如」，從而獲得解脫，脫離苦海，達到至樂境地。

　　在這裡，遵守種姓義務和戒律就被規定為宗教義務和行為規範，而對再生族來說，則要恪守宗教要求的人生四階段：

　　第一個階段「梵志期」。始於再生禮，終於學業完成。在此期間，他要在教師家中過著獨身的簡樸生活，苦修《吠陀本集》及諸聖書。

　　第二階段「家居期」。結婚生子，主持家政，教育子女，敬祖祭

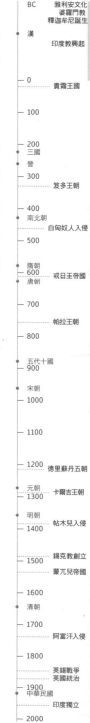

BC　　雅利安文化
　　　婆羅門教
　　　釋迦牟尼誕生

漢　　　印度教興起

—0　　貴霜王國

—100

—200
三國
晉
—300　笈多王朝

—400
南北朝
・・・・・白匈奴人入侵
—500

隋朝
—600　戒日王帝國
唐朝
—700

—800　帕拉王朝

五代十國
—900

宋朝
—1000

—1100

—1200　德里蘇丹五朝

元朝
—1300　卡爾吉王朝

明朝
—1400　帖木兒入侵

—1500　錫克教創立

蒙兀兒帝國
—1600
清朝

—1700

阿富汗入侵
—1800

英錫戰爭
英國統治
—1900
中華民國
・・・・・印度獨立

—2000

祀，領悟吠陀精義。

第三階段「林棲期」。隱居深林，專心宗教之沉思冥想。

第四階段「苦行期」。做瑜伽苦行者，雲遊四方。

以上是雅利安人再生族男子的理想一生。再生族婦女則須盡自己的本分。《阿闥婆吠陀》已提到薩提制，即寡婦殉夫制。

婆羅門教作為世界最早的宗教之一，佈局結構鬆散，既無公認的創始人，又無僧侶組織和廟宇，帶有原始宗教的特點，不過其所展現的神學思辨性之高，在當時世界上可說是少見的。婆羅門教的創立無疑鞏固了婆羅門、剎帝利上層種姓的統治地位，對國家最初的形成產生一些積極作用，但給社會帶來的影響卻有很大的消極作用。其轉世輪迴的教義，把人們的希望引向來世，排斥任何反抗和進取，對人民群眾發揮精神麻痺作用，讓受壓迫者接受現實和安於現狀，成為維護極不平等的種族制度的反動思想武器。不過西元前7世紀左右，隨著小型的獨立王國的出現，新興的統治者們不願見王權長期受制於婆羅門僧侶，宗教改革醞釀而生，耆那教和佛教開始形成，其中尤以後者的影響最為深遠。值得一提的是，婆羅門教義中「羯摩」以及「達摩」理論，也為耆那教和佛教所吸收。

耶穌基督出生　0—

君士坦丁統一羅馬

羅馬帝國分成兩部

波斯帝國　500—

回教建立

東羅馬馬其頓王朝

神聖羅馬帝國建立
　　　　1000—

英國征服愛爾蘭

蒙古第一次西征

歐洲流行黑死病

哥倫布發現新大陸
　　　　1500—

英國大破無敵艦隊

發明蒸汽機

美國獨立
拿破崙稱帝

美國南北戰爭開始

第一次世界大戰
第二次世界大戰

　　　2000—

佛教誕生

喬達摩的冥想

西元前6世紀，印度社會刮起熱切追求信仰自由與宗教解放的風潮。當時，婆羅門這一掌控印度大眾福禍與生死大權的特殊階級，引起王者剎帝利的極大反感。同時，隨著經濟的發展，大量城鎮建立起來，手工業和商業逐漸繁榮，在意識形態上，人們開始對吠陀信仰產生懷疑。另外，印度北部，尚有蒙古血統後裔存在，他們受到雅利安人的種族歧視，尤其不滿婆羅門教殺牲獻祭，苦修以求解脫的宗教理論。在如此錯綜複雜的社會矛盾中，新的哲學派別和新的宗教蓬勃興起，開創了古代印度史上「百家爭鳴」的新局面。

當時有許多思想哲學界的人士，有的主張唯識，有的贊成自救，並提出神與靈魂、神與救贖等爭論話題。不過，受關注最多的是耆那教與佛教的思想，尤其是在城市商業貿易較發達的恆河中下游東方諸國，在那裡婆羅門教的舊傳統影響相對薄弱，婆羅門種姓的保守勢力不大，故成為耆那教與佛教新興的搖籃。佛教和耆那教儘管都接受「業」與「輪迴」兩個基本概念，但都反對婆羅門教正統，否認吠陀權威，都反對種姓制度，都以更接近民眾的俗語傳教。兩教的創始人都屬剎帝利種姓，幾乎同時在同一地域進行傳教。

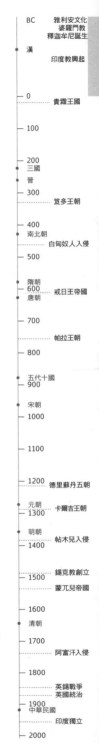

BC　雅利安文化
　　婆羅門教
　　釋迦牟尼誕生
漢
　　印度教興起

0　　貴霜王國

100

200
三國
晉
300　　笈多王朝

400
南北朝
　　　白匈奴人入侵
500

隋朝
600　　戒日王帝國
唐朝

700

　　　帕拉王朝
800

五代十國
900

宋朝
1000

1100

1200　德里蘇丹五朝

元朝　卡爾吉王朝
1300

明朝
　　　帖木兒入侵
1400

　　　錫克教創立
1500
　　　蒙兀兒帝國

1600
清朝
1700
　　　阿富汗入侵

1800
　　　英錫戰爭
　　　英國統治
1900
中華民國
　　　印度獨立
2000

在思想界，與正統的婆羅門教體系對抗的是「沙門思潮」。沙門思潮是當時新興派別的通稱，其共通性是堅持自由思想，反對婆羅門教及其種姓制度。沙門思潮包括新興的宗教和唯物主義各流派，其矛頭主要指向婆羅門教的三大反對綱領——「吠陀天啟、祭祀萬能、婆羅門至上」。這一時期新出現的教派和學派有96種或「六十二見」。這些教派和思潮，各有自己的學說主張、領袖和信徒，著名的有順世論派、耆那教派、生活派、不可知論派等。其中佛教是最流行、影響最大的一派，受到剎帝利王家貴族和上層商人階層的支持。

佛教創始人是喬達摩‧悉達多，佛教徒都稱他為「釋迦牟尼」，意思為釋迦族的聖人。除此之外，他還有「如來」、「世尊」、「佛」等十餘個稱號。西元前565年（此處生年依中國佛教界而定），喬達摩出生於尼泊爾南部靠近印度邊境的藍毗尼花園，他是統轄這一區域的迦毗羅衛國國王淨飯王之子。特殊的身世，讓喬達摩一出生就被列入剎帝利種姓階層，受婆羅門五明教育。19歲時，他遵母親摩耶夫人之命，與拘利城善覺王之女成婚，在宮廷內過著無憂無慮的生活。但世俗的安樂不能解除他心中的苦悶，傳說他曾四次驅車出遊，路遇老人、病人、死人和苦行者而深感人生皆苦。當感悟到塵世快樂的虛渺無常時，他決心尋求解脫真諦。

29歲時，喬達摩拋棄妻子，出家求道。在求訪之初，他曾受教於沙門思潮中的一些宗派，奉行苦行主義，雖歷經六載苦難，未有所悟，反弄得身心衰弱，遂放棄。至出家第七年，喬達摩來到菩提伽耶，靜坐於菩提樹下冥思。經過七七四十九天的苦思，喬達摩終於「大徹大悟」、「立地成佛」，為芸芸眾生找到了一條脫離世間苦海的道路，自此喬達摩被稱為釋迦牟尼。不久，釋迦牟尼來到婆羅奈斯（今貝那勒斯）的鹿野苑第一次傳教，後成為「初轉法輪」，並由此逐漸形成佛教「緣起」（「十二因緣」）、「四諦」和「八正道」的基本教義。

英國征服愛爾蘭

蒙古第一次西征

歐洲流行黑死病

哥倫布發現新大陸
　　　　　1500—

英國大破無敵艦隊

發明蒸汽機

美國獨立
拿破崙稱帝

美國南北戰爭開始

第一次世界大戰
第二次世界大戰

　　　　　2000—

「緣起」（「十二因緣」）是早期佛教的哲學基礎。釋迦牟尼認為，物質元素與精神元素是在一種因緣關係中相互結合、依存、變化地存在著，宇宙的一切本是不增不減、不生不滅，呈現在世人面前的是一連串不斷的變化。這種變化概括為「六相」，即總相、別相、同相、異相、成相、敗相，種種錯綜複雜的排列組合，互為因果，彼此依存。人之所以敗壞、死亡、哀傷、痛苦，是因為不明白上述的道理，從而流轉於生死的大苦海中。若要脫離苦海，必須經由正道，從一切事物中見「緣起」，明瞭諸法無常，諸行無我，才能進入永恆的涅槃境界。釋迦牟尼用「緣起」闡明了宇宙萬物的複雜現象與發展過程，以及相互制約的因果關係，並由此得出「四諦」和「八正道」。

「四諦」中，「諦」即「真理」，四諦為「苦、集、滅、道」。「苦諦」是說人之受苦，以逼迫為相。此處的「苦」泛指「八苦」，即生、老、病、死、愛別離、怨憎會、求不得、五取蘊（即色、受、想、行、識）盛。雖然佛家指出整個人生皆為苦，但其闡述的理論並不悲觀，也不樂觀，而是正確客觀地告訴眾生。「集諦」是說貪戀心召集眾苦。苦的根源是渴愛，世間一切困擾與紛爭，無不由這種自私的渴愛所引求。「滅諦」是指苦滅無餘，苦是可以消滅的真理。人類可以經由持續不斷的自身之努力，徹底消滅苦因，獲得涅槃。然而涅槃不是結果，只是一種境界。在這種境界中，智者內證，無感無覺。沒有感覺，就是快樂。唯留清淨、溫柔、慈悲、和善、同情與寬容。如何達到這種境界呢？則需參悟「道諦」。「道諦」乃是所有苦的止息的途徑，即「八正道」。「八正道」依次為：正見（正確的見解和信仰）、正思（正確的思維）、正語（正確的言語）、正業（正確的行為和作為）、正命（正確的生活）、正勤（正確的努力）、正念（正確的意念）、正定（正確的精神統治）。釋迦牟尼提出任何人只要遵循這「八正道」，不論社會出身如何，皆可修成正果。在這裡，他強調了人性的完美，認為人都有

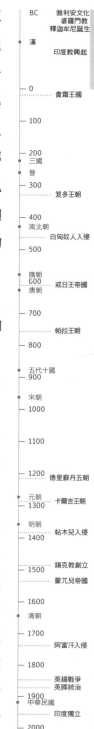

BC 　雅利安文化
　　婆羅門教
　　釋迦牟尼誕生
漢
　　　印度教興起
0 　　貴霜王國
100
200
三國
晉
300 　　笈多王朝
400
南北朝
　　　白匈奴人入侵
500
隋朝
600 　　戒日王帝國
唐朝
700
　　　帕拉王朝
800
五代十國
900
宋朝
1000
1100
1200 　德里蘇丹五朝
元朝 　卡爾吉王朝
1300
明朝
　　　帖木兒入侵
1400
　　　錫克教創立
1500
　　　蒙兀兒帝國
1600
清朝
1700
　　　阿富汗入侵
1800
　　　英錫戰爭
　　　英國統治
1900
中華民國
　　　印度獨立
2000

潛在成佛的可能，須主宰自己。能否成佛，全靠自己的修行和苦修。

除了以上的「四諦」和「八正道」，最初的佛教哲學還在「緣起」的基礎上發展為「三法印」主張。在這一主張中，佛教強調宇宙間的一切事物和各種現象，都沒有起主宰作用，唯有佛法存在並起主宰作用。這一理論是對婆羅門宗教哲學「梵我合一」的批判。同時，「三法印」認為人和萬物永遠處於不斷生滅的變化過程中，否定婆羅門教所宣揚的種姓制度。佛教並不否定四種姓的存在，認為是人類形成之初職業分工不同造成的，但是對婆羅門高高在上的姿態進行了激烈的抨擊。在四種姓中，佛教強調剎帝利應居首位，認為沒有王權就無以正法治民，社會就不能存在，而婆羅門只能位居第二位。

耶穌基督出生　0—

君士坦丁統一羅馬

羅馬帝國分成兩部

波斯帝國　500—

回教建立

東羅馬馬其頓王朝

神聖羅馬帝國建立
1000—

英國征服愛爾蘭

蒙古第一次西征

歐洲流行黑死病

哥倫布發現新大陸
1500—

英國大破無敵艦隊

發明蒸汽機

美國獨立
拿破崙稱帝

美國南北戰爭開始

第一次世界大戰
第二次世界大戰

2000—

釋迦牟尼在初轉法輪後的四十五年中，以摩揭陀為中心，在東西等地的廣大恆河流域進行說法傳教活動。佛教順應時代要求，迅速發展成為擁有廣大信徒和巨大社會影響的新興宗教。因為其標榜「眾生平等」，提出不分種姓差別，人人皆可入教，反對奢侈祭祀儀式，且用方言俗語傳教，頗受下層群眾的歡迎。同時，它反對極端苦行主義，只要求信徒過原來的生活，進而亦獲得貴族及富裕階層的支持。在此期間，釋迦牟尼經常往來於王舍城與舍衛城之間，結交國王和商人，在他們的贊助下建立佛陀活動的基地之一竹林精舍。另外，釋迦牟尼也向鄰近國家傳教，所走的路線主要是商道，沿途結識了許多富商大賈，獲得鼎力資助。西元前483年，釋迦牟尼圓寂，享年80歲。據傳，其遺體火化後所留下的舍利（骨灰）被分成八份，附近的八個國家各取一份供奉於佛塔之中。

佛陀涅槃後，信徒們舉行過四次結集。每一次結集，信徒們召開集會並透過誦編輯經典，確認這些內容是佛陀的教導。第一次結集是在釋迦牟尼圓寂後第四個月，地點在王舍城毗婆山上的七葉岩。參加大會的僧徒約五百人，故在佛教史上稱為「五百羅漢大結集」。大會審訂和

編輯了佛教經典《律藏》和《經藏》。這兩部經典同後來編輯成的《論藏》一起合稱為「三藏」。其中，《經藏》記載釋迦牟尼的言行、政事，也記有一些大弟子的言行，編成五部，意為五個聖教傳統；《律藏》記載僧侶的戒律與修行規則以及佛寺的一般清規；《論藏》是論述佛法基本理論，帶有哲學性質。

大雄傳道

耆那教是「百家爭鳴」中另一有影響力的派別，儘管其影響遠不能與佛教相比。耆那教的思想在西元前7世紀已經流傳，直到西元前6世紀，創始人大雄才讓耆那教思想定型。

大雄原名筏陀摩那，是跋祇國一個部落的王子，剎帝利種姓出身。大雄出生於恆河中游的大城市吠舍離，大致與釋迦牟尼是同時代的人。其家庭富裕，生活奢華，婚後生有一女。然而塵世美滿的生活並未讓他感到幸福。大雄30歲時父親病逝，由此立志棄絕家庭，雲遊四方苦行，尋找解脫不幸的宗教途徑。第一年他遊歷了許多地方，如庫馬羅等地，途中艱難跋涉，衣服破爛不堪，從此裸體行乞。他每年除四個月的雨季時需要居住在一個地方外，其餘時間都是到各地漫遊。在極端困難的條件下，他苦行修煉長達12年之久。當他苦修到13個年頭時，終於在吠耶婆達東北建皮耶村的一棵沙羅樹下覺悟成道，時年42歲。「大雄」（偉大的英雄）和「耆那」（勝利者、完成修行的人）是對他的尊稱。與釋迦牟尼不同，大雄自稱是第24個得道者，所以他不認為自己是耆那教的創始人。大雄之前號稱有23祖，最早的創始人名勒舍婆，各祖之間相隔年代久遠，長達幾萬年，以示「源遠流長」。大雄的傳教局限在恆河流域。在比哈爾邦，大雄組織了僧團，廣納信徒，宣傳教義，進行宗教改革活動，長達30多年。西元前527年大雄死於巴瓦，終年72歲。以後幾

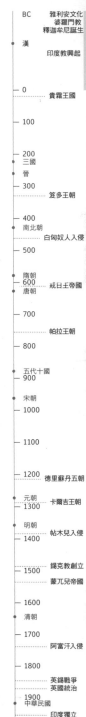

BC 雅利安文化
婆羅門教
釋迦牟尼誕生

漢 印度教興起

0 貴霜王國

100

200
三國
晉
300 笈多王朝

400
南北朝 白匈奴人入侵

500

隋朝
600 戒日王帝國
唐朝

700 帕拉王朝

800

五代十國
900
宋朝
1000

1100

1200 德里蘇丹五朝
元朝 卡爾吉王朝
1300
明朝 帖木兒入侵
1400

1500 錫克教創立
蒙兀兒帝國

1600
清朝
1700 阿富汗入侵

1800
英錫戰爭
英國統治
1900
中華民國
印度獨立

2000

個世紀耆那教傳到西印度、北印度和南方的邁索爾地區。

　　耆那教的教義強調宇宙萬物均有生命，不相信神造萬物，認為「婆羅門至上」具有強烈欺騙性。大雄宣導「七諦」，即命（靈魂）、非命（非靈魂）、漏入、系縛、制禦、寂靜、解脫。宇宙間萬物由命（靈魂）和非命（非靈魂）構成，兩者同時存在。命包括能動與不動兩類，能動的則根據感覺器官的多少分為六種：一個器官（皮）的，如植物；兩個器官（皮、舌）的，如蟲；三個器官（皮、舌、鼻）的，如蟻；四個器官（皮、舌、鼻、眼）的，如蜂；五個器官（皮、舌、鼻、眼、耳）的，如獸；五個以上器官（皮、舌、鼻、眼、耳、心）的。不動的命存在於地、水、風、火四大元素中。所以耆那教認為，動植物和非生物體內均有靈魂存在，不能任意傷害。非命包括有形物質和無形物質。有形物質由原子及原子複合體構成，無形物質由時間、空間、法和非法組成。耆那教認為，人們的感覺所以不同，完全由於原子結合的形式不同。原子的結合是對立的統一，其中一種是消極或否定的原子，另一種是積極或肯定的原子，結合物的性質完全隨結合物雙方原子的強弱變化而變化。時間為一切存在的持續、變化、運動提供了可能性；空間是一切存在和運動的場所；法是運動的條件；非法是靜止的條件。

　　耆那教也吸收了婆羅門教的輪迴轉世說，認為輪迴產生於人欲念所驅使的作業。業有八類：愚業（遮蓋靈魂的智慧）；不見業（遮蓋正確的直覺）；受業（遮蓋靈魂的幸福，滋生苦樂）；癡業（遮蓋正信，產生情欲）；壽業（決定生命的長短）；名業（決定身體的特質）；種業（決定種姓、國籍）；遮業（決定性力）。與婆羅門教、佛教不同，耆那教認為「業」是一種特殊的、細微不可見的物質，這種物質流入靈魂並附著於靈魂，即漏入。「業」隨靈魂流轉，並束縛靈魂，使之輪迴，一個人今世的地位由前世作業而決定，因此會有系縛。若想得到解脫就要擺脫八業，抑制情結和欲望，因此又有了制禦。制禦的方法是持

五戒，修三寶，實行苦行。五戒是不殺生、不欺狂、不偷盜、不姦淫、不蓄私財。三寶為正智（正確習解）、正信（正確信仰）、正行（正確實行）。只有如此苦行修煉，才能消除現有的系縛，除舊業，使新業不生，達到寂靜，使靈魂呈現出原有的光輝，從而脫離輪迴之苦，獲得解脫。

耆那教主張一切人均應謹守道德原則。在此精神基礎上，信徒要絕對控制物欲，禁殺戮。按照教義要求，越是苦修，越有利於擺脫業的束縛，甚至要求控制身體的內臟，以求能超然於物外。今日之瑜伽，即從耆那教中分衍而出。耆那教同佛教一樣，譴責婆羅門的特權地位，主張種姓平等，對低級種姓採取比較寬容的態度。據說大雄的第一個女弟子是個女奴。但是教規規定，出身於低級種姓家庭和婆羅門家庭的人不能擔任導師，不許未解放的奴隸及未償清債務的人入教。耆那教強調王權至上，並贊同發展商業。從中不難看出，耆那教代表了商人和剎帝利的利益，這對社會經濟發展產生了有利影響。

耆那教過分強調不殺生和苦行主義的教義，讓其失去多數農民和手工業者的支持。如耆那教徒在行走時戴上薄紗面罩，捂住口鼻，以防偶然吸進微小的蟲子而把牠們殺死。這種極端也阻止了他們從事農耕，因為耕耘會殺死田裡的生物。因此，耆那教最終發展為商人、少數手工業者和城市居民的宗教。這樣，耆那教逐漸與城市的擴展聯繫在一起，成為促使海岸海運貿易發達的主力軍。在以後的朝代中，許多耆那教徒成了富甲一方的商賈。

耆那教最古老、最重要的經典是「十二安伽」（十二支），它記錄了大雄及其他祖師的言行。西元前4世紀末，因鬧饑荒，耆那教一部分信徒南遷到邁索爾，留守的一部分在華氏城舉行結集。於是「十二安伽」得到整理和記錄，後第十二支散佚。當南遷的耆那教徒回歸北方時，拒絕承認已制定的這些教典，故另立一派，因他們穿白袍，所以被稱為

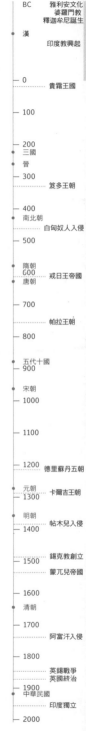

BC　雅利安文化
　　婆羅門教
　　釋迦牟尼誕生
漢
　　印度教興起

0　貴霜王國

100

200　三國
晉
300　笈多王朝

400
南北朝
　　白匈奴人入侵
500

隋朝
600　戒日王帝國
唐朝

700
　　帕拉王朝
800

五代十國
900

宋朝
1000

1100

1200　德里蘇丹五朝
元朝　卡爾吉王朝
1300
明朝　帖木兒入侵
1400

　　錫克教創立
1500
　　蒙兀兒帝國

1600
清朝
1700
　　阿富汗入侵
1800
　　英錫戰爭
　　英國統治
1900
中華民國
　　印度獨立
2000

「白衣派」。留守的耆那教徒因模仿大雄的做法，不受衣帽桎梏，完全裸體，被稱為「天衣派」。西元454年，耆那教在伐拉彼第二次結集，餘下十一支教典最後編纂成文。這次是天衣派提出了疑議，因此整理出的宗教文獻只得到白衣派的認可。兩派共同承認的經典是烏瑪斯伐蒂所著的《入諦義經》（一譯《真理證得經》）。另外，耆那教流傳至今的文獻有，師子賢的《六大哲學體系綱要》、金月的《行為論》等重要論著。

印度的「百家爭鳴」時期興起的派別還有生活派、順世論派等，不過皆以佛教和耆那教占上風而告終。大雄去世時，耆那教徒遍及北印度。佛教的勢頭更猛，甚至一度有超過吠陀信仰後來居上的味道。當時的統治者也給予兩教大力支持，促進了它們的迅速崛起。不過，婆羅門教依舊竭力維護自己的特權地位，畢竟佛教和耆那教從未正面否定種姓制度，因此對婆羅門教的衝擊作用顯然有所限制。

耶穌基督出生 0—

君士坦丁統一羅馬

羅馬帝國分成兩部

波斯帝國 500—

回教建立

東羅馬馬其頓王朝

神聖羅馬帝國建立
1000—

英國征服愛爾蘭

蒙古第一次西征

歐洲流行黑死病

哥倫布發現新大陸
1500—

英國大破無敵艦隊

發明蒸汽機

美國獨立
拿破崙稱帝

美國南北戰爭開始

第一次世界大戰
第二次世界大戰

2000—

| 第三章 | 孔雀帝國

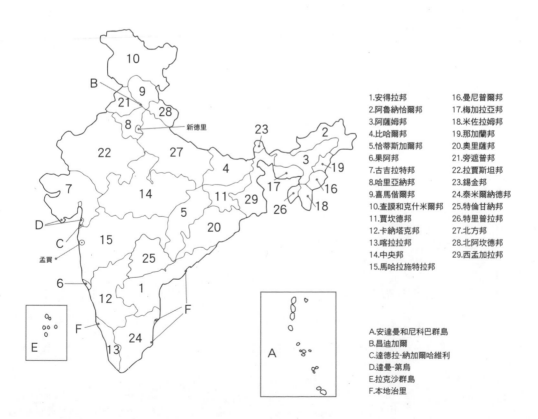

1.安得拉邦
2.阿魯納恰爾邦
3.阿薩姆邦
4.比哈爾邦
5.恰蒂斯加爾邦
6.果阿邦
7.古吉拉特邦
8.哈里亞納邦
9.喜馬偕爾邦
10.查謨和克什米爾邦
11.賈坎德邦
12.卡納塔克邦
13.喀拉拉邦
14.中央邦
15.馬哈拉施特拉邦

16.曼尼普爾邦
17.梅加拉亞邦
18.米佐拉姆邦
19.那加蘭邦
20.奧里薩邦
21.旁遮普邦
22.拉賈斯坦邦
23.錫金邦
24.泰米爾納德邦
25.特倫甘納邦
26.特里普拉邦
27.北方邦
28.北阿坎德邦
29.西孟加拉邦

A.安達曼和尼科巴群島
B.昌迪加爾
C.達德拉-納加爾哈維利
D.達曼-第烏
E.拉克沙群島
F.本地治里

列國爭霸時代

吠陀衰落，十六國雄起

　　印度是世界上歷史悠久的文化古國。關於印度最初形成的一些情況，最早在吠陀文獻中有所記載。雖然吠陀文化歷代相傳，但這些記載夾雜著神話傳說，不可全信。西元前326年是印度古代歷史中第一個確切的年代，在這一年亞歷山大開始東征印度。以這一年為基準，根據有關佛教、耆那教的宗教記載，我們可以大致瞭解西元前7世紀以後印度的一些情況。

　　西元前600年左右，印度仍為蠻荒。雅利安人部落散佈整個北印度，並在各地定居下來。這些地區一般以定居部落命名，隨著城市文明的發展，逐漸形成血緣加地域的奴隸制城邦國家。西元前6世紀到西元前5世紀，較強的一些王國不斷吞併鄰邦，從喀布爾河流域到哥達瓦力河兩岸，逐漸形成了16國。

　　16國只是一個概稱，周圍尚有一些實力較弱的小國和向國家轉變的部落聯盟存在。根據佛教早期文獻《長阿含經》和《增一阿含經》所載，較強的16國為：鴦伽、摩揭陀、迦屍、居薩羅、弗栗恃、末羅、支提、跋沙、俱盧、般闍羅、婆蹉、蘇羅婆、阿濕波、阿槃底、犍陀羅和甘蒲闍。

在分佈上，除了犍陀羅和甘蒲闍兩個國家在西北印度，婆蹉在拉賈斯坦，阿槃底與阿濕波分別位於文底耶山脈以北和以南，其餘11國都在恆河流域。這些國家都以一個較大城市作為國都。

據《大般涅槃經》所載，佛教興起時，這些都城不但是北印度的經濟、文化中心，而且都分布在當時主要的商業貿易樞紐地帶。其中比較有名的是：王舍城（摩揭陀）、毗舍離（跋祗）、舍衛城（居薩羅）、俱嘗彌（跋沙）等國都。

16國就政體而論，分為君主制與共和制兩種類型，這也是早期國家形態的顯著特徵。其中君主制占多數，16國中9國為君主制，7國為共和政體。共和制的特點是國家元首由大會推選產生，重大事務由一個高級會議決定。高級會議成員為剎帝利、婆羅門貴族家族首領，所以也稱為貴族共和制。從發展角度看，貴族共和制是一種向君主制轉變的前期階段。不過也有君主制一度退回到共和制的，如甘蒲闍就從君主制轉變成共和政體，但最終依舊轉變為君主制。

16國中君主制大都集中在恆河中下游平原，共和政體圍列在北部邊緣，處於喜馬拉雅山南麓和今天旁遮普的西北印度。從地理位置判斷，共和政體的建立應早於君主政體，因為長滿樹林的山麓可能會比遍地沼澤的平原叢林較易清理。

不過，隨著北印度政治、經濟、文化重心東移，恆河流域東部地區工商業發展，奴隸主階層實力迅速增長，奴隸制國家開始興起。剎帝利種姓的王權勢力由於領土擴張和賦稅收入增加而不斷增強，由此極大地刺激了君主制，讓其成為大勢所趨。不過，依舊有一些雅利安人奮起反抗君主政體，他們遷移到山地建立國家，沿用更多保留著部落傳統的共和制，如釋迦族共和國。

君主制政體的國家中，國家機器在逐步發展，高級會議雖被保留，但已失去實權。軍隊成為常備軍，王權神授觀念開始出現，宗教與行政

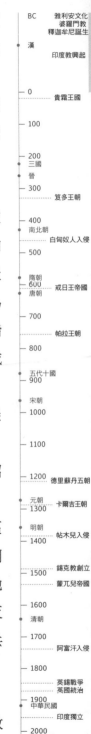

BC　雅利安文化
　　　婆羅門教
漢　釋迦牟尼誕生

　　　印度教興起

0　　貴霜王國

100

200
三國
　　　笈多王朝
晉
300

400
南北朝
　　　白匈奴人入侵
500

隋朝
600　戒日王帝國
唐朝

700

　　　帕拉王朝
800

五代十國
900

宋朝
1000

1100

1200　德里蘇丹五朝

元朝　卡爾吉王朝
1300

明朝　帖木兒入侵
1400

　　　錫克教創立
1500
　　　蒙兀兒帝國

1600
清朝

1700

　　　阿富汗入侵
1800

　　　英錫戰爭
　　　英國統治
1900
中華民國
　　　印度獨立

2000

BC

耶穌基督出生　0—

君士坦丁統一羅馬

羅馬帝國分成兩部

波斯帝國　500—

回教建立

東羅馬馬其頓王朝

神聖羅馬帝國建立
　1000—

英國征服愛爾蘭

蒙古第一次西征

歐洲流行黑死病

哥倫布發現新大陸
　1500—

英國大破無敵艦隊

發明蒸汽機

美國獨立
拿破崙稱帝

美國南北戰爭開始

第一次世界大戰
第二次世界大戰

　2000—

分離，主祭司不再是行政官員。

　　國王任命管理行政事務和軍事事務的重要官員，地方行政官也開始逐級劃分。立法與司法制度初具雛形，各級官員審理案件，國王是最高法官。判案以國王法令為依據，宗教法對判案有一定影響。

　　這一時期的農業在許多地區是主要產業，養牛業已居次位，各國大部分的收入來自土地。土地稅是最重要的稅收來源，稅率占總產量的六分之一，所以國王又被稱為「六分之一享有者」。此時大量城鎮湧現，並成為手工業和商業的中心。城鎮往往根據地區傳統而建立，如製陶、木器、織布等。河流構成運輸網，港口遍佈的恆河流域已變得舉足輕重。各國之間為了爭奪具有戰略地位和經濟意義的恆河流域其主要商路和港口，展開了激烈的兼併戰爭。其中，摩揭陀、迦屍、居薩羅、跋祗等四個強國之間展開了近一個世紀的「爭霸賽」，直至摩揭陀王國最後衛冕成功。

第一個霸權國——摩揭陀

　　摩揭陀王國位於比哈爾邦南部，建立於西元前7世紀中葉，創建人不詳。「摩揭陀」既是部落的名稱，也是部落首府的名稱。從疆域上看，摩揭陀處於恆河中下游最肥沃的地帶，控制著恆河平原水陸交通樞紐，並占有印度最大的比哈爾邦鐵礦資源。經濟與軍事上的優勢，讓摩揭陀有條件去開疆拓土，有野心去稱霸於北印度。

　　西元前4世紀，摩揭陀王國已經擁有重要地位，它與佛教和耆那教的興起有著密切關聯。

　　北部印度的傳統文學作品中記載了許多關於摩揭陀王國的故事。玄奘的《大唐西域記》中也有對摩揭陀的描繪。在研究印度史的學者眼中，摩揭陀的歷史無疑成為印度早期歷史的代表。

西元前6世紀，摩揭陀王國進入曷利昂伽王朝統治時期，由此迎來國勢鼎盛。該王朝的第五位國王頻毗娑羅（又稱「瓶娑王」）剛毅、果斷並有遠見。當他還是15歲的孩子時，由其父親立為國王，隨後透過與西部和北部一些國家通婚等友好建交的方式，確保了邊境的安寧。與此同時，頻毗娑羅將全部軍力用在征服東南近鄰鴦伽上。因為鴦伽控制著通向海港的貿易，而這些恆河三角洲的海港又與緬甸海岸和印度東海岸保持著貿易。最終，頻毗娑羅贏得了這一步，將內部貿易與對外貿易聯結在一起，從而奠定了摩揭陀推行對外擴張政策的物質基礎。

頻毗娑羅征服鴦伽後，政治權力中心也隨之遷到王舍城。在此，瓶娑王開始認真經營起自己的王國。他任命有能力的人為各部大臣分掌行政、司法和軍事職務，並善於納諫。他大修道路，修建了全國性的道路以加強統治和發展貿易。同時，重視自然資源的利用，尤其是金沙礦的開採，使國家更為富饒。

為營造太平盛世，瓶娑王執政期間刑法嚴酷，治罪有斷肢、炮烙等刑法。不過，國王對臣民徵收的租稅不算很重，即使農產豐盛的年頭，其租稅也僅限於六分之一。村舍是當時國家基層行政單位和社會經濟組織，這樣的單位最多時有8萬個，足見瓶娑王的野心。在宗教上，頻毗娑羅篤信佛法，大力支持佛教傳佈。在玄奘《大唐西域記》中曾有一段記載，細述了瓶娑王如何崇敬佛法、愛護百姓。同時，頻毗娑羅也與耆那教的大雄保持著密切關係。

俗話說有其父必有其子，瓶娑王的兒子阿闍世承繼了父親的野心、勇猛與膽略。不過為了儘快一展宏圖，他等不及父王下詔傳位的日子了。約在西元前493年，阿闍世弒父篡位。由於背負弒父罪名，阿闍世登基後不久，西北境外的各國就結成聯盟，以討伐逆子為名進攻摩揭陀。為抵禦進攻，保衛都城，阿闍世建立了波吒厘村要塞，該要塞後來成為新都華氏城。

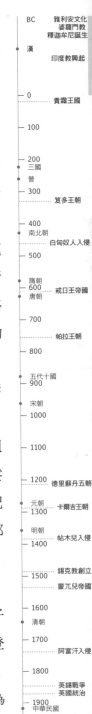

BC　雅利安文化
　　婆羅門教
　　釋迦牟尼誕生
漢
　　印度教興起

0　　貴霜王國

100

200　三國
晉
300　笈多王朝

400
南北朝　白匈奴人入侵
500

隋朝
600　戒日王帝國
唐朝
700　帕拉王朝
800

五代十國
900
宋朝
1000

1100

1200　德里蘇丹五朝
元朝　卡爾吉王朝
1300
明朝　帖木兒入侵
1400
　　錫克教創立
1500　蒙兀兒帝國

1600
清朝
1700　阿富汗入侵
1800　英錫戰爭
　　英國統治
1900　中華民國
　　印度獨立
2000

BC

耶穌基督出生　0—

君士坦丁統一羅馬

羅馬帝國分成兩部

波斯帝國　500—

回教建立

東羅馬其頓王朝

神聖羅馬帝國建立
1000—

英國征服愛爾蘭

蒙古第一次西征

歐洲流行黑死病

哥倫布發現新大陸
1500—

英國大破無敵艦隊

發明蒸汽機

美國獨立
拿破崙稱帝

美國南北戰爭開始

第一次世界大戰
第二次世界大戰

2000—

面對強大聯盟的進攻，阿闍世不屈不撓。為了破除敵人的攻勢，摩揭陀軍隊研發出一種大型的射彈器，用來投擲沉重的石塊。另外還有一種能夠綁定許多鋒利刺刀的戰車，可以突入敵陣，刺傷大批敵兵。除了上述兩種新式武器，阿闍世還擁有一支所向披靡的象軍。據史料記載，大象在當時剛剛被應用於軍事作戰，不過這種嘗試很快對印度的政治機構和戰爭策略產生了極其深刻的影響。摩揭陀帝國軍事實力就依仗戰象組成的軍隊為武力支點，一步步走向統一大業。藉助強大的軍事實力，阿闍世扭轉了戰局，由守轉攻，先後征服了自己母親的娘家居薩羅和另一鄰國伽屍。隨後，阿闍世繼續透過軍事征伐擴大版圖。在經過16年的持久戰後，這位野心勃勃的君主將另一鄰國跋祇吞併。

或許是為軍事及政治利益考慮，也或許是對自己弒父的行為有所愧疚，阿闍世將都城由王舍城遷至華氏城。華氏城是恆河與宋河匯合處的內河港口、水陸交通要塞，經濟發達，在貿易上佔有極其重要的地位。遷都對摩揭陀的發展產生重要作用。由於摩揭陀重視發展工商業，各種製造品和商品都成為稅收對象，因此當時國庫充裕，財力雄厚，成為北印度最強大的王國。阿闍世早先宣導耆那教，仇視、詆毀佛教，後來隨著佛教漸盛，且利於擴大王權勢力，故又皈依佛教。阿闍世當政時期，釋迦牟尼正果。為支持佛教，阿闍世召集眾教徒在王舍城舉行了第一次結集。

西元前461年，阿闍世去世，王位傳於其子。隨後不到50年內，先後又有四位國王登基。如此頻繁的政權更替，讓摩揭陀國內局勢動盪不已。

西元前414年，曷利昂伽王朝覆滅，希蘇那伽王朝崛起。希蘇那伽王朝共歷十主，期間他們吞併阿槃底等國，將剩餘的北印度重要國家征服，從而確立了霸主地位，讓君主制得以在恆河流域穩固地建立起來。

約西元前362年，首陀羅出身的摩訶帕德摩·難陀，利用宮廷政變

推翻希蘇那伽王朝，建立了難陀王朝。摩訶帕德摩‧難陀出身卑微，有傳說他是希蘇那伽王朝末代國王與首陀羅婦女所生，不過也有史學家提出他是一位理髮師的兒子。這名理髮師先迷惑了王后，進而謀殺了國王，再以作為諸王子的監護人而奪了王權，然後處死這些年輕的王子，再與一名高等妓女生下了一個男嬰，即摩訶帕德摩‧難陀，最後把政權交給了他。總之，不管摩訶帕德摩‧難陀的出身多富戲劇性，摩揭陀在其手中一度成為最強大的王國。這位國王既有能力，又有權勢，《往世書》稱他為「剎帝利的毀滅者」，足見其戰功顯赫。摩訶帕德摩的王位由其八個兒子先後繼承，後世將這九位國王合稱為「九拉陀」。摩揭陀在九拉陀的統治下，版圖擴大到整個恆河流域、中印度部分地區及南印度個別地區。

據希臘學者描述，難陀王朝擁有當時最強大的兵力——步兵20萬，騎兵2萬，戰車2千，戰象6千頭。難陀王朝實行田賦制度，開掘運河，修建灌溉工程。連年的豐收，加上井井有條的租稅徵集，讓難陀王朝擁有巨大財政收入。正當難陀王朝躊躇滿志向夢想的帝國邁進時，亞歷山大東征的鐵騎以及內部革命勢力的興起，將難陀王朝的發展攔腰斬斷。西元前231年，難陀王朝退出了歷史舞臺，不過它的存在為後來孔雀王朝統一印度次大陸奠定了基礎。

波斯人入侵

當摩揭陀王國的統治者將野心放在統一恆河流域時，印度西北地方卻遭受波斯侵佔。歷史上的西北印度地區，包括今巴基斯坦北部（五河流域地區）、阿富汗的東北部和帕米爾高原西部，地形呈「馬背」狀。從地圖上看，東部帕米爾高原為馬頭，興都庫什山脈拱起似馬背，伊朗高原則酷似馬屁股，馬背北為中亞細亞草原，南邊向東即五河流域地

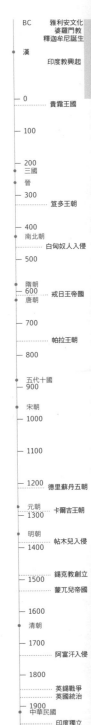

BC　雅利安文化
　　婆羅門教
　　釋迦牟尼誕生
漢　印度教興起

— 0　　貴霜王國

— 100

— 200　三國
　　晉
— 300　笈多王朝

— 400
南北朝　白匈奴人入侵
— 500

隋朝— 600　戒日王帝國
唐朝
— 700

帕拉王朝
— 800

五代十國
— 900
宋朝
— 1000

— 1100

— 1200　德里蘇丹五朝
元朝　卡爾吉王朝
— 1300
明朝　帖木兒入侵
— 1400

— 1500　錫克教創立
　　蒙兀兒帝國
— 1600
清朝
— 1700　阿富汗入侵
— 1800
英錫戰爭
英國統治
— 1900
中華民國
　印度獨立
— 2000

區。聞名遐邇的「絲綢之路」位於「馬背」北側。由此不難看出，「馬背」是控制東西交往和南北交通的要道，自古眾兵家皆欲爭騎之，而第一個成功「騎之」的就是波斯帝國。

西元前6世紀中期，波斯帝國阿契美尼德王朝創建者居魯士，派軍侵犯，未能得逞。西元前516年，大流士從「馬背」躍下佔據了五河流域地區，西北印度成為波斯帝國的一個省。當時，大流士派遣一支艦隊，探尋印度河到波斯的航線。這隻艦隊從印度河出發，經過13個月的航行，最終抵達目的地。由此，大流士將印度河流域併為波斯帝國的第20個省，每年所徵收貢賦相當於100多萬英鎊，該地域為波斯帝國最富庶的省份之一。

印度的古文獻未提及這一情況，但大流士立下的貝希斯敦碑上清楚地標出了統轄的20個省，其中一個即印度的犍陀羅。按波斯帝國的規定，每一省都要派出一支軍隊，為波斯中央打仗。而有關這一支編入波斯軍隊中的印度部隊的生動描述，從希羅多德的一些著作中不難找出。波斯的統治名義上持續了近二百年，究竟何時失去了對這裡的實際控制已不得而知。雖然亞歷山大東征時，仍認為印度河是波斯與印度的國界，但西元前4世紀中葉，西北印度已被一些獨立的小邦分割了。

東羅馬其頓王朝

神聖羅馬帝國建立 1000—

英國征服愛爾蘭

蒙古第一次西征

歐洲流行黑死病

哥倫布發現新大陸 1500—

英國大破無敵艦隊

發明蒸汽機

美國獨立
拿破崙稱帝

美國南北戰爭開始

第一次世界大戰
第二次世界大戰

2000—

如今，從文化交流角度看，波斯帝國的入侵是一次兩個民族文化的大碰撞。波斯人帶來了伽羅斯底文字（亦稱「驢唇體」），這種文字一直在印度西北部流行了幾百年。稍後的阿育王受大流士石碑銘文的啟發，建立了風格明顯雷同的阿育王石柱。而波斯帝國的一些典禮儀式在孔雀王朝的宮廷裡也得到遵守。宗教上，早期的佛教思想影響了波斯，甚至波斯以西的哲學和宗教運動，而從波斯來的瑣羅亞斯德教則對佛教的大乘教派產生了影響。

亞歷山大征服印度之旅

　　西元前327年，希臘馬其頓的亞歷山大大帝在吞併波斯後不久，率軍侵入印度西北部地區，並宣稱要繼承波斯帝國對這裡的統治。在此之前，沒有歐洲國家侵入印度，也沒有西方人到達印度。因此亞歷山大大帝入印，成為東西交通史上的一件大事。不過這件大事在印度史上沒有任何記載，一切經過都記錄在希臘人的著作中。

　　西元前327年5月，馬其頓大軍越過興都庫什山，佔領開伯爾山隘，肅清了河谷兩岸的野蠻部落。第二年春，亞歷山大指揮大軍，用船搭浮橋渡過印度河，前進至安比王國繁華的都城塔克西拉，這裡亦是中亞通往印度的軍事重鎮。

　　亞歷山大大帝是一位好大喜功的君王，但從不盲目行動，在行軍之前，勢必掌握前方的情報並確保後方補給的安全。不過此時，他的軍事情報部門很難提供正確的情報，因為很少有人瞭解印度的情況。然而不久前波斯帝國的瓦解，幫了亞歷山大一個大忙。那些恢復對西北印度自治權的一些小國和部落聯盟正忙於互相征伐，其中個別自作聰明的統治者想藉助外來勢力，對付自己的敵人，於是公開站到侵略者一邊。在這些人之中，安比國王是第一個敞開城門笑臉相迎的統治者。他宰牛三千，殺羊萬隻，予以慰勞，並支持五千兵力引馬其頓軍隊入境。作為對安比王綏靖政策的回報，亞歷山大讓其保有自己的領地，並擁有較大的自治權。

　　雖然有人主動屈膝於侵略者，但這畢竟還是少數，更多的人選擇站起來抵抗。亞歷山大率軍同哈斯提部落戰鬥了近一個月，阿斯瓦卡納斯部落則連婦女都加入到保衛城池的戰鬥中。當馬其頓大軍到達傑拉姆河時，遇到當地君主波羅斯的頑強抵抗。波羅斯的軍隊稱得上是當時亞洲最驍勇善戰的軍隊，絲毫不遜色於馬其頓大軍。兩軍隔河對峙，亞歷山

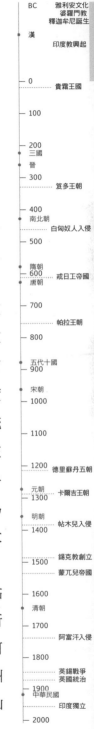

BC　雅利安文化
　　婆羅門教
　　釋迦牟尼誕生
漢　印度教興起

0　貴霜王國

100

200
三國
晉
300　笈多王朝

400
南北朝　白匈奴人入侵
500

隋朝　戒日王帝國
600
唐朝

700　帕拉王朝

800

五代十國
900

宋朝
1000

1100

1200　德里蘇丹五朝
元朝　卡爾吉王朝
1300
明朝　帖木兒入侵
1400

1500　錫克教創立
蒙兀兒帝國
1600
清朝
1700
阿富汗入侵
1800
英錫戰爭
英國統治
1900
中華民國
印度獨立
2000

BC

耶穌基督出生　0—

君士坦丁統一羅馬

羅馬帝國分成兩部

波斯帝國　500—

回教建立

東羅馬馬其頓王朝

神聖羅馬帝國建立
　　　　1000—

英國征服愛爾蘭
蒙古第一次西征

歐洲流行黑死病

哥倫布發現新大陸
　　　　1500—
英國大破無敵艦隊

發明蒸汽機

美國獨立
拿破崙稱帝
美國南北戰爭開始
第一次世界大戰
第二次世界大戰
　　　　2000—

大率軍屢攻不下長達數月。

最後，亞歷山大派出幾支軍隊佯攻，主力則選擇在河道狹窄處偷渡上岸。波羅斯聞訊，率軍趕來，雙方遂接戰於卡利平原。

據隨軍文書記載，波羅斯軍隊有步兵3萬，騎兵4000，戰車300乘，戰象200頭。亞歷山大集中優勢的騎兵，猛攻印度軍左翼，打開一個缺口。受傷的戰象在戰場上橫衝直撞，致使印軍大亂。最終，印度軍象隊潰敗，戰車盡毀，陣亡士兵幾乎過半，而馬其頓軍隊的傷亡人數不過千人。波羅斯雖受傷九處，仍戰至最後被俘。亞歷山大敬重他的豪俠氣概，故仍然封波羅斯為王，並與之締盟，這也正是他的過人之處。隨後，馬其頓軍隊繼續驅師挺進，至阿塔斯城下。士兵由於接連苦戰，思家心切，又加之染上熱帶疾病，故抗命不願再戰。於是，亞歷山大大帝下令，在這東征最遠的地方興建12座高聳的聖壇以作紀念。西元前325年，亞歷山大率軍順流而下，至印度渡口分兵兩路，一路取道海上撤回波斯，另一路由他本人率領，從陸路沿海岸返回巴比倫。西元前323年，亞歷山大在巴比倫辭世。

亞歷山大返回希臘後，在所征服地區仍留有馬其頓駐軍。為了讓這些佔領區永久併入帝國版圖，他將佔領區建制為正式的州。當時整個印度地區被分為六個州，印度河以西三個州，由馬其頓總督管轄；印度河以東三個州，則交由歸順的王公統治。同時他還在一些重要戰略要地築起堡壘，修建海港，並在印度河中下游建立了兩座亞歷山大城，形成了希臘人居住地。不過，印度河在外來勢力強制下的小範圍統一並未維繫很久，如同亞歷山大自己的帝國一樣。當這位偉大的君主去世後，其統治機構近乎崩潰瓦解。印度河的一些王公則乘機紛紛自立，恢復自己昔日的小王國。

亞歷山大東征印度，證明東西方之間海陸均可通行。這開闊了當時人們的地理視野，開通和鞏固了眾多商道和航線，加強了西北印度與阿

富汗、波斯、小亞細亞甚至地中海東岸的貿易，促進了彼此間的文化交流與影響。如希臘人把西方文化和科學技術帶入了印度。

　　同時，希臘人記載印度的書籍出現，印度開始為西方知識界所知曉。希臘藝術與印度藝術的融合，形成了獨特的犍陀羅藝術流派。印度人還仿製希臘人的錢幣。希臘的天文學尤其受到印度人的關注和學習。經由這一管道，印度在哲學、宗教思想等方面，向西亞、歐洲傳播自己的影響。

　　另外，亞歷山大入印對印度政治格局的演變起了很大作用。馬其頓大軍打垮了西北印度的諸多小王國，這為旃陀羅笈多立國提供了機會，客觀上也為印度大一統創造了條件。

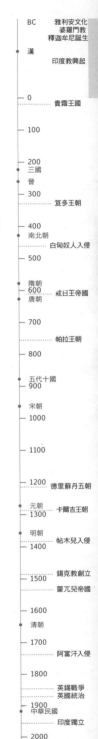

BC

耶穌基督出生　0—

君士坦丁統一羅馬

羅馬帝國分成兩部

波斯帝國　500—

回教建立

東羅馬其頓王朝

神聖羅馬帝國建立
　1000—

英國征服愛爾蘭

蒙古第一次西征

歐洲流行黑死病

哥倫布發現新大陸
　1500—

英國大破無敵艦隊

發明蒸汽機

美國獨立
拿破崙稱帝

美國南北戰爭開始

第一次世界大戰
第二次世界大戰

　2000—

孔雀王朝建立

　　西元前324年，亞歷山大大帝率領馬其頓軍團分海陸兩路撤離印度。

　　在撤退途中，他們遭遇到西北印度的摩羅人的阻擊。受此影響，印度河三角洲一些民眾也掀起反抗外來侵略者的戰爭。一連串的抗擊運動引發連鎖反應，各地民眾紛紛效仿，和馬其頓軍隊駐軍展開了一連串的武力衝突，印度河流域政局頓時陷入動盪。而獨霸一方的摩揭陀王國難陀王朝日子也不好過，統治者的暴虐行徑逐漸引起民眾的不滿，整個王朝在風雨飄搖。亂世造英雄。此時，一個名叫旃陀羅笈多・毛里亞的人，憑藉超乎常人的雄才大略，奪取了摩揭陀王國的王位，結束了混亂不堪的局面，建立起一個強大而統一的帝國——孔雀王朝。

　　關於旃陀羅笈多的出身及種姓自古說法不一。一說他是難陀末代國王與一低種姓婦人所生之子，屬於難陀王朝的王族。另一說法則稱旃陀羅笈多出身貧苦，其家族專為難陀宮廷養殖孔雀。這個家族屬於毛里亞族，住在靠近今尼泊爾邊界的地區，屬於吠舍種姓。「毛里亞」一詞來源於Mora，意為孔雀。旃陀羅笈多年幼喪父，母親將他交由一位牧人收養，後又被轉賣給一個獵人。還好，他有幸遇到學者嶠底利耶，被其收留並拜其為師。據一些史學家記載，旃陀羅笈多曾在西北印度遇見過亞歷山大，由於言語冒犯，亞歷山大下令殺他，幸虧他及時脫身。不過由

於目擊當時的內亂外患，旃陀羅笈多立誓要成就一番霸業。

西元前321年，因偉大帝王亞歷山大去世，印度河地區騷亂逐漸升溫。藉此良機，旃陀羅笈多在導師嶠底利耶的協助下，招募一幫「匪徒」組成軍隊，鼓動印度人推翻馬其頓駐軍政府。據說，嶠底利耶為了給旃陀羅笈多組建這支軍隊，不惜散盡父輩埋於地下的寶物。旃陀羅笈多反抗外族侵略的舉動大獲民心，更多的人加入進來，一支強大的武裝力量開始形成。很快，旃陀羅笈多領導了驅逐亞歷山大駐軍的戰爭，並取得了成功。西元前317年，馬其頓駐軍撤離印度。

當旃陀羅笈多帶領軍隊與希臘人廝殺時，另一個計畫也在同時進行，就是他與嶠底利耶制訂的推翻難陀王朝計畫。旃陀羅笈多成功趕走馬其頓侵略軍後，立即宣布為王，任命老師嶠底利耶為宰相，率大軍挺進東部推翻難陀王朝。自古欲成就一番霸業者，須經萬倍艱辛。旃陀羅笈多大軍抵達難陀王朝後，發現與之軍力相比仍處劣勢，遂苦思良策。據傳，某天旃陀羅笈多出遊看到一個孩子在喝熱粥，由於著急被粥燙得直流淚，一旁的母親見狀後訓斥道：「喝粥應從盤子的四周開始，因為中心處必然比邊緣燙得多。」一語驚醒夢中人，聽聞此話的旃陀羅笈多豁然開朗。隨後他改變戰略，由強攻改為巧取，先移兵西北，利用亞歷山大撤離造成的權力真空，積蓄力量，同時騷擾難陀王朝的周邊地區，逐漸蠶食中央。最終，旃陀羅笈多大軍與難陀王朝軍團對陣於恆河流域。在這場決定性的戰鬥中，難陀王朝投入了龐大兵力，不過依舊沒能阻擋住旃陀羅笈多大軍的攻勢。數萬人戰死沙場，華氏城外血流成河。旃陀羅笈多攻下華氏城後，仍以之為首都，逐漸控制了整個恆河流域，因族姓意為孔雀，故其建立的帝國史稱孔雀帝國。

平定中原後，旃陀羅笈多繼續征服之旅。他侵佔了卡提阿瓦半島，勢力擴張到北印度。接著又移軍中印度，佔據了納爾馬達河以北地區。此時旃陀羅笈多不僅擁有一支步兵60萬、騎兵3萬，戰象9000的強大軍

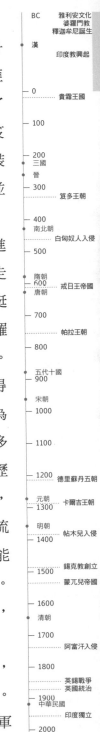

BC 雅利安文化
　　婆羅門教
　　釋迦牟尼誕生
漢
　　印度教興起

0 貴霜王國

100

200 三國
晉
300 笈多王朝

400 南北朝
　　白匈奴人入侵
500

隋朝 600 戒日王帝國
唐朝

700
帕拉王朝
800

五代十國
900
宋朝
1000

1100

1200 德里蘇丹五朝

元朝 卡爾吉王朝
1300
明朝 帖木兒入侵
1400

1500 錫克教創立
　　蒙兀兒帝國

1600
清朝
1700
阿富汗入侵
1800
英錫戰爭
英國統治
1900
中華民國
印度獨立
2000

隊，其帝國版圖也包括整個印度河流域和恆河流域。

　　西元前305年，塞琉古國王尼喀托爾（世稱「塞琉古一世」）企圖重建亞歷山大大帝的武功，率軍侵入印度河以西地區。尼喀托爾曾是亞歷山大的一員部將，東征後被指派駐守領地，掌管巴比倫州。西元前306年，隨著馬其頓帝國的瓦解，失去靠山的尼喀托爾在當地稱王，創立塞琉古王朝。這一消息傳到華氏城後，剛登上王位不久的旃陀羅笈多立即移師西北，與塞琉古一世對抗，將其阻擊在印度河。孔雀帝國取得勝利後，以有利的條件與塞琉古王國訂立了和約。塞琉古把包括阿富汗斯坦一部分，即今坎大哈、喀布爾、赫拉特等地區和俾路支斯坦的部分割給印度。孔雀帝國則給其500頭大象作為補償。除此以外，和約還包括一椿聯姻，塞琉古國王的一個女兒在眾多希臘女子陪伴下，嫁給旃陀羅笈多。塞琉古還派遣使臣麥伽斯蒂尼留駐華氏城。麥伽斯蒂尼在都城生活多年，並在印度廣泛漫遊，回去後寫了《印度志》，增進了兩國間的瞭解和文化交流。可惜《印度志》已佚，僅有輯本留世。孔雀王朝和塞琉古王朝之間為了保持友好關係，定期交換使節，互贈禮品，禮品中甚至包括一些烈性春藥。

　　旃陀羅笈多共在位24年，期間孔雀王朝農業發達，水陸交通縱橫，內陸及海上貿易興盛。由於控制了鐵礦資源豐富的恆河中下游地區，同時首都華氏城又位於恆河與宋河交匯處，具有建立統一帝國的有利條件。至旃陀羅笈多統治末期，其所轄國土包括今阿富汗，印度旁遮普、聯合省、比哈爾省以及西南的卡提阿瓦半，甚至有時能達到孟加拉。

　　旃陀羅笈多生性多疑，執政時推行嚴刑峻法。據史料記載，國王在宮中，白天絕不能睡覺，夜晚睡覺也不能在同一個寢宮連續住兩晚。此外，宮中戒備森嚴，國王控制著龐大的情報機構，用以監視每一位大臣的言行。西元前298年，旃陀羅笈多去世。然而，有些古文獻認為旃陀羅笈多在晚年禪位於子，自己則加入耆那教，成為苦行者，出走南印度，

耶穌基督出生　0—

君士坦丁統一羅馬

羅馬帝國分成兩部

波斯帝國　500—

回教建立

東羅馬馬其頓王朝

神聖羅馬帝國建立
　　　　　1000—

英國征服愛爾蘭

蒙古第一次西征

歐洲流行黑死病

哥倫布發現新大陸
　　　　　1500—

英國大破無敵艦隊

發明蒸汽機

美國獨立
拿破崙稱帝

美國南北戰爭開始

第一次世界大戰
第二次世界大戰

　　　　　2000—

並在那兒以正統的耆那教方式，安寧地慢慢餓死，了斷一生。

　　旃陀羅笈多時代，國王本人的文治武功一直受人稱讚，不過，他當初的伯樂——助其建功立業的宰相兼導師嶠底利耶，亦為赫赫有名的人物。印度前總理曾對他大加讚賞：「嶠底利耶是一位偉大的人物，其才智與行動，不僅是君王的追隨者，更是一位指導者。勇敢、機智、力行，從不忽略細節，從不忘記所追逐的目的，盡一切可能擊敗敵人。他和君王平起平坐，待君如輔高足，自奉極簡，功成身退，從不考慮個人名位。」嶠底利耶著有治國寶典，並開印度功利主義政治學說之先河。他主張為達到目的不擇手段，但又提出所用手段可能破壞所要達到的目的。他認為政治家從事戰爭的目的，應為透過戰爭獲取國家利益，而非止於擊敗摧毀敵人。另外，他在著作中還闡述了對家庭、敵人、朋友等看法，如朋友是可利用的人，敵人是最接近的朋友等。嶠底利耶學說對後世印度歷代君王都產生了或多或少的影響，其著作也幾乎成為他們治國的必修課本。

　　從旃陀羅笈多手中繼承王位的是其子頻頭娑羅。頻頭娑羅被希臘人稱為「阿米特拉加塔」，這個詞來自梵語「阿密多羅揭多」，意為「敵人的毀滅者」，由此推測頻頭娑羅在位期間一定戰功卓著，並在領土拓展上有所建樹。據一些模糊的史料記載，這期間孔雀王朝中央政府強大而有力量，可以有效統治各地。頻頭娑羅極有可能藉助當時政府約70萬的常備軍，征服了「兩海之間的大陸」，並由德干高原向南擴展到邁索爾。從南方泰米爾詩人們的詩句中，不難看出半島地區被孔雀王朝所征服的那一刻：孔雀王朝的戰車雷鳴般地前行，白色的三角旗在陽光下熠熠生輝。

　　頻頭娑羅在位時，孔雀王朝內部大部分制度仍沿襲舊規。雖然有少數地區發生了人民起義，但都被即時鎮壓。都城華氏城依舊城池牢固，國王的王宮則雕樑畫棟，金碧輝煌，一派歌舞昇平。君主生活極為奢

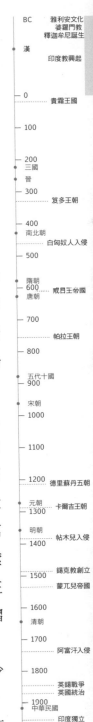

BC　雅利安文化
　　　婆羅門教
　　釋迦牟尼誕生
漢
　　　印度教興起

0　　貴霜王國

100

200
三國
晉
300　　笈多王朝

400
南北朝
　　　白匈奴人入侵
500

隋朝
600　　戒日王帝國
唐朝

700

　　　帕拉王朝
800

五代十國
900

宋朝
1000

1100

1200　德里蘇丹五朝

元朝　卡爾吉王朝
1300

明朝　帖木兒入侵
1400

　　　錫克教創立
1500　蒙兀兒帝國

1600
清朝
1700

　　　阿富汗入侵
1800

　　　英錫戰爭
　　　英國統治
1900
中華民國
　　　印度獨立
2000

華，常宴請臣子賓客，行大規模狩獵活動。此時，王權至上的觀念已確立，頻頭娑羅不受任何限制，臣下僅能提出意見供國王定奪。相傳頻頭娑羅與敘利亞國王安條克一世素有交情，在一次彼此間的通信中，他們將酒、無花果和哲學家作為禮品，贈予對方。與父親不同，頻頭娑羅青睞正命論（「邪命外道」）學派的哲學。正命論者也受到頻頭娑羅的妻子達摩王后的恩寵，並在她懷孕時預言其將有一個偉大的兒子誕生，即日後偉大的君主阿育王。西元前272年，頻頭娑羅去世，此時印度次大陸除東海岸的羯陵伽未被征服外，其餘皆在孔雀王朝的權力統轄下。

耶穌基督出生　0—

君士坦丁統一羅馬

羅馬帝國分成兩部

波斯帝國　500—

回教建立

東羅馬馬其頓王朝

神聖羅馬帝國建立
1000—

英國征服愛爾蘭

蒙古第一次西征

歐洲流行黑死病

哥倫布發現新大陸
1500—

英國大破無敵艦隊

發明蒸汽機

美國獨立
拿破崙稱帝

美國南北戰爭開始

第一次世界大戰
第二次世界大戰

2000—

諸神的寵愛者：阿育王

100個人的王位爭奪戰

阿育王（Ashoka），音譯「阿輸迦」，意譯「無憂王」，出生時因其母覺得自己在生活上不順心的遭遇皆已消除，故取此名。阿育王是印度孔雀王朝開拓者旃陀羅笈多君王之孫，亦是該王朝第三任國王。他的祖父旃陀羅笈多創立了孔雀王朝，並趕走了入侵者馬其頓軍團。他的父親頻頭沙羅鞏固了這個國家，並向南擴展了國土。站在祖父和父親兩代人的肩膀上，阿育王擁有了創造更大歷史成就的可能。

阿育王18歲時被任命為阿般提省總督，後來擔任西北要塞的總督。在鎮壓塔克西拉城的叛亂中，阿育王立下大功，積累了政治資本。西元前273年頻頭娑羅病重，阿育王回國，被父王選定為王位繼承人。頻頭娑羅死後，他的其他子嗣並不承認阿育王的合法繼承權。很快，一場歷時四年之久的王權爭鬥戰在宮廷內部上演。傳說他殺死了99個兄弟之後才坐穩寶座，雖然說法誇張，但足以從中嗅出濃烈的血腥味兒。西元前269年，阿育王終於排除了一切反對勢力，舉行了灌頂儀式（即印度當時的登基儀式）。

佛家經典說阿育王從小就有佛心、佛性，但在他早年的行為中並未能體現出這一點。殺人無數的阿育王在即位後仍改變不了他兇狠嗜殺的

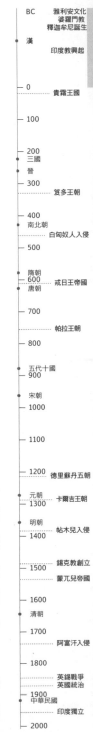

BC　雅利安文化
　　婆羅門教
　　釋迦牟尼誕生

漢　　印度教興起

0　　貴霜王國

100

200　三國
晉
300　笈多王朝

400　南北朝
　　白匈奴人入侵

500

隋朝
600　戒日王帝國
唐朝

700

帕拉王朝

800

五代十國
900

宋朝
1000

1100

1200　德里蘇丹五朝

元朝　卡爾吉王朝
1300

明朝　帖木兒入侵
1400

1500　錫克教創立
　　蒙兀兒帝國

1600

清朝
1700

阿富汗入侵

1800

英錫戰爭
英國統治
1900
中華民國
　　印度獨立

2000

作風。西元前261年，他發動了一連串統一南亞次大陸的戰爭，如征服濕婆國等，規模最大的一次是遠征孟加拉沿海的羯陵伽國的戰爭。西元前260年，阿育王出兵討伐羯陵伽，欲征服尚未臣服的唯一邦國，更何況羯陵伽控制著通往南印度的陸海兩路。雖然最終阿育王獲勝，卻經歷了一場毀滅性的征戰，阿育王自述，羯陵伽「15萬人被放逐，10萬人被殺，家破人亡者多倍於此數」。

阿育王藉由這次戰爭，將所統治的國土擴大到東起布拉馬普特拉河，西至阿拉伯海，西北包括阿富汗斯坦大部分地區，南抵佩內爾河。可以說，阿育王統治時代是印度古代史上最強盛的時期。這一時期，縱觀印度次大陸，處在其版圖之外的只有邁索爾南部地區和最南端的一些小國了。孔雀帝國是一個多部落的國家，在以恆河流域為中心的帝國統治中心地帶以外，尤其是帝國的邊遠地區，存在著許多「會議制—首腦制」的部落。孔雀王朝沒有統一這些部落，只與它們保持著鬆散的統治關係。孔雀王朝與次大陸以外的周邊國家建立了聯繫。塞琉古帝國先後派使節常駐華氏城。埃及、馬其頓、敘利亞等國家同孔雀王朝也互有使節往來。

許多世紀以來，阿育王作為印度歷史上功績最顯赫的帝王之一，但其真實面目卻為世人所不知。孔雀王朝的諸王世系中提到了他，但所敘述的僅僅是其統治時期的長短。阿育王生平的許多資料都收集在佛教文獻中，不過大多是傳說性的，似人似神，歷史價值需認真鑑別。隨著13世紀末佛教在印度的衰落，許多寶貴文獻已無可覓蹤，幸好流傳下來一些被保存在斯里蘭卡、中國和中亞的一些國家，才得以流傳下來。另外，阿育王發佈的聖諭被雕刻在岩石、石碑和石柱上，故被稱為石諭。石諭有碑諭、岩諭、柱諭等，古文獻載「阿育王作八萬四千塔」，目前已發現的石諭有34處之多，其中柱諭為13處，岩諭和碑諭為18處，洞諭為3處。這些石諭中最有名的是柱諭，石柱拋磨精細，上有雕塑、圖

案、銘文。柱諭在唐玄奘的著作中亦有描述：「有大石柱，高三十餘尺，書記殘缺，其大略曰，『無憂王信根貞固，三以瞻部洲施佛、法、僧，三以諸珍寶重自酬贖。』其辭云云，大略斯在。」柱諭中最有名的是位於薩爾納特的野鹿苑，尤其是四獅背靠背挺立的柱頭已成為印度國徽的圖案。雖然石諭散佈各地，上面的銘文加起來有4000～5000字，遺憾的是，這些婆羅米文字已難以辨認。

1837年，東方學家詹姆斯‧普林塞普終於揭開了銘文之謎。銘文提到一位名叫「天愛善見王」（全意為「神所寵愛的面目慈祥之王」）的國王，但這個名字與史料中提及的任何國王都不相符。19世紀末，學者翻閱錫蘭的佛教編年史，意外發現一位偉大而慈目的孔雀王朝國王，於是推測性地把二者結合在一起。到1915年，一塊新發現的岩諭上的銘文出現了「國王阿育王，善見王」，人們這才證實「善見王」是阿育王使用的第二個名稱。由於身份被證實，人們從諸多石諭和佛經，尤其是漢譯佛經中，才知曉阿育王為古代世界的偉大國王之一。

立地成佛：阿育王的後半生

阿育王一生可以明顯分成兩個部分，即前半生「黑阿育王」時代和後半生「白阿育王」時代。在阿育王經過奮鬥坐穩王位後，這位偉大的君主也像自己的祖父輩一樣，過上了歌舞昇平、奢侈豪華、美酒佳人的生活。但是在羯陵伽戰役後，因為殺戮無辜太多，阿育王心存愧疚，由此引發對人生的頓悟，故皈依佛教，開啟了「白阿育王」時代。

羯陵伽戰役不僅是阿育王一生事業的轉捩點，也是印度歷史上具有決定性的劃時代轉捩點。阿育王被伏屍成山、血流成河的場面所震撼，對劫後餘生的孤兒寡母深感痛悔。從小埋藏在他心中的佛性，曾一度被血腥權欲所遮蓋，這時終於喚醒。他與佛教高僧優波毱多次長談之後，

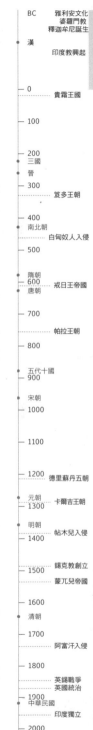

終於被感召，決心皈依佛門，徹底改變統治策略。當然也有學者認為，阿育王用武力鎮壓暴亂，用殺戮贏取統一霸業後，擔心別人效仿他，同樣採用武力顛覆這個帝國。為讓子孫後代不再遭受血腥殺戮，阿育王吸納佛教中所謂的「四大皆空」、「生死輪迴」等理念，將其推廣到民眾心裡。當時，佛教正處在上升階段，頗得民心，所以阿育王要利用這個新宗教來為鞏固帝國這個目的服務。

羯陵伽戰役的殺戮場景在這位勝利者心中留下深深的陰影，至今仍可被人感知。阿育王在他所留下的「羯陵伽詔諭」（即第十三座岩刻詔諭）中，表達出哀痛萬分的懺悔與乞求上蒼寬恕的誠意：王攻佔羯陵伽後，遂熱心天道，熱愛天道，謹守非暴力。只因征服一個未被征服的地方而造成如此巨大傷亡，實為終身憾事。凡羯陵伽居民，除被殺、被俘之人，餘下生者若再有百人或千人遭遇同樣命運，王必究之。即使對某一人行不義氣、不當之事，王若知比引以為憾。王統轄之山野村民，應一律善待，使其安土而樂，否則報應於王之身。一切轉變皆於暗中，不必張揚。王希望所有生民均能安居樂業，共享安康快樂生活。

此前，孔雀王朝的帝王都是信奉婆羅門教，但對其他宗教也不反對。阿育王曾接觸過佛教僧侶，研讀過佛教經典，對佛教有一定的瞭解，因此他皈依佛教是有一定基礎的。西元前249年，阿育王宣告天下正式皈依佛教，並親往釋迦牟尼誕生聖地朝拜。這之後他不葷食，禁殺生，不再狩獵、歌舞，專心於佛法。他宣稱從佛教教義中找到了安慰自己負罪心靈的最好手段。阿育王治國後期，致力於提倡佛教、福利建設等。他曾先後派出11個傳教團，其中9個團在國內佈道，另外2個赴錫蘭、緬甸及中國西藏地區傳道。

西元前250年，阿育王的王子摩哂陀（Mahinda）、王女僧伽蜜多（Sanghamitta）（兩人都是阿羅漢）親自到錫蘭，將佛法介紹給錫蘭王提沙（King Tissa）。他們在當地建造了一座比丘僧院與比丘尼僧院，並

耶穌基督出生　0—

君士坦丁統一羅馬

羅馬帝國分成兩部

波斯帝國　500—

回教建立

東羅馬馬其頓王朝

神聖羅馬帝國建立
　1000—

英國征服愛爾蘭

蒙古第一次西征

歐洲流行黑死病

哥倫布發現新大陸
　1500—

英國大破無敵艦隊

發明蒸汽機

美國獨立
拿破崙稱帝

美國南北戰爭開始

第一次世界大戰
第二次世界大戰

　2000—

種了一株從印度本土帶來的菩提樹。錫蘭王提沙像阿育王一樣熱心於佛教，並將佛教奉為國教，讓僧侶尼姑千餘人享有優越地位。150年後，佛經在錫蘭被用巴厘語（類似梵語的語言）記錄下來。

阿育王晚年沉湎於宗教生活，並在全國努力推廣佛教，終於促成了這一世界性宗教的繁榮。佛教徒第三次結集也是在他贊助下舉行的。不過，阿育王並沒有把佛教變成國教，作為一個帝王，他把個人信仰和國家政策區分開來。他宣布「國王尊重所有教派的人」，「天愛喜見王（阿育王稱號）以種種佈施和禮遇對各派宗教僧團的人表示敬意，無論他們是出家行者，還是居家俗人」，「一切教派皆能在他的版圖之內的所有地方和睦相處」。由此可見，阿育王的宗教政策是相容並蓄。他不僅不迫害其他教派，相反對婆羅門教和耆那教也予以慷慨捐助。由於阿育王強調寬容和非暴力主義，他在民眾的歡呼聲中統治了長達41年之久。

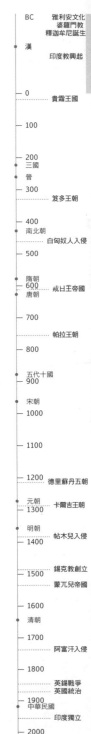

BC　雅利安文化
　　婆羅門教
　　釋迦牟尼誕生
漢
　　印度教興起

0　　貴霜王國

100

200
三國
晉
300　笈多王朝

400
南北朝
　　白匈奴人入侵
500

隋朝
600　戒日王帝國
唐朝

700
　　帕拉王朝
800

五代十國
900

宋朝
1000

1100

1200　德里蘇丹五朝

元朝　卡爾吉王朝
1300

明朝　帖木兒入侵
1400

　　錫克教創立
1500　蒙兀兒帝國

1600
清朝

1700
　　阿富汗入侵

1800
　　英錫戰爭
　　英國統治
1900
中華民國
　　印度獨立

2000

偉大的佛教帝國

護法名王：阿育王的遺產

　　佛在世時，入城托缽，巧遇一童子用泥土做遊戲。童子見到佛陀，甚是歡喜，將手中捧著的一缽沙土供給佛陀。佛陀並未嫌惡童子之舉，反而歡喜地接受了他的供養，並轉身告訴弟子阿難：此童子真心供養佛陀，雖只是一缽沙土，但以此功德，佛離世後百年，此小兒當做轉輪聖王，因果不虛的輪迴，從暴君的傳奇轉變，建八萬四千佛塔，成為佛教史上最有名的護法國王。

　　從這一個小小的傳說中，能夠感受到阿育王與佛教的夙緣，同時也足見其「護法國王」的稱號已經深入民心。羯陵伽戰役後，阿育王的政治、倫理思想出現了決定性的轉變，對內政策也發生根本改變。他放棄了孔雀王朝傳統的暴力征服世界的政策，結束了帝國的軍事擴張。此時佛教的四諦、五蘊、八苦、眾生平等的思想也廣泛傳佈到印度次大陸的千家萬戶。但與這時的耆那教、婆羅門教等印度的其他主要宗教相比，並未取得壓倒性優勢。為了疏通民心，消除宗教間衝突擴大的可能性，他宣布他將不再主動發動戰爭，採取佛教的「達摩」主張，大力宣傳，要求全國人民遵守和奉行。

　　「達摩」（Dharma），意為正法、大法，廣義包括「宇宙之法」、

「社會的和宗教的秩序」等。阿育王宣導的正法，包括要孝順父母，尊敬長上，寬厚容忍，仁愛慈悲，自制自潔，尊重別的宗教，和平共處，善待奴隸和僕人，即使對動物也要尊重牠們的生命，因為牠們也是眾生平等的一部分。阿育王將「正法」的精神刻在崖壁和石柱上，成為著名的阿育王摩崖法敕和阿育王石柱法敕。阿育王在詔諭中解釋，達摩的基本精神用於更好地維繫國家行政、社會生活、人際關係、民族關係和對外關係。如何更好地維繫這些事物及關係呢？需要遵循以非暴力和寬容為基礎的原則。「達摩」強調的寬容有兩種類型，一種是人們本身的寬容，另一種則是對他人信仰的寬容。如第十二號石刻詔諭說：發揚達摩基本精神，可以表現在很多方面，但根本所在則是出言謹慎，即不要在不恰當的場合讚揚自己的教派，貶低別的教派。每個人都應該在所有的場合尊重別的教派。阿育王為了防止宗教衝突，禁止舉行公眾的宗教節日慶祝和集會，只允許舉行由國家舉辦的活動。另外，第二號石柱詔諭刻有：遵行達摩就是做了功德，它包括少作惡、多行善、慈悲、慷慨、真誠、純潔。第十一號大岩石銘文則提到如何遵循正法：善待奴隸和僕人，服從父母，對朋友、熟人、親戚、沙門、婆羅門友愛慷慨。

　　非暴力是「達摩」的另一個基本原理。非暴力強調絕對的寬容，放棄戰爭和征服，禁止殺生等等。如阿育王建議子孫們不用武力征伐。為了體現對動物生命的尊重，他提倡不殺生，特別是禁止殺牲祭祀。阿育王本人也不再狩獵，並命令御膳房每天只准宰殺兩隻孔雀、一頭鹿。另外，他對臣民實施了一些福利類的措施，如興辦各種慈善事業、醫院和獸醫院、修築道路、植樹、挖井、種果樹等。

　　阿育王為了宣傳和貫徹「正法」，除了在各地頒布岩刻石諭外，還專門設置了負責此事項的官職，即達摩大監察司。達摩大監察司的職責就是巡視各地，監督達摩原則的實施，號召全國臣民注意道德修養。當然，阿育王本人也常常赴各地巡視，並要求各級官員深入轄區，檢查貫

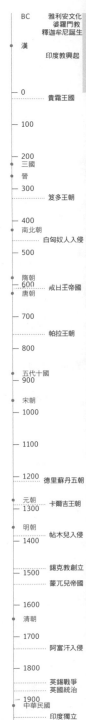

徹情況。當時，帝國偏遠地區仍有一些靠狩獵捕魚生活的土著部落。阿育王要求達摩大監察司對這些部落也要灌輸「達摩」，促進他們文明開化。為了讓「達摩」家喻戶曉，為了達到更好的宣傳效果，銘文也開始入鄉隨俗，改用當地文字。今白沙瓦附近發現的那些銘文一般是採伕盧文，在帝國西端的那些銘文用的是希臘文、賀阿拉米文。印度其他地區的石諭銘文用的是婆羅米文。

　　「達摩」政治、倫理原則的推行，維護了孔雀王朝的統一。它的制定和實施調和了當時的社會矛盾，防止了矛盾激化。同時「達摩」的推行消除了孔雀帝國內部由於社會、宗教、文化的差異而產生的緊張狀態，緩解了宗教教派之間的衝突，促進了帝國內部和諧關係的建立。阿育王本人曾非常自豪地說：在「達摩」的感召下，鼓聲已經化作了法音。他在銘文中說，他與希臘化世界的許多統治者交往並互換使節，其

中有敘利亞的安條克二世、埃及的托勒密三世、馬其頓的安提柯·貢那

特、錫來尼的馬伽司和伊比路斯的亞歷山大。又說：「那裡的人們也聽到了天愛善見王實施大法的消息，知道有關大法的條令和訓諭。」阿育王著眼於帝國的鞏固和發展，敢於突破舊制，推行「達摩」，不愧為有

遠見、有魄力的政治家。但是，「達摩」政策只取得部分成功，並沒有獲得預期的效果。因為作為一個對各教各派都能包容，又能為它們所接

受的信仰，「「達摩」」不是以規章和條例來做出定義，故而具有不切合實際的模糊性，不能從根本上提供一種解決矛盾的方法。

　　阿育王統治時期，佛教發展迅猛。雖然他實行了兼容並蓄的宗教

政策，但婆羅門教依然走下坡路，耆那教也僅有微小的發展。佛教反對

婆羅門特權地位、反對殺牲祭祀等主張，得到吠舍商人、剎帝利和下層

廣大人民的支持。阿育王利用佛教作為精神統治武器，在他皈依佛教後

更給予強有力的推動，讓它迅速在整個次大陸傳播開來。阿育王統治晚

期，佛教實際上已經被提到國教的地位，佛教及其教義在施政中具有重

大影響。在岩刻詔諭銘文中記載著：皈依正法，流布佛教。在「達摩」政策的影響下，阿育王放棄了對次大陸邊遠部落三個王國的武力征服，與它們保持友好外交關係。

　　阿育王主張佛教僧團從屬於國家，不得實行自治。在這一原則下，他與佛教僧團保持著友好密切的關係。在阿育王晚年，他熱衷於僧團事務，以僧團領袖自居，並捐贈了大量的財產和土地，還在全國各地興建佛教建築，據說總共興建了8.4萬座佛舍利塔。為了消弭佛教不同教派的紛爭，壓制異端，阿育王邀請著名高僧目犍連子帝須長老召集1000比丘，在華氏城舉行第三次大結集。此次結集重新闡明了佛教教義，整理並編纂了佛教經典巴厘文「三藏」。此後，阿育王派遣佛教高僧向邊陲地區和周邊國家傳播佛教，波斯、敘利亞、埃及等地都有他們辛勤的足跡。這是佛教走出印度，邁向世界性宗教的開始。阿育王還親自到各地去朝拜佛跡，尋訪有名高僧，並在所到名勝之處刻上佛的教導。至今，這些文物依然屹立不倒，成為印度佛教史和世界佛教史上的瑰寶。由於阿育王愛護人民，保護生命，護持佛教，所以他被世人尊為「護法名王」。

　　西元前232年，「護法名王」阿育王去世。隨著他的逝去，他的「達摩」再無人提起。此後，孔雀王朝迅速衰落，勉強維持半世紀後，這個幅員遼闊的大一統帝國分崩離析，印度重又陷入分裂割據的局面。但是，由於阿育王對佛教的支持，使之對世界產生了廣泛的影響。

《政事論》中的政治體系

　　《政事論》是類書，又譯作《實利論》，是古代印度有關政治體制的著作。《政事論》相傳是孔雀帝國三朝元老嶠底利耶所著，不過從此書所述事件的時間上看，先後相差百餘年，顯然非一人之力能為之，故

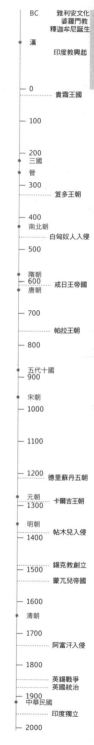

BC　雅利安文化
　　婆羅門教
　　釋迦牟尼誕生
漢
　　印度教興起

0　　貴霜王國

100

200　三國
晉
300　笈多王朝

400
南北朝
　　白匈奴人入侵
500

隋朝
600　戒日王帝國
唐朝

700

800　帕拉王朝

五代十國
900

宋朝
1000

1100

1200　德里蘇丹五朝

元朝　卡爾吉王朝
1300

明朝　帖木兒入侵
1400

　　錫克教創立
1500　蒙兀兒帝國

1600

清朝
1700

1800　阿富汗入侵

　　英錫戰爭
　　英國統治
1900
中華民國
　　印度獨立

2000

推測是假借嶠底利耶大名而已。《政事論》完成後曾一度失傳，20世紀初在南印度重現，譯成現代文後轟動一時。《政事論》中敘述孔雀王朝後半段事蹟的內容所占篇幅較大，其內容涵蓋政治、經濟、法律、軍事和外交思想等多方面。全書系統論述了君主如何統治國家，如何實行中央集權統治，如何掌握國家最高權力等，算得上是古代印度一部論述治國安邦策略的重要著作。另外，《政事論》中包含大量的民法與刑法內容，對研究古代印度的土地所有制、財產關係、奴隸制度和種姓制度等有重要價值。

西元前3至4世紀，孔雀王朝已擁有相當大的版圖範圍，統治者若要鞏固征服成果，需要有比較完備的政治體制。據《政事論》所載，中央集權君主專制的官僚政治體制，在旃陀羅笈多時代就已經建立。阿育王登基後，繼續將這一體制發展成為嚴格和有行政效率的制度。

阿育王將建立以王權為中心的國家機器作為首要任務。在他眼裡，帝國的君主是國家的象徵，掌握國家的最高統治權力，是政治的核心、最高決策人和行政首腦。為了讓王權深入民心，阿育王在銘文中自稱「天愛喜見王」即「諸神的寵愛者」，宣稱國王是上天用風神、雷神、水神、火神、日神、月神、財神和死神的不朽所創造，因此是具有人形的偉大神明，其光輝勝過一切生物。《政事論》中稱「國家就是國王」，言外之意王就是國家。國王不僅可以決定由誰繼承王位，還可以任命一切高級官員，對人民生活、宗教生活都可加以規定，其發佈的詔諭就是最高法律。不難看出，阿育王時代國王已經成為專制君主。

國王之下的中央政府，主要由18位高級官員組成，包括中央祭司長、稅務總長、軍事總指揮等。這些官員由國王任命，管理嚴格，注重效率，同時也高薪養廉。祭司長不僅握有宗教感召的權力，也兼有首相職能。這些人構成大臣會議，在中央政府有著重要作用，為國王出謀劃策。不過它的政治地位無明確規定，權力大小由國王說了算。國務會議

在君主遇到緊急政務時召開，主要為國王提供諮詢，有時候也會約束君主過分獨斷專行，阿育王的詔令表明，他經常與大臣們磋商。孔雀王朝的中央行政部門包括財政、稅務、公共工程等，每個部門下設各級官員。

在對地方的治理工作上，孔雀王朝進行得井井有條。帝國核心地區——包括摩揭陀地區和恆河流域皆由中央直轄，其餘地區劃分為省，省下設縣，縣由村組成。阿育王統治時，重要的省有四個：北部省、南部省、西部省和東部省，管轄各省的總督皆由王子們擔任。為了防止王子們滋生謀逆之心，省內各部門的高級官員由中央委派，握有實權，能夠牽制總督。其中司法官員不僅履行司法職責，而且擔負田產估價的職能，因為圍繞土地而引起的爭端是最普遍的。阿育王每五年派出監察官，對省內的行政和財務作一次查驗。總督也經常派遣特別官員去各地視察，監督地方官員的工作。《政事論》還列舉了對重要行業的監察，如對黃金和金匠的監察，還有對軍械庫、紡織、酒、航船、騎兵、步兵等的監察。

農村是國家的主體，村社是最底層的行政單位。各村除了有村長外，還配備一名會計官和一名稅務官。會計官主管地界，保管人口普查資料和牲畜統計。稅務官負責徵收各種類型的賦稅。村長則向會計官和稅務官負責。每800個村劃為一個村落群，設立稅收、防衛中心。管理農村地區的高級行政官員，負責監督河流灌溉、管理水閘、丈量耕地等。

城市分為內地城市和外地城市兩種。內地城市指中央直轄地區的城市，這些城市設首席長官主管行政、維護法律和城市秩序，還有整頓市容的責任。首都華氏城的行政管理較為特殊，它設置6個管理局、30個高級官吏，負責商業、稅收、戶口等行政事務。外地城市設有總督任命的管理機構，但一些城市保留了自己獨特的印章，畢竟有時採取一些較為靈活的統治體制，有利於安撫地方上層，增加帝國凝聚力。

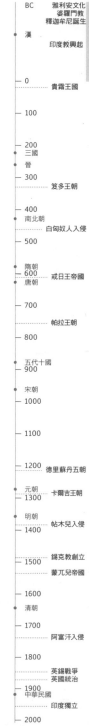

BC

耶穌基督出生　0—

君士坦丁統一羅馬

羅馬帝國分成兩部

波斯帝國　500—

回教建立

東羅馬馬其頓王朝

神聖羅馬帝國建立
1000—

英國征服愛爾蘭

蒙古第一次西征

歐洲流行黑死病

哥倫布發現新大陸
1500—

英國大破無敵艦隊

發明蒸汽機

美國獨立
拿破崙稱帝

美國南北戰爭開始

第一次世界大戰
第二次世界大戰

2000—

軍事總指揮號令著一支龐大的軍隊，據羅馬史家普林尼記載，孔雀王朝軍隊在旃陀羅笈多統治時期已有步兵60萬、騎兵3萬、戰象9000頭、戰車8000輛，還有一支水師。中央軍事機構下設騎兵、步兵、戰車、戰象、運輸和水師六部，駐紮在戰略要地。孔雀王朝這支龐大的王牌軍與同時期的亞洲其他國家相比，可說毫不遜色。

孔雀王朝若要支撐起如此龐大的行政機構和軍隊，必定需要充足的財政供給，因此財政大臣和總稅務大臣成為了朝廷中的重臣，他們享受著高額的俸祿，但也承擔著重大責任。財政大臣要管理好現金和庫存實物。

總稅務大臣則必須確保各地稅賦的及時徵收、入庫及記錄，並由全體大臣連署後遞呈國王，以避免謊報和貪污。《政事論》中記載中央為了確保稅收，制定了一整套的稅收制度。農業稅（即田賦）是國家賦稅收入的主要來源，除此之外還包括城市稅、森林稅、礦山稅、道路稅等等。

孔雀王朝統治者為了對民眾和邊遠地區進行控制，設立了一個行之有效的諜報體系。雖然這個體系並不始於孔雀王朝，卻在這一時期達到了高峰。密探人數眾多，且包括各種職業的人。他們無孔不入，常偽裝成隱士、商賈、苦行者、學生、乞丐，甚至娼妓等，其盯梢的對象不僅是一般百姓、各級官員，還包括國王的至親與後宮佳麗。密探將蒐集到的情報直接密報給國王，國王常常是白天接見大臣，晚上接見密探。這些密探還常常把公眾的意見帶給國王，當然國王也常藉助這些特殊情報員對邊遠地區實施監控。

農業是孔雀帝國的社會經濟基礎，畢竟農業稅是國庫收入的最基本來源，因此農業在社會經濟中具有支配地位。《政事論》中提出國家須採取一切積極措施推動農業生產發展。中央任命具有豐富農業基礎知識的人擔任農業官員。興建大型水利工程，設立全國水利網，建造和維修

水庫、蓄水池、運河和水井，這些都是政府職能的一部分。政府派官員管理監督灌溉用水，並按照用水量定期徵收水稅。政府部門經常招納城市過剩勞動力送到農村。《政事論》記載，阿育王時期羯陵伽戰役後的大量戰俘便被送去開荒墾田，建立新的拓居地。他們被禁止擁有武裝，並按照規定繳納剩餘糧食。這時鐵犁、鐵鋤、鐵斧等工具在農業生產中得到普遍使用。恆河流域逐漸成為水稻主產區，促進提高產量的水稻插秧法開始盛行。西北印度和德干則以出產小麥、粟和豆類聞名。其他經濟作物如棉花、麻、甘蔗等種植面積也開始擴大。

　　雖然數以萬計的農民在孔雀王朝的土地上勞作耕耘，但他們腳下的土地並不屬於他們，國王才是全國土地的最高所有者。土地國有制在此時已經正式形成，並被載入宗教經典，《政事論》也指出：「國王是國家的保護者，也是全國一切土地的主人。」當然，土地國有只意味著國王或國家擁有土地的最高所有權，至於土地實際上的佔有卻存在多種形式，大致可以分為三類：國王和國家直接佔有的土地；貴族和寺廟佔有的土地；農村公社佔有的土地。當然，這一時期《政事論》中還講到了土地的轉讓、抵押和買賣，這是否表示土地私有制已經出現了？在這一問題上，學者們至今仍各持己見。不過，國家收入的主要來源於土地這一點不會改變。為了確保收入，孔雀王朝制定了詳細的徵稅制度。《政事論》中關於田賦及其徵收機構的規定相當詳盡。田賦稱為「巴伽」，在古代印度的賦稅制度中，實質上是地租與地稅合一的形式。田賦率一般是土地總產量的六分之一，但因孔雀王朝領土遼闊，土地條件參差不齊，農業發展水準高低有別，故亦有的田賦率高達土地產量的四分之一，甚至三分之一。田賦稅收制度的實施，讓定期估計田產變得十分重要，因為它既確保稅收合理，又能預估歲入，而且還成為有條不紊安排工作的依據。在許多地區，國王的稅吏與農民直接往來，消除中間人的盤剝，以減輕農民的賦稅。

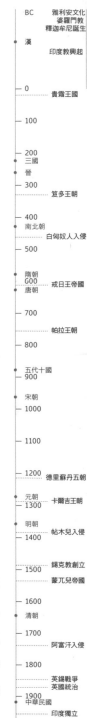

BC

耶穌基督出生　0—

君士坦丁統一羅馬

羅馬帝國分成兩部

波斯帝國　500—

回教建立

東羅馬其頓王朝

神聖羅馬帝國建立
　　1000—

英國征服愛爾蘭

蒙古第一次西征

歐洲流行黑死病

哥倫布發現新大陸
　　1500—

英國大破無敵艦隊

發明蒸汽機

美國獨立
拿破崙稱帝

美國南北戰爭開始

第一次世界大戰
第二次世界大戰

　　2000—

　　孔雀王朝也重視手工業和商業的發展。紡織品生產已出現地區專業化。《政事論》載，東孟加拉和恆河三角洲出產的棉布白而柔軟，在市場上聲譽很高。文中還提到中國的蠶絲，說明中國絲綢在西元前4世紀已經輸入印度，並促進了印度養蠶業和絲綢製造業的發展。煉鋼技術的進步加快了盔甲、兵器等軍需工業的發展。建築業的水準體現在大型水壩的修建、阿育王宮殿的建築以及造船工藝進步上。另外恆河中游精緻的黑色磨光陶器行銷全印、犍陀羅毛毯全印聞名、阿育王石柱上雕刻精美的動物形象等充分顯示了手工業者的高超技巧。這時的採礦和冶煉行業發展迅猛，然而皆由國家壟斷，這樣做不僅能增加國庫收入，同時也控制了製造武器的原料來源。手工業的行會組織進一步發展，每位手工業者幾乎都是某一行會的成員，因為加入行會可免去個人之間的競爭，節省了精力和費用。雖然國家政權控制行會，但對其內部事務並不干預，畢竟行會的存在對於徵稅和全盤管理製造業都是有利的。各種行會的出現，也反映了工商業經營規模的宏大，對城市行政也有很大影響。

　　孔雀王朝長期的相對和平局面，促進了城市繁榮，道路網發達。首都華氏城是商業最繁盛的城市。它沿恆河矗立，雄偉壯觀，有60座城門，570個城樓。國道以華氏城為中心，通到各地。當時的孔雀王朝雖然版圖遼闊，但星羅棋佈的城鎮皆由一個幾乎遍佈次大陸的公路網聯繫起來，這讓內外貿易很快繁榮起來。公路網將華氏城與恆河三角洲聯繫起來，打通了前往緬甸、印度東海岸和錫蘭的路線。道路沿線的設施也很齊全，阿育王甚至曾下令在路邊植樹、挖井，供人與牲畜飲水、乘涼。道路通暢，促進了貿易發展和文化交流。南印度的寶石、西北印度的毛毯、東印度的亞麻布，是地區間貿易的大宗商品。恆河是水上主要交通幹道，承擔了貨物運輸的相當部分。海外貿易遍及四方，印度的鐵器、寶石、紡織品、珍貴木材不僅可以運抵歐洲，也可與西亞諸民族進行貿易。

孔雀王朝商品的出售受到國家嚴格監督。在各個城市都設有各種監督官員，負責查驗商品定價、調節商品餘缺、防止和處置商業欺騙、徵收稅務等。另外國家對有關國計民生的礦產，包括鹽、鐵、銅、酒等實行專利壟斷經營。專供王室、政府官員和軍隊消費的剩餘產品及稅收所得物，由國家機構委託商人定點銷售。

　　至於海外貿易，則全部由國家直接經營。孔雀王朝不存在銀行體系，一旦資金運轉出現問題，就只能向高利貸借錢。公認的借貸年利率為15％，涉及長途海運等較少安全保證的借貸，年利率可達60％。國家對工商業過多的干預和過嚴的管制，限制了商品經濟的自由發展，阻礙了社會生產力的提高。

　　孔雀王朝時期，古代印度的奴隸制發展到了頂點。奴隸的來源有多種：戰俘、為衣食賣身為奴者、奴隸的後代、被交易或贈予的奴隸及債券奴隸等。後者多半是陷入債務逃脫不出的農民、手工業者，也有破產的婆羅門、剎帝利等。奴隸被主人視為會說話的工具，沒有自由，可隨意由主人處置，一個奴隸的賣價相當於8頭牛的價格。古代印度奴隸制社會中，奴隸大多數是家庭奴隸，做僕人、侍從、舞女、歌手、奶媽等，直接使用於生產領域的奴隸較少，且奴隸的數目占總人口的比例很小。奴隸主使用家庭奴隸勞動的主要目的是為了滿足本家族的消費需要。由於古代印度的奴隸制未能由家庭奴隸制發展到勞動奴隸制，所以遠不如希臘、羅馬的古典奴隸制發展得充分和成熟。也許正因如此，印度奴隸的處境要稍好一些。主人一般不可以任意殺害奴隸，奴隸也不需要為主人陪葬。《政事論》規定：奴隸可以有自己的財產，財產可以由親屬繼承；債務奴隸的後代不是奴隸；女奴若為主人生了孩子，母子可以獲得自由。

　　《政事論》中還特別強調要善待女奴，如強姦和侮辱女奴的、出賣懷孕女奴而不提供必要食物的主人都要受到罰款懲處。另外，印度的奴

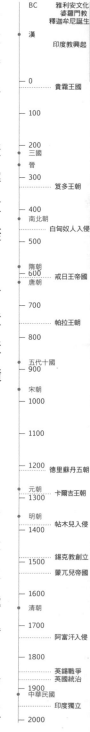

BC　雅利安文化
　　婆羅門教
　　釋迦牟尼誕生
漢
　　　印度教興起

0　　貴霜王國

100

200　　
三國
晉
300　　笈多王朝

400
南北朝
　　　白匈奴人入侵

500

隋朝
600　戒日王帝國
唐朝

700

　　　帕拉王朝
800

五代十國
900

宋朝
1000

1100

1200　德里蘇丹五朝
元朝　卡爾吉王朝
1300
明朝　帖木兒入侵
1400

1500　錫克教創立
　　　蒙兀兒帝國

1600
清朝
1700
　　　阿富汗入侵

1800
　　　英錫戰爭
　　　英國統治
1900
中華民國
　　　印度獨立
2000

隸可以贖買自由，高級種姓戰俘奴隸在一段時間後可以獲得自由，或者以奴隸價格的半價為贖金贖回自由。從上述規定可以看到，印度奴隸的生存環境要稍微寬鬆一些，究其原因與印度種姓制度有很大關係，不僅讓首陀羅、賤民成了人數龐大的固定受奴役者，同時又限制了把戰俘和被征服的土著人大量轉變為奴隸的可能性，從而阻止了奴隸制度在印度的繼續發展。

孔雀王朝時期，種姓制度隨著社會經濟的發展出現了新的變化。一方面因受經濟商品的衝擊，婆羅門、剎帝利、吠舍三個高級種姓的內部發生分化。為了能夠養家糊口，越來越多的人不顧高級種姓尊嚴，成為手工業者或小本商人；當然，還有極少數欠債無力償還而淪為債務奴隸。另一方面，「闍提」作為新的內容顯現在種姓制度中。「闍提」意為「世襲職業集團」，即以職業世襲、內婚制、在相互關係上以瓦爾那制為特徵的封閉性小集團。每一種姓下都轄有若干「闍提」，如吠舍種姓轄有的某一「闍提」是世襲木匠家族組成，另一「闍提」是紡織世家等等。

英國征服愛爾蘭

蒙古第一次西征

歐洲流行黑死病

哥倫布發現新大陸
1500—

英國大破無敵艦隊

發明蒸汽機

美國獨立
拿破崙稱帝

美國南北戰爭開始

第一次世界大戰
第二次世界大戰

2000—

阿育王統治時期，孔雀帝國達到了鼎盛。他死後不久，孔雀王朝迅速衰落。後期的孔雀王朝諸王皆是資質平平、軟弱無能的統治者，無法使這樣一個龐大的帝國保持完整。政治、經濟、宗教、種姓等方面存在的問題日益暴露，且沒有得到任何緩解。於是社會內部矛盾逐漸加深，又有爭權奪勢引發的宮廷內亂和官吏反叛不斷發生，進而促使孔雀帝國迅速分裂和衰亡。西元前187年，孔雀王朝的最後一位君主布里哈陀羅陀被他的將軍普什亞密多羅・異伽殺害，自此孔雀王朝一百三十多年的統治結束。隨著孔雀帝國的覆滅，印度又回到列國割據的局面。

| 第四章 | 笈多王朝

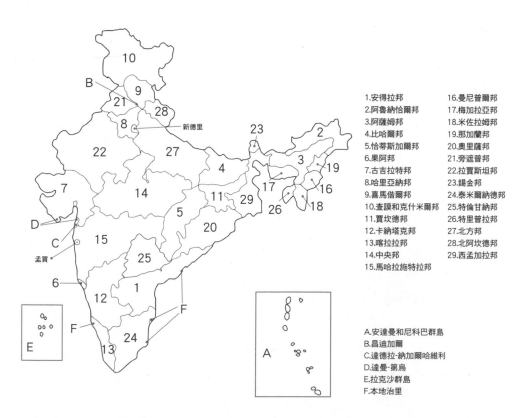

1.安得拉邦
2.阿魯納恰爾邦
3.阿薩姆邦
4.比哈爾邦
5.恰蒂斯加爾邦
6.果阿邦
7.古吉拉特邦
8.哈里亞納邦
9.喜馬偕爾邦
10.查謨和克什米爾邦
11.賈坎德邦
12.卡納塔克邦
13.喀拉拉邦
14.中央邦
15.馬哈拉施特拉邦

16.曼尼普爾邦
17.梅加拉亞邦
18.米佐拉姆邦
19.那加蘭邦
20.奧里薩邦
21.旁遮普邦
22.拉賈斯坦邦
23.錫金邦
24.泰米爾納德邦
25.特倫甘納邦
26.特里普拉邦
27.北方邦
28.北阿坎德邦
29.西孟加拉邦

A.安達曼和尼科巴群島
B.昌迪加爾
C.達德拉-納加爾哈維利
D.達曼-第烏
E.拉克沙群島
F.本地治里

前笈多時期

重現割據局面

　　孔雀王朝覆滅後，龐大帝國分崩離析，印度出現政治分裂局面。在這一時期活躍在西北印度和北印度的主要有巽伽王朝、甘華王朝，以及後來從西北湧入的外族，如安息人、大夏人、塞人、月氏人等。與此同時，羯陵伽、薩塔瓦哈那、伐卡達卡等則在中印的廣闊天地中一顯身手。泰米爾半島地區則三雄並立，在吸收海外文化和北方文化的同時，確立了帶有明顯地域特徵的「泰米爾文化」。

　　巽伽王朝的開創者是普什亞密多羅‧巽伽，巽伽氏族屬婆羅門種姓，來自印度的烏賈因地區，長期擔任孔雀王朝的官員。普什亞密多羅原是一名教師，後投筆從戎並最終榮升為孔雀王朝的將軍。西元前187年，普什亞密多羅在閱兵時密謀除掉了最後一位國王布里哈陀羅陀，創立了巽伽王朝。普什亞密多羅是一位篤誠的婆羅門教徒，登基不久後開始打壓佛教，復興婆羅門教。為了表示對婆羅門教的鼎力支持，普什亞密多羅曾經三次親自主持象徵傳統婆羅門教復活的「馬祭」。巽伽王朝建國之初，從孔雀王朝接手了幾乎整個恆河流域和西北印度的部分地區，並仍將華氏城作為都城。隨著印度各方勢力的興起，巽伽王朝先後與德干北部鄰國、南方羯陵伽以及自西北侵襲而來的希臘人發生戰事，

這不僅削弱了它的國力，更使其丟失了大部分土地，最後僅剩摩揭陀地區。巽伽王朝統治一百年間，僅開國君主普什亞密多羅與其子阿耆尼密多羅執政時尚稱強大，特別是阿耆尼密多羅在迦梨陀娑的劇本《摩羅毗迦與火天友》中被描繪為英雄。西元前73年，巽伽王朝發生宮廷政變，王朝最後一位國王提婆菩提被一名女奴殺害，出身於婆羅門的婆蘇提婆奪得王位，建立了甘婆王朝。婆蘇提婆所屬甘婆氏族為大臣世家，篤信婆羅門教，故甘婆王朝與巽伽王朝一樣，信奉婆羅門教。甘婆王朝的領土只有羯陵伽的附近地區，在當時只能算是一個苟安於一隅的小朝廷，其存在的四十五年裡，先後經歷了四位國王，皆碌碌無為，統治權力勉強維持。約西元前28年，南印德干中部崛起的薩塔瓦哈那王國揮師北伐，最終結束了甘婆王朝的統治。此後一個時期，北印政治情況一片混亂，一些小王國甚至存在到笈多王國的建立。

西元前1世紀，曾被阿育王重創的羯陵伽不僅重新獨立，而且在雄心勃勃的國王卡羅毗拉統治下，崛起為一方強國。卡羅毗拉熱衷軍事征服，曾出擊德干西部，佔領舊都王舍城，阻擊西北地方的希臘人，甚至南下侵擾過潘地亞。在治國方面卡羅毗拉也很在行，不僅修建灌溉溝渠，而且肯花錢改善臣民福利，為此贏得了民眾的呼聲。然而，卡羅毗拉的文治武功並未讓羯陵伽長盛不衰，他死後，羯陵伽很快便失去了光彩，不久為薩塔瓦哈那王朝那所滅。

西元前78年，薩塔瓦哈那王朝統治下的安度羅國建立，創建者是西穆卡。西元前28年，王朝向北的勢力一度達到恆河流域，佔領了摩揭陀，摧毀了甘婆王朝。西元1世紀後期，王朝開始走向強大，此時的國王是喬達米普特拉・薩達加尼，又稱「吉祥之王」、「南方之王」。他在位時國家疆界北抵瑪律華、納巴達河流域和比拉爾，東臨孟加拉灣，西瀕阿拉伯海，主要疆域在德干北部，中心位於南印度中心地帶。薩達加尼在位期間，舉行了「馬祭」，宣告強權帝國形成。不過，薩達加尼死

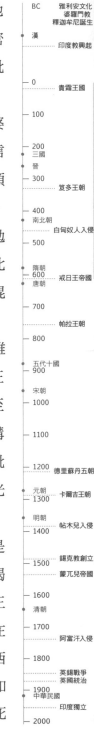

後，薩塔瓦哈那王朝遭遇到了最慘重的失敗，被奪去大片土地。當薩塔瓦哈那王朝在安得拉養精蓄銳後，最終返回了西海岸，並控制了東海岸至西海岸的半個德干地區。西元2世紀初期，薩塔瓦哈那王朝的輝煌達到頂點，擁有30多座城市和港口，其中那西克城市內陸商業中心布羅奇是與西方海上貿易的主要港口。薩塔瓦哈那王朝作為南北間的樞紐，為次大陸貿易、政治制度和思想文化上的交流做出了貢獻。另外，雖然統治階級崇奉印度教，但實行各教派相容的政策，使印度各教派及大、小乘佛教都盛行。西元2世紀末，由於直轄地區以外的獨立藩屬國權力不斷膨脹，薩塔瓦哈那王朝逐漸衰落，最終被分裂為5個小國。

伐卡達卡存在於西元3～6世紀，是德干諸小國中又一個較大的國家。它位於德干東南部，地理位置十分重要，對於打擊北方古吉拉特的入侵舉足輕重。伐卡達卡在西元5世紀達到鼎盛，曾對羯陵伽、薩塔瓦哈那等地進行廣泛征掠。西元6世紀衰落，為遮婁其所滅。

孔雀帝國分裂後，西北印度和大部分的北印度分裂出一些獨立的小國，然而這些小國很快就遭到來自北方外族的不斷侵擾。首先從西北門戶騎馬而來的就是安息人。「安息」一詞最早出現在中國古代典籍中，歐洲人稱之為「帕提亞」。西元前3世紀，安息從塞琉古帝國的統治中獨立出來，其創建者是波斯人阿爾薩克。西元前2世紀，安息國逐漸強盛，由此開始向東西兩個方向拓展，佔有波斯和兩河流域北部的一些地區。西元前1世紀，安息與羅馬接壤，自此開啟了兩國持續三百年的戰事。這期間安息同時向東發展，佔領了阿富汗的大部分，並與印度有了直接衝突。安息對印度入侵的策略是有進有退，當北印度出現強大政權時，安息就退縮一點，一旦北印度處於小邦林立局面，就會乘機發起侵襲，如此騷擾戰略持續了幾百年。

西元前3世紀，與安息一起從塞琉古帝國的統治中獨立出來的還有大夏。大夏，歐洲人稱「巴克特里亞」，由希臘人創立。西元前2世

紀，大夏德米特里二世佔據了印度河流域。西元前175年，大夏國內發生政變，領土以興都庫什山脈為界，分裂成南北兩部分。北大夏存在僅20餘年，亡於塞人。南大夏存在約200年，都城為五河流域的奢羯羅。南大夏的鼎盛時期當屬西元前155年至西元前130年，為國王米蘭德（即彌蘭陀）統治時期。這時南大夏的領土面積最大，勢力擴大到恆河流域的馬土臘，甚至進攻過巽伽王朝，但被其擊退。米蘭德信奉佛教，支持佛教在西北印度和中亞傳布。有關他與佛教哲聖龍軍一問一答的探討，經過後人整理形成頗負盛名的佛教典籍《彌蘭陀問經》。都城奢羯羅不僅成為佛教中心，而且也成為被巽伽王朝迫害的佛教徒的避難所。米蘭德在印度推行希臘化政策，以都城奢羯羅為中心的印度希臘化盛極一時，這推動了希臘文化與印度文化的交流和融合。此外，奢羯羅還是印度西北部對外貿易的重要商路樞紐。從塔克西拉運往波斯、裡海及黑海地區和地中海西岸的印度貨物都經過這裡。米蘭德發行的錢幣在今北方邦大量發現，其中包括少量金幣。南大夏的輝煌並未持續很久，米蘭德去世後，國勢逐漸走向衰落。西元1世紀，南大夏為貴霜王朝吞併。

塞人和月氏是進入印度的另外一股外族勢力。月氏早先居住在中國甘肅敦煌，屬於游牧民族，逐水草而居。西元前174年至西元前161年，匈奴人大舉進犯月氏，月氏落敗後分兩支逃離。一支向南遷徙到今四川西北的羌人區，稱為小月氏。另一支則遷移到今伊犁地區，同時將那裡的游牧民族塞人趕向西南。此後月氏人又遭到烏孫人的驅趕，被迫繼續向西遷徙，並再一次將塞人向西南驅趕。

被大月氏趕向西南的塞人先佔領了安息，摧毀了北大夏，後進入阿富汗，南下俾路支斯坦並滯留約100年，故當地地名為「塞卡斯坦」（即「塞人之家」）。休養生息後的塞人日趨強大，他們向南進入印度西北部並在此定居。西元前80年，由莫伽統率的第一批塞人在犍陀羅建立了政權，並征服了東旁遮普和喀布爾河流域。塞人另一支則由沙哈拉

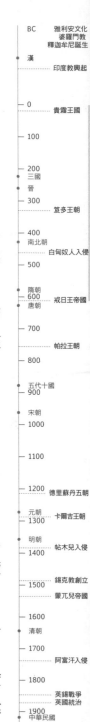

BC　雅利安文化
　　　婆羅門教
　　　釋迦牟尼誕生

漢

　　　印度教興起

0　　貴霜王國

100

200
三國
晉
300　笈多王朝

400
南北朝
　　　白匈奴人入侵
500

隋朝
600　戒日王帝國
唐朝

700

　　　帕拉王朝
800

五代十國
900

宋朝
1000

1100

1200　德里蘇丹五朝
元朝
1300　卡爾吉王朝

明朝
　　　帖木兒入侵
1400

　　　錫克教創立
1500
　　　蒙兀兒帝國

1600

清朝
1700
　　　阿富汗入侵
1800
　　　英錫戰爭
1900　英國統治
中華民國
　　　印度獨立
2000

塔率領，經俾路支斯坦征服信德。他們在西北印度形成二十幾個相對獨立的小國。印度人稱這些小政權的統治者為「塞人州長」。「州長」是波斯人的地方行政官員，採用世襲制。「塞人州長」中最有名的是魯陀羅達曼，他不僅是屢戰屢勝的征掠者，而且在文學、政治學、邏輯學上頗有研究。他鼓勵學術文化，動用國庫開支修建了一座水壩，這為他贏得了「大州長」的稱號。西元4世紀，笈多王朝逐漸崛起，塞人州長統治西印度的格局開始走向瓦解。這之後，塞人與其他民族一起融合到印度教種姓社會中，形成中世紀的拉其普特人。

　　印度半島最南端最早出現的國家有四個，它們的名字在阿育王銘文可以找到，即朱羅、潘地亞、哲羅和薩提亞普特拉。孔雀王朝瓦解後，這四個國家只有前三個留存下來。其中朱羅位於泰米爾半島的東海岸，首都是卡伐里帕塔納姆；潘地亞在朱羅西南，處於半島最南端，首都在馬杜賴；哲羅的勢力在潘地亞西北，首都為卡如烏爾。三個國家的主要居民都是達羅毗荼人，使用的語言都是泰米爾語，因為語言相通，所以這一地區的文化都稱為泰米爾文化。泰米爾文化受吠陀末期雅利安人文化影響，其最早的文獻是被稱為「桑伽姆」文學的泰米爾語詩歌集。「桑伽姆」意為「學社」，是古代泰米爾詩人的文學組織。泰米爾三國間的戰火不斷，他們既相互征伐，又組成同盟共禦外敵。三國中朱羅海上實力最強，一度佔領今斯里蘭卡東北部長達半世紀。朱羅也曾一度稱霸泰米爾地區，並在東西兩海岸修建港口，開展對羅馬的貿易。西元4世紀後，朱羅遭到潘地亞等國攻擊，一度衰落，但在西元9世紀時復興，並達到歷史鼎盛。當北方國家向半島南端擴張時，三國也曾不止一次結成聯盟，共同抵禦外來勢力，但結果不是被擊敗，就是自行瓦解。在與外部交流方面，三邦都與德干地區甚至北印度有貿易關係，並與羅馬、埃及、東南亞等國有頻繁的商業往來。特別是當薩塔瓦哈那國出現，連接了南北間的通道，讓泰米爾三邦與次大陸的貿易與交流變得更為活躍。

東羅馬其頓王朝

神聖羅馬帝國建立
　　　　　1000—

英國征服愛爾蘭
蒙古第一次西征

歐洲流行黑死病

哥倫布發現新大陸
　　　　　1500—
英國大破無敵艦隊

發明蒸汽機

美國獨立
拿破崙稱帝
美國南北戰爭開始
第一次世界大戰
第二次世界大戰
　　　　　2000—

當然，在長期發展中，泰米爾三邦形成了各自的文化特點，甚至語言也出現了差別，這也是他們不能統一的原因之一。

貴霜王朝

西元1世紀，西北印度和北印度政治形勢又發生重大變化，一個大帝國出現，這就是貴霜王朝。貴霜王朝為大月氏人建立。西元前2世紀，當大月氏第二次驅趕走塞人後，佔領了巴克特里亞，定居在阿姆河與錫爾河流域。不久，大月氏分成五個部落，貴霜是其中一部。

西元1世紀初，貴霜部落在首領丘就率領下，統一大月氏五部，自立為王，國號貴霜。隨後，丘就率軍南下侵入次大陸，征服印度西北部的希臘人國家，建都高附（今喀布爾），統一了從阿姆河流域到印度河上游的廣大地區，奠定了貴霜帝國強國地位。這之後丘就又將統治中心從中亞移到西北印度的犍陀羅地區。西元1世紀末，丘就辭世，傳位於子閻膏珍。閻膏珍統治時期繼續領土擴張，建立了對恆河流域的統治權。此時的貴霜王朝日益富庶，政府已開始發行大量金幣。製作金幣所用黃金大部分從羅馬帝國流入，其餘則來自中亞等地。

在貴霜王朝的年代體系表上不難發現，丘就與閻膏珍同屬伽德菲斯王系，而閻膏珍的繼任者則是迦膩色迦王系的一員。因此有學者將丘就至閻膏珍這一段歷史時期稱為「第一貴霜時代」；將迦膩色迦王系統治下的貴霜帝國稱為「第二貴霜時代」。

迦膩色迦王一世統治下的貴霜王朝達到了昌盛的頂點。他擴大了在北印度的統治地區，征服了塞人州長，將塞人各小邦收為貴霜王朝的屬國。隨後，他又安定了西北印度疆界，並征服了喀什米爾，接通了天山南路。迦膩色迦王一世還一度向南擴張到卡提阿瓦半島和那馬達河，與德干的薩塔瓦哈那王朝相抗衡，形成南北對峙局面。為了讓北印度成為

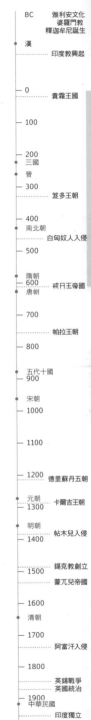

BC	雅利安文化
	婆羅門教
	釋迦牟尼誕生
漢	
	印度教興起
0	貴霜王國
100	
200	
三國	
晉	
300	笈多王朝
400	
南北朝	
	白匈奴人入侵
500	
隋朝	
600	戒日王帝國
唐朝	
700	
	帕拉王朝
800	
五代十國	
900	
宋朝	
1000	
1100	
1200	德里蘇丹五朝
元朝	卡爾吉王朝
1300	
明朝	帖木兒入侵
1400	
	錫克教創立
1500	蒙兀兒帝國
1600	
清朝	
1700	
	阿富汗入侵
1800	
	英錫戰爭
	英國統治
1900	
中華民國	
	印度獨立
2000	

貴霜帝國的中心，迦膩色迦王一世將首都遷到號稱「戰略要塞」、「交通樞紐」的富樓沙，即布路沙布羅（今巴基斯坦西北部之白沙瓦），並建陪都於馬土臘（又稱孔雀城）。此時的貴霜王朝版圖遼闊，國勢鼎盛，與同一時期的羅馬帝國、東漢、安息並列於歐亞大陸之上。

當喜好武功的迦膩色迦王一世不幸戰死沙場後，他的帝國開始衰落。他之後比較有作為的君主是婆蘇提瓦。婆蘇提瓦在位時，仍舊統治著馬土臘，但納巴達河等地區卻開始紛紛獨立。這一時期政權中的外族色彩逐漸消失，印度化程度進一步加深。西元3世紀中葉，貴霜帝國西部地區被伊朗新出現的薩珊帝國佔領，貴霜帝國只剩下以首都為中心的一小塊地區。西元4世紀，貴霜被笈多帝國吞併，一百年後為異族所滅。

貴霜王朝的諸王建立了君主制度，然而他們的君主制度與阿育王推行的「王權至上」政治體制有很大不同。前者不具有高度的中央集權性質，而是實行擁有軍政實權的副王制。國王雖然頂著「天神之子」的頭銜，卻僅僅擁有京城及附近地區的直接統治權，副王則負責統帥大軍遠征以及統治離首都較遠的新征服的領土。貴霜統治者將全國劃分為7個省，派王族成員任副王治理統轄。為防止副王權力膨脹，兩個省之間要保持權力平衡，相互牽制，從而有利於中央政府對省的控制。貴霜王朝疆域遼闊，境內民族眾多，由此民族和民族間的差異、民族與階級之間的衝突成為嚴重社會問題。為了緩解這些矛盾，貴霜統治者儘量採取具有印度本地色彩的行政統治手段。迦膩色迦王一世在位時，推崇宣導佛教，利用其緩解民族間的對抗，以及削弱婆羅門貴族地方勢力。

東羅馬馬其頓王朝

神聖羅馬帝國建立 1000—

英國征服愛爾蘭

蒙古第一次西征

歐洲流行黑死病

哥倫布發現新大陸 1500—

一個強大而統一的國家，往往會促進這一廣大地區城市經濟和對外貿易的發展。貴霜王朝由於控制了印度通往中亞、西亞的交通樞紐，促進了其與羅馬和中國的貿易往來。印度商人利用絲綢之路，獲取了大量資財。這一時期出現了許多經濟繁榮的新城市，其規劃和建築達到了新的水準。城市手工業中棉紡織業最為發達。隨著織造平紋細棉布的工藝

英國大破無敵艦隊

發明蒸汽機

美國獨立
拿破崙稱帝

美國南北戰爭開始

第一次世界大戰
第二次世界大戰

2000—

技術水準的提高，孟加拉出產的杜庫拉棉布、貝拿勒斯出產的恆河棉布暢銷羅馬等國。另外香料、珠寶、象牙、胡椒、芳香油膏、珍珠、稻米和珍禽異獸等貨物，常通過布羅奇或印度河口的巴巴里庫姆等港口行銷到海外。

貴霜時代也是印度文化的繁榮時期。統治者往往對印度文化及東西方文化採取兼收並蓄的政策，通過吸收融合，形成了豐富多彩的獨特的貴霜文化，其主要表現在鑄幣、建築和造型藝術上。丘就發行的錢幣，正面是模仿羅馬奧古斯都大帝式的頭像，反面是一位坐在羅馬式貴族椅子上的國王肖像。閻膏珍鑄造的錢幣，正面是仿照歐洲風格的國王肖像和名號，反面是帶有印度色彩的神像或牛的圖案。迦膩色迦錢幣正面有模仿祭祀者的國王肖像，反面則鑄有各種不同的神祇，神祇既有印度宗教裡的形象，也有希臘神話中的人物。錢幣的銘文都是希臘文，國王頭銜則以古波斯文表示。

「希臘式佛教藝術」成為貴霜藝術風格的代表，其特點是將希臘造型藝術的美學觀點及新穎風格與大乘佛教主題結合。在此之前，佛教無偶像，佛陀的存在是透過一些象徵物來表示，如一棵菩提樹，代表悟道；一個輪子，代表佛陀第一次講道。有了佛像後，不僅形象更直觀，而且易於禮拜。佛像本身保留了印度的主題，但技巧方面來自於希臘藝術。利用希臘造型藝術表現出的佛像面部柔和自由，體形修長，眉目端莊，不僅具有世俗性質，而且形象鮮明，或活潑，或威嚴，易於崇拜。

153年，迦膩色迦以護法王名義，支持佛教徒在迦濕彌羅舉行第四次結集。這次結集是大乘教派的聚會，會上對佛陀教義和戒律做了新的解釋，確定了大乘佛教的教義。雖然小乘佛教不承認此次結集，但這次大會卻加速了傳教活動，使整個西域佛教化。

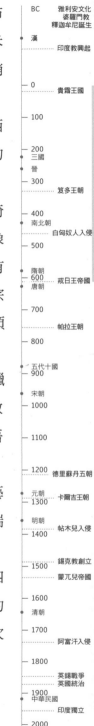

BC 雅利安文化
　　婆羅門教
　　釋迦牟尼誕生
漢
　　印度教興起

0 貴霜王國

100

200
三國
晉
300 笈多王朝

400
南北朝
　　白匈奴人入侵

500

隋朝
600 戒日王帝國
唐朝

700
　　帕拉王朝

800

五代十國
900
宋朝
1000

1100

1200 德里蘇丹五朝
元朝
1300 卡爾吉王朝
明朝
1400 帖木兒入侵

1500 錫克教創立
　　蒙兀兒帝國

1600
清朝
1700
　　阿富汗入侵
1800
　　英錫戰爭
　　英國統治
1900
中華民國
　　印度獨立
2000

強盛的笈多王朝

「萬王之王」和「詩人之王」

西元3世紀，貴霜王朝瓦解，北印度分裂為更多小國。摩揭陀國王旃陀羅・笈多一世乘機興起，奪取華氏城，定為首都，建立笈多王朝。它改變了當時印度的混亂局面，讓印度大部分地區又復歸統一。

旃陀羅・笈多一世的先輩原是比哈爾邦的一個小王公，信奉婆羅門教，臣屬於貴霜帝國，貴霜帝國瓦解後宣布比哈爾邦獨立。320年，旃陀羅・笈多一世即位，笈多王朝從此不再默默無聞。旃陀羅・笈多開始在恆河流域中部擴張勢力，征服了喬薩羅、考比山。為了控制鄰近的一個共和國，旃陀羅・笈多娶了共和國中栗占婆族的一位公主。藉助栗占婆族在恆河下游的威望，笈多家族的社會知名度大幅提升，為此他特意將聯姻情節鑄入錢幣以示紀念。旃陀羅・笈多一世的統治疆域包括比哈爾邦、今北方邦部分和孟加拉部分，這片地區日後成為笈多帝國的核心區域。旃陀羅・笈多一世本人也封自己為「萬王之王」。

旃陀羅・笈多一世在統治後期召開了一次大臣與王族成員的會議。在這次會議上，王子沙摩多羅・笈多被正式指定為王位繼承人。335年，旃陀羅・笈多一世隱居辭世，沙摩多羅・笈多正式即位，由此笈多王朝開始大規模向外擴張領土。沙摩多羅・笈多在征服恆河上游及印度

河流域東部後，揮師南下征服奧里薩和德干東部，勢力一度擴張到帕拉瓦王國的都城。此外，他迫使德干諸小國向他臣服。沙摩多羅‧笈多的征服欲望不僅展現在次大陸上，同時也表現在海上。他所征服的沿海地區擴大到了馬來半島、蘇門答臘和爪哇等。沙摩多羅‧笈多的非凡軍事才能，透過他的一位宮廷詩人為其撰寫的頌揚銘文流傳下來。這篇著名的銘文被刻在了阿育王石柱上。銘文中稱沙摩多羅‧笈多共戰勝了35王，其中9王位於恆河流域，11王在南印度，5王在西北。沙摩多羅‧笈多還俘虜了德干北部12王但都將其放回。這些被他征服的國王，有一些被迫交納貢賦，如阿薩姆、孟加拉等；有一些則要接受笈多王朝的宗主權，如印度河流域的尼泊爾和旁遮普；另外中南沿海、中印度和德干地區的若干小國的君主們也紛紛表示效忠，但因原來的統治機構沒有改變，暴亂、抵抗運動時有發生。在一連串的征服完成後，被稱為「征服者國王」的沙摩多羅‧笈多終於滿足了，舉行了標誌顯赫統治權的「馬祭」儀式，據說因為疆域過大，為此犧牲的牲口高達數百頭。沙摩多羅‧笈多除了是一位威嚴的征服者外，還是一位詩歌愛好者，甚至被稱為「詩人之王」。這些都在他統治時期鑄造的精緻金幣上有所體現，有些錢幣的圖案甚至描繪了他彈奏詩琴的情景。另外，銘文上也多次記載他是一位多才多藝的國王，而且非常熱心於資助學術研究。

笈多最後的偉大帝王

笈多王朝的第三位國王是旃陀羅‧笈多二世。在所有笈多國王中，他的統治才能和文化修養被認為是最好的。旃陀羅‧笈多二世襲用了祖父的名字，但是他並不是父親沙摩多羅‧笈多直接指定的王位繼承人。他的兄弟羅摩‧笈多本應遵父命登基，然而羅摩天性懦弱，在與塞人的戰鬥中不僅落敗，而且同意獻出自己的妻子以求降。羅摩的行為激怒了

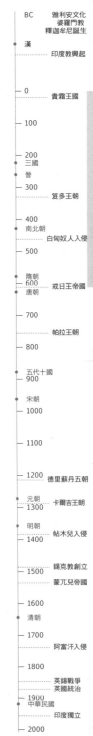

BC 雅利安文化
婆羅門教
釋迦牟尼誕生

漢
印度教興起

0 貴霜王國

100

200 三國
晉

300 笈多王朝

400 南北朝
白匈奴人入侵

500

600 隋朝 戒日王帝國
唐朝

700

800 帕拉王朝

五代十國
900
宋朝

1000

1100

1200 德里蘇丹五朝

元朝 卡爾吉王朝
1300

明朝
帖木兒入侵
1400

1500 錫克教創立
蒙兀兒帝國

1600

清朝
1700

阿富汗入侵
1800

英錫戰爭
英國統治
1900 中華民國
印度獨立

2000

BC

耶穌基督出生　0—

君士坦丁統一羅馬

羅馬帝國分成兩部

波斯帝國　500—

回教建立

東羅馬馬其頓王朝

神聖羅馬帝國建立
　1000—

英國征服愛爾蘭

蒙古第一次西征

歐洲流行黑死病

哥倫布發現新大陸
　1500—

英國大破無敵艦隊

發明蒸汽機

美國獨立
拿破崙稱帝
美國南北戰爭開始

第一次世界大戰
第二次世界大戰

　2000—

旃陀羅・笈多。為了挽回國家榮譽，旃陀羅假扮王后，進入賽王的宮中將國君刺死。此舉讓旃陀羅成為了民眾心目中的英雄，贏得了人民的愛戴。沙摩多羅・笈多去世後，旃陀羅與羅摩為爭奪王位反目。最終旃陀羅殺哥娶嫂，登上王位。

旃陀羅・笈多二世統治期間，同塞人的戰爭持續了20年之久。這中間旃陀羅・笈多二世藉由與德干的伐卡塔卡斯王國締結聯盟，加強了對塞人作戰的有利地位。最終，笈多王朝擊潰了塞人，兼併了西印度。為了紀念這次勝利，旃陀羅・笈多二世發行了特質銀幣。透過這次征服，笈多王朝不僅掌握了西印度的港口，打通了與地中海的貿易通道，而且印度西部邊境也不必再擔心有外敵騷擾。

旃陀羅・笈多二世與德干伐卡塔卡斯王國締結的聯姻同盟，不僅幫他打贏了塞人，還給他帶來了意外的收穫。伐卡塔卡斯王國是德干地區的支配力量。旃陀羅・笈多二世把女兒嫁給伐卡塔卡斯國王，不久國王去世，其子尚小，王權落入旃陀羅・笈多二世女兒手中，攝政長達20年。自此伐卡塔卡斯實際已成為笈多帝國的一部分。在伐卡塔卡斯的影響下，德干地區其他一些小國也與笈多王室聯姻，這樣德干地區幾乎已經與笈多王朝綁在了一起。

歌頌旃陀羅・笈多二世的銘文，刻於豎立在德里的一根鐵柱上。銘文不僅讚揚了他的武功，而且一一細述了他對文學和藝術的贊助。鐵柱高達7米，製作工藝精湛，幾千年來未曾生鏽。「超日王」是旃陀羅・笈多二世的頭銜，它毫不誇張地展現了這位偉大君主所創造的盛世：國富饒，民灼盛，競行仁義，最樂無比。

旃陀羅・笈多二世晚年將王位傳於兒子鳩摩羅・笈多。鳩摩羅在位尚能維持北印度的統一和安定局面。王位傳到塞犍陀・笈多時，笈多王朝已經進入危機四伏的局勢。此時不僅爆發了經濟危機，而且大臣官員們也開始擁兵專權，更為兇險的是來自中亞游牧族白匈奴人對北印度的

入侵。為了抗擊外敵，塞犍陀‧笈多調集全國兵力，奮勇殺敵，終將入侵者擊退。不過，塞犍陀‧笈多並未扭轉笈多王朝日益衰敗的殘局，他死後，各種社會矛盾空前激化，中央政權被嚴重削弱，各地封臣和總督紛紛宣布獨立，笈多王朝飄搖欲墜。西元5世紀末，白匈奴人再次捲土重來，佔領了西北印度和恆河流域中部地區，給北印度經濟、政治和文化以沉重打擊，而笈多王朝也如孤帆漏船般慢慢在歷史中湮沒。

白匈奴人，中國史書上稱其為「嚈噠人」，人種不詳。原先居住在中國西北，後受蒙古人壓迫，向西南遷移。西元5世紀進入大夏所在地。

483年，他們擊敗薩珊王朝，殺死波斯王。458年，白匈奴人進入北印度，被塞犍陀擊退。不久，他們捲土重來，打敗波斯人，佔領了西北印度大片土地，以原來南大夏的奢羯羅為都城。期間他們對北印度以劫掠為主，幾乎搶遍所有北印度地區，過著富庶生活。白匈奴人最有名的王是密希拉古拉，意為「太陽之後」。他兇暴殘虐，不信佛，迫害佛教徒。屢遭劫掠的印度各邦，不久攜手聯盟，與白匈奴人抗衡，終將密希拉古拉逐出平原。印度境外，西突厥人也和薩珊波斯聯手，白匈奴人被徹底擊敗。白匈奴人對北印度的征服產生了很大消極影響，嚴重破壞了印度的經濟和文化，加速了笈多王朝的瓦解和北印度的分裂。然而，白匈奴人並未在印度歷史中完全消失，他的後人以及跟隨他們進入印度的瞿折羅人定居於西印度和北印度。由於他們的軍事首領與印度教勢力結合，保護印度教徒並協助其重建寺廟，故婆羅門僧侶將其納入印度教社會的種姓結構中，這些新剎帝利種姓和封建領主集團的人被稱為「拉其普特人」。幾個世紀後，他們再度主宰北印度的歷史。

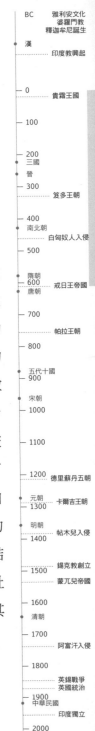

BC 雅利安文化
婆羅門教
釋迦牟尼誕生

漢
印度教興起

0 貴霜王國

100

200
三國
晉

300 笈多王朝

400
南北朝
白匈奴人入侵

500

隋朝 600 戒日王帝國
唐朝

700
帕拉王朝

800

五代十國
900

宋朝
1000

1100

1200 德里蘇丹五朝

元朝 卡爾吉王朝
1300

明朝
帖木兒入侵
1400

錫克教創立
1500
蒙兀兒帝國

1600
清朝

1700
阿富汗入侵

1800

英錫戰爭
英國統治
1900
中華民國
印度獨立

2000

古印度的黃金時代

孔雀王朝加強版

　　笈多王朝在印度歷史上佔有重要地位，它經歷了100多年的政治統一局面和社會安定時期，社會生產力有了迅速發展。笈多王朝時代又被稱為古印度的黃金時代，在這一時期印度由古代奴隸制社會過渡到中世紀封建社會。

　　笈多王朝在中央和地方實行了封建政治制度，其中央政權的力量在形式上是君權至高無上。君主集立法、行政、司法和軍事的最高權力於一身。而且同孔雀王朝一樣，笈多君主的形象也被神化，常被說成是降臨大地統治人間的神。笈多王朝不再有國務會議，國家重大政策問題決定權只掌握在君主手中，王公大臣以及藩王只能進諫。君主在位時明確指定繼承人，繼承人並非一定是長子。若國王未成年，則由大臣會議行使攝政會議職能。大臣會議一般由稅收、財政、商業、司法、軍事、員警等中央各部門的首腦組成。

　　笈多王朝和孔雀王朝相比，中央集權程度較弱，國家權力比較分散。中央政府直接統治的地區僅是帝國的核心地帶，包括孟加拉、比哈爾邦、今北方邦及中央邦部分。

　　在這一區域，行政制度在外表上與孔雀王朝相仿，君主是最高行政

統治中樞，由大臣王公相輔佐。而在核心地帶以外，存在一些半獨立的有相當大權力的小國藩王或藩臣，他們大多是被征服地區遺留下來的王公。由於笈多王朝本身經濟和軍事不足，不能實現完全的兼併和統一，於是對這些地區採取懷柔政策，實行藩屬國制度。藩屬國按照規定要定期朝拜、貢獻中央政府，同時要提供軍事服務。另外，聯姻也成為強化笈多王室與藩屬國關係的重要手段。笈多王朝同藩屬國之間的聯繫還依靠商業和文化。

高級官員由國王任命，往往一個人可以兼任多種官職。他們可以終身任職，即使去世官職也可以世襲給後代。笈多王朝地方行政劃分為若干省，由中央政府派總督或副王統治，這些人往往是王孫貴族。聚集強大勢力的封建主們，一般會擔任重要的地方官吏。笈多王朝承認各省總督有相對自治權，這讓中央政府對各省的控制有所削弱。總督不僅有權決策水利工程的興建和管理，還可以調整貿易，甚至防禦外族入侵的軍事活動也在其職權範圍以內，這為日後笈多王朝的分裂埋下了隱患。省下面的行政區是縣、村，縣長由總督任命，村長由官府任命。

笈多王朝常備軍不如孔雀王朝的強大，軍事管理機構也不健全，不能控制全部戰象和戰車，各藩屬國提供的軍隊往往才是笈多王朝的主力軍，這導致中央政權對各地藩臣依賴的程度日益加深。

另外，隨著王朝土地分封制度的存在，永久賜地大量出現，削弱了國家的財政基礎。國家不能向大多數農民徵收田賦，所以政府無需登記全國戶口。不過笈多王朝的司法系統日益完善，民事、刑事審判已經分開。梵語成為當時的官方語言。從中央到地方各級官員薪俸都用現金支付。

一個國家長時期的和平安定局面對其社會經濟的發展十分有利，這一點不僅在孔雀王朝中有所體現，笈多王朝更是如此。在農業方面，笈多王朝重視興修水利工程，許多地方修建了大小不等的水庫、蓄水池，

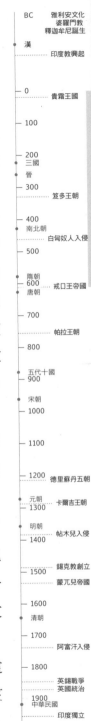

BC　雅利安文化
　　婆羅門教
　　釋迦牟尼誕生
漢
　　　印度教興起

0　　貴霜王國

100

200
三國
晉
300　　笈多王朝

400
南北朝
　　　白匈奴人入侵
500

隋朝
600　　戒日王帝國
唐朝
700

　　　帕拉王朝
800

五代十國
900

宋朝
1000

1100

1200　德里蘇丹五朝

元朝　卡爾吉王朝
1300

明朝　帖木兒入侵
1400

1500　錫克教創立
　　　蒙兀兒帝國

1600

清朝
1700

　　　阿富汗入侵
1800

　　　英錫戰爭
1900　英國統治
中華民國
　　　印度獨立
2000

從而有利於田地的灌溉，大量荒蕪的土地被重新開墾出來。耕種技術受到重視，農產量增加，小麥和稻米已經成為出口商品。桑樹種植和養蠶業也受絲綢之路的影響而興盛起來。

笈多王朝時代，鑄鐵、棉紡和造船工藝技術有很大進步。

歌頌旃陀羅・笈多二世的銘文鐵柱，千年以來未曾銹蝕，足見冶煉水準高超程度。造船業已能夠建造大型多樂帆船，可載運200多人。佛塔、廟宇、石窟等建造工藝比以前更為複雜精巧。此時的內外貿易十分活躍。中央政府重視修築和養護道路，鼓勵商業發展。

國內橫穿古謝浦爾沿東海岸的路線，與另外一條經過烏賈因、納西克和卡瓦爾沿西海岸的路線，將南北連接起來，方便北印與南印間的貿易往來。與此同時，內河航道作為商業管道的作用增強。恆河、朱木拿河、納巴達河、哥達瓦里河、克里希納河及科佛里河都成了主要商貿通道。

笈多王朝時期對外貿易方面有所變化。北路貿易因羅馬帝國的衰落及絲綢之路的影響而萎縮。此時與西亞、北非的海路貿易仍然有所發展，尤其是笈多王朝兼併西海岸地區後，貿易往來愈加頻繁。笈多帝國時期發展最大的是與東南亞的貿易，印度商人在東南亞設立許多商站並移民該地，同時也將印度文化傳播過去。棉紡織品、香料、珠寶等依舊是印度的主要輸出品，西方的金、銀、錫等貴金屬以及伊朗、阿拉伯國家的良種馬成為商人們進口的熱銷產品。

在笈多王朝統治時代，國家對社會經濟，尤其是城市工商業經濟無力實行壟斷和採取統治政策，因此商業及手工業行會制度得到迅猛發展。其中，商業行會兼營信貸業務成為突出現象，王親貴族或富豪常常在商人行會存錢，並指定其利息捐贈給寺院或婆羅門。行會不僅在商人內部開通存放款業務，同時也放貸給手工業者，這讓一些商人和手工業者能夠靈活運用資金，促進經濟生產發展。另外，商人行會在城市行政

管理方面有著重要作用，各個城市成立的協助官員管理的委員會都有商人、手工業者代表參加。城市商人行會有自己的規章，不僅有強大的經濟實力，還有政治勢力，在處理內部事務上實際擔負起某些司法職能。一些行會甚至發行貨幣，並擁有武裝。

　　笈多帝國之前，印度土地關係有兩種：一種是統治者向婆羅門、佛教寺院、少數官員和寵臣贈賜土地；另外一種則是村社上層佔有土地，使用雇工、佃農耕種。西元5世紀後，第一種形式的土地關係逐漸凸顯出來，婆羅門、佛教寺院等相繼得到大量贈賜土地。

　　據已發現的當時的贈地文書所載，帕那瓦的君主把兩個村莊及兩個貯水池贈賜給180個婆羅門僧侶。從這些早期文書中還不難發現，當時的贈地數量不僅多，而且都屬於永久性的賜地。在孔雀王朝時期，國王賞賜給婆羅門貴族的土地不包括土地所有權及轉讓權。但到了笈多王朝，不僅出現永久賜地，而且還將土地上居民應交給國家的一切捐稅和應服勞役一併贈賜，甚至更有慷慨的君主，一併將土地行政與司法權打包贈送出去。這種土地關係性質的改變，逐漸演化為封建土地制度，封建土地制度從此在印度土地關係中取得支配地位。

　　笈多統治者將越來越多的土地贈與給僧侶和寺院，不僅維護了統治需要，而且促進了生產力的提高和農業效益的增加。在統治者眼中，富麗堂皇的寺廟和富有的高級僧侶，能增強宗教在民眾心目中的地位。同時，用荒地捐贈也可以鼓勵開荒，促進農業生產。然而隨著土地分封制度的廣泛實行，封賜地不僅成為一塊私有化世襲地產，而且逐漸成為一個半獨立的政治權利單位。賜地持有者手中的經濟實力和政治特權不斷積聚，逐漸出現掌握地方政權的封建領主。

　　笈多王朝時期，宗教方面發生重大變化，婆羅門教透過自身改變，逐漸演化為印度教。印度教在群眾中重新發展起來，得到笈多帝國和南印多數國家君主們的信奉和推崇。他們贈賜婆羅門大量土地，支持他們

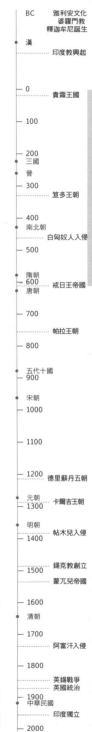

BC　雅利安文化
　　婆羅門教
　　釋迦牟尼誕生

漢
　　　　印度教興起

0　　　貴霜王國

100

200　三國
晉
300
　　　　笈多王朝

400
南北朝
　　　　白匈奴人入侵
500

隋朝
600　戒日王帝國
唐朝
700

　　　　帕拉王朝
800

五代十國
900

宋朝
1000

1100

1200　德里蘇丹五朝

元朝
　　　　卡爾吉王朝
1300

明朝
　　　　帖木兒入侵
1400

1500　錫克教創立
　　　　蒙兀兒帝國

1600
清朝

1700
　　　　阿富汗入侵

1800
　　　　英錫戰爭
　　　　英國統治
1900
中華民國
　　　　印度獨立
2000

BC

耶穌基督出生　0—

君士坦丁統一羅馬

羅馬帝國分成兩部

波斯帝國　500—

回教建立

東羅馬馬其頓王朝

神聖羅馬帝國建立
　　1000—

英國征服愛爾蘭

蒙古第一次西征

歐洲流行黑死病

哥倫布發現新大陸
　　1500—

英國大破無敵艦隊

發明蒸汽機

美國獨立
拿破崙稱帝

美國南北戰爭開始

第一次世界大戰
第二次世界大戰

　　2000—

編纂、詮釋婆羅門教原有典籍，撰寫新典籍。與婆羅門教不同，印度教形成了主神崇拜和化身說，吠陀經典的地位逐漸被《薄伽梵歌》和往世書取代。另外，為了防止首陀羅改宗佛教，印度教允許他們聽誦史詩、往世書以及在家舉行宗教儀式。這一連串改革，讓印度教能夠被更多不同地區不同文化背景的人接受，為其興起奠定了客觀條件。

笈多帝國和南方國家雖然推崇印度教，但依舊對宗教採取相容政策，因此佛教受到了保護，尤其在西北印度和北印度地區，大乘和小乘佛教都十分興盛。從笈多時代留存下來的大量佛像以及阿旃陀石窟等佛教建築物，可以感受當時佛教的昌盛。同一時期耆那教也仍在流行，其範圍包括西印和德干地區。在這些地區大雄以及其他聖人的雕像隨處可見。為了適應新的宗教環境，保留住陣營，耆那教曾召開過兩次會議，並對耆那教經典做了新的詮釋。

古印度的文藝復興

笈多王朝時期被稱為印度教文學藝術的黃金時期。統治者重新崇奉改革後的婆羅門教（即印度教），並促成其文化繁榮發展。與此同時，佛教文學藝術也取得了一些成就。

婆羅門教的許多口頭傳誦的重要經典，在歲月的變遷中逐漸被記錄成文字。

笈多統治者將這些文字進一步編纂整理成冊，供世人研究誦讀。著名的兩大史詩《摩訶婆羅多》及《羅摩衍那》終於有了最後的定型本。往世書也開始著手編寫。古典梵語文學創作到達了高峰，上述古代典籍即採用梵文撰寫。這一時期的文學家藉由王室贊助，創作了不少梵文戲劇、詩歌和散文。這些作品在風格、技巧上有所創新，內容和題材方面也逐漸與宗教拉開了距離，成為獨立發展的藝術形式，並深受統治階層

的歡迎。笈多一世曾大力獎掖文學和藝術；他的兒子因善於作梵文詩被譽為「詩人國王」；笈多二世則將他欣賞寵愛的九位宮廷文人譽為「九寶」。

　　這一時期最傑出的古典梵文文學家是迦梨陀娑，亦是「九寶」之一。他在戲劇、史詩、抒情詩諸方面都有傑作存世。《沙恭達羅》是他最著名的七幕愛情劇，也代表了他最高成就。劇中描寫了一位君王與山林女神之女的浪漫故事。兩位年輕人的森林偶遇，成就了一段刻骨愛情。兩人的結合受到天神阻撓，但愛情的力量最終突破了重重險阻，讓有情人重又團聚。文中著重表現了女神之女不僅寬容大度，而且忠於愛情敢於抗爭，是善良婦女的典型代表。

　　迦梨陀娑的另外兩部劇本是《勇健與廣延》和《摩羅毗伽與火天友》。前者是一部喜劇，描寫了凡世間國王與天國女歌手之間的悲歡離合；後者則較為寫實地描述了巽伽王朝的宮廷生活和社會情形。《雲使》是迦梨陀娑抒情詩創作中的楷模。它是一首格律長詩，由120首四行詩組成。詩中描述中印度的一位流亡者，心中充滿思鄉戀妻之情，故託付雲為使者，將這一片深情寄給住在遠方的妻子。《雲使》文辭優美、悲愴，其詩句在當時非常流行，許多銘文也深受影響。《季節的循環》是迦梨陀娑的抒情詩集，描繪了六季風情，每一季為一章，共六章。迦梨陀娑喜歡在其作品中讚美純真愛情，頌揚人民善良本性，同時也揭露統治階級的荒淫無恥，其在寫作風格上多有創新，追求內容與形式的完美和諧。

　　首陀羅迦是另一位著名的文學家，據傳一度為王。《小泥車》是他的代表作。這部喜劇一完成就受到眾人追捧，劇中他將落魄商人與有錢妓女之間發生的嬉笑愛情，描繪得既生動又活潑。這一時期的梵語名著還有伐致訶利的《三百詠》阿摩盧的《百詠》等。

　　笈多時代除了梵文文學蓬勃發展，方言文學也有所創新，其中泰米

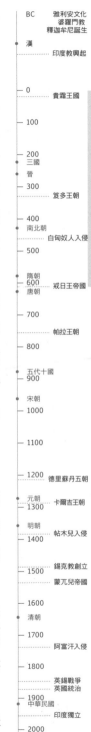

爾語文學最為突出。泰米爾詩人為了維護自己的文化傳統和社會秩序，創作了一批文學性較強的詩集。《俱羅爾》和《納羅底耶》是古代泰米爾語文學的名篇。「俱羅爾」是一首箴言詩的詩名，被用來作為全書的書名。此書由1330首箴言詩集成，探討了人生中的法、情、政事。《納羅底耶》也是箴言詩集，共收詩400首，內容涉及輪迴、報應、超脫、法律、塵世生活和愛情等。此外，泰米爾語最早的長篇敘事史詩《寶石腳鐲》和《馬尼梅加萊》也出現在這一時期，兩者最早的版本是梵文，因佚，故僅有泰米爾語版本留存下來。

笈多時代雕刻藝術進入古典主義風格時期。古典主義藝術的源流可以追溯到犍陀羅藝術、馬土臘藝術和阿瑪拉瓦提藝術。這種風格是完美的雕刻技巧與理想化美的和諧統一，因此作品呈現出寧靜、平衡、毫無誇張與渲染。比哈爾邦的灰泥浮雕《蛇公主》、犍陀羅的《王子菩薩》等充分展現了這種雕刻風格，其構圖完美平衡，人物端莊典雅。

古代印度的宗教繪畫大都保存於石窟中，因此石窟和繪畫的發展是緊密聯繫在一起的。笈多王朝之前，已有開鑿石窟供僧人居住的先例，但石窟用壁畫裝飾則為首創。這一時期的阿旃陀石窟舉世聞名，它位於德干地區的瓦格霍拉河谷，共29窟，皆於二十多米的花崗岩峭壁上開鑿。西元前2世紀自薩塔瓦哈那王朝開始興建，中經許多王朝繼續，直到西元7世紀方完成，前後費時達八百多年。窟內主要為佛教藝術，精湛的壁畫與雕塑共存，令人歎為觀止。

壁畫最早約為西元前1世紀的作品，這也是印度留存下來的最早的繪畫作品。《六牙白象本生》、《國王及其從人禮拜菩提樹》等畫作代表早期風格；《對佛陀的引誘》、《坐著的少女》則是笈多時期的佳作。大多繪畫主題都來自佛教故事和佛陀悟道、傳道的事蹟，也有表現社會情況與自然風光的，如《農村場景》、《波斯的王子和公主們》等。壁畫佈局和諧，色彩鮮亮。其製作方法則是先用泥、牛糞和牲畜毛

的混合物在石壁上打底，再用細膩光滑的白石灰泥漿磨平當作畫布。繪畫時先用朱砂勾勒輪廓，灰色顏料描繪細處，最後塗色，並用滑石摩擦讓壁畫表面產生光澤。石窟的建築和雕塑也十分精湛，無論總體的構設，還是局部的勻稱，皆具很高藝術價值。阿旃陀石窟曾因佛教衰落以及戰亂的影響，一度湮沒於茂密森林中，直至1819年，一隊英國軍官獵虎，偶然發現了洞窟。英國人羅伯特・蓋爾用20年時間臨摹全部壁畫，公諸於世後引起轟動。不久後，孟買藝術學校校長再次來石窟臨摹，並出版了《阿旃陀佛教石窟畫》，自此阿旃陀石窟馳名海外。此外，阿旃陀石窟西北處的巴格石窟、德干地區的巴達米石窟和埃羅拉石窟的壁畫同樣精彩絕倫。

BC 雅利安文化
婆羅門教
釋迦牟尼誕生

漢
印度教興起

0 貴霜王國

100

200 三國
晉

300 笈多王朝

400
南北朝
白匈奴人入侵
500

隋朝
600 戒日王帝國
唐朝

700

帕拉王朝
800

五代十國
900

宋朝
1000

1100

1200 德里蘇丹五朝

元朝 卡爾吉王朝
1300

明朝 帖木兒入侵
1400

錫克教創立
1500 蒙兀兒帝國

1600
清朝
1700
阿富汗入侵

1800
英錫戰爭
英國統治
1900
中華民國
印度獨立

2000

威風八面的戒日王

北印的分裂與戰爭

　　從西元6世紀中葉笈多王朝衰亡，至西元7世紀初，北印度在政治上重新陷入分裂局面，邦國林立，互爭雄長。重要的封建王國有五個：後笈多王朝、穆克里、蒲賽亞布蒂、梅特拉卡以及高達。

　　後笈多王朝，又叫摩臘婆王國。統治者並非笈多王朝的後裔，實際上是笈多王朝的封臣，他們見帝國中央逐漸衰弱而紛紛宣告獨立。其首領是笈多族旁支瑪律華的提婆・笈多。他們原先的領土包括摩揭陀地區和瑪律華，後被穆克里王國逐次驅逐出摩揭陀，遷至瑪律華地區。

　　穆克里係由穆克里族的伊桑那伐爾曼於西元554年建立。西元7世紀初，國王伽羅訶伐摩統治期間，佔領恆河與朱木拿的河間地帶，並以佔據此地帶中心的城市曲女城（即卡瑙季）為都城。隨後穆克里族又將領土擴張到恆河中游的比哈爾邦南部。

　　蒲賽亞布蒂之都城坦尼沙，於西元6世紀初，原笈多王朝的納羅伐彈那建國。獨立後的第三個國王是阿底亞伐彈那（即日增王），娶了後期笈多統治者的妹妹，生子波羅羯羅伐彈那（即光增王）。光增王透過武力擴展了領土，其統治中心地區位於東旁遮普和恆河朱木拿河之間，扼中印度至北印度、西北印度、中亞和西亞交通之咽喉。因土地肥美，

農業發達，國勢強盛，軍事力量強大，這為其領土擴張和統一北印度的事業提供了有利條件。

梅特拉卡原出於伊朗，統治著古查拉特地區，並且把都城伐臘毗發展成當時重要的知識中心之一。梅特拉卡國王偏隅一方，統治長久，西元8世紀中葉才屈服於阿拉伯人的攻擊。

高達，又名金耳國，於西元7世紀初由笈多王朝原封臣、高達族薩桑卡稱王建國，定都金耳（今穆希達巴德附近）。統治區域以恆河三角洲為中心，包括孟加拉地區。薩桑卡喜好武功，四處征伐，一度將領土擴張到穆克里境內。高達後來一直是戒日王在東印度最強勁的對手，直到619年一仗後，勢力才削弱。

穆克里與蒲賽亞布蒂兩國建立聯姻同盟，即穆克里的國王娶了蒲賽亞布蒂的公主。穆克里國王被高達國殺死後，國中的顯貴們請求此時剛登上蒲賽亞布蒂王位的戒日王統一兩國，在都城曲女城治理國家。

這些國家各霸一方，竭力向外擴張。因蒲賽亞布蒂軍事力量較為強大，高達與後笈多諸王結成了軍事聯盟，與之相抗衡。蒲賽亞布蒂的日增王則將女兒嫁給穆克里國王伽羅訶伐摩為王后，兩國利用聯姻締結同盟，聯合對抗高達與後笈多諸王。如此北印度出現了互相敵對的兩大軍事政治集團，由此開啟長期混戰局面。

西元604年，光增王長子曷羅闍伐彈那（即王增王）率軍遠征旁遮普和喜馬拉雅山西麓的白匈奴人殘餘勢力，其弟弟曷利娑伐彈那（即喜增王）隨軍出征。一年後，父王病危的消息傳來，兄弟二人奉命由前線班師回京。

西元606年，光增王病逝，曷羅闍伐彈那繼位。這年提婆‧笈多聯合高達國王薩桑卡發兵進攻曲女城。穆克里國王因未能及時獲得蒲賽亞布蒂軍事援助，很快戰敗被殺，王后被俘，囚於城內。

與此同時，提婆‧笈多率兵直逼坦尼沙。王增王得知曲女城事變以

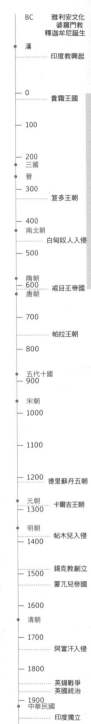

BC　雅利安文化
　　婆羅門教
　　釋迦牟尼誕生
漢
　　　印度教興起

0　　貴霜王國

100

200
三國
晉
300　笈多王朝

400
南北朝
　　　白匈奴人入侵
500

隋朝
600　戒日王帝國
唐朝

700

800　帕拉王朝

五代十國
900

宋朝
1000

1100

1200　德里蘇丹五朝

元朝
1300　卡爾吉王朝

明朝
　　　帖木兒入侵
1400

1500　錫克教創立
　　　蒙兀兒帝國

1600
清朝

1700
　　　阿富汗入侵

1800
　　　英錫戰爭
　　　英國統治
1900
中華民國
　　　印度獨立

2000

及敵軍壓境的消息後，迅速委託弟弟喜增王代管朝政，他則親率騎兵一萬迎擊外敵，並欲營救妹妹。王增王擊敗提婆・笈多，收復曲女城後，不料因輕信高達王薩桑卡假意求和的承諾而被謀殺。王增王殘軍退回坦尼沙，全國陷入恐慌。為了穩住時局，朝中大臣、將軍共同擁立喜增王登上王位。同年，喜增王即位，採用「王子」稱號，「戒日」王號。戒日王即位後，速率兵向西進軍，以報兄仇，救回姐姐。在進軍途中，他與薩桑卡的勁敵伽摩縷波國王拘摩羅結成軍事同盟，從東西兩面攻打薩桑卡。戒日王的另一支軍隊奉命收復曲女城。薩桑卡由於害怕戒日王進軍報復，將其妹妹從曲女城釋放。戒日王妹妹不知緣由，故隱退森林中。戒日王興師動眾，大力尋找，終在她走投無路欲自焚時將其救回，此後曲女城由姐弟二人聯合統治。這之後戒日王開始征服鄰國，並將他們緊密地結合在一個帝國體系內。

612年，戒日王實力強大，穆克里王國貴族請求戒日王承襲王位。由此，兩國正式合併為戒日帝國，定都曲女城。

戒日王的雄心壯志

戒日帝國建立，定都曲女城。新的局勢讓曾是數朝都城的華氏城失去了它的重要地位。北印度的經濟重心，開始由恆河流域東部地區轉移到恆河中、上游地區。這更加有利於戒日王在北印度建立較大範圍的強大帝國。

戒日王一度想利用武力征服南印度，然而他向德干地區的軍事擴張卻遭到失敗。德干的遮樓其王朝補羅稽舍二世擁有強大軍事力量。當戒日王揮師挺進德干時，在那馬達河上遭遇到了遮樓其王朝軍強有力的抵抗。戒日大軍損失慘重，被迫撤回到納巴達河以北。這是戒日王一生軍事征伐事業最大的失敗，讓他統一南北印度的願望再也不能實現。此

耶穌基督出生　0—

君士坦丁統一羅馬

羅馬帝國分成兩部

波斯帝國　500—

回教建立

東羅馬其頓王朝

神聖羅馬帝國建立
1000—

英國征服愛爾蘭

蒙古第一次西征

歐洲流行黑死病

哥倫布發現新大陸
1500—

英國大破無敵艦隊

發明蒸汽機

美國獨立
拿破崙稱帝

美國南北戰爭開始

第一次世界大戰
第二次世界大戰

2000—

後，戒日王加強了對東、西印度的征伐。

戒日王在甘傑姆戰役中獲勝，征服了金耳國，奪取孟加拉、比哈爾邦和奧里薩等地區的廣大領土，建立了對摩揭陀的統治權。在伽摩縷波國王的幫助下，戒日王終於結束了對高達的長期征伐。為了表示感謝他將東孟加拉劃給伽摩縷波，伽摩縷波承認戒日王為北印度宗主，從而加強了戒日帝國在北印度的軍事政治地位。在西方，瑪律華地區的國王與戒日聯盟。梅特拉卡國王則被擊敗，國王只得透過聯姻方式屈膝於戒日王腳下。

至641年，除喀什米爾、西旁遮普、拉其普特納、古吉拉特和東印邊遠地區外，北印度都在戒日王的統治下。此外，他還擁有東、西印度的沿海港口，並佔有對外貿易的有利地位。由此，一個以曲女城為中心的大帝國在北印度開始崛起。

戒日王統治時期，將行政、立法、司法和軍事大權集於一身。戒日王是個有魄力的君主，不但「孜孜不倦，竭日不足」地處理朝政，而且親自擔任國家總監察官的職務，經常不辭辛苦地在全國各地進行巡視，有時他的營帳就是中央辦事機構的所在地。這在一方面有助於他保持與公眾輿論的接觸。他的朝廷內設置有大臣會議，以資輔佐；國王本人也常常聽取大臣們在內政、外交等方面提供的建議。

戒日王擁有一支強大的軍隊，據《大唐西域記》載，其囊括了「象軍五千，馬軍二萬，步軍五萬」。軍隊被國王指派駐紮於各個戰略要地，目的是戍邊和威懾藩王。戒日帝國刑法嚴峻，對於罪犯的懲治手段有監禁、終身監禁、流放和截肢。儘管法令嚴酷，但社會治安並不太好。地方行政建制和笈多帝國相似，設省、縣、村三級，村是基層行政單位。

與笈多王朝一樣，戒日王沒有足夠的政治、經濟條件來建立一個中央集權的帝國，只能利用封建紐帶建立一個由許多封建小國組成的集合

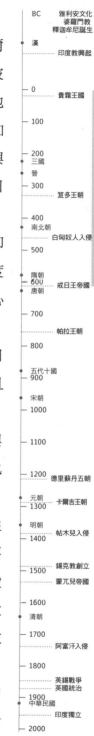

BC　雅利安文化
　　婆羅門教
　　釋迦牟尼誕生
漢
　　　　印度教興起

0
　　　　貴霜王國

100

200
三國
晉
300　　　笈多王朝

400
南北朝
　　　　白匈奴人入侵
500

隋朝
600　　　戒日王帝國
唐朝

700

　　　　帕拉王朝
800

五代十國
900

宋朝
1000

1100

1200　　德里蘇丹五朝

元朝
1300　　卡爾吉王朝

明朝
　　　　帖木兒入侵
1400

　　　　錫克教創立
1500
　　　　蒙兀兒帝國

1600

清朝
1700

　　　　阿富汗入侵
1800

　　　　英錫戰爭
　　　　英國統治
1900
中華民國
　　　　印度獨立

2000

BC

耶穌基督出生　0—

君士坦丁統一羅馬

羅馬帝國分成兩部

波斯帝國　500—

回教建立

東羅馬馬其頓王朝

神聖羅馬帝國建立
1000—

英國征服愛爾蘭

蒙古第一次西征

歐洲流行黑死病

哥倫布發現新大陸
1500—

英國大破無敵艦隊

發明蒸汽機

美國獨立
拿破崙稱帝

美國南北戰爭開始

第一次世界大戰
第二次世界大戰

2000—

體。《大唐西域記》載，戒日帝國境內存在30餘個封建藩國，這個數目已經超過了笈多帝國時期的藩國數量。這些藩屬國有些是被征服後保留下來的，有些則是被臣服的。他們在政治上有半獨立地位，但必須承認戒日王的宗主地位，以及定期交納貢賦，提供軍事服務。

不過到了西元7世紀，戒日王對各地的藩屬國不得不採取籠絡和妥協的政策，加上隨著封建制度的形成，中央政權進一步被削弱，分散的地方封建政權的獨立傾向越來越濃郁。

戒日王早先信奉印度教，晚年傾向佛教，並以護法王阿育王為榜樣，極力推崇和扶持佛教。他不僅在北印度建立許多佛塔和寺院，而且對佛教徒慷慨佈施。他將佛教作為戒日帝國政治統治的精神支柱，佛教勢力隨之在印度某些地區重新抬頭。

在其統治期間，國內舉行過六次五年一度的佛教「無遮大會」，邀請各宗教僧侶、學者參加，並且不問種姓差別，不分富貴貧賤，都給予佈施。戒日王在統一北印度後，在全國範圍內推行佛教的餓「不殺生」戒律。不過，不論他自己在信仰上有什麼變化，在他統治期間一直堅持實行兼容並蓄的宗教政策。各個教派都能得到佈施，各個教派也都能被賜贈土地。

戒日帝國時代是新興的印度教的繁榮時期，當時的多神崇拜已經達到狂熱程度，相對印度教的興盛，佛教僅僅是日趨衰落過程中的一次回光返照。上流社會不滿厭世的悲觀情緒日益嚴重，即使在「無遮大會」上，也每天有數百人以死殉神。印度教和婆羅門種姓勢力的擴大，深深地影響著佛教。

大乘教此時由於受到印度教的同化及密教的影響，正慢慢脫離原始佛教的性質和軌跡。社會封建等級制度也在佛教僧團中有所體現，住持、方丈、高僧等成為封建主貴族階級。除了都城曲女城、摩揭陀地區等尚保持著佛教興盛局面，其他地區，如毗舍離等原來佛教活動中心城

市，佛教都在走向衰落，廟宇荒涼、僧徒稀少，居民則多信印度教，少敬佛法。

　　戒日王重視保護、促進文學藝術的發展，尊重學者。在他統治時期，印度有三大學術文化中心。由於他的支持和保護，那爛陀寺成了世界性的佛教哲學、文化教育和學術中心。其規模最盛時擴大到8大院，擁有200餘個封建食邑，寺內講座日百餘場，全部佛學分為五科。僧徒主客常有萬人。西印度的伐拉毘位於對外貿易中心，經濟文化發達，成為大乘佛學中心，城中大型寺廟與那爛陀寺齊名。第三個學術文化中心是位於南印度帕拉瓦國都城建志。另外還有一些城市以醫藥、數學、天文研究而馳名。

　　戒日王在文學上有很高造詣，是當時頗為有名的詩人和劇作家，創作了《龍喜見》、《珠瓔》、《妙容傳》（即《愛見》）三個劇本，兩個是古典體裁的戲劇，一個是宗教題材的戲劇。《龍喜見》是五幕劇，描述某國太子的戀愛故事，劇中透過太子為龍殉生，宣傳了佛陀捨身飼餓虎以普度眾生的佛教教義。《珠瓔》是一部反映宮廷生活的戲劇，敘述一位國王與王后侍者之間的愛情故事。戒日王的御用文人波那，被認為是當時最傑出的梵文散文大師。他創作了《戒日王本紀》講述了青年戒日王是如何成為王的。書中作者採用浪漫的傳記文學手法，將事實與小說融合在一起，文字詼諧有趣，受到世人歡迎。波那的另外一部散文著作是《伽旦波利》，書中對主人公的心理描寫非常獨到。波那的書被讚譽為「傳記鮮明凝重，小說巧妙流暢」。雖然戒日王在其統治時期獎勵文學創作，但梵語古典文學還是走向了由盛轉衰的不歸路。民間演出的各種地方口語戲劇則逐漸盛行起來。

　　戒日王與中國唐朝有外交往來。唐太宗多次派使節赴印，都受到戒日王友好接待。貞觀22年（648年），太宗又派王玄策為正使，蔣師仁為副使，出使天竺。這時戒日王已去世，國中大亂，臣子阿羅那順自立，

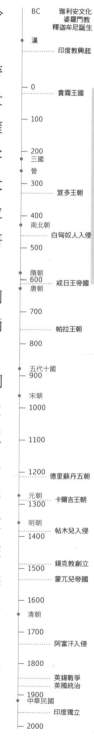

BC　雅利安文化
　　婆羅門教
　　釋迦牟尼誕生

漢
　　　印度教興起

0　　貴霜王國

100

200　三國
晉
300　笈多王朝

400
南北朝
　　　白匈奴人入侵

500

隋朝
600　戒日王帝國
唐朝

700

　　　帕拉王朝
800

五代十國
900

宋朝
1000

1100

1200　德里蘇丹五朝

元朝　卡爾吉王朝
1300

明朝
　　　帖木兒入侵
1400

　　　錫克教創立
1500
　　　蒙兀兒帝國

1600
清朝
1700

　　　阿富汗入侵
1800

　　　英錫戰爭
　　　英國統治
1900
中華民國
　　　印度獨立

2000

拒絕使團來訪，並將王玄策隨從抓走。王玄策借鄰國兵力擊敗阿羅那順大軍，並將其押回長安。

戒日王統治約四十一年，然而其苦心經營建立起來的大帝國未能維持長久。他統治時保留的藩侯、分封食邑、贈賜寺院土地等政策加強了地方分裂因素。

647年，戒日王去世後，帝國立即陷入混亂狀態，統一的帝國不再存在，此後印度又陷入政治上的四分五裂狀態。這次分裂持續時間最長，在全印範圍內形成眾多地區性王國，一直延續到13世紀初才有所改變。

耶穌基督出生　0—

君士坦丁統一羅馬
羅馬帝國分成兩部

波斯帝國　500—

回教建立

東羅馬馬其頓王朝

神聖羅馬帝國建立
1000—

英國征服愛爾蘭
蒙古第一次西征

歐洲流行黑死病

哥倫布發現新大陸
1500—

英國大破無敵艦隊

發明蒸汽機

美國獨立
拿破崙稱帝

美國南北戰爭開始

第一次世界大戰
第二次世界大戰

2000—

| 第五章 | 穆斯林來襲

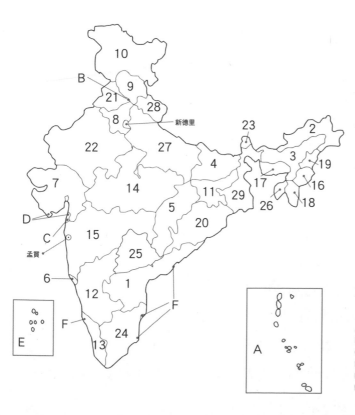

10

B

9

21

8

28

新德里

22

27

4

23

2

7

14

3

19

17

16

11

29

18

5

26

15

20

D

C

孟買

25

6

12

1

F

24

13

F

A

E

1.安得拉邦　　　　16.曼尼普爾邦
2.阿魯納恰爾邦　　17.梅加拉亞邦
3.阿薩姆邦　　　　18.米佐拉姆邦
4.比哈爾邦　　　　19.那加蘭邦
5.恰蒂斯加爾邦　　20.奧里薩邦
6.果阿邦　　　　　21.旁遮普邦
7.古吉拉特邦　　　22.拉賈斯坦邦
8.哈里亞納邦　　　23.錫金邦
9.喜馬偕爾邦　　　24.泰米爾納德邦
10.查謨和克什米爾邦　25.特倫甘納邦
11.賈坎德邦　　　　26.特里普拉邦
12.卡納塔克邦　　　27.北方邦
13.喀拉拉邦　　　　28.北阿坎德邦
14.中央邦　　　　　29.西孟加拉邦
15.馬哈拉施特拉邦

A.安達曼和尼科巴群島
B.昌迪加爾
C.達德拉-納加爾哈維利
D.達曼-第烏
E.拉克沙群島
F.本地治里

阿拉伯人對北印度的征服

耶穌基督出生　0—

君士坦丁統一羅馬

羅馬帝國分成兩部

波斯帝國　500—

回教建立

東羅馬其頓王朝

神聖羅馬帝國建立
　　　　1000—

英國征服愛爾蘭

蒙古第一次西征

歐洲流行黑死病

哥倫布發現新大陸
　　　　1500—

英國大破無敵艦隊

發明蒸汽機

美國獨立
拿破崙稱帝

美國南北戰爭開始

第一次世界大戰
第二次世界大戰

　　　　2000—

入侵北印度

「穆斯林」，意為「順從者」，信奉伊斯蘭教的人統稱為「穆斯林」。西元6世紀末7世紀初，伊斯蘭教由麥加的穆罕默德在阿拉伯半島復興，不久開始席捲歐亞大陸。倭馬亞王朝時代，阿拉伯帝國對外征服達到了一個高峰。倭馬亞王朝是阿拉伯帝國的第一個世襲王朝，由阿拉伯帝國的敘利亞總督穆 阿維葉（即後來的哈里發穆阿維葉一世）建立。倭馬亞王朝的疆域最廣闊時曾東至中亞、西至西班牙。（注：哈里發，阿拉伯語音譯，原意為「代理人」或「繼位人」，伊斯蘭教職稱謂，中國穆斯林稱之為「海里凡」。）

西元7世紀中葉，倭馬亞王朝的觸角伸向了亞洲中部，先後攻下了喀布林（今阿富汗首都）等要塞，並試圖從西北方向印度擴張。這支信奉真主阿拉的大軍雖然驍勇善戰，但阻擊他們的印度軍隊也毫不示弱，雙方展開殊死搏鬥。攻戰過程中，阿拉伯人曾一度被印軍從喀布爾擊退。但這並未阻擋住阿拉伯帝國的鐵蹄，隨著印度統治階層內部矛盾深化，其抵禦外來侵略的力量也變得越來越薄弱。711年，倭馬亞王朝東部省省督哈加吉以海船被劫事件為由，派軍隊再次侵入印度。這次他們改從海路進攻，侵占印度河口，溯河而上，佔領信德地區。712年春，

阿拉伯人又攻佔下德巴爾港，順勢渡過印度河。不久，他們又在拉瓦爾打敗了印度教王國，信德中心地帶失陷。713年，士氣大增的阿拉伯軍隊乘勝追擊，很快將木爾坦攻下。作為倭馬亞王朝的戰利品，信德和木爾坦被合併為一個新的省份，納入阿拉伯帝國的版圖中，而伊斯蘭教也由此在印度生根發芽。阿拉伯人佔領信德和木爾坦後，並沒有進一步向印度腹地擴展。一方面，由於當時倭馬亞王朝最高統治者哈里發一再易位，導致管理佔領區的總督常被調換，甚至一些率軍征戰的大將也會因此被召回，受此牽連，原本計畫好的軍事行動不得不暫停或取消。另一方面，印度拉其普特王朝的頑強抵抗，也在很大程度上阻礙了阿拉伯人的擴張進程。

　　拉其普特王朝統治地域並不開闊，僅限於印度的西北部。而拉其普特人亦非印度民族中純正的一支，而是匈奴、月氏部落與當地土著混血的後裔。該王朝和曾一統天下的孔雀王朝、笈多王朝不同，它的內部四分五裂，僅僅維持著鬆散的聯盟。然而，阿拉伯人的入侵，並沒有擊垮這個貌似不穩定的聯盟。為捍衛這片熱土，拉其普特人重拾祖先游牧民族勇猛善戰的精神，化身為最勇敢、最忠誠的護國戰士，為國家、為獨立，奮起抵抗。雖然他們屢次擊退強敵，但內部的不和最終摧毀了王朝的凝聚力，使其最終淹沒在洶湧而來的阿拉伯帝國大軍中。然而，在印度不斷被異族征服的歷史上，拉其普特人依舊以傑出的軍事表現和視死如歸的精神著稱。他們的傳奇，透過著名史詩《拉其普特那》傳頌至今。

　　在這部年代久遠的史詩中，每一位男子都是不屈不撓的戰士，可以毫不猶豫地赴湯蹈火；每一位女子都是巾幗英雄，將為夫殉葬視為最重要和最光榮的禮儀。詩中的高潮部分有一篇對拉其普特首都齊特爾陷落的描繪。當阿拉伯帝國大軍包圍城堡時，他們的首領阿拉丁建議，只要拉其普特族人交出他們美麗的公主普德林妮，就會解除對其的包圍。這

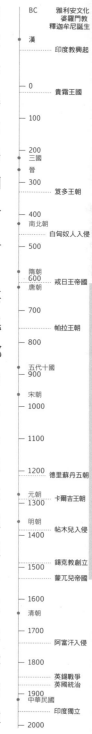

BC　雅利安文化
　　婆羅門教
　　釋迦牟尼誕生

漢
　　　印度教興起

0
　　　貴霜王國

100

200
三國
晉
300　笈多王朝

400
南北朝
　　　白匈奴人入侵
500

隋朝
600　戒日王帝國
唐朝

700
　　　帕拉王朝

800

五代十國
900
宋朝
1000

1100

1200　德里蘇丹五朝

元朝　卡爾吉王朝
1300
明朝
　　　帖木兒入侵
1400

　　　錫克教創立
1500
　　　蒙兀兒帝國

1600
清朝
1700
　　　阿富汗入侵

1800
　　　英錫戰爭
　　　英國統治
1900
中華民國
　　　印度獨立
2000

BC

耶穌基督出生 0—

君士坦丁統一羅馬

羅馬帝國分成兩部

波斯帝國 500—

回教建立

東羅馬其頓王朝

神聖羅馬帝國建立
1000—

英國征服愛爾蘭

蒙古第一次西征

歐洲流行黑死病

哥倫布發現新大陸
1500—

英國大破無敵艦隊

發明蒸汽機

美國獨立
拿破崙稱帝

美國南北戰爭開始

第一次世界大戰
第二次世界大戰

2000—

個條件被拉其普特族人果斷回絕。不甘心的阿拉丁又建議，只要讓他一睹公主風采，即可撤兵。這次他得到的答案依然是「不」。最後，他提出只要在一面鏡子裡看一眼公主就離去，結果依舊是被拒絕。接下來發生的事可想而知，齊特爾被阿拉伯帝國軍隊輕鬆攻下。但誰都猜不到，當阿拉丁進入城池後發現，所有拉其普特的勇士都已戰死，他們的妻女則在熊熊烈火中自焚。

正是拉其普特人的奮勇抵抗，讓穆斯林對印度的征服推遲了數百年，這為印度本地的土著文化繁榮發展贏得了寶貴的時間。

西元8世紀初，阿拉伯人力圖繼續擴大征服範圍，但他們的進攻，在南方被阻於遮婁，在東方被阻於普羅蒂訶羅帝國和拉喜特拉庫特帝國，在北方被阻於卡爾扣塔，最終沒能夠深入內地。之後，阿拉伯人在信德、木爾坦維持統治達三個世紀之久。西元10世紀，信奉伊斯蘭教的突厥人入侵印度，趕走了阿拉伯人，成為印度新的征服者。

長達300年的休戰期

在阿拉伯人入侵印度約300年的時間裡，印度北部一直處於休戰狀態。雖然在佔領前期，阿拉伯人曾強迫居民改宗，並強行拆除印度教、佛教等異教寺廟，但隨著行政體制日趨完善，他們在統治過程中逐漸採用較為寬容的宗教政策。

一方面，統治者不再強迫居民改宗，被征服地區的民眾繳納人頭稅（或者稱為吉茲亞）後即可成為保護民。印度教、佛教等異教寺廟也允許保留。另一方面，統治階級在對待新穆斯林上，雖然有別於從開始就皈依阿拉的穆斯林，但總體還是有很多照顧的政策。當時，土地被分為兩個等級，「歐斯里亞」和「哈拉吉耶」。第一類土地被分配給那些最開始就皈依伊斯蘭教的穆斯林；第二類土地則分配給接受改宗條約的順

從者。再有，戰爭中被俘虜的人淪為奴隸後，依舊可以經過改宗獲得自由。另外，在婚姻制度上，雖然統治者嚴禁非穆斯林迎娶穆斯林女性，但准許穆斯林迎娶非穆斯林女性，以達到壯大穆斯林隊伍的目的。這項措施直接導致穆斯林與女奴通婚現象普及化。

上述寬容政策的實施，展現了伊斯蘭教「宗教無強迫」的教義。伊斯蘭教作為一個新興宗教，帶給剛從多神崇拜鬥爭中走出來的阿拉伯人極大希望。在他們的眼中，世人只有憑藉先知的德行才能團結起來，共創家園。而「宗教無強迫」對於他們來說是最高信條。如其所云，「先知在世時是這樣身體力行的，那麼這些先知的隨從也應該秉承這種優良傳統才是。」由此，他們帶著極大的欣喜將伊斯蘭教播撒到世界各地。而伊斯蘭教所表現出來的寬容和生命力，也讓阿拉伯帝國的統治者們擁有極高的自信心。

與此同時，寬容政策的實施為伊斯蘭軍隊的給養，提供了充分的保障。對於一支規模龐大的遠征軍來講，最好的維護莫過於得到被征服者的物資保障。為此他們必須要採取一些寬容的宗教政策，來維護被征服地區的穩定。如果採取強硬措施來改宗，必將引發暴力反抗和大規模的逃亡，如此一來弊大於利。況且軍隊中主要成員是戰士，他們對於戰鬥的熱情遠遠超過了對於行政管理的興趣。聰明的統治者明白，有時候獲得民意比打敗一支軍隊要更加不易。

穆斯林征服者表現出的極大寬容與克制，在民眾中得到普遍的支持與讚賞。當時印度本土已產生了以印度教、佛教為代表的多種宗教，這些宗教本身也都極具寬容性。由此，更加促使阿拉伯統治者實施與前任政府相較下寬鬆得多的政策。這讓他們獲益匪淺，擁有了更多財富和資源，從而加快了印度北部發展的步伐。

阿拉伯征服者佔領信德、木爾坦後，仿效波斯舊制，重視興修水利，使肥沃的印度河流域農業得到恢復和發展。大片土地作為軍事采

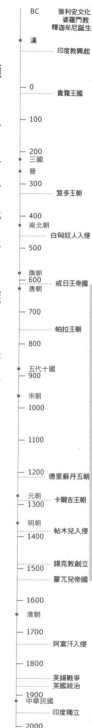

BC　雅利安文化
　　　婆羅門教
　　　釋迦牟尼誕生
漢
　　　印度教興起

0　　貴霜王國

100

200　三國
晉
300　笈多王朝

400
南北朝
　　　白匈奴人入侵
500

隋朝
600　戒日王帝國
唐朝
700

　　　帕拉王朝
800

五代十國
900
宋朝
1000

1100

1200　德里蘇丹五朝

元朝　卡爾吉王朝
1300
明朝
　　　帖木兒入侵
1400

1500　錫克教創立
　　　蒙兀兒帝國

1600
清朝
1700
　　　阿富汗入侵
1800
　　　英錫戰爭
　　　英國統治
1900
中華民國
　　　印度獨立
2000

邑，被分封給阿拉伯官兵。而北印度境內豐富的資源，也為這一時期商業的快速發展創造了條件。其間，阿拉伯人不僅建立起一套完整的行政體制，而且進一步強化了中央集權。

這一時期，阿拉伯人在文化領域裡也證明了自己旺盛的求知欲。他們高舉文明的火炬，翻譯、保留了大量古代印度文獻，並加以提煉和發揚，創造了燦爛的穆斯林文明。無論在藝術、建築術、哲學、醫學、科學、文學、政體等方面，原來的阿拉伯人都沒有什麼可以教給別人的，他們一切都要跟別人學習。這些信奉伊斯蘭教的阿拉伯人，帶著銳敏的好奇心和從未喚醒過的潛能，在他們所管轄的人民的合作和幫助之下，開始消化、採用和複製這些人民的文化和美學遺產。他們瞭解、讚賞而且模仿了那些建築家、工藝家、寶石匠和機械製造者的作品。這樣武力上的征服者，最終成為被征服者的俘虜，印證了不同文化背景的人，生活在同一個大的帝國框架中，必然導致文化的多元化及複雜化。

文化上後進的統治者吸收被統治者先進的文化，同時他們又把自己的宗教於無形之中傳播給被統治者，形成互動。阿拉伯帝國中大量順民的伊斯蘭化，甚至於阿拉伯化，都是基於相對寬鬆的宗教政策的影響，使得這些人逐漸接受了伊斯蘭的教義，從而導致最終的皈依。

新一代的穆斯林旗手：馬茂德

西元10世紀後，繼阿拉伯人而來的是突厥人。他們的統治者是阿富汗斯坦南部的伽茲尼國王，對於自己富饒的近鄰，一直有所垂涎。伽茲尼原本是一個城市的名字，突厥貴族阿爾普提金擊敗中亞沙曼尼統治者後，拓疆白沙瓦以西，建立政權。976年，伽茲尼王朝誕生，信奉伊斯蘭教。這個在中世紀控制馬背地帶的王國，並不長壽，從建國至解體，僅僅存在了200餘年。然而在印度人心中，伽茲尼王朝以及它的君主馬

哥倫布發現新大陸　1500—

英國大破無敵艦隊

發明蒸汽機

美國獨立
拿破崙稱帝

美國南北戰爭開始

第一次世界大戰
第二次世界大戰

2000—

茂德，永遠不會被人遺忘。

997年，馬茂德從父親手裡繼承下王位。在執政三十餘年裡，馬茂德為伽茲尼王朝積聚了大量的財富，由此王朝也進入到鼎盛。為表彰馬茂德的豐功偉績，伊斯蘭教中央國統治者——阿拔斯王朝的哈里髮卡迪爾授予馬茂德「國家的右手」稱號。

探究馬茂德的財富來源，可以發現其斂財的途徑主要有兩個：其一，馬茂德透過統掌中亞地區大權，控制了中國與地中海之間的貿易往來，從中獲取暴利；其二，印度寺廟眾所周知的財富和旁遮普平原豐富的物產，成為他取之不盡的聚寶盆，這也成為他後來斂財的主要途徑。當時廟宇是財富的貯藏地，信徒們捐贈的難以計數的現金、金銀、珍珠、寶石等都集中在那裡。破壞異教的偶像是馬茂德的宗教功績，許多繁榮的城市在馬茂德的鐵蹄下被夷為平地。馬茂德曾假借掃除異教的名義率軍南下，劫掠了一個叫作比姆納格爾的城市，屠殺了所有的市民，燒毀的印度廟宇不計其數，海量的金銀財寶被他直接運回到本國。如此輕而易舉的勝利，大大激發了馬茂德的貪欲和佔有欲，讓其欲罷不能。

馬土臘是佛教和印度教聖地，有廟宇千餘所，許多神像是用包括金銀在內的材料鑄成，裡面裝滿珠寶。市中心有一座高聳雄偉的寺院，費時200餘年才修建竣工（幾乎和伽茲尼王朝同齡），廟內有五尊赤金偶像，皆鑲嵌名貴寶石。1018年末，馬茂德以火攻將這金碧輝煌的寺院付之一炬。作為印度最富有的廟宇——卡提阿瓦海岸的索姆納特神廟也難逃劫數。廟中有一尊偶像，懸浮在廟宇的半空中，沒有任何東西支撐或懸吊它。異教徒見到漂浮空中偶像不勝詫異，印度教徒更視它為至尊至聖，常去朝觀，他們深信人的靈魂在脫離軀體後，都雲聚於斯。寺內1000婆羅門、500舞女負責照料廟宇和接待眾多香客。那兒有許多金銀偶像，容器中盛滿寶石，這一切都是印度名流們送來朝拜的。1025年，馬茂德率軍進攻索姆納特，印度教徒做了決死的抵抗，被殺者逾萬人。當

BC　雅利安文化
　　婆羅門教
　　釋迦牟尼誕生
漢
　　　印度教興起

0　　貴霜王國

100

200　　笈多王朝
三國
晉
300

400　　白匈奴人入侵
南北朝

500

隋朝
600　戒日王帝國
唐朝

700

　　帕拉王朝
800

五代十國
900

宋朝
1000

1100

1200　德里蘇丹五朝

元朝　卡爾吉王朝
1300

明朝　帖木兒入侵
1400

　　錫克教創立
1500
　　蒙兀兒帝國

1600
清朝

1700
　　阿富汗入侵

1800
　　英錫戰爭
　　英國統治
1900
中華民國　印度獨立

2000

BC

耶穌基督出生　0

君士坦丁統一羅馬

羅馬帝國分成兩部

波斯帝國　500

回教建立

東羅馬馬其頓王朝

神聖羅馬帝國建立　1000

英國征服愛爾蘭

蒙古第一次西征

歐洲流行黑死病

哥倫布發現新大陸　1500

英國大破無敵艦隊

發明蒸汽機

美國獨立
拿破崙稱帝

美國南北戰爭開始

第一次世界大戰
第二次世界大戰

2000

馬茂德問及隨從們如何評論這偶像的奇特之處，以及如何飄懸空中時，人們爭論不休。有幾人強調偶像是靠隱蔽著的支持物吊掛著的，馬茂德指派一人用長槍探索偶像的四周和上下，但沒有碰到障礙物。此時，一名隨從認為：頂上的穹形華蓋是天然磁石製造的，而偶像是鐵製的，聰明的營造者巧妙設計，使磁力從各方保持均衡，偶像就懸掛在正中了。於是，馬茂德派人從頂上移掉一些石塊，以決斷這個論點。當兩塊石頭從頂上移走時，神像就轉向一邊，更多石塊被移走時，偶像進一步傾斜，直到最後落到地上。

為了確保財源滾滾，馬茂德採取了突襲式的劫掠戰術。這種戰術要求他的騎兵必須保持極強的機動性，以求能快速地從印度的征戰轉換到對中亞地區的征戰，所以長久佔領土地並不是馬茂德的目的。同時，為了免除糧草之憂，他的軍隊經常選擇在秋收的時節出擊。從1000年至1026年，馬茂德17次劫掠北印度，每次來犯都是長驅直入，所向無敵。

馬茂德軍隊如同蝗蟲般的燒殺搶掠，著實讓北印度一些小國很頭痛。比如，沙希王國的統治者賈帕拉阿南達帕爾，對馬茂德的侵犯就很憤怒，所以一直奮力抵抗，雖曾得到拉其普特一些王公的支持，但終究無法阻擋馬茂德的攻勢。其實，馬茂德的劫掠之所以能屢屢得逞，與北印度各個小國之間的爭霸鬥爭不無關係。當時，北印度分化為許多由拉其普特人統治的小國，他們之間常常因為領土問題引發戰事，並為此耗時耗力。所以，當馬茂德來襲時，雖然有些國家也做了抵抗，但都是各自為戰，缺乏聯合行動，加之突厥人的軍隊以騎兵為主，總是在農作物收穫季節來犯，無需攜帶軍需輜重，作戰機動靈活，因此所有抵抗都以失敗告終。1026年，馬茂德的突襲終於演變成為征服。他順利兼併了阿拉伯人佔領的木爾坦和信德，並把這些地方作為他深入印度內地侵掠的基地。此後，馬茂德軍隊的劫掠幾乎是每年必至。

除了擁有殘暴劫掠者的一面外，馬茂德還有另外一面，即一位有

教養的貴族。他把伽茲尼建設成為中亞當時最繁榮、最有文化氣息的城市。他用劫掠來的財富，修建了圖書館、博物館和清真寺，這些大型作品堪稱是當時伊斯蘭建築學的精華。他本人喜歡波斯文學，並將波斯文化傳播到印度。他尊重、善待有才學的人，宮廷中禮聘一些有名的文學家、史學家和科學家。例如，阿拉伯裔波斯旅行家和傑出的數學家阿爾比魯尼，大概是當時中亞最有才智的學者，他在花剌子模戰役中被伽茲尼軍隊虜獲，後奉馬茂德之命，在印度度過十年。他的巨著《印度考》涉獵廣博，探討了政治、社會、歷史、地理，天文學、數學、物理學、化學和礦業冶煉等方面的問題，充分顯示出他對印度文明透徹和敏銳的觀察力。

馬茂德雖然作惡多端卻壽終正寢。1030年，這位「國家的右手」沉落在歷史的長河中。不久，他的兩個兒子為爭奪王位，自相殘殺。伽茲尼王朝國勢由此迅速衰落，這倒讓飽受苦難的北印度人著實鬆了一口氣。

被馬茂德俘虜並留在印度的學者阿爾比魯尼見證了劫掠者的種種暴行，並將這位統治者的野蠻行徑記錄在冊。同時，穆斯林歷史學家則因為馬茂德對異教徒的屠殺，把他稱為最偉大的君主，這種結論慫恿了一批夢想得到光榮和財富的穆斯林酋長步其後塵。

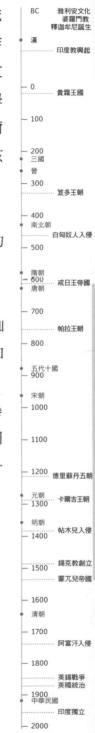

BC　雅利安文化
　　婆羅門教
　　釋迦牟尼誕生
漢
　　　　印度教興起

0　　貴霜王國

100

200　
三國　　　笈多王朝
晉
300

400
南北朝　　白匈奴人入侵
500

隋朝
600　　戒日王帝國
唐朝
700
　　　　帕拉王朝
800
五代十國
900
宋朝
1000

1100

1200　德里蘇丹五朝
元朝　　卡爾吉王朝
1300
明朝　　帖木兒入侵
1400

1500　錫克教創立
　　　　蒙兀兒帝國
1600
清朝
1700
　　　　阿富汗入侵
1800
　　　　英錫戰爭
　　　　英國統治
1900
中華民國
　　　　印度獨立
2000

BC

耶穌基督出生　0—

君士坦丁統一羅馬

羅馬帝國分成兩部

波斯帝國　500—

回教建立

東羅馬其頓王朝

神聖羅馬帝國建立
　　　　1000—

英國征服愛爾蘭

蒙古第一次西征

歐洲流行黑死病

哥倫布發現新大陸
　　　　1500—

英國大破無敵艦隊

發明蒸汽機

美國獨立
拿破崙稱帝

美國南北戰爭開始

第一次世界大戰
第二次世界大戰
　　　　2000—

德里蘇丹國

奴隸王朝

西元11世紀至12世紀，信奉伊斯蘭教的突厥人開始入侵印度，穆斯林中止了一百多年的征戰重新拉開序幕。

馬茂德死後，伽茲尼帝國迅速衰落，有「世界焚毀者」之稱的吉雅斯-烏德-丁・穆罕默德作為伽茲尼藩屬的古爾王公崛起。1150年，吉雅斯-烏德-丁・穆罕默德開始與馬茂德後人直接對抗。1173—1174年，善戰的吉雅斯-烏德-丁・穆罕默德征服了伽茲尼，並在自己的領地——阿富汗中部的古爾城設都，建立了古爾王朝（又稱阿富汗王朝）。

然而，古爾王吉雅斯-烏德-丁・穆罕默德的野心比馬茂德要大得多，他任命自己的弟弟穆伊茲-烏德-丁・穆罕默德（文獻上稱為穆罕默德・古爾）為伽茲尼省督，並派其率軍從高摩爾山隘進入印度河平原，開始進軍印度。

與馬茂德不同，古爾王的雄心並未停留在劫掠性的突襲上，而是要將北印度納入其統治版圖。當然，促使他這樣做是有原因的。當時，古爾王國的西鄰波斯、花剌子模勢力正在興起，他們擋住了古爾向西擴張的路途，由此古爾王將侵略的矛頭指向了印度。

1175年，穆罕默德・古爾開始遠征印度。四年後，穆罕默德・古爾

進攻旁遮普。旁遮普此時依然處在伽茲尼王朝殘餘勢力的統治下。1186年，穆罕默德・古爾的前鋒抵達印度，並將目標鎖定在德里。德里，字意為「門檻」，位於恆河上游流域，在恆河最大支流朱木拿河西岸。從歷史上看，早期印度自西北地方先行發展，中期時發展重心轉移到恆河流域，後期東、西、中部地區都開始繁榮起來。至此德里的戰略地位已凸顯出來，不僅成為印度東西交通的咽喉，而且是兵家必爭之地。由此，德里在入侵者的眼裡就是印度的中心。

此時的印度依舊被拉其普特人統治。他們管轄著喬漢、加哈達瓦納、帕拉馬拉、昌德拉、卡拉喬瑞、遮魯其等若干邦國。當穆罕默德・古爾由旁遮普南下，阻擊他們首當其衝的是統治德里和阿季密爾地區的喬漢。

1190—1191年，喬漢王朝的普利色毗羅闍三世聯合其他一些拉其普特王國，在塔拉因村與古爾軍隊力戰。拉其普特人經過一番奮力抵抗，在德里附近的塔萊戰役中取得勝利。穆罕默德・古爾受傷逃走。第二年，穆罕默德徵集12萬大軍，捲土重來。印度一方再度組成以普利色毗羅闍三世為首的聯軍，集合約30萬大軍，包括3萬匹軍馬和3000頭戰象，與之較量。雙方會戰再次在塔萊戰場上演。穆罕默德吸取上次教訓，採取智取。他先用緩兵之計麻痺對方，爾後趁其不備，於拂曉發動突襲。交戰中，穆罕默德又一度詐敗，以軍械輜重為餌，挑起印度聯軍內部的爭鬥，待其陣腳大亂後，穆罕默德遣上機動靈活的輕騎兵，以破竹之勢，撲向早已混亂不堪的拉其普特聯軍，將其擊敗。普利色毗羅闍三世被俘處死，穆斯林控制了印度咽喉——德里。

上述塔萊戰役是突厥征服史上的里程碑，不但為穆罕默德・古爾征服北印度打開了大門，也嚴重動搖了其他國家抵抗穆罕默德・古爾的信心。

1194年，穆罕默德・古爾率大軍進攻加哈達瓦納國（都卡瑙季），

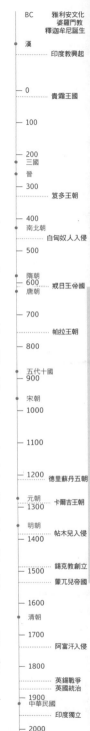

BC　雅利安文化
　　婆羅門教
　　釋迦牟尼誕生
漢
　　印度教興起

0
　　貴霜王國

100

200
三國
晉
300
　　笈多王朝

400
南北朝
　　白匈奴人入侵
500

隋朝
600　戒日王帝國
唐朝

700

　　帕拉王朝
800

五代十國
900

宋朝
1000

1100

1200　德里蘇丹五朝
元朝　卡爾吉王朝
1300
明朝　帖木兒入侵
1400

1500　錫克教創立
　　蒙兀兒帝國

1600

清朝
1700
　　阿富汗入侵
1800
　　英錫戰爭
　　英國統治
1900
中華民國
　　印度獨立
2000

並陸續佔領貝拿勒斯等要地。穆罕默德所到之處，印度教、佛教廟宇皆被清真寺取而代之；而寺內積蓄多年的財寶，都被成箱運回伽茲尼，僅駱駝就動用了1萬4千匹。1195年，古爾大軍奪取瓜遼爾，並迫使其統治者接受古爾的宗主權。此後，北印度已沒有任何國家可以與之抗衡。

當穆罕默德·古爾控制住印度戰場局勢後，開始委任奴隸身份的將軍突厥人庫特卜-烏德-丁·艾伯克代其監管。中亞存在的奴隸制與西方和東方的奴隸制不同。中亞人因為還不起欠債當奴隸，而一旦有錢，即可贖身重獲自由。此外他們也可以賣自身為奴，如果替主人出力或有功，便可得褒獎，亦可免去奴隸身份。當時中亞戰亂不已，這種局面給突厥人帶來一種特殊的機會。突厥人文化程度不高，大多數人出身卑賤，因此難有出頭之日。但是，突厥人好戰，於是他們尋覓到一條出人頭地的捷徑：先去當奴隸，替主人在戰場上拼命，然後因戰功晉升，隨著地位升高，主人不得不還與自由人身份。此時，這些突厥人已身居高位，又脫了奴隸身份，可算出人頭地了。因此，當時突厥人中流行著一句精闢之語，「要出人頭地，當奴隸去」，而前文提到的突厥將軍庫特卜-烏德-丁·艾伯克便是個好範本。穆罕默德·古爾不僅信任他，而且對他委以重任。在印度，艾伯克的職責不僅是鞏固對所管轄地區的佔領，而且包括更大範圍的征服。1202年至1203年間，遠在千里外的古爾國王吉雅斯病逝，穆罕默德·古爾不得不回朝繼承王位。於是艾伯克接手了對印度統轄地的監管，並領軍征服了本德爾坎德，與那裡的統治者昌德拉國王帕拉馬拉德瓦上演了一場生死鬥。

1205年，西旁遮普科卡爾人起義反抗穆斯林佔領者，這讓穆罕默德·古爾急率大軍再次趕回印度。1206年，穆罕默德·古爾鎮壓了起義，但在回國途中，穆罕默德·古爾在印度河邊的達姆亞克遇刺身亡。至於刺客身份，至今仍是個謎，有可能是異教徒，也有可能是科卡爾人。

耶穌基督出生 0

君士坦丁統一羅馬
羅馬帝國分成兩部

波斯帝國 500

回教建立

東羅馬馬其頓王朝

神聖羅馬帝國建立
1000

英國征服愛爾蘭
蒙古第一次西征

歐洲流行黑死病

哥倫布發現新大陸
1500

英國大破無敵艦隊

發明蒸汽機

美國獨立
拿破崙稱帝
美國南北戰爭開始
第一次世界大戰
第二次世界大戰
2000

由於穆罕默德無嗣，他死後繼承權成為最大的爭議。隨著一些代表主人行使軍事和行政權力的奴隸的崛起，統治能力和領導人員的品質成為爭奪繼承權的籌碼。不久，一場戰爭在穆罕默德的奴隸和女婿們間拉開序幕，古爾王國處在土崩瓦解的邊緣。最終，前突厥奴隸艾伯克跨出了決定性的一步，宣布脫離古爾王朝而獨立。隨後，艾伯克建立了奴隸王朝，並成為實際的第一位德里蘇丹。「德里蘇丹」是一種約定俗成的稱呼，由於突厥人統治者自稱「蘇丹」，以德里為首府，並且該政權不再是阿富汗王國的擴展，而是印度新政治實體的中心，故名「德里蘇丹」。

德里蘇丹經歷了五個王朝，即奴隸王朝、哈爾吉王朝、圖格魯克王朝、賽義德王朝和洛迪王朝，從13世紀至16世紀，歷時320年。

「奴隸王朝（1206—1290）」因開創者艾伯克的奴隸身份而得名。艾伯克一生中有著不同的稱呼：「奴隸武士」、「奴隸侍衛」、「奴隸將軍」。這些稱呼不僅表明了他的奴隸身份，而且呈現出他一生軍戎的升遷軌跡。艾伯克幼時被一個商人帶到城裡，賣給了一位法官。法官讓他與自己的兒子們一起接受宗教和軍事訓練。法官死後，他的兒子把艾伯克轉賣給一名商人。這位商人把艾伯克帶到伽茲尼，穆罕默德·古爾慧眼識人，將其買下，在自己的領導下鞍前馬後。據史料記載，艾伯克相貌平平，卻很有才識，尤善攻城作戰，因此深得主人器重。穆罕默德將他從武士逐級升到馬廄主管、侍衛，直至將軍，甚至把一名門第高貴的女子嫁給他。當穆罕默德遇刺身亡時，艾伯克已掌管了北印度的軍政大權。就在艾伯克登上王位之前，穆罕默德的侄子作為主子家族的代表給他送來了釋放證書。偉大的蘇丹艾伯克僅僅統治了奴隸王朝五年，就去世。他走後，繼承權讓其子阿拉姆沙和女婿伊勒圖特米什反目成仇。

伊勒圖特米什也是奴隸出身，自幼生長在突厥伊勒巴里部落。相傳伊勒圖特米什年輕時聰明俊朗，這讓他的手足同胞們對他嫉妒萬分，

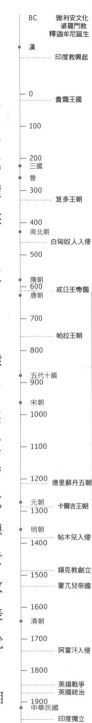

BC

耶穌基督出生　0—

君士坦丁統一羅馬

羅馬帝國分成兩部

波斯帝國　500—

回教建立

東羅馬馬其頓王朝

神聖羅馬帝國建立
1000—

英國征服愛爾蘭

蒙古第一次西征

歐洲流行黑死病

哥倫布發現新大陸
1500—

英國大破無敵艦隊

發明蒸汽機

美國獨立
拿破崙稱帝

美國南北戰爭開始

第一次世界大戰
第二次世界大戰

2000—

並最終合謀設計將他趕出家門。流落他鄉的伊勒圖特米什並未在逆境中氣餒，反而更加發憤圖強。為了更加光明的未來，這位聰明的帥小夥決定奮起一搏。他將「自由」當作籌碼，抵押給當時的「奴隸將軍」艾伯克。隨後，伊勒圖特米什就像他的主子一樣，憑藉戰功步步晉升，直至被任命為巴翁達的總督，最終重新贏回「自由身」。

在與準繼承人阿拉姆沙的較量中，這位奴隸出身的將軍似乎更勝一籌。他以提升職位作為安撫條件，贏得了大多數權臣的支持。當然，為了獲取更多人的承認，他不得不與那些同是奴隸出身、控制著西北印度大部分地區的將軍們再進行一番苦戰。最終，伊勒圖特米什擊敗對手榮登寶座，並將都城定在了德里。執政時，伊勒圖特米什渡過的最大難關，是避免了成吉思汗的攻擊。1220年，成吉思汗滅掉花剌子模，有幸逃離虎口的王子跑到拉合爾，向德里蘇丹申請庇護。王子的請求讓伊勒圖特米什很為難。考慮再三後，這位新登基不久的國王還是拒絕了王子的請求。與此同時，在印度河西岸觀望的蒙古軍隊也忍受不了印度過於潮熱的氣候，決定引軍撤退，繼續西征。

奴隸王朝躲過此劫後漸趨強盛。1229年，巴格達的哈里發承認伊勒圖特米什為蘇丹，讓其獲得合法的地位，並提高了他在「烏爾瑪」（精通伊斯蘭教教義和法律的學者）、文職官僚和信徒們中的威望。新蘇丹比起他前任們顯得更加慷慨大度。他看重有才之士，不惜任用之前被放逐的學者、政治家和將軍。不過那些他收買、培養並提升要職的突厥籍奴隸們，依舊是他精英團隊中的成員。伊勒圖特米什仿效自己的前任主人，寵信重用他們，讓其在朝廷佔據要職。不過，為了抑制這些有能力的人日益膨脹的野心，聰明的伊勒圖特米什想出了許多妙法，其中最奏效的是權衡之術。利用這個法子，蘇丹讓不同種族之間一直保持敵對，進而牽制他們的野心。同時，伊勒圖特米什還培植了一個由小軍事首領組成的部門「伊克塔達爾」，這些首領大約有2000人，構成中央常備軍

的核心。伊勒圖特米什依靠這些措施，成功控制了德里以西的廣大地區。至此，奴隸王朝在伊勒圖特米什和他的岳父大人艾伯克兩代人的努力下，成為一個可以和笈多王朝或哈爾沙王朝相匹敵的帝國，而德里也由以往拉其普特人的一個小要塞，變成了一座喧鬧繁華的都城。

此外，伊勒圖特米什對藝術和文學的贊助，一直為印度人津津樂道。一位著名的史學家曾如此讚揚他：從來沒有一個在位的君主對待學者和教士如此善良、仁慈和恭敬。這位仁慈的蘇丹和他的前任還開創了「印度-伊斯蘭風格」的藝術和建築。這些宏偉的歷史遺跡可以同後來的蒙兀兒皇帝的建築相媲美。其中最有代表性的伊勒圖特米什陵，算得上是第一個為印度的伊斯蘭統治者修建的陵墓。

一個統治印度的穆斯林女人

1235年，成就非凡的伊勒圖特米什蘇丹因病去世。在其統治期間，德里蘇丹國不僅取得獨立的地位，還獲得合法性承認。這確保他的子女們可以依法繼承他的國家。但是，這依舊不能避免宮廷內部的權力爭鬥。伊勒圖特米什死後，經過一番宮廷內訌，最終繼承權落在拉濟婭頭上，自此奴隸王朝度過一段短暫的穩定時期。

拉濟婭是伊勒圖特米什的長女，自小深受寵愛。這份寵愛不僅讓她度過了快樂的童年時光，還讓她獲得了與王子一樣的受教育特權。在這樣的環境中，聰慧的拉濟婭變得文武雙全。和許多穆斯林公主不同，自少女時代起，拉濟婭就開始代父攝政。因其政績卓著，諸位兄弟亦為之誠服。父王死後，其兄篡奪王位，拉濟婭在大臣的支持下除掉兄長，登基為王，成為印度中古史上唯一的女王。

拉濟婭在位四年（1236—1240），國泰民安。在政務處理上，女王雖年紀尚輕，但處事成熟老練，彰顯出領導才能。同時，拉濟婭的女

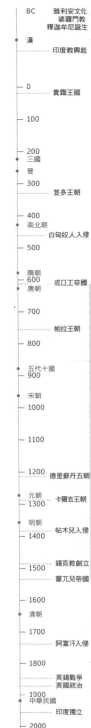

BC　雅利安文化
　　婆羅門教
　　釋迦牟尼誕生
漢
　　印度教興起

0　　貴霜王國

100

200
三國
晉
300　　笈多王朝

400
南北朝
　　白匈奴人入侵
500

隋朝
600　　戎日王帝國
唐朝

700

800　　帕拉王朝

五代十國
900

宋朝
1000

1100

1200　德里蘇丹五朝
元朝　卡爾吉王朝
1300
明朝
　　帖木兒入侵
1400

　　錫克教創立
1500　蒙兀兒帝國

1600
清朝

1700
　　阿富汗入侵

1800
　　英錫戰爭
　　英國統治
1900
中華民國
　　印度獨立

2000

BC

耶穌基督出生 0—

君士坦丁統一羅馬

羅馬帝國分成兩部

波斯帝國 500—

回教建立

東羅馬馬其頓王朝

神聖羅馬帝國建立
1000—

英國征服愛爾蘭

蒙古第一次西征

歐洲流行黑死病

哥倫布發現新大陸
1500—

英國大破無敵艦隊

發明蒸汽機

美國獨立
拿破崙稱帝

美國南北戰爭開始

第一次世界大戰
第二次世界大戰

2000—

性身份，也讓其臣民們感受到母儀天下的寬厚。和老蘇丹一樣，拉濟婭一上臺就開始加強自己的中央集權。然而皇族血統出身的女王，十分看不上那些出身低俗的突厥籍奴隸首領們，她不能像自己的父輩一樣，重用寵愛這些權臣們。於是，高貴的女王試圖利用從父親那裡學到的權衡之術，削弱奴隸統治集團的力量。然而拉濟婭坐收漁翁之利的計謀，很快被那些老奸巨猾的權臣們看穿，他們聯合起來，將這位年輕的女王廢黜。不甘失敗的拉濟婭試圖藉助其中一人奪回王位，卻慘遭殺害，年僅20多歲。

當然，關於女王的隕落，民間還有另一個版本：拉濟婭擁有驚人的美貌，爭奪的人太多，為了給自己免禍，那些自私的男人抱著「我得不到別人也別想得到」的想法處死了她。或許，對民眾來講，女王「紅顏禍水」的結局更能讓他們接受。不過，官方還是給了這位獨一無二女王一個比較客觀的評價：蘇丹拉濟婭是一位偉大的君主，聰明、正直、寬宏大量。她贊助學者，主持正義，保護臣民，統率全軍。她雖被賦予一個國王應有的一切特質，卻沒有生就合適的性別。於是，在那樣一個男權時代，她的美德和才能變得一文不值。

由於涉及美麗的蘇丹拉濟婭的死因，在這裡就不得不提一下「四十人集團」。「四十人集團」在德里控制朝廷，且父死子繼，一直存在至奴隸王朝滅亡。這個集團最早出現在14世紀史學家齊亞-烏德-丁·巴蘭尼的著作中，至於其成員是否真有40人，至今尚未能考訂。在當時，「四十」這個數字具有傳統的神秘主義色彩，因此實際成員人數或許要少些。不過，可以肯定的是每個成員都權勢顯赫，且絕大部分成員是奴隸出身，突厥人居多，還有埃塞俄比亞人、伊朗人、阿富汗人等。這群人控制了各個戰略據點，手裡掌握了盡可能多的權力。艾伯克當初創立王朝，也是依靠這個集團。當然，他們支持的對象並非都一致，有些人與統治者家族建立了姻親關係，有些人則與後宮懷有野心的后妃們密謀

串通。為此，他們之間也少不了明爭暗鬥，亦為此付出慘痛代價。然而，正如巴蘭尼所寫：他們既沒有做到鞏固王權，也沒有擁立出自己一個成員登上王位。直到強人巴爾班的出現，這種局面才被打破。

強人巴爾班

強人巴爾班是「四十人集團」中的一員，以殘忍聞名。在殺死與伊勒圖特米什蘇丹有關的最後一位男性後裔後，巴爾班奪取了王位。奴隸王朝在其統治下，最終在印度北方穩定和鞏固下來。

巴爾班也是奴隸出身。青年時，他被蒙古人作為俘虜帶到巴格達，隨後被人買下，帶到都城德里。力大如牛的巴爾班，很快吸引住伊勒圖特米什蘇丹的注意，不久將他轉為自己的奴隸。起初，巴爾班任蘇丹身邊的侍從，隨後頻頻高升。後來，巴爾班依靠鎮壓起義的拉其普特人的戰功，晉級為「四十人集團」的成員。1246年，伊勒圖特米什的次子馬茂德被擁立為蘇丹，巴爾班趁機成為幕後真正掌握實權的人，並把女兒嫁給他。馬茂德沒有子嗣，軟弱無能，很快成為巴爾班的傀儡。待時機成熟時，巴爾班將其殺死，取而代之。

巴爾班在執政的二十餘年間，平定內亂，剷除異己。老蘇丹伊勒圖特米什統治時期「四十人集團」的殘留人物，皆被其以種種藉口一一剷除。隨後，巴爾班放棄與突厥籍統治精英合作的政策，宣稱國王是真主在人間的代理人。為了加強政權，他開始整飭朝綱政紀。首先，巴爾班效仿波斯，建立密探體制，嚴密監控軍政官員和地方長官。早前的篡權經歷，也讓巴爾班在挑選、任用官吏時變得十分謹慎，忠誠為其首要招收條件。隨後，為了削弱突厥人的勢力，他將駐守軍事據點的突厥人，逐漸換為阿富汗人。同時，巴爾班又在河間地開闢道路，把各個軍事據點聯成一體，以利於調遣。另外，為減少社會動盪，讓人民安居樂業，

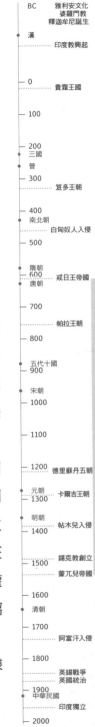

BC 雅利安文化
婆羅門教
釋迦牟尼誕生

漢
印度教興起

0 貴霜王國

100

200
三國
晉
300 笈多王朝

400
南北朝
白匈奴人入侵

500

隋朝
600 戒日王帝國
唐朝

700
帕拉王朝

800

五代十國
900
宋朝

1000

1100

1200 德里蘇丹五朝

元朝
1300 卡爾吉王朝

明朝
帖木兒入侵
1400

錫克教創立
1500
蒙兀兒帝國

1600

清朝
1700
阿富汗入侵

1800
英錫戰爭
英國統治
1900
中華民國
印度獨立

2000

巴爾班在位期間，不僅努力遏止蒙古人的入侵，同時對那些騷擾滋事的拉其普特首領也不手軟。

1281年，孟加拉總督因對奴隸王朝不滿，煽動叛亂。70歲高齡的巴爾班決定御駕親征。很快，孟加拉叛亂被平息。蘇丹為穩定民心，將自己的兒子布格拉汗留守駐防。雖然，年逾古稀的巴爾班依舊威猛神勇，但四年後其長子穆罕默德王子抗孟陣亡的消息，卻給這位老者致命一擊。1287年，80歲高齡的「強人巴爾班」，在痛失愛子的憂傷中黯然離世。

1289年，巴爾班孫子凱庫巴德繼位。與祖父「摒棄娛樂，喜怒不形於色」不同，新蘇丹整日酗酒、縱欲。很快，巴爾班苦心經營的王國在他手中潰崩瓦解。1290年，突厥人的另一支哈爾吉族人，在領袖菲魯茲・沙帶領下奪取政權。年老的菲魯茲・沙帶，改用紮拉爾－烏德－丁・哈爾吉稱號進行統治。至此，奴隸王朝走向終結，被哈爾吉王朝取而代之。

波斯帝國　500—

回教建立

東羅馬其頓王朝

神聖羅馬帝國建立
　　　　　1000—

英國征服愛爾蘭

蒙古第一次西征

歐洲流行黑死病

哥倫布發現新大陸
　　　　　1500—

英國大破無敵艦隊

發明蒸汽機

美國獨立
拿破崙稱帝

美國南北戰爭開始

第一次世界大戰
第二次世界大戰

　　　　　2000—

哈爾吉王朝和圖格魯克王朝

入侵南印度

哈爾吉王朝（1290—1320）是德里蘇丹國的第二個王朝，與奴隸王朝八十多年的統治相比，哈爾吉王朝顯得過於短命，但他的統治者卻利用這短短的幾十年，發動了一場又一場大規模的征服戰役，成功地擴大了對印度的統轄範圍。

1290年，年邁的槳拉爾-烏德-丁·哈爾吉從奴隸王朝最後一位醉醺醺的蘇丹手中奪下了「接力棒」。不過，在他還未來得及攥牢前，阿拉-烏德-丁就搶先一步把它奪走了。阿拉-烏德-丁是年邁蘇丹的外甥兼女婿，他野心勃勃，一直覬覦著蘇丹之位，為了能有朝一日稱王，他甚至將那些對老蘇丹心懷不滿的貴族納於帳下。

1296年，阿拉-烏德-丁的陰謀終於得逞。他殺死老蘇丹，正式繼位，並成為德里蘇丹歷史上最偉大和最強悍的一位蘇丹。

阿拉-烏德-丁有強烈佔有欲，喜愛軍事冒險。在登上王位之前，他就曾侵入東印度和昌巴爾河流域的瑪律瓦，攻佔比爾薩。為籌集資金，他擅自率領8000輕騎兵，翻過文底耶山，遠襲南印度的亞達瓦王國都城德瓦吉里，迫使亞達瓦國王簽降約，獲得大量黃金、馬匹和戰象。繼位蘇丹後，阿拉-烏德-丁愈加大展宏圖。

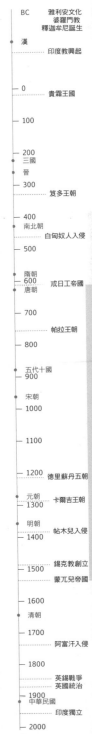

BC　雅利安文化
　　婆羅門教
　　釋迦牟尼誕生
漢
　　　印度教興起

0　　貴霜王國

100

200
三國
晉
300　笈多王朝

400
南北朝
　　白匈奴人入侵
500

隋朝
600　戒日工帝國
唐朝
700
　　　帕拉王朝
800

五代十國
900
宋朝
1000

1100

1200　德里蘇丹五朝
元朝
　　　卡爾吉王朝
1300
明朝　帖木兒入侵
1400

　　　錫克教創立
1500
　　　蒙兀兒帝國

1600
清朝
1700
　　　阿富汗入侵
1800
　　　英錫戰事
　　　英國統治
1900
中華民國
　　　印度獨立
2000

BC

耶穌基督出生　0—

君士坦丁統一羅馬

羅馬帝國分成兩部

波斯帝國　500—

回教建立

東羅馬其頓王朝

神聖羅馬帝國建立
　　　　1000—

英國征服愛爾蘭

蒙古第一次西征

歐洲流行黑死病

哥倫布發現新大陸
　　　　1500—

英國大破無敵艦隊

發明蒸汽機

美國獨立
拿破崙稱帝

美國南北戰爭開始

第一次世界大戰
第二次世界大戰
　　　　2000—

1298年，阿拉-烏德-丁攻佔古吉拉特，不僅將國王驅逐，還虜獲了美麗的王后，抱得美人歸。1301－1303年，蘇丹先後攻佔了拉其普特人的著名城堡藍桑波爾和奇圖爾。1305年，哈爾吉的軍隊又征服了瑪律瓦。

征服的快感讓蘇丹野心加速膨脹，富饒美麗的南印度成為他下一個鎖定的目標。很快，哈爾吉率軍進入南印度德干地區，然而複雜的人文、地勢，讓他明白要徹底征服這個地方並非易事，需要耗費大量軍備物資。為此，阿拉-烏德-丁再次進攻德瓦吉里，強迫亞達瓦國王兌現第一次被打敗時繳納貢賦的承諾。後者屈服於哈爾吉的強勢，帶著大量的饋贈來到德里。作為回報，亞達瓦國王不僅得以復位，而且得到「大拉伊」的稱號，這讓他畢生都成為哈爾吉王朝的盟友。

在亞達瓦國王的慷慨資助下，哈爾吉很快就備齊了兵馬。在他的一聲令下後，洶湧的大軍撲向了他的新獵物。

1308年，為了從南印度統治者手中奪取大象和財寶，阿拉-烏德-丁發動了對南印度的戰爭。卡喀提亞王朝的都城瓦朗加爾成為這場戰爭的第一個目標。哈爾吉派出了自己的寵信馬力克·卡富爾——一個自古吉拉特改宗的印度奴隸。善戰的卡富爾不負眾望，不僅包圍了瓦朗加爾，還給了當地統治者一拳毀滅性的重擊。為了保住王位，卡喀提亞國王採用了與亞達瓦國王同樣的方式。據說，他送給哈爾吉的饋贈，需要1千頭駱駝來運送。

1310年，卡富爾深入南方，在亞達瓦國王的支持下，突襲了曷薩拉王國的都城德瓦拉薩姆得拉。那時，曷薩拉國王巴拉拉三世正在遠方與潘迪亞王朝作戰。為了能再次回國，巴拉拉三世被迫接受了和亞達瓦國王和卡喀提亞國王同樣的條件。哈爾吉下一個目標是潘迪亞王朝，這次出馬的依舊是卡富爾，他親自攻打了潘迪亞王朝的都城馬杜賴。與前面幾個國王不同，潘迪亞國王放棄了該城，並改用游擊戰術騷擾入侵者。

氣急敗壞的卡富爾不僅燒毀了馬杜賴，並將眾多的寺廟洗劫一空，戰利品不計其數，需要用612頭大象運回德里。至此，阿拉-烏德-丁的南征基本結束，歷時11個月。

在阿拉-烏德-丁發動南方戰役的同時，他在北方也成功阻止了蒙古人的入侵。1299年，成吉思汗的後裔帶領一支20萬人的大軍洶湧來襲，意圖迫使德里蘇丹政權臣服，不過當他們出現在德里城下時，遭到了蘇丹大軍的重創。四年後，當阿拉-烏德-丁正從南方戰場滿載而歸時，12萬蒙古騎兵再次翻湧而來。他們雖闖入德里的街區，但沒能佔領堅固的營壘。最終，不善巷戰的蒙古人選擇了撤退。1306年，蒙古人又發動了進攻，不過依舊沒有獲勝。這一次，大批蒙古士兵被俘，為了慶祝自己的勝利，蘇丹將他們放到象陣裡，任其被踩踏。

阿拉-烏德-丁的極端統治

阿拉-烏德-丁與老蘇丹採取的寬容政策不同。繼任國王後，他殺死了所有可能競爭王位的人。為防止貴族反叛，他除掉了一大批其舅父統治下很有影響力的貴族，從而不斷增強自己的地位。然而，宮廷陰謀、權臣叛亂以及農村的印度教徒起義，依舊不斷在他的統治初期上演。

針對此情況，阿拉-烏德-丁決定實施改革，從根本上解決問題。首先，他沒收了他的朝臣和官員們的所有地產，包括以前蘇丹的封地和宗教的贈與。其次，賦稅改由中央政府徵收；酒的銷售與消費被嚴厲禁止，朝臣們不允許再舉行私人聚會或宴席，因為在阿拉-烏德-丁眼裡，眾多的盛宴和酒會，往往是那些陰謀叛亂滋生的「溫床」；再有，建立高效的密探網絡，將訓練有素的密探們派往四面八方，隨時隨地報告一切違反這些命令的行為；另外，為了壓迫印度教徒，剝奪他們可用於叛亂的財富，阿拉-烏德-丁邀請國內有識之士組建了「智囊團」，不斷制

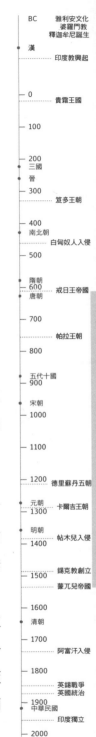

BC　雅利安文化
　　婆羅門教
　　釋迦牟尼誕生

漢

　　印度教興起

0　　貴霜王國

100

200　　
三國
晉
300　　笈多王朝

400
南北朝
　　白匈奴人入侵
500

隋朝
600　　戒日王帝國
唐朝

700

　　帕拉王朝
800

五代十國
900
宋朝
1000

1100

1200　　德里蘇丹五朝

元朝　　卡爾吉王朝
1300
明朝
　　帖木兒入侵
1400

　　錫克教創立
1500
　　蒙兀兒帝國

1600
清朝
1700

　　阿富汗入侵
1800
　　英錫戰爭
　　英國統治
1900
中華民國
　　印度獨立

2000

BC

耶穌基督出生　0—

君士坦丁統一羅馬

羅馬帝國分成兩部

波斯帝國　500—

回教建立

東羅馬馬其頓王朝

神聖羅馬帝國建立
1000—

英國征服愛爾蘭

蒙古第一次西征

歐洲流行黑死病

哥倫布發現新大陸
1500—

英國大破無敵艦隊

發明蒸汽機

美國獨立
拿破崙稱帝

美國南北戰爭開始

第一次世界大戰
第二次世界大戰

2000—

定相應的制度和規章來約束、壓制他們。如下令對所有土地重新進行賦稅調查，頒令對農村各階級實行統一稅率，同時對牧場還實行一項特殊的稅目。很快，印度教徒被蘇丹搜刮得一乾二淨，再也無力飼養馬匹，製造武器。以往那些傲慢的印度教首領，已沒有哪個可以揚眉吐氣，他們家中再也見不到任何與「奢侈」相關的物品，曾經的美食華服將他們迅速拋棄。當然，對蘇丹來說，那些滋長反抗和叛亂的事物終於再也見不到了。

為入侵南印度，同時為抵禦蒙古人的進攻，阿拉-烏德-丁建立了一支龐大的常備軍。這支常備軍的軍事官員採取直接招募，由國庫以現金支付薪餉。為杜絕冒名頂替、吃空餉等一直相沿成習的欺騙行為，軍隊建立了騎兵個人檔案，並實行馬打烙印的制度。這種種的措施，有效確保了軍隊的戰鬥力。蘇丹利用這支精良之師，攻佔了拉賈斯坦、古查拉特、瑪律瓦等地，迫使拉其普特臣服。

連年的戰事，讓阿拉-烏德-丁必須保持大量的常備軍。為了能夠用同樣的錢雇到更多的士兵，他降低了士兵們的軍餉。當然，考慮到士兵們的溫飽問題，蘇丹頒令實行了固定的低物價，即所有的特定食品的價格都必須固定不變。

為確保固定的物價，任命一個配有大量密探的高級官員監督德里市場；在德里修建巨大的糧倉，儲存河間地區以實物形式直接繳納徵收的賦稅；政府控制糧食的買賣和運輸。運輸工人及其家眷必須居住在亞穆納河兩岸指定地區，以確保糧食能迅速運到德里；嚴禁農民和商人私自囤積糧食；徵收實物稅收以及政府採購糧食必須在田間進行；市場物價報告必須每日向蘇丹遞交。市場監察員和密探必須分別彙報，如果他們的彙報不一致，蘇丹將做進一步調查。

經由上述改革措施可以看出，在建立中央集權政府和直接干預市場兩方面，阿拉-烏德-丁做出了不懈的努力。然而，這些政策是否取得了

成效，已很難考證。畢竟，正像阿拉-烏德-丁已經表明的那樣，所有的這些法令大概只能在都城及其周圍方圓100英里內的地方得到執行。正所謂天高皇帝遠，王國核心地區之外，任何一個印度統治者都不能指望施加直接的影響。

1313年，操勞過度的阿拉-烏德-丁身染重病，德里陷入混亂。當時，奴隸將軍卡富爾正在南方戰場平息叛亂，聞訊後迅速回朝。卡富爾一度是哈爾吉王朝舉足輕重的人物，具有傑出的軍事才能，是一名攻城掠財的好手，他4次率軍奔襲南印度，每次都載譽而歸。當然，像前面許多奴隸出身的將軍一樣，卡富爾的野心並沒就此止步。

卡富爾返回德里後，先用陰謀詭計除掉了阿拉-烏德-丁家族中幾個地位顯赫的成員，隨後剝奪了其長子希茲爾汗的繼承權。1316年，偉大的蘇丹阿拉-烏德-丁去世。卡富爾藉機擁立阿拉-烏德-丁年僅6歲的幼子為蘇丹，自己則成為攝政王。為了免除後患，他弄瞎了長子希茲爾汗及其他幾人的眼睛。當他欲對17歲的穆巴拉克故技重施時，這名已故蘇丹的王子沒有坐以待斃，他賄賂士兵，將卡富爾殺死，又刺瞎了幼弟的眼睛，自立為蘇丹。

穆巴拉克繼位後，改變了其父苛刻的行政法規，平息了古吉拉特的一次叛亂，並重新征服了德瓦吉里。然而這些功績並沒有讓這位蘇丹聲名遠揚。由於錯誤地寵信了一位改宗伊斯蘭教的印度教奴隸，穆巴拉克丟掉了性命。1320年，被穆巴拉克封為「胡斯勞汗」的篡權者，將哈爾吉王朝的統治終結。

胡斯勞汗屬於古吉拉特尚武好戰的巴爾瓦爾部落，他統率著一支由本族人組成的人數眾多的軍隊。不過，胡斯勞汗也是位短命的蘇丹，在位時間僅五個月。

新的篡權者是旁遮普懷邊區總督加濟‧馬利克‧圖格魯克和他才能出眾的兒子，他們以伊斯蘭教的名義團結了一批突厥族酋長，指責胡

BC　雅利安文化
　　婆羅門教
　　釋迦牟尼誕生
漢
　　　印度教興起

0　　貴霜王國

100

200　三國
晉

300　笈多王朝

400
南北朝
　　白匈奴人入侵
500

隋朝
600　戒日王帝國
唐朝

700
　　　帕拉王朝
800

五代十國
900

宋朝
1000

1100

1200　德里蘇丹五朝

元朝　卡爾吉王朝
1300
明朝
　　　帖木兒入侵
1400
　　　錫克教創立
1500
　　　蒙兀兒帝國
1600
清朝
1700
　　　阿富汗入侵
1800
　　　英錫戰爭
　　　英國統治
1900
中華民國
　　　印度獨立
2000

BC

耶穌基督出生　0—

君士坦丁統一羅馬

羅馬帝國分成兩部

波斯帝國　500—

回教建立

東羅馬馬其頓王朝

神聖羅馬帝國建立
1000—

英國征服愛爾蘭

蒙古第一次西征

歐洲流行黑死病

哥倫布發現新大陸
1500—

英國大破無敵艦隊

發明蒸汽機

美國獨立
拿破崙稱帝

美國南北戰爭開始

第一次世界大戰
第二次世界大戰

2000—

斯勞汗以印度人身份和低級種姓的出身篡取王位。很快聲討大軍兵逼德里，在經歷了兩次激烈的戰鬥後，加濟‧馬利克將胡斯勞汗擊敗。

1320年，篡位總督吉亞斯-烏德-丁‧圖格魯克繼位蘇丹，圖格魯克王朝建立。

穆罕默德：最傳奇的德里君王

在德里蘇丹王國的五個王朝中，圖格魯克王朝的統治時間是最長的（1320—1413），且一度達到德里蘇丹王朝的鼎盛。這一時期最重要的統治者是穆罕默德‧賓‧圖格魯克。

穆罕默德‧賓‧圖格魯克原名馬利克‧焦納，是王朝開創者吉亞斯-烏德-丁‧圖格魯克的兒子。在父王執政期間，他的稱號是烏盧格汗，曾兩次遠征瓦朗加爾，並最終佔領了它，將其改名為蘇丹普爾。當然，焦納的野心沒有停留在一城一池上。中世紀史學家對於他的野心是這樣描寫的：為了儘早登位，烏盧格汗事先在德里東南6英里的阿富汗普爾村中搭起木棚，用以迎接從戰場凱旋的老蘇丹。待其父在木棚內用完午餐檢閱象隊時，整個木棚倒塌，老蘇丹及其次子當場殉命。這種說法遭到現代一些學者的反駁，他們認為這是安排在焦納身上的冤假錯案。但無論真相是什麼，最終結果都一樣。

1324年，焦納以另外一個稱號「穆罕默德‧賓‧圖格魯克」宣布自己為蘇丹，執政二十七年。

穆罕默德登基後，設想建立一個強大的印度帝國。為實現此宏圖大業，穆罕默德向北遠征花剌子模，甚至深入中亞腹地；向南則征服瓦朗加爾、卡姆毗黎、曷薩拉王國北部地方。與前蘇丹阿拉-烏德-丁滿足於迫使南方諸王稱臣納貢不同，穆罕默德是要吞併他們的領土。為了更好地控制德干地區，繼續兼併南印度，他決定選擇一個更加靠近中心地帶

的城市作為新的都城。

　　1326年，他的遷都計畫正式啟動。德瓦吉里（亞達瓦的舊都）被這位蘇丹相中，成為其帝國的第二個行政首都，並更名為道拉塔巴德。為了把新都變成一個令政府能夠發揮作用的中心，蘇丹希望一批以烏爾瑪等為首的精英們永遠定居此地。這一想法遭到多方拒絕後，固執己見的蘇丹採取先禮後兵的辦法，強迫所有被挑選的人都移居新都。

　　事後據一些史學家考證，大規模遷徙實際只是遷徙一部分挑選出來的精英，德里仍舊住滿了烏爾瑪和蘇菲派信徒們。那時的史學家巴蘭尼不僅親歷這次大遷徙，並將其造成的苦難描述下來：「這個地方（道拉塔巴德）處在中樞的地理位置。由於沒有經過磋商，也沒有從各方面認真考慮利弊得失，他（穆罕默德）毀滅了那座已經繁榮了170多年、可以與巴格達、開羅相媲美的德里城。」後來，事實證明穆罕默德的整個遷都行動都是以失敗告終的。遷都不久後，穆罕默德即失去對北印度的控制，同時也沒有如他所願地鞏固住對南印度的控制。1330年，筋疲力盡的穆罕默德返回德里，其統治也就此衰弱。

　　或許是以野心勃勃的前蘇丹阿拉-烏德-丁為榜樣，穆罕默德在經濟和行政上進行了改革，用以輔助他那無節制的擴張。與前者不同，穆罕默德試圖直接把行政體系擴大到其龐大帝國的各個行省。同時為了確保可靠的食物供給，他堅持要徵收貨幣稅，從而能把預期中的外省稅收納入國庫。然而，增稅引發了農民的強烈反抗。當反抗被鎮壓下去後，災荒又接踵而來。為加強稅收管理，杜絕漏稅，他命令封臣如實申報土地數量和收支狀況。這雖取得了一定成效，但白銀短缺又成為擺在他面前的首要難題。為解決這一新問題，聰明的穆罕默德開始打起銅幣的主意。

　　在印度史上，穆罕默德是一個有爭議的人物，因為所作所為不落俗套，被認為是個瘋子。當然，他的瘋癲行徑不僅僅體現在遷都上，同時

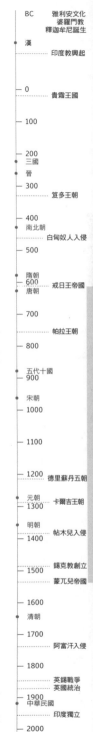

BC　雅利安文化
　　婆羅門教
　　釋迦牟尼誕生
漢
　　　印度教興起

0　　青霜王國

100

200
三國
晉
300
　　笈多王朝

400
南北朝
　　白匈奴人入侵
500

隋朝
600　戒日王帝國
唐朝

700
　　帕拉王朝

800

五代十國
900
宋朝

1000

1100

1200　德里蘇丹五朝

元朝　卡爾吉王朝
1300

明朝
　　帖木兒入侵
1400

　　錫克教創立
1500
　　蒙兀兒帝國

1600
清朝

1700
　　阿富汗入侵

1800

　　英錫戰爭
　　英國統治
1900
中華民國
　　印度獨立

2000

BC

耶穌基督出生　0—

君士坦丁統一羅馬

羅馬帝國分成兩部

波斯帝國　500—

回教建立

東羅馬馬其頓王朝

神聖羅馬帝國建立
　　　　1000—

英國征服愛爾蘭

蒙古第一次西征

歐洲流行黑死病

哥倫布發現新大陸
　　　　1500—

英國大破無敵艦隊

發明蒸汽機

美國獨立
拿破崙稱帝

美國南北戰爭開始

第一次世界大戰
第二次世界大戰

　　　　2000—

還包括他提倡發行的那些令人們不齒的銅幣。由於西方的白銀在當時還沒有流入印度，愛突發奇想的穆罕默德，想出用「銅幣」代替白銀來進行貨幣流通。這可謂是一個和印度傳統完全不搭調的貨幣政策。一直以來，印度民眾所接受的貨幣，其名義價值和內在價值都相差無幾；但穆罕默德所推行的銅幣，其象徵性的價值和內在價值卻差得太遠。即使這樣，倔強的穆罕默德還是將銅幣硬生生拋向了市場，接下來發生的事卻是他始料未及的。

　　1330年，在銅幣正式發行後不久，逼真的假幣就在市面流通開來，這直接導致全國的市場蕭條、貿易停頓。當然，並非所有行業都蒙受損失，假幣製造業就是其中最蓬勃發展的一個。據當時的記載：每一所房子都變成了一座鑄幣廠，假幣鑄造者們趁機大收漁利。三年後，面對經濟的衰退，穆罕默德不得不為自己草率的嘗試負責，他用一種降低了成色的新銀幣，不分真偽地贖回了所有代用銅幣，並為此承受巨大損失。

　　為實現帝國夢，穆罕默德統治時期的征戰經久不息，其版圖曾一度超過以前任何一位蘇丹。或許是穆罕默德的遷都事件折騰壞了該帝國的「龍脈」，自這一年起蘇丹王國走向衰落，樹倒猢猻散。

　　1334年，馬杜賴的總督宣布獨立，自稱「馬巴爾蘇丹」；1335年，印度半島極南端的馬八爾總督發動叛亂，宣布獨立；同年，潘地亞王國宣布獨立，而稍北的瓦朗加爾也同樣仿效；1336年，維闍耶那伽王國建立；1338年孟加拉獨立。1347年，整個德干地區包括新都道拉塔巴德都脫離了蘇丹王國的統治。從此以後，除了蒙兀兒皇帝奧朗則布征服且不穩定地統治過一代人以外，德里再也沒有統治過德干。揭竿而起的叛亂者，讓穆罕默德氣急敗壞，但又不得不四處平叛，疲於奔命。

　　眼看帝國美夢瀕臨破滅，穆罕默德的統治也退化為一種對內的恐怖鎮壓。農村的印度教徒再次被推到風口浪尖上，殘酷的壓迫和剝削洶湧而來。同時，穆斯林的烏爾瑪們也成為蘇丹統治下的受害者。一旦他們

的觀點有悖於蘇丹，就有可能招來殺身之禍。值得慶幸的是，這段黑暗統治很快在反叛者的幫助下結束。

1351年，穆罕默德在信德討伐反叛者時死於熱病。正如一位16世紀的歷史學家所述：國王從臣民那裡得到了解脫，臣民也從國王的結果中獲得了自由。

穆罕默德的堂弟菲魯茲·沙是德里最後一位重要的蘇丹，他性情溫和，無意進取，且樂意聽任王室陣營內貴族們的擺佈。或許如此，自他繼任蘇丹後，執政時間異常之長，達三十七年之久。

菲魯茲在位期間，再次鞏固了德里蘇丹國作為一個北印度王國的地位。與堂兄不同，菲魯茲不再試圖征服印度中部和南部地區。對內，菲魯茲亦採取寬鬆政策，禁止屠殺和拷打，還說服受到穆罕默德迫害的家族同意寬宥他的蘇丹堂兄。當然，他執政時明顯傾向穆斯林，不僅慷慨地向宗教機構和神職人員賜與賦稅收入，還賜與士兵和軍官們世襲的賦稅轉讓證，以充軍餉。

菲魯茲是清真寺、城堡和運河的偉大建造者。以他名字命名的菲魯茲·沙堡這座多層城堡，至今仍屹立在德里。當然，殘留兩根阿育王石柱，也是他命人從遙遠的托普拉和密拉特經千辛萬苦運過來的。菲魯茲還有一大嗜好——徵集奴隸。

他曾一度蓄養了18萬家內奴隸。奴隸出租行業的流行讓這位蘇丹的腰包鼓了起來，而另一些受過手工匠和工藝師訓練的奴隸，則可領受分配的稅收。同時，在勸導各個行省送來的奴隸改信伊斯蘭教方面，蘇丹也做出了巨大努力。這樣一來，在都城內外蘇丹都將會擁有忠誠的穆斯林支持者。

1388年，菲魯茲·沙如己所願，安詳而去。隨後爭權風雲再起，蘇丹之位六年中換了五人。那些如菲魯茲一樣軟弱無能的後繼者們，成為一些野心勃勃卻毫無能力的奴隸領袖手中的傀儡。與此同時，幾乎所有

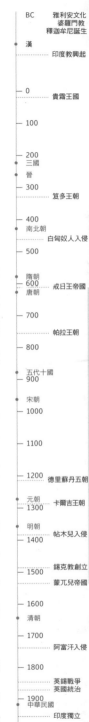

BC　雅利安文化
　　婆羅門教
　　釋迦牟尼誕生
漢
　　印度教興起

0　　貴霜王國

100

200
三國
晉
300　　笈多王朝

400
南北朝
　　白匈奴人入侵
500

隋朝
600　　戒日王帝國
唐朝

700

　　帕拉王朝
800

五代十國
900

宋朝
1000

1100

1200　德里蘇丹五朝

元朝　卡爾吉王朝
1300

明朝　帖木兒入侵
1400

1500　錫克教創立
　　　蒙兀兒帝國

1600
清朝
1700

　　阿富汗入侵
1800

　　英錫戰爭
　　英國統治
1900
中華民國
　　印度獨立

2000

行省的總督都成了獨立的統治者。1398年，來自遙遠北方的帖木兒，給了這個搖搖欲墜王朝最後一擊。他率軍對北印度展開掃蕩，德里蘇丹王國徹底被瓦解。

耶穌基督出生　0—

君士坦丁統一羅馬

羅馬帝國分成兩部

波斯帝國　500—

回教建立

東羅馬馬其頓王朝

神聖羅馬帝國建立
　1000—

英國征服愛爾蘭
蒙古第一次西征

歐洲流行黑死病

哥倫布發現新大陸
　1500—

英國大破無敵艦隊

發明蒸汽機

美國獨立
拿破崙稱帝

美國南北戰爭開始

第一次世界大戰
第二次世界大戰

　2000—

征服者帖木兒

「命運之筆」

帖木兒屬於突厥人的古爾坎族，1336年生於中亞的凱什。33歲時，他在西亞建立了以撒馬爾罕為首都的大帝國。隨後，帖木兒大帝開始踏上征服中亞的旅程。他南下阿富汗，西征波斯和美索不達米亞地區，征服波斯，佔領巴格達，長驅直入印度。像許多征服者一樣，帖木兒將鐵蹄對準了德里。

1397年，帖木兒聲稱德里蘇丹允許偶像崇拜不是好的穆斯林，必須受到懲罰。以此為藉口，帖木兒率軍攻佔下印度河畔的木爾坦，血洗了塔蘭巴城。1398年初，他率領92000名騎兵攻渡印度河、朱木拿河，直逼德里。兇悍的帖木兒大軍將沿途的抵抗一一擊敗，並大肆燒殺劫掠，曾一次殺戮男俘虜達10萬人。

1398年底，這隻大軍推進到德里城郊。圖格魯克王朝最後一個蘇丹率軍在德里城外迎戰，雙方展開了激戰。雖然德里蘇丹擁有1萬騎兵、4萬步兵和120頭戰象，但卻不堪一擊，終棄城逃亡。帖木兒率軍闖入德里，並下令士兵開始劫城，繁榮百年的德里頃刻間毀於一旦。身為異族的印度教徒遭到滅頂之災，血腥屠殺在城內隨處可見。德里的印度學者、藝術家、工匠雖然免遭一死，但他們像戰利品一樣，被帖木兒擄

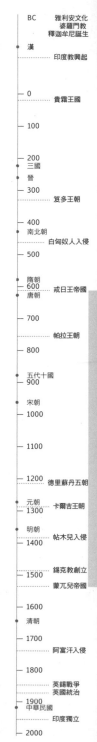

BC　雅利安文化
　　婆羅門教
　　釋迦牟尼誕生
漢
　　印度教興起

0　　貴霜王國
100

200
三國
晉
300　笈多王朝
400
南北朝
　　白匈奴人入侵
500

隋朝
600　戒日王帝國
唐朝
700

　　帕拉王朝
800

五代十國
900

宋朝
1000

1100

1200　德里蘇丹五朝
元朝
1300　卡爾吉王朝
明朝
1400　帖木兒入侵

1500　錫克教創立
　　蒙兀兒帝國
1600
清朝
1700
　　阿富汗入侵
1800
　　英錫戰爭
　　英國統治
1900
中華民國
　　印度獨立
2000

走。德里的穆斯林們性命雖保，但幾代人辛苦積累的財富，皆遭洗劫。

在突厥士兵的蹂躪下，德里血流成河。對於自己士兵的所作所為，統帥帖木兒亦感到震驚。在自傳中，他寫道：對這個駭人聽聞的事件（我）沒有責任，應受譴責的只有我的士兵。半個月後，帖木兒命令士兵撤離。於是他們用印度的牲口，拉著印度工匠造的車，裝著從印度得來的戰利品，浩浩蕩蕩地回國了。據說，他們出城時連德里的金屬城門也沒放過。帖木兒走後，德里成了一座死城，數月內荒無人煙。

1399年初，帖木兒回國，途中搶劫了密拉特、坎格拉等城鎮，征服了查漠。喀什米爾王公也在他的鐵蹄下臣服。臨走時，帖木兒任命歸順的希茲爾汗為木爾坦、拉合爾和迪帕爾浦爾總督，管轄這些區域。此時圖格魯克王朝行將就木，南印各地和孟加拉已分別獨立，北印除了蘇丹控制的地區外也都紛紛獨立。

帖木兒回國後不久死去，國內大亂。在印度被他委以重任的希茲爾汗趁機獨立。1414年，勢力強大的希茲爾汗由旁遮普舉兵東進，佔領了德里，推翻了圖格魯克王朝，自立為蘇丹，建立了賽義德王朝。

賽義德王朝（1414—1450）經歷了四位蘇丹，其統治範圍僅限於河間地區。這一時期的印度新興國家比比皆是，除了拉其普特諸國和維賈耶納伽爾是印度教國家，其他國家都是伊斯蘭教統治者建立的。此時，依舊佔據德里的賽義德王朝統治者們，再沒有能力像以往偉大的蘇丹們一樣，對這些反叛的小王公們進行征伐。到最後一任蘇丹阿拉-烏德-丁·阿拉姆沙統治時，賽義德王朝國土面積已經縮小至德里周圍數十里。

英國征服愛爾蘭

蒙古第一次西征

歐洲流行黑死病

哥倫布發現新大陸
　　　1500—

英國大破無敵艦隊

1447年，佔領旁遮普的薩爾欣德的總督巴盧勒·洛迪對德里展開了攻擊。德里蘇丹率軍擊退洛迪大軍。不過，軟弱的阿拉姆沙蘇丹為躲避洛迪的再次進攻，將朝廷遷至巴達翁，留下首相哈米德汗駐守朝廷。蘇丹走後，自作聰明的哈米德汗為避免周圍國家對德里的進攻，主動邀

發明蒸汽機

美國獨立
拿破崙稱帝

美國南北戰爭開始

第一次世界大戰
第二次世界大戰

　　　2000—

請巴盧勒‧洛迪到德里擔任軍隊的總指揮，沒想到這恰恰是引狼入室之舉。野心勃勃的巴盧勒‧洛迪到達德里不久，就殺害了哈米德汗。1451年，巴盧勒‧洛迪登上王位，洛迪王朝將賽義德王朝取而代之。

洛迪王朝（1451—1526）經歷了三位蘇丹。和以往幾個王朝不同，這個王朝的統治者都是阿富汗人。巴盧勒‧洛迪的家族在圖格魯特王朝時就定居在印度，其祖父曾在木爾坦總督手下任職，伯父則是薩爾欣德總督，後來這個頭銜由他本人繼承。巴盧勒‧洛迪在追隨蘇丹對瑪律華作戰時立下了戰功，作為嘉獎，蘇丹將旁遮普的管轄權交到他手裡，不料，這滋生了巴盧勒‧洛迪的篡位野心。值得一提的是，巴盧勒‧洛迪當上蘇丹後，德里蘇丹國的版圖再度擴大到旁遮普。隨後，經過長期的戰爭，巴盧勒‧洛迪征服了江布林蘇丹王國，把疆域推進到了恆河中游。

然而，突厥貴族並不想看到德里的政權落到阿富汗人手裡，為對付這些人，蘇丹大力鼓勵阿富汗人遷居印度，並優待重用阿富汗貴族，給他們封官加爵。為了進一步取得支持，蘇丹以平等的姿態接見阿富汗貴族。這一招很管用，不久朝廷內外就擠滿了阿富汗貴族。在他們的支持下，蘇丹對周圍一些小王公成功實行兼併。不過，蘇丹平易近人的態度也帶來了負面影響，君主的權力和威懾力在逐漸降低，貴族的囂張氣焰則不斷增長。或許是對全域的考慮，蘇丹本人對這些可以睜一隻眼閉一隻眼，但他的兒子希坎德爾‧洛迪卻越來越不能忍受。

1489年，希坎德爾‧洛迪繼任蘇丹。上任後，他先平定了江普爾地區的叛亂，隨後又兼併比哈爾邦，征服了幾個拉其普特小國。1502年，為了控制東拉賈斯坦及通向瑪律華和古吉拉特的道路，這位年輕氣盛的蘇丹決定在阿格拉建立一座新都城。無奈這座都城的建立，未能如這位蘇丹所願控制住瑪律華。為了轉移民眾的注意力，希坎德爾‧洛迪將矛頭指向了王朝內部。此時，阿富汗貴族們的驕橫跋扈越來越明顯，王命

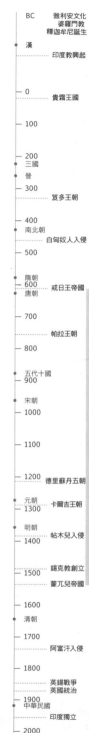

BC　雅利安文化
　　婆羅門教
　　釋迦牟尼誕生
漢
　　　印度教興起

0　　貴霜王國

100

200
三國
晉
300　　笈多王朝

400
南北朝
　　　白匈奴人入侵
500

隋朝
600　　戒日王帝國
唐朝

700

　　　帕拉王朝
800

五代十國
900

宋朝
1000

1100

1200　德里蘇丹五朝

元朝　卡爾吉王朝
1300

明朝　帖木兒入侵
1400

　　　錫克教創立
1500　　蒙兀兒帝國

1600
清朝
1700

　　　阿富汗入侵
1800

　　　英錫戰爭
　　　英國統治
1900
中華民國
　　　印度獨立

2000

BC

耶穌基督出生　0—

君士坦丁統一羅馬

羅馬帝國分成兩部

波斯帝國　500—

回教建立

東羅馬其頓王朝

神聖羅馬帝國建立
1000—

英國征服愛爾蘭

蒙古第一次西征

歐洲流行黑死病

哥倫布發現新大陸
1500—

英國大破無敵艦隊

發明蒸汽機

美國獨立
拿破崙稱帝

美國南北戰爭開始

第一次世界大戰
第二次世界大戰

2000—

在他們心中一錢不值。早就看他們不順眼的希坎德爾‧洛迪，決定打破父親一貫恭順平等的姿態，重新將王權擺放到至高無上的地位。很快，君臣禮儀在希坎德爾‧洛迪的朝廷上重新啟用，那些不遵從王命的貴族皆受到嚴懲。蘇丹新的姿態，讓貴族們十分不滿，反叛情緒在他們之中悄然滋生。

1517年，希坎德爾‧洛迪離世，王位傳給了他的兒子伊普拉欣。為了防止新蘇丹的兄弟賈拉勒篡位，朝廷中大權在握的貴族們一致決定把江普爾交其治理。這樣專斷的做法，立刻遭到新蘇丹和部分貴族的反對。他們將軍隊聯合起來，由蘇丹掛帥，出征討伐賈拉勒。後者聞訊後逃走，終不幸被俘遇害。伊普拉欣在鞏固住王位後，征服了瓜遼爾。不過，同自己的父王一樣，伊普拉欣也在企圖控制瑪律華的努力中受挫。這對他的威望是個沉重的打擊。藉此機會，早已心生不滿的阿富汗貴族們開始蠢蠢欲動。蘇丹為了強化自己的地位，開始採取措施打擊那些操縱朝政的阿富汗貴族。他囚禁幾個為首的貴族，並將其斬首。不料，這一舉措卻招致宮廷叛亂愈演愈烈。這讓伊普拉欣深感形勢險惡，不得已開始尋求外援，他詔令旁遮普總督道拉特汗進京商討對策。不明意圖的總督由於心懷恐懼，未敢增援。為了不違王命，這位總督將蘇丹的邀請轉發給了喀布爾統治者巴布爾。與此同時，巴布林也接到蘇丹叔父阿拉姆汗的邀請，希望藉助自己的力量推翻蘇丹統治。

1525年，巴布林率軍渡過印度河，挺進德里。蘇丹出城迎接，但是出現在他眼前的並不是一支增援部隊。1526年，巴布林率軍與洛迪王朝軍隊在旁尼派特展開激戰。前者雖然在兵力數量上處於劣勢，卻大獲全勝。洛迪軍隊全軍覆滅，蘇丹戰死。最終，巴布林直取德里和阿格拉，建立了新的王國——蒙兀兒王國。至此，德里蘇丹王國三百多年的統治，落下帷幕。

帖木兒文藝復興

14世紀下半葉，帖木兒率領他的鐵騎橫掃歐亞大陸，所到之處生靈塗炭，屍橫遍野，其野蠻行徑令人聞之色變。然而，作為一名征服者，帖木兒也有自己非常人文的一面。

每次攻下一座城池後，帖木兒總會把那些戰利品運回首府撒馬爾罕。

這些戰利品不僅僅是成堆的金銀珠寶，還包括他虜來的建築家、繪畫家、工匠。帖木兒用他的這些戰利品，將自己的都城——撒馬爾罕建造得華美異常。凡是到過撒馬爾罕的人，對那壯麗的宮殿、宏偉的清真寺、芳香四溢的花園無不驚豔。不僅如此，撒馬爾罕的工商業也非常繁榮，中國的陶瓷工人、安哥拉的毛織匠、大馬士革的車匠和弓矢匠在街頭巷尾隨處可見。絲綢、陶瓷、珠寶、金帳汗國的毛皮、印度的香料等皆彙聚於此。撒馬爾罕可謂當時歐亞大陸的國際都會。

這些俘虜裡還有大量的學者、詩人、藝術家。帖木兒除了是一位血腥的掠奪者外，還是一位藝術的鑑賞者和資助人，在他眼裡，學者、詩人、藝術家等同珠寶一樣珍貴。帖木兒在攻擊大馬士革的時候，突尼斯著名的歷史學家伊木‧哈爾頓被派為和談代表與之對話。出乎意料，哈爾頓的非凡氣度和得體的言談舉止，很快將不可一世的帖木兒征服。這位征服者表現出難得的「虔誠與慈悲」。如後人所說，對文化人的崇敬讓帖木兒看起來居然像一位手持念珠的救世主。

帖木兒的四子沙哈魯與其父一樣，熱愛波斯文學。在其統治時期，波斯的文學藝術進入黃金時代。沙哈魯還是詩人和藝術家的保護者。受祖父、父親的影響，沙哈魯的兒子兀魯伯也有相當高的文化素養。當沙哈魯住在赫拉特，他的兒子兀魯伯住在撒馬爾罕，父子兩人讓這兩座城市成為「帖木兒文藝復興最燦爛的中心」。

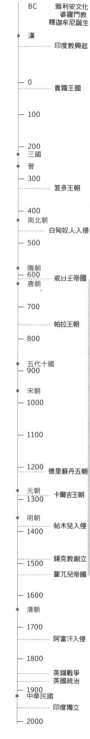

BC　雅利安文化
　　婆羅門教
　　釋迦牟尼誕生
漢
　　印度教興起

0　　貴霜王國
100

200
三國
晉
300　　笈多王朝
400
南北朝
　　白匈奴人入侵
500

隋朝
600　　戒日王帝國
唐朝
700
　　帕拉王朝
800

五代十國
900
宋朝
1000

1100

1200　德里蘇丹五朝
元朝
1300　卡爾吉王朝
明朝
　　帖木兒入侵
1400

1500　錫克教創立
　　蒙兀兒帝國

1600
清朝
1700
　　阿富汗入侵
1800
　　英錫戰爭
　　英國統治
1900
中華民國
　　印度獨立
2000

BC

耶穌基督出生　0—

君士坦丁統一羅馬

羅馬帝國分成兩部

波斯帝國　500—

回教建立

東羅馬其頓王朝

神聖羅馬帝國建立
1000—

英國征服愛爾蘭

蒙古第一次西征

歐洲流行黑死病

哥倫布發現新大陸
1500—

英國大破無敵艦隊

發明蒸汽機

美國獨立
拿破崙稱帝

美國南北戰爭開始

第一次世界大戰
第二次世界大戰

2000—

　　與父王相比，兀魯伯的涉獵更加廣闊，他不僅熱愛天文學、文學、詩歌，同時也是一位畫家，擁有自己的畫廊。與南唐李後主一樣，過多的藝術家氣質削弱了兀魯伯的統治才幹；但是，其文化藝術的貢獻卻功不可沒。如法國人德阿·托隆著作《蒙古人遠征記》中所載：帖木兒和他的後裔大多是文學藝術的鑑賞者和資助人。在撒馬爾罕和赫拉特的宮廷裡，聚集著大批學者、詩人、畫家和音樂家。《詩頌集》作者哈菲茲、哲理詩人紮米、把中國畫技法和波斯繪畫完美結合的畫家畢赫箚德等等，都受到很高的禮遇。而這一時期也成為帖木兒文藝復興時期，被譽為「波斯文學藝術的黃金時代」。速檀·忽辛·拜哈拉是最後一批帖木兒王朝中的佼佼者，他秉承了祖上的人文精神，在位期間讓赫拉特宮廷成為知識份子的薈萃之地。1500年，成吉思汗的子孫昔班尼取代了最後一批帖木兒王的統治。昔班尼儘管是一個烏茲別克人，卻有很高的文學修養，他精通阿拉伯語和波斯語，可以用突厥文寫相當好的詩。和帖木兒家族的一些成員一樣，昔班尼也是詩人和藝術家的慷慨資助人，這讓撒馬爾罕和赫拉特的文藝復興得以繼續傳播和繁榮。

｜第六章｜ 蒙兀兒帝國的興衰

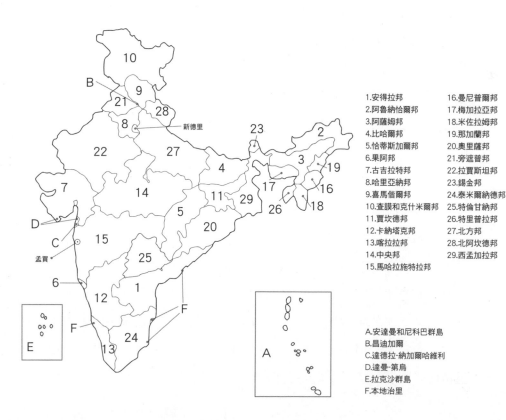

新德里

孟買

1.安得拉邦
2.阿魯納恰爾邦
3.阿薩姆邦
4.比哈爾邦
5.恰蒂斯加爾邦
6.果阿邦
7.古吉拉特邦
8.哈里亞納邦
9.喜馬偕爾邦
10.查謨和克什米爾邦
11.賈坎德邦
12.卡納塔克邦
13.喀拉拉邦
14.中央邦
15.馬哈拉施特拉邦
16.曼尼普爾邦
17.梅加拉亞邦
18.米佐拉姆邦
19.那加蘭邦
20.奧里薩邦
21.旁遮普邦
22.拉賈斯坦邦
23.錫金邦
24.泰米爾納德邦
25.特倫甘納邦
26.特里普拉邦
27.北方邦
28.北阿坎德邦
29.西孟加拉邦

A.安達曼和尼科巴群島
B.昌迪加爾
C.達德拉-納加爾哈維利
D.達曼-第烏
E.拉克沙群島
F.本地治里

大蒙兀兒皇帝巴布林

BC

耶穌基督出生　0—

君士坦丁統一羅馬

羅馬帝國分成兩部

波斯帝國　500—

回教建立

東羅馬其頓王朝

神聖羅馬帝國建立
　　　　1000—

英國征服愛爾蘭

蒙古第一次西征

歐洲流行黑死病

哥倫布發現新大陸
　　　　1500—

英國大破無敵艦隊

發明蒸汽機

美國獨立
拿破崙稱帝

美國南北戰爭開始

第一次世界大戰
第二次世界大戰

　　　　2000—

偉大的中亞征服者的後代

16世紀，新的伊斯蘭入侵者再次由北方奔騰而來。這批來自中亞的
察合臺突厥人不僅終結了德里蘇丹王國三百多年的統治，而且建立起印
度歷史上最後一個強大王朝——蒙兀兒王朝。

蒙兀兒王朝的開國之君是一位頗具傳奇色彩的人物，他的正式名
號是紮西魯-丁·穆罕默德，但人們習慣以他的綽號「獅虎」——「巴
布林」來稱呼他。巴布林的父親是帖木兒的五世孫，母親是成吉思汗的
十三代後裔，因此人們通常稱他為蒙兀兒人，這是蒙古人一詞的波斯文
形式。優良的血統讓巴布林天生精力過人，從小就被父親寄予厚望。在
父親的指導下，巴布林從幼年就接受了嚴格的回教武士教育，這種教育
方式對他日後稱霸產生了積極影響。

巴布林11歲時父親離世，他繼承了父親的王位，成為費爾幹納的國
王。年少輕狂的巴布林，繼位後決心重振祖先雄風。他積極向外擴張，
率軍圍困並佔領了帖木兒原首都撒馬爾罕，這讓其名聲大噪。不過，很
快烏茲別克人就將他驅逐出去。隨後，由於部下的背叛，巴布林又失掉
了自己的領地費爾幹納。為了保命，他逃入荒山，等待時機。21歲時，
巴布林終於等到了一次翻身的機會。他重整旗鼓，藉喀布爾統治勢力內

訌之機，帶領幾百人在城中搶地盤，最終控制了這座國際城市。隨後，他攻下伽茲尼，在阿富汗自封為王。1510年，伊朗國王將烏茲別克人擊敗，巴布林藉機與伊朗結盟，並重新佔領撒馬爾罕。這是他第三次佔領撒馬爾罕，然而命運又一次對他開了個玩笑。很快，烏茲別克人再次攻城，巴布林只能抱憾離去。北方的擴張一再受挫後，巴布林將注意力轉向祖先曾進入並佔領過的印度，並聲稱要繼承遺產。

　　1519年，巴布林開始為自己的宏圖大志備戰。一方面，他以喀布爾為根基，訓練一支人數不多卻很精銳的炮兵部隊，伺機等待時機，發動進攻。另一方面，他不斷率軍對旁遮普邊境發動試探性騷擾。1524年，洛迪王朝的旁遮普總督道拉特汗和伊普拉欣蘇丹的叔父阿拉姆汗，分別向巴布爾發出救援請求，這恰恰給了他一次求之不得的好機會。很快，巴布林理直氣壯地率軍進入旁遮普。他擊敗蘇丹軍隊，佔領拉合爾、迪帕爾普爾等城市，並在這裡任命了自己的行政官員。為了繼續挑起洛迪王朝內亂，他將迪帕爾普爾留給阿拉姆汗後，很快返回自己的大本營喀布爾。在喀布爾，巴布林靜觀好戲上演。如他所料，旁遮普總督道拉特汗為了奪回迪帕爾普爾，與阿拉姆汗展開激戰，雖最終取勝，卻已兵微將乏。1526年，巴布林見時機成熟，率大軍再次進攻旁遮普，此時的道拉特汗再無力與之對抗，只得繳械投降。輕易拿下旁遮普後，巴布林大軍繼續向德里推進，這一次他的目標是一舉征服北印度。

　　1526年，巴布林與洛迪王朝伊普拉欣蘇丹之間的決戰在班尼派特展開。巴布林軍1.2萬人，蘇丹軍10萬人，雙方力量懸殊；然而，笑到最後的那個卻是巴布林，他憑藉自己訓練有素的精銳炮兵，戰勝了數量佔優勢的洛迪王朝大軍。後者全軍潰敗，蘇丹亦戰亡。巴布林則趁勝佔領德里與阿格拉，奠定了帝國的基礎。同年，巴布林以阿格拉為首都，建立了蒙兀兒王朝。

　　然而，推翻洛迪王朝僅僅是巴布林的初步勝利，要想真正確立在北

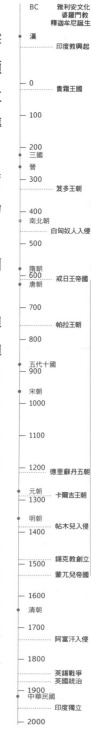

BC　雅利安文化
　　婆羅門教
　　釋迦牟尼誕生
漢
　　印度教興起

0　　貴霜王國

100

200　三國
晉
300　笈多王朝

400
南北朝
　　白匈奴人入侵
500

隋朝
600　戒日王帝國
唐朝

700

　　帕拉王朝
800

五代十國
900
宋朝
1000

1100

1200　德里蘇丹五朝
元朝　卡爾吉王朝
1300

明朝
　　帖木兒入侵
1400

1500　錫克教創立
　　蒙兀兒帝國

1600
清朝
1700
　　阿富汗入侵

1800
　　英錫戰爭
　　英國統治
1900
中華民國
　　印度獨立
2000

印度的統治，還必須征服北印度其他地區。當時，控制這些地區的是一些拉其普特小國，以及在各地割據的阿富汗軍事首領。不過，對巴布林來說，對付這些傢伙比征服洛迪王朝更加艱難。

在北印度，巴布林建都立國的消息很快就刺激到那些拉其普特王公們，畢竟德里一直是他們想要爭奪的肥肉。不久，以美華爾羅闍拉那‧桑加（「羅闍」是對王的稱呼）為首的拉其普特同盟成立，該同盟無疑成為北印度一支強大的勢力。為了能徹底擊敗巴布林，拉那‧桑加又將阿富汗軍事首領們拉進了同盟。同時，老奸巨猾的拉那‧桑加承認死去蘇丹的弟弟馬茂德‧洛迪為蘇丹，並為洛迪王朝的逃亡貴族提供避難所，支持其對蒙兀兒的軍事抵抗。

拉那‧桑加的種種舉措讓巴布林感受到巨大的威脅，他決定先下手為強。很快，他就將附近的巴亞納、多普爾和卡爾比佔領。而拉其普特聯盟也沒坐以待斃，他們發動進攻，並向巴亞納和阿格拉推進。在巴亞納的戰爭中，拉其普特人取得了初戰的勝利。巴布林意識到形勢嚴峻，為了鼓舞士氣，他宣布「聖戰」（「聖戰」是伊斯蘭教及穆斯林常用的宗教術語，宣言教徒為「主」而戰，犧牲後靈魂可以進入天堂）。

1527年3月，兩軍在離蒙兀兒都城阿格拉不遠的坎瓦展開決戰。拉其普特身經百戰的首領拉那‧桑加統率120名酋長，以及一支8萬騎兵和500頭戰象組成的大軍，列陣於坎瓦戰場，準備決一死戰。在人數上處於劣勢的巴布林陣營，自知勝敗繫於一戰，表現出破釜沉舟的氣概。出戰前在巴布爾的帶領下，士兵們將所帶之酒全數倒掉，並在《可蘭經》前發誓血戰到底。很快，一場大廝殺開始上演，戰鬥激烈地持續了10個小時。最後，巴布林利用密集炮火猛轟的戰法，將拉其普特軍隊擊潰，大獲全勝。拉那‧桑加後來被其同盟中的貴族害死。這次戰役打垮了拉其普特聯盟，巴布林在北印度的統治地位得到確立。隨後，巴布林又征服拉其普特人的昌德拉國家。此後，雖然還有一些拉其普特王公不斷與蒙

兀兒戰鬥，但再也沒有形成統一的強大力量。

　　坎瓦戰役後，巴布林率軍渡過朱木拿河，揮師東進，開始征伐這裡的阿富汗首領。首領們受先前拉那·桑加的扶植，其中比哈爾邦的馬茂德·洛迪勢力最大。許多阿富汗貴族都集結在他的帳下。而復國心不滅的馬茂德·洛迪，一直準備重新佔領德里，驅逐蒙兀兒人。1528年，馬茂德·洛迪尋求到孟加拉的阿富汗統治者努斯拉特沙的支持後，將軍隊向西移動到卡瑙季。巴布林率軍前往迎戰，迫使其退回比哈爾邦。為防後患，巴布林以不進攻孟加拉為保證，與孟加拉的努斯拉特沙定下協約。隨後，巴布林直取比哈爾。1529年，巴布林在哥格拉河岸擊敗了最後一個勁敵——馬茂德，後者逃到孟加拉，久居印度的阿富汗貴族的10萬聯軍潰敗。巴布林佔領比哈爾一部分，另一部分作為附屬國，分給歸順的阿富汗貴族們。哥格拉戰役的勝利將蒙兀兒的疆土推進到比哈爾邦。至此，巴布林進入印度不到四年，佔領和控制了北印度大部分地區，其統治重心也由阿富汗的喀布爾轉移到印度腹地。

　　像自己的祖先帖木兒一樣，戎馬一生的巴布林不僅具有非凡的軍事才能，同時也喜好文學與藝術，尤其在突厥語文學上功勳卓著。他用突厥文撰寫的《巴布林自傳》至今尚存，不僅文體美麗，且風骨凜然。與同一時期著作大多帶有濃厚宗教色彩相比，巴布林的傳記敘述更具真實性，有頗高歷史的價值。該書也曾相繼被譯成波斯文、英文、法文、德文，流傳於世。

　　另外，巴布林深受波斯文化的薰陶，曾創作波斯詩歌。他還喜歡繪畫，像帖木兒祖先一樣，他對繪畫藝術給予了大力贊助。《巴布林自傳》波斯文譯本中的圖畫，也許代表了他那個時代發展起來的繪畫風格。不僅如此，巴布林還是一位偉大的建築師。據說，他曾從君士坦丁堡邀請著名建築師來印度修建清真寺和其他紀念物。不過，巴布林建造的大型建築物大都已蕩然無存，至今僅留下三個較小的建築物，一是位

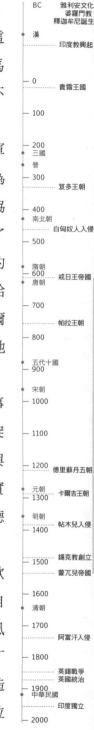

BC　雅利安文化
　　婆羅門教
　　釋迦牟尼誕生
漢
　　印度教興起

0　貴霜王國

100

200
三國
晉
300　笈多王朝

400
南北朝
　　白匈奴人入侵
500

隋朝
600　戒日王帝國
唐朝

700　帕拉王朝

800

五代十國
900

宋朝
1000

1100

1200　德里蘇丹五朝
元朝
1300　卡爾吉王朝

明朝
1400　帖木兒入侵

　　錫克教創立
1500
　　蒙兀兒帝國

1600
清朝

1700
　　阿富汗入侵

1800
　　英錫戰爭
　　英國統治
1900
中華民國
　　印度獨立

2000

BC

耶穌基督出生　0—

君士坦丁統一羅馬

羅馬帝國分成兩部

波斯帝國　500—

回教建立

東羅馬其頓王朝

神聖羅馬帝國建立
　　　1000—

英國征服愛爾蘭

蒙古第一次西征

歐洲流行黑死病

哥倫布發現新大陸
　　　1500—

英國大破無敵艦隊

發明蒸汽機

美國獨立
拿破崙稱帝

美國南北戰爭開始

第一次世界大戰
第二次世界大戰

　　　2000—

於帕尼派特的卡布利，巴格的紀念性清真寺；另一座是位於羅希爾坎德的桑巴爾的大清真寺；第三座是位於阿格拉的洛迪古堡內的清真寺。

1530年，48歲的巴布林病逝於阿格拉。如他所願，他的遺體被運到喀布林，葬在他喜愛的山麓花園。百年以後，蒙兀兒皇帝沙・賈漢在此建一座清真寺，以紀念這位開國元勳。

巴布林的成功秘訣

巴布林在兩次人數處於劣勢的重要戰役中皆大獲全勝，其成功的秘密在於他所使用的戰炮。從歷史角度看，巴布林與奧斯曼蘇丹謝里姆一世和波斯薩法維王朝的統治者沙・伊茲梅爾是同一時代的人。在那個時代，西方的火器與大炮剛剛被土耳其人傳入亞洲，這一活動為上述三個火藥帝國奠定了基礎。1517年，謝里姆利用新武器——機動野戰炮的速度優勢，征服了敘利亞和埃及。九年後，同樣掌握了這一秘密武器的巴布林，也在北印度取得了勝利。

對印度來說，巴布林的機動炮兵是一項引人注目的革新。之前，用於圍攻城堡的大炮已經在印度出現了一段時間。蒙古人最早將這些大炮運用到劫城行動中，而德里蘇丹們也因此被迫加固了他們的堡壘。但是，輕型野戰跑和步槍對印度來說卻是新事物，它們給巴布林帶來了一種超過他敵手的決定性優勢。

不過，與謝里姆大帝不同，巴布林的獨特貢獻是他知道如何把這些新武器的部署，與他從烏茲別克人那裡學來的騎兵戰略結合起來。鑑於巴布林是一位出色的射箭手，所以他將火藥與弓箭進行了完美組合。1519年，他圍攻印度西北邊境上的巴朱爾堡，新式步槍的出現引起了這座堡壘守軍們的訕笑。很快，當巴布林的神槍手們射倒了守軍中的一些人後，他們就停止了譏笑，而且再也不敢露面。

當然，巴布林制定的綜合運用炮兵和騎兵的作戰計畫，更加令人驚異。在與洛迪王朝最後一位蘇丹對決的班尼派特戰役中，前者的軍隊比巴布林的軍隊人數多出10倍。對此，巴布林並不畏懼，他早已在戰前精心部署了他的炮兵。巴布林的炮隊共有700門大炮，一門炮一天只能打16發。

這些前膛點火的重炮被牛車拖著，列於陣前。為了阻擋敵人的騎兵，讓其無法展開迅速突擊，巴布林命人將大炮用皮帶拴在一起，而那些輕型機動野戰炮則被放置在小型壁壘的後面。同時，手持步槍的神射手們護衛在左右。蘇丹軍雖然人數眾多，且有戰象百餘隻，但巴布林集中炮火齊發，掩護步兵、騎兵挺進。戰鼓敲響後，由戰象、騎兵和步兵構成的蘇丹軍隊，在這些大炮面前陷入停頓。成千上萬的戰象由於抵不住猛烈炮轟，反而掉頭衝向己陣。藉此慌亂之機，巴布林命令神射手們騎著戰馬繞過敵軍，按照烏茲別克人的方式從後面攻擊這支笨重的軍隊。在炮火和箭雨的夾擊下，龐大的蘇丹軍隊在數小時之內敗下陣來。

此後，巴布林在與拉其普特人的戰役中重施了這套戰法。在這次遭遇戰中，巴布林巧施小計，在真炮之間放置了假炮，從而讓他的炮兵看起來更加令人生畏。此外，在戰鬥正酣之時，他還成功地向前移動了所有大炮，連同假炮在內。隨後，巴布林在阻擊阿富汗貴族的10萬聯軍戰役中，用他的炮兵和騎兵再立戰功。而居住在恆河兩岸的印度居民，則目睹了那些被裝上駁船的大炮，順流而下的壯觀場景。巴布林統治北印度以後，其繼承者們警惕地守衛著他們賴以成功的新技術，甚至不讓他們忠實的同盟者拉其普特人分享。拉其普特人在很久以後才掌握了這種技術。

當然，巴布林所以能夠取得勝利，除了利用先進的火器技術和發揮卓越的軍事才能外，重視政治攻勢亦是另一個祕密武器。在巴布林宣布印度成為他的世襲之地後，他對洛迪王朝的王公貴族們進行安撫，吸引

BC　雅利安文化
　　婆羅門教
　　釋迦牟尼誕生
漢
　　　印度教興起

0　　貴霜王國
100

200
三國
晉
300　　笈多王朝

400
南北朝
　　　白匈奴人入侵
500

隋朝
600　戒日王帝國
唐朝

700

800　　帕拉王朝

五代十國
900

宋朝
1000

1100

1200　德里蘇丹五朝

元朝　卡爾吉王朝
1300

明朝
　　　帖木兒入侵
1400

　　　錫克教創立
1500
　　　蒙兀兒帝國

1600

1700
清朝
　　　阿富汗入侵

1800

　　　英錫戰爭
　　　英國統治
1900
中華民國
　　　印度獨立

2000

他們為蒙兀兒王朝服務。不僅如此，他還把印度人作為他的臣民，而不是作為他的獵物來對待，並嚴厲懲罰了自己軍隊中進行劫掠的士兵。對於軍隊中那些一心希望攜帶戰利品榮歸故里的將軍和士兵，巴布林採用了一種外交的方式來對待他們，即在每一次戰鬥前都向他們諮詢，並友善地遣送那些想離開的人。結果，他完成了原本透過簡單下令不能完成的任務：許多將軍決定和他一起留下來。雖然巴布林曾宣布聖戰，但他並不是宗教狂。對他來講，那是出於一時的緊迫需要，其目的完全是政治性的，目的達到後即行撤銷。因此，在巴布林的征服過程中，很少發生破壞印度教廟宇的事件。在這一點上，他與自己的祖先帖木兒完全不同。

耶穌基督出生　0—

君士坦丁統一羅馬

羅馬帝國分成兩部

波斯帝國　500—

回教建立

東羅馬馬其頓王朝

神聖羅馬帝國建立
　　　　1000—

英國征服愛爾蘭

蒙古第一次西征

歐洲流行黑死病

哥倫布發現新大陸
　　　　1500—

英國大破無敵艦隊

發明蒸汽機

美國獨立
拿破崙稱帝

美國南北戰爭開始

第一次世界大戰
第二次世界大戰

　　　　2000—

繼任者胡馬雍的幸與不幸

到手的爛攤子

1530年，巴布林去世，其長子胡馬雍繼位。對於胡馬雍（該詞意為「幸運」）來講，繼位純屬他的幸運所致。因為根據蒙兀兒的習俗，所有王子都享有同等的繼承權。為此蒙兀兒的王子們相互爭鬥，直至最能幹、最無情或最幸運的那個榮登王位為止，而胡馬雍無疑是符合了最後一個條件。

1525年，17歲的胡馬雍跟隨他的父親巴布林入侵印度。在巴布林用炮火轟潰洛迪王朝的洶湧之師時，當時作為一名年輕士兵的胡馬雍參加並目睹了這場以少勝多的經典戰役。1527年，胡馬雍離開巴布林，越過興都庫什山，去鎮守遙遠的省。胡馬雍雖不情願去鎮守邊陲的省份，但這樣的任命是符合蒙古和土耳其傳統的——一般而言，帝王的兒子都要到各地鎮守一方，越是年長的孩子鎮守的地方越遠。胡馬雍在阿富汗的城堡中消磨著青春，閒暇時寫了很多抱怨的信件給父親巴布林。巴布林在回信中嚴厲地批評了他，強調鎮守遠方是一個皇子應盡的職責，同時提醒他不要使用花體文字書寫信件。不久，巴布林重病，胡馬雍及時返回了德里。胡馬雍過早返回又一次激怒了巴布林，但是最終兒子的關懷平息了父親的怒火。後來，胡馬雍也病倒了，絕望的巴布林只期望能

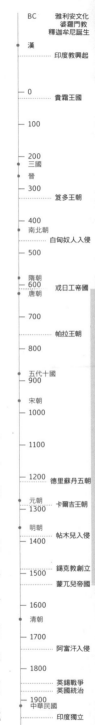

BC　雅利安文化
　　婆羅門教
　　釋迦牟尼誕生
漢
　　　印度教興起

0　　　貴霜王國

100

200
三國
晉
300　　笈多王朝

400
南北朝
　　　白匈奴人入侵
500

隋朝
600　　戒日王帝國
唐朝

700
　　　帕拉王朝
800

五代十國
900

宋朝
1000

1100

1200　德里蘇丹五朝
元朝　卡爾吉王朝
1300
明朝
　　　帖木兒入侵
1400

　　　錫克教創立
1500　蒙兀兒帝國

1600
清朝

1700
　　　阿富汗入侵
1800

　　　英錫戰爭
1900　英國統治
中華民國
　　　印度獨立
2000

BC

耶穌基督出生　0—

君士坦丁統一羅馬

羅馬帝國分成兩部

波斯帝國　500—

回教建立

東羅馬馬其頓王朝

神聖羅馬帝國建立
　　　　1000—

英國征服愛爾蘭

蒙古第一次西征

歐洲流行黑死病

哥倫布發現新大陸
　　　　1500—

英國大破無敵艦隊

發明蒸汽機

美國獨立
拿破崙稱帝

美國南北戰爭開始

第一次世界大戰
第二次世界大戰

　　　　2000—

用自己的生命去換回兒子的健康。巴布林的遺願最終達成了，胡馬雍痊癒，而時隔幾個月，巴布林重症而亡。很快，胡馬雍繼承了他的王位，時年23歲。

身為蒙兀兒王朝第二代皇帝，胡馬雍十分迷信，非常看重占卜術，這一點與巴布林完全不同；但同時他卻又繼承了父親仁慈的本性。巴布林生前曾經要求胡馬雍善待自己的三個兄弟，他照做，並在他的兄弟做了大量的忤逆行為之後仍然赦免了他們。胡馬雍的另一個特點是對驕奢生活的沉迷，他整日沉迷於葡萄酒、鴉片和詩詞歌賦之中，無暇顧及他的帝國大業。正是這一點使他最終失去了自己的帝國。

胡馬雍登基不久，幸運之神就離他而去，很快胡馬雍就遭遇到局勢上的內憂外患。王室內部，他的三個兄弟卡姆蘭、信達爾和阿斯卡里都是王位覬覦者，他的兩個堂兄也在暗中鬥法。在朝廷外部，各地方的貴族勢力日益強大，割據趨向愈加明顯。在此層層重壓下，胡馬雍為防止王室內訌，不得不授予三兄弟封邑：喀布爾和旁遮普封給年長的卡姆蘭；桑巴爾封給阿斯卡里；梅瓦特封給信達爾。他本以為這樣做可以讓他們各得其所，但結果恰恰相反，分封不僅讓胡馬雍失去了補充兵員的最好源地，而且破壞了帝國的完整性，削弱了國家的財源和軍事力量。更糟糕的是，這種分封讓那些反叛者的野心得到了新的滋生。朝廷的貴族們擁有推選新王的權力，他們藉機紛紛結黨營私，並在胡馬雍的兄弟中找靠山，這讓內部紛爭更激烈、更危險。軍隊由不同種族組成，往往為各自利益互相傾軋，與此同時，在蒙兀兒疆域內，反蒙兀兒的勢力重新發展。各異己力量潛伏著，隨時伺機反撲。

拉其普特人遍佈北印度，他們只是暫時被征服，古查拉特地區更是反覆無常。阿富汗首領們是最強悍的對手，他們盤踞在比哈爾邦和孟加拉，保留著強大力量，等待著能使他們心悅誠服並率領他們團結奮戰的領袖。胡馬雍處於一種既無外援，又無內助的相當孤立的地位。

戰端頻頻發生，胡馬雍疲於東、西二線的奔襲。他登基不滿半年，先在德里東南的卡林賈爾打敗了他懷疑可能反叛的省督，接著揮師東進，在丘納爾圍困了阿富汗酋長舍爾沙。但越來越強大的古查拉特勢力，使他不得不接受阿富汗人「敷衍的非正式投誠」，轉而向西進擊古查拉特的巴哈杜爾沙。1535年，胡馬雍的西征取得了勝利，他甚至把巴哈杜爾沙趕出了大陸，迫使他在第烏島避難。但此時，阿富汗人強有力的領袖脫穎而出，他就是一度被圍困於丘納爾的「窮寇」舍爾沙。

與舍爾沙的拉鋸戰

舍爾沙原名法里德，出生於比哈爾邦的薩薩拉姆，為養馬人哈桑汗之子。久居印度的阿富汗人小貴族家庭，少年時聰穎過人，勤奮好學，尤其精通波斯語和波斯文學。他受繼母嫉恨，早早離家，開始冒險和奮鬥的生活。早年在賈瑪律汗軍中服役。1522年，投靠比哈爾邦的統治者洛哈尼，因正直和勤奮博得新主人的寵信，又因他隻身一人勇敢地打死一隻虎而被授予「舍爾沙」稱號。他後來又擢升為洛哈尼的副手兼其幼子賈拉勒汗的教師。但不久他另擇高枝，加入了巴布林的軍隊，在征伐東方的歷次戰役中屢建奇功。

1528年，當以前的學生賈拉勒汗成為比哈爾邦年幼的國王時，舍爾沙離開了蒙兀兒人，再次成為比哈爾邦的副省督，並成了政府的實際掌權者。經過四年的經營，他又將軍隊掌握於手中，並適時地贏得了丘納爾要塞。隨後，他利用胡馬雍征討古查拉特的時機，壯大了自己的力量，許多有實力的阿富汗貴族都投奔在他的麾下。

雙方的決戰不可避免。胡馬雍在戰略上犯了錯誤，他竟未揮師直搗高爾地區，切斷舍爾沙與孟加拉盟友的聯繫，反倒進攻防守完備且易守難攻的丘納爾要塞。結果，舍爾沙爭取到半年整軍備戰的時間，然後突

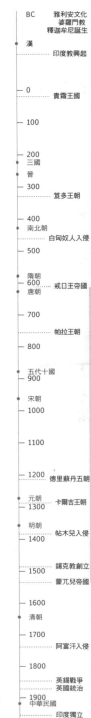

BC	雅利安文化
	婆羅門教
	釋迦牟尼誕生
漢	
	印度教興起
0	貴霜王國
100	
200	
三國	
晉	
300	笈多王朝
400	
南北朝	
500	白匈奴人入侵
隋朝 600	戒日王帝國
唐朝	
700	
	帕拉王朝
800	
五代十國 900	
宋朝	
1000	
1100	
1200	德里蘇丹五朝
元朝 1300	卡爾吉王朝
明朝	帖木兒入侵
1400	
1500	錫克教創立
	蒙兀兒帝國
1600	
清朝	
1700	
	阿富汗入侵
1800	
	英錫戰爭
	英國統治
1900	
中華民國	印度獨立
2000	

BC

耶穌基督出生　0—

君士坦丁統一羅馬

羅馬帝國分成兩部

波斯帝國　500—

回教建立

東羅馬馬其頓王朝

神聖羅馬帝國建立
　　　　1000—

英國征服愛爾蘭

蒙古第一次西征

歐洲流行黑死病

哥倫布發現新大陸
　　　　1500—

英國大破無敵艦隊

發明蒸汽機

美國獨立
拿破崙稱帝
美國南北戰爭開始

第一次世界大戰
第二次世界大戰

　　　　2000—

襲胡馬雍的後路。當時，胡馬雍在歡宴後正享受鴉片，聽到舍爾沙軍隊欲切斷其歸路，便倉促集結軍隊西撤。1539年6月，舍爾沙軍隊在喬薩伏擊，大敗蒙兀兒軍隊，胡馬雍走投無路跳進恆河，一個船民用皮筏救了他的命。

1540年，雙方在卡瑙季（即古代曲女城）第二次決戰。舍爾沙在戰術上棋高一著，而且軍隊驍勇善戰。胡馬雍又一次大敗，放棄印度，逃往拉合爾，開始了十五年顛沛流離的生活。

1539年末，舍爾沙在比哈爾邦自立為王，稱舍爾沙，建立了歷時十五年的蘇爾王朝。政權初建，舍爾沙全力出兵，拓展疆土。經過六、七年的時間，基本完成了對北印度的控制。舍爾沙不僅是一個成功的征服者，也是一位傑出的行政組織設計者，他進行了一連串對後世頗有啟發的改革。舍爾沙改革的經驗為以後蒙兀兒王朝阿克巴的體制建設建立了典範。後來在阿克巴帝國的政治、經濟等各方面的政策中，處處有舍爾沙改革的影子。史學家稱他是「驅逐蒙兀兒入侵者，領導印度穆斯林復興運動的領袖」。

1545年5月22日，舍爾沙在一次意外的火藥爆炸中死去。開國者的堅毅剛強與後繼者的軟弱無能形成鮮明對比，王國內部互相傾軋，陷於混亂狀態，這為蒙兀兒人捲土重來提供了大好時機。

一個踉蹌走出人生

1540年，胡馬雍最終在恆河沿岸被打敗，幾乎只有他和妻子得以逃脫。胡馬雍失敗後到處流亡，幾次尋求庇護，幾次遭到驅逐，不得不一度隱匿於沙漠中。胡馬雍退到拉合爾，並經歷了十五年的逃亡生活，最初幾年在帝國的邊界，後來逃亡至波斯國。這幾年流亡生活裡最大的收穫，或者說唯一可喜的事情，就是他迎娶了哈米達（Hamida）——這位

為他生下第一個倖存的兒子，阿克巴的妻子。在流亡當中，胡馬雍的兒子阿克巴在1542年出生於信德。胡馬雍把他留給了在阿富汗的敵對的兄弟。

1544年，胡馬雍潛赴波斯，請求塔馬斯甫庇護，並允諾將來收復坎大哈後，獻地予波斯。因此受到了波斯國王的歡迎。他訪問了偉大的伊斯蘭城市赫拉特（Herat，阿富汗西北部城市，赫拉特省省會），透過這座城市，胡馬雍汲取了大量波斯文化。在他最終回到印度時，帶了兩名著名的畫師隨行。正是這些波斯畫師將許多技術帶入印度，使精美絕倫的蒙兀兒王朝細密畫風格得到了發展。

在波斯國王的幫助下，胡馬雍開始了他重奪印度的大業，他不斷地襲擊舍爾沙王的領土。並且在舍爾沙王的兒子薩利姆王死後，三個對王位野心勃勃的競爭者競相爭奪王位，這種混亂的局面為胡馬雍創造了一個絕佳機會，在一員大將BairamKhan（他兒子的龐大陵墓就在胡馬雍墓附近，現在的德里Mathura路上）的幫助下，1555年，胡馬雍從喀布爾發兵入印，打敗了已不堪一擊的蘇爾軍隊。7月收復了德里和亞格拉，重執北印度牛耳，最終再度登上了德里王座。

從此之後，胡馬雍的生活變得輕鬆很多。他回到了他在德里建造的新城Dinpanah，並在那裡安頓。一路辛苦的征戰，一直跟隨他的除了他的畫師外，還有一個珍貴的天文圖書館。他將他的圖書館搬到了舍爾沙王在位時建造的舍爾曼陀羅（SherMandal）——一座紅砂岩構築的八角形建築中。他決心在舍爾沙王出色的行政管理體系之上建立一個更加強大的國家。

在其極為短暫的統治期間，胡馬雍曾做過一次有趣的嘗試，試圖把他從舍爾沙（他本人是一個十分稱職的行政官）手中接管過來的行政機器系統化。胡馬雍用四大元素作為分類類別：火代表軍隊，水代表灌溉部門，土代表農業和稅收，空氣則代表宗教和科學。這種相當粗淺的劃

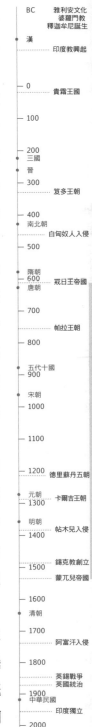

BC　雅利安文化
　　婆羅門教
　　釋迦牟尼誕生
漢
　　印度教興起

0
　　貴霜王國

100

200
三國
晉
300
　　笈多王朝

400
南北朝
　　白匈奴人入侵
500

隋朝
600　戒日王帝國
唐朝

700
　　帕拉王朝

800

五代十國
900
宋朝
1000

1100

1200　德里蘇丹五朝

元朝　卡爾吉王朝
1300
明朝　帖木兒入侵
1400

　　錫克教創立
1500　蒙兀兒帝國

1600

1700　阿富汗入侵

1800
　　英錫戰爭
　　英國統治
1900
中華民國
　　印度獨立
2000

分並沒有維持多久，他的兒子阿克巴很快就進行了改進。不過，這種對職能部門實行系統劃分的做法卻是由胡馬雍首創的。

胡馬雍是一個虔誠的伊斯蘭教徒，1533年，他開始在德里建立新城Dinpanah，意為「信仰庇護所」（AsylulmofFaith，現在的「普拉那奇拉古堡」PuranaQila），這裡逐漸成為所有伊斯蘭信奉者的家園。儘管這樣，他並沒有真正得到和平，而是深陷兩個戰場：古吉拉特的巴拉杜爾蘇丹（SultanBahadur）和東面的舍爾沙王（SherKhanSuri）。之後的幾年時間裡，胡馬雍都在嘗試以武力控制這兩個不友善的鄰居。

關於胡馬雍的死有一種說法是，他在圖書館屋頂觀察金星的運行時，突然感受到真主阿拉的召喚，作為一名虔誠的伊斯蘭教徒，胡馬雍立刻準備去做禱告，履行他的宗教義務，不幸他被自己的長袍絆倒，從屋頂跌落在陡坡上，三天後不治身亡。由於他長時間的流亡和過早的離世，胡馬雍尚未著手為自己建造陵墓，在他離世幾年後，他的兒子阿克巴才開始為他建造陵墓。

波斯帝國　500—

回教建立

東羅馬馬其頓王朝

神聖羅馬帝國建立
　　　　1000—

英國征服愛爾蘭

蒙古第一次西征

歐洲流行黑死病

哥倫布發現新大陸
　　　　1500—

英國大破無敵艦隊

發明蒸汽機

美國獨立
拿破崙稱帝
美國南北戰爭開始

第一次世界大戰
第二次世界大戰

　　　　2000—

阿克巴大帝與帝國的擴張

親政之路

　　阿克巴在父親去世時只有13歲。在胡馬雍放逐波斯的歲月裡，阿克巴在阿富汗那些粗暴的武士中間長大，從未學習過讀寫。與受過良好教育的父親和祖父相比，阿克巴終其一生都是一個文盲；然而在智力方面，他卻聰慧過人，大大超過了他的父親和祖父。他的良好記憶力幫助他記住了大量的資訊，他能夠把這些資訊與引起他注意的各種事物結合起來。他不能閱讀的事實妨礙了他吸收傳統的智慧，卻也使得他能和來到他宮廷中的各色人等討論新觀念。由此，他以一種不尋常的方式將理論與實務融合在一起。

　　在他統治的第一年，就面臨著一個印度教篡位者赫姆的挑戰。赫姆自稱超日王，幾乎成功地終結了蒙兀兒王朝的統治。赫姆曾是舍爾沙一個繼承者的首相，曾為他的主人取得過許多次戰役的勝利。因此，對於他欲阻止登上王位的年輕的阿克巴來說，他是一個十分危險的挑戰者。在一場決定性的戰爭中，赫姆中箭倒地。阿克巴在他的將軍催促下，砍下了赫姆的人頭。在隨後的歲月裡，阿克巴成為一位偉大的征服者和睿智的統治者。他娶了安貝爾的拉其普特王公的女兒為妻，並迅速征服了最後一位敢於抵抗他的拉其普特王公。實際上，他成了拉其普特

BC　雅利安文化
　　婆羅門教
　　釋迦牟尼誕生
漢
........印度教興起

0
........貴霜王國

100

200
三國
晉
300　笈多王朝

400
南北朝
........白匈奴人入侵
500

隋朝
600　戒日王帝國
唐朝

700

........帕拉王朝
800

五代十國
900

宋朝
1000

1100

1200　德里蘇丹五朝
元朝
1300　卡爾吉王朝

明朝
........帖木兒入侵
1400

........錫克教創立
1500　蒙兀兒帝國

1600
清朝
1700　阿富汗入侵

1800
........英錫戰爭
........英國統治
1900
中華民國
........印度獨立
2000

人真正的首領，他們中的許多人都效忠於他。他並沒有將自己的宗教強加於他們，而他們在他的整個統治期間一直是印度教徒。阿克巴還廢除了「吉茲亞」——伊斯蘭統治者對所有非伊斯蘭臣民強徵的人頭稅，這使得他在印度教徒中更加受歡迎。胡馬雍意外身亡時，阿克巴正隨他的攝政王貝拉姆遠戍旁遮普。1556年2月14日，阿克巴宣布即位，是年13歲。赫姆率軍打敗蒙兀兒守軍，奪回了德里和亞格拉，並調兵遣將，這時除剩一個空空的帝王頭銜外，阿克巴只有西北印度很小的一塊統轄地。同在旁遮普的王族錫達正招兵買馬，圖謀自立。元氣大傷的蘇爾王朝因有智勇雙全的赫姆將軍輔佐，正想與阿克巴一決勝負。

　　1556年11月5日，雙方的決戰在古戰場班尼派特展開。赫姆是印度教徒，自上尊號「超日王」，率領一支包括1500頭戰象的10萬大軍，浩浩蕩蕩奔赴戰場。在這支軍隊中，9萬多人是印度教徒，穆斯林和外來族人數很少。阿克巴的軍隊由攝政王貝拉姆指揮，約1萬餘人，成員複雜，有突厥人、蒙古人、波斯人、烏茲別克人，還有非洲人，貝拉姆本人是波斯人與土庫曼人的混血。赫姆首先攻擊阿克巴軍的兩翼，獲得初戰勝利，但亂軍中一支流矢射中他的眼睛。赫姆落馬倒地，不省人事。部隊失去統帥，倉皇潰散。阿克巴手起劍落，殺死赫姆。蒙兀兒軍乘勝收復德里和亞格拉。

　　逐漸長大的阿克巴與攝政王的矛盾日益尖銳。貝拉姆雖立下大功，但過於剛強愎自用，他一直視阿克巴為不懂事的少年，不僅很少向他請示，更處處約束他。同時，他獨攬大權，在朝廷樹敵眾多。1560年春，阿克巴在生母和養母的幫助下，削去攝政王的權柄，臨朝親政。貝拉姆曾試圖反抗，但被打敗。阿克巴感念舊情，赦免了他。可是在遣他去麥加的途中，一個阿富汗人將他刺死，並將財物擄去。貝拉姆的家人逃過劫難，阿克巴將其子阿卜杜爾・拉西姆接回，加以撫養，後擢升他為帝國主要貴族之一。接著，阿克巴又用兩年時間，清除了后黨及養母黨，

其間爭鬥十分激烈，阿克巴有兩次幾乎被謀殺。至1562年5月，阿克巴才真正掌握了實權。

以戰爭為己任

此時，阿克巴實際控制的地方僅僅是西北印度的一部分和恆河中游地區，約占全印度面積的七分之一。西北的喀布爾在異母弟弟哈基姆手中，屬半獨立性質。北方的喜馬拉雅山各邦及喀什米爾等地完全處於獨立狀態。東邊的孟加拉、比哈爾邦與奧利薩由一個阿富汗王子統治。西邊的信德、木爾坦早已擺脫了帝國的統治，古查拉特、瑪律瓦的統治者各自為政，不承認德里的號令。德干地區五大邦國各行自治並相互爭鬥。半島南端的酋長們大多是印度教王公，與北方已長久沒有交往了。葡萄牙人已悄悄潛入西海岸，佔領了果阿和弟烏。阿克巴默察著嚴峻的局勢，運籌著如何進行漫長而艱難的征服歷程。

阿克巴一生四處征戰，經過四十年的努力，最終平定了北印度和中印度。1546年，位於中央省西北的卡坦加王國第一個遭到阿克巴大軍的打擊。卡坦加是印度教女王治理的獨立小王國，女王美貌、英勇、精明，不願屈服強力。她拼死抵抗，但在力量懸殊的較量中，唯有自殺，以留不辱之美名。

拉其普特人仍是北印度一支強大力量，阿克巴對他們採用心戰為上的明智政策。他盡力拉攏，以博取好感，因此許多拉其普特部族歸順德里政權，並心悅誠服為阿克巴南征北戰，流血疆場，為蒙兀兒帝國的最終建立做出了很大貢獻。如1562年齋浦爾的比哈里·馬耳歸順了阿克巴，並將女兒嫁給皇帝為妻。以後他帶著兒子甚至孫子為蒙兀兒開疆拓土。其他一些曾長期反抗的拉其普特首領們，此時在開明政策的感召下，一一歸順了蒙兀兒帝國。1569年2月，蘭桑波爾地區的酋長把象徵

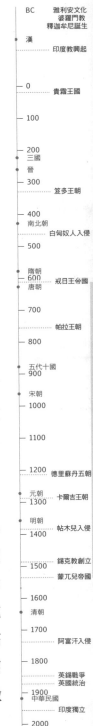

BC　雅利安文化
　　婆羅門教
　　釋迦牟尼誕生

漢

　　印度教興起

0　　貴霜王國

100

200　三國
晉

300　笈多王朝

400
南北朝
　　白匈奴人入侵

500

隋朝
600　戒日王帝國
唐朝

700

　　帕拉王朝

800

五代十國
900

宋朝
1000

1100

1200　德里蘇丹五朝

元朝　卡爾吉王朝
1300

明朝
　　帖木兒入侵
1400

　　錫克教創立
1500
　　蒙兀兒帝國

1600

清朝
1700

　　阿富汗入侵

1800

　　英錫戰爭
　　英國統治
1900
中華民國

　　印度獨立

2000

BC

耶穌基督出生　0—

君士坦丁統一羅馬

羅馬帝國分成兩部

波斯帝國　500—

回教建立

東羅馬馬其頓王朝

神聖羅馬帝國建立
　1000—

英國征服愛爾蘭

蒙古第一次西征

歐洲流行黑死病

哥倫布發現新大陸
　1500—

英國大破無敵艦隊

發明蒸汽機

美國獨立
拿破崙稱帝

美國南北戰爭開始

第一次世界大戰
第二次世界大戰

　2000—

權力的堡壘鑰匙呈獻給了阿克巴。同一年，卡林賈爾的地方首領臣服了德里政權。第二年，比卡內爾君主和加塞梅的國王也投降了阿克巴，並仿效比哈里‧馬耳，分別將自己的女兒嫁給了阿克巴。難怪有史家研究後感歎，「中世紀印度產生的一些最偉大的戰略家和外交家」都為蒙兀兒四代皇帝效勞。

對於負隅頑抗的拉其普特，阿克巴則無情地予以剿滅。1567年，阿克巴以3萬精銳之師攻打美瓦爾首都奇托爾城堡，經四個月的浴血奮戰，防守軍士英勇戰死，婦女寧死不辱，3萬餘人遭屠戮。阿克巴蕩平城堡，把城中稱為「王國象徵」的大銅鼓（這鼓直徑3.048公尺，敲鼓之聲數里之外尚感震撼）與城堡母神寶座上的巨大燭臺一起，統統運往亞格拉。美瓦爾王流亡在外，拒不就範。1572年，王子普拉塔普繼承傳統，毫不妥協地抵抗強大的蒙兀兒王朝。1576年，普拉塔普戰敗，一名酋長冒名頂替為他獻身。普拉塔普虎口脫險後，轉戰山區，常以野果充饑，仍堅韌不拔地繼續戰鬥。至1597年1月19日去世前，他收復了一些失地。後世的印度人尊他為「無畏英雄」、「堅韌鬥士」、「勇敢、崇高的愛國者」。普拉塔普的兒子阿馬爾‧辛格繼承父志，繼續抗戰，但阿克巴毫不手軟，終於在1599年將他剿滅。對於同為伊斯蘭教的異己，只要不聽從意旨，阿克巴毫不留情，一一將他們征服。靠近西海岸的古查拉特是當時印度最富庶地區之一，港口、商業、手工業和農業都相當發達，統治者拒不聽從阿克巴的號令。1572年，古查拉特由於內部衝突重重，發生動亂，阿克巴抓住時機，親自出征，終於在1573年2月26日，攻克重鎮蘇拉特。待全域平定後，他稍事整理，就移交部屬管理，自己迅疾回師，奇襲幾個堂兄參與的新的叛亂。他率快騎11天兼程600英里，於1573年9月2日在艾哈默德巴德附近，給予妄圖割據稱雄者以毀滅性打擊，牢牢控制了盛產棉花和靛藍的整個古查拉特地區，並且蒙兀兒帝國還擁有了與阿拉伯、波斯灣和埃及貿易的歲入。局勢穩定下來後，阿克

巴將錫克里定為陪都，冠名為「勝利之都」。

　　阿克巴在30多歲的壯年時大展宏圖，開始了對孟加拉的征服。孟加拉盛產大米、絲綢和硝石，其時它在阿富汗王子達德汗控制下。達德汗「對國家政務一無所知，又不像他父親小心謹慎」，卻自視甚高，他不承認阿克巴的君主地位，還下令進攻帝國東部邊境的據點。1574年，阿克巴發兵東征，時值雨季，行軍艱難，但阿克巴為教訓這「放肆之人」不顧一切地前進。他在派特那大敗孟加拉軍隊，然後乘勝進擊，1576年7月俘虜並殺掉達德汗，佔領了整個孟加拉。這樣，印度北部西起阿拉伯海，東至孟加拉灣，廣大的富庶肥沃地區基本上都已掌握在阿克巴手中。

　　西北邊境地區十分複雜，但它在戰略、經濟及文化傳統上都占有重要地位。印度歷代統治者都力求對西北地方維持嚴格而有效的控制，阿克巴也費盡心機，以嚴厲征戰與和平寬宥相結合，良好地處理了這一棘手問題。喀布爾由阿克巴的異母兄弟哈基姆任省督，他實際上是獨立統治者。哈基姆與地方貴族串通，與朝廷中心懷不滿的高官勾結，欲圖謀不軌，甚至奪取王位。1580年，他試探性地從喀布爾進兵旁遮普。阿克巴聞報大怒，1581年2月8日親率騎兵5萬、戰象500及大量步兵出征阿富汗。哈基姆不敢頑抗，撤兵旁遮普。阿克巴乘勝追擊至喀布爾，同年8月9日將其擊敗。但阿克巴仍以寬宥態度，令其宣誓效忠後又把阿富汗政務交他管理。

　　1585年7月哈基姆去世，喀布爾正式併入蒙兀兒帝國。史密斯在其權威著作《牛津印度史》中說：「自1582年起，阿克巴的事業已經達到頂峰，此後的二十三年生涯，他可以隨心所欲了。」

BC	雅利安文化
	婆羅門教
	釋迦牟尼誕生
漢	印度教興起
0	貴霜王國
100	
200	
三國	
晉	
300	笈多王朝
400	
南北朝	白匈奴人入侵
500	
隋朝	
600	戒日王帝國
唐朝	
700	
800	帕拉王朝
五代十國	
900	
宋朝	
1000	
1100	
1200	德里蘇丹五朝
元朝	卡爾吉王朝
1300	
明朝	帖木兒入侵
1400	
1500	錫克教創立
	蒙兀兒帝國
1600	
清朝	
1700	
	阿富汗入侵
1800	
	英錫戰爭
	英國統治
1900	
中華民國	
	印度獨立
2000	

阿克巴的囊中之物

坎大哈是西部邊境重要的國際商業中心，亞洲各地的貨物大多在此集散。由於葡萄牙人控制了紅海，與波斯劍拔弩張，海路航運一時危機四伏，因此印度與亞洲各國的貿易，更多依仗坎大哈交易。同時，坎大哈又是戰略要地。由於赫拉特以北無天然屏障，外來民族一旦佔據坎大哈，就可長驅直入喀布爾河谷，然後再到印度。因此，對蒙兀兒帝國來說，不控制住坎大哈，疆土就不安全，那裡是必不可少的第一道防線。再者，在西北邊境上，阿富汗的土著居民、烏茲別克人、尤蘇夫紥人，都是「強悍可怖的山中土著，他們任意搶劫，甚至攻城略池，憑藉天然險要地勢，不受制於任何君主的統治」。精明的阿克巴將整個西北通盤考慮，畢其功於一役，他首先清剿烏茲別克人，迫使他們投降；接著他派出大將徹底打敗尤蘇夫紥人，並力圖將他們趕盡殺絕，最後的倖存者亦被賣到圖蘭和波斯。山裡的另一些土著，如斯瓦得、巴伽爾、布納爾等族人，也一一被征服。1586年，阿克巴派遣大軍打敗了喀什米爾的蘇丹及王子，將其正式併入蒙兀兒帝國版圖。接著，1591年征服了信德，1595年佔領了俾路支斯坦。此時，坎大哈波斯米爾紥正遭受家族內部紛爭的困擾和外部烏茲別克人的騷擾，阿克巴利用這一大好時機，威迫、利誘雙管齊下，1595年兵不血刃地受降了坎大哈。

阿克巴對德干地區一直耿耿於懷，在鞏固了中印度和北印度後，1591年，他派遣使者到德干各蘇丹的朝廷，脅迫他們臣服於德里，但收效甚微。於是阿克巴決心訴諸武力，1595年派王子率軍討伐阿馬德納加爾。城防由守寡的王太后旃德比比指揮，她機智勇敢，固守城池數年，最後雙方簽訂城下盟：貝拉爾割給德里，阿馬德納加爾的幼兒國王承認阿克巴的宗主權。但是在蒙兀兒軍隊撤退後，阿馬德納加爾國發生內訌，反對派以不平等條約為名，迫使旃德比比辭職，並撕毀條約。蒙兀

耶穌基督出生　0—

君士坦丁統一羅馬
羅馬帝國分成兩部

波斯帝國　500—

回教建立

東羅馬馬其頓王朝

神聖羅馬帝國建立
1000—

英國征服愛爾蘭
蒙古第一次西征

歐洲流行黑死病

哥倫布發現新大陸
1500—

英國大破無敵艦隊

發明蒸汽機

美國獨立
拿破崙稱帝
美國南北戰爭開始
第一次世界大戰
第二次世界大戰

2000—

兒人捲土重來。

1597年雙方在戈達瓦里河邊的蘇帕決戰，蒙兀兒軍大勝。1600年8月，德里軍隊繼續進擊，攻破了阿馬德納加爾城，恢復了蒙兀兒的宗主權。最後，該王國在沙賈漢時期併入帝國。

1599年，另一路南征大軍在阿克巴親自率領下，鋒芒直指坎德什地區。由於當地軍民苦苦死守，加之那兒正鬧瘟疫，阿克巴的強攻一時不能奏效。於是他改變方式，用大量金錢收買坎德什官員，結果「金鑰匙打開了城門」。阿克巴把新征服的德干地區分成三個省，委任第三個兒子丹尼雅勒為副王，負責鎮守和治理。1601年5月阿克巴班師回京，完成了一生中最後一次征戰。

偉大的帝王

依靠武力建立起來的統治，從表面上看也許非常光輝，但是實質上是脆弱的，阿克巴充分認識到這一點，他深知要建立一個偉大的帝國，文治武功不可偏廢。在從軍事征服者演變成偉大領袖的過程中，阿克巴充分顯示了他的文治才能。

蒙兀兒帝國幅員遼闊，統治集團是外來民族，其風俗習慣與當地的宗教和文化有很大差異，雙方衝突屢屢，有時十分激烈。在這種狀況下，阿克巴按照自己的思想和原則，建立一個帶有濃烈軍事性質的高度中央集權的統治機構。換言之，那是波斯-阿拉伯政治制度與印度環境相結合的產物。

在集權的統治機構中，王權高於一切。皇帝是國家元首、行政首腦、軍隊的最高統帥、主要的立法者、司法的最高審判官，也是真主在世間的最高代表。阿克巴每天參加三次會議，第一次是上朝，第二次是重臣的日常事務會，第三次會議是在下午或晚上，討論宗教、政策、政

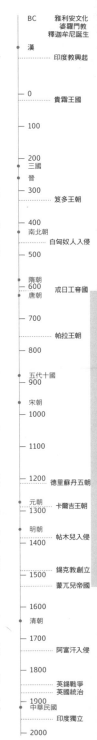

BC　雅利安文化
　　婆羅門教
　　釋迦牟尼誕生
漢　　印度教興起

0　　貴霜王國

100

200　笈多王朝
三國
晉
300

400
南北朝
　　白匈奴人入侵
500

隋朝
600　戒日工帝國
唐朝

700
　　帕拉王朝

800

五代十國
900

宋朝
1000

1100

1200　德里蘇丹五朝
元朝　卡爾吉王朝
1300

明朝　帖木兒入侵
1400

　　錫克教創立
1500
　　蒙兀兒帝國

1600
清朝
1700
　　阿富汗入侵

1800
　　英錫戰爭
　　英國統治
1900
中華民國
　　印度獨立

2000

務等事項；在一段時間內，根據情況會專門安排一天處理司法案件。阿克巴透過這些會議，行使王權，發佈旨令。

中央政府位於德里，主要設置四大部門：田賦部、軍事部、作坊管理部、宗教事務及司法部。田賦是蒙兀兒帝國最大的收入來源。1582年，阿克巴大膽起用印度人托達·瑪律任稅務和財政大臣。自德里蘇丹以來，主管田賦的官員都是由穆斯林擔任。但正是托達·瑪律進行了中世紀印度唯有的一次田賦改革。他借鑑舍爾沙未盡的改革措施，制訂了田稅的標準制度。其實施的秩序是：土地測量、土地分類、確定稅收……這制度在北印度以及古查拉特推行，以後略加修改，也貫徹到德干地區。田賦改革十分成功，至阿克巴去世時印度已相當富裕。當代印度史專家英國斯皮爾教授對16世紀英國與印度的農村生活進行比較研究，他認為當時印度農村的生活比英國農村稍強。他還將印度與中國萬曆年間進行比較，因為16世紀80年代左右，中國正是張居正改革的時期，斯皮爾教授認為中國和印度當時人口大約都是1億，托達·瑪律的田賦改革比之張居正的「一條鞭法」毫無遜色，甚至更顯成效。

軍事部門在蒙兀兒帝國政府中的地位是舉足輕重的。政府的官僚機構就是按照軍事方式編制的。軍官和政府官僚主要由西北外族組成，官階的定位遵循曼薩卜制度。「曼薩卜」是波斯語，意為「官位」，該制度分為33等級，以騎兵數目為階，最低官員指揮十騎，最高的指揮萬騎。最高的三個級位，保留給三個王子。軍官的任命、升降、免職、調離等許可權，全部由皇帝掌控。每個官員的官階、薪水都有委任狀具體規定，他們有責任提供固定人數的軍隊為國家服役，所以他們成為國家法定的貴族，軍事、民政都由其一人掌控。政府官員領取薪俸的方式有兩種：從國家銀庫支領現金；或者授予「柴吉爾」，即指定某一地區的稅收為他享有，價值與其薪俸大致相等，但土地所有權仍歸朝廷。官員的職位不是世襲制，英國人霍金斯在1608年寫道：「蒙兀兒的慣例是：

耶穌基督出生　0—

君士坦丁統一羅馬

羅馬帝國分成兩部

波斯帝國　500—

回教建立

東羅馬馬其頓王朝

神聖羅馬帝國建立
　　1000—

英國征服愛爾蘭

蒙古第一次西征

歐洲流行黑死病

哥倫布發現新大陸
　　1500—

英國大破無敵艦隊

發明蒸汽機

美國獨立
拿破崙稱帝

美國南北戰爭開始

第一次世界大戰
第二次世界大戰

　　2000—

貴族死後，皇帝沒收他們的財產，並用來賜給他所喜歡的該貴族的孩子。」這種領地收回制度，使高官們無法為子孫留下福澤，所以他們在有生之年儘量揮霍享受。這制度也妨礙了一個獨立的世襲貴族階級的形成，這就不存在一個能制止國王獨裁的強大力量。

作坊管理部日益重要，這與當時城市繁榮，商業和手工業發達相適應。作坊管理部不僅對這些城市的企業、商業進行管理，而且還是外貿機構，管理印度與歐亞各國大量的貿易活動。除了中國、中亞及非洲等傳統的外貿物件以及運輸路線外，這時一個重要的特點是英國人和荷蘭人的商務非常活躍，他們在印度各中心地紛紛設立商館，承擔很大一部分的印歐貿易。從英格蘭強烈批評英商運來金銀購買印度的商品來看，印度當時的對歐貿易應是出超的。

宗教事務及司法部在四大部門中最為重要，並且與其他三部門關係密切。宗教自古以來是印度的頭等大事，宗教部門地位之高，不言而喻。司法，最顯著的特點是穆斯林與印度教徒的訴訟各由宗教庭所處理。重大刑事案件和處以極刑的案件需上報，最終審判由皇帝定奪。

阿克巴堅持大一統印度的方向，堅持中央集權。他把全國分成孟加拉、德里、木爾坦等15個省，各省均設省督管理，以稅務官加以牽制，並派遣眾多密探來洞察各地的狀況。各省的行政機構是中央政府的縮影。

從一個外來的少數民族及異教集團的統治者，上升為整個印度都接受的領袖，吸引不同的人們為了良好願望共同合作，而不是在恐懼中順從，這是阿克巴的另一項功績。他一反前代穆斯林王朝暴力統治的做法，改為伊斯蘭教和印度教親善的政策，以建立廣泛的政治基礎。他用聯姻的方式，盡力調和兩者之間的感情。同時，阿克巴也盡力拉攏拉其普特的頭領們，邀請他們為蒙兀兒帝國服務，並與其中一些頭領約法三章，以表示與他們和解的願望。

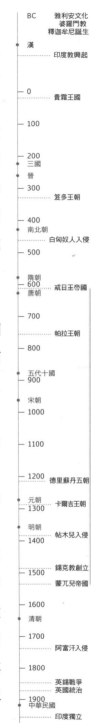

BC　雅利安文化
　　婆羅門教
　　釋迦牟尼誕生
漢
　　印度教興起

0　　貴霜王國

100

200
三國
晉
300　笈多王朝

400
南北朝
　　白匈奴人入侵
500

隋朝
600　戒日王帝國
唐朝

700

800　帕拉王朝

五代十國
900

宋朝
1000

1100

1200　德里蘇丹五朝

元朝
1300　卡爾吉王朝

明朝
　　帖木兒入侵
1400

1500　錫克教創立
　　蒙兀兒帝國

1600
清朝

1700
　　阿富汗入侵

1800
　　英錫戰爭
　　英國統治
1900
中華民國
　　印度獨立

2000

阿克巴以卓越的見識和勇氣對印度教徒採取一系列非常寬容的政策。印度教崇拜偶像，伊斯蘭教反對偶像崇拜，因此以前的蘇丹朝廷規定，印度教徒如要保留習俗，須繳納「進香稅」，每年的稅額多達幾百萬盧比。

1562年，阿克巴取消了這項稅收。1564年，甚至取消了歲入更多的「人頭稅」。其他的寬容政策還有：禁止奴役戰俘；允許各宗教建立寺院，自由傳教；允許被迫改宗伊斯蘭教的人恢復他們原來的信仰；在重要的伊斯蘭教和印度教節日，宮廷都舉行隆重的慶典，並且允許印度教徒穿傳統的服裝；政府職務不問教籍，向所有人開放。同時他對於印度教的一些陋習堅決予以取締，如明令禁止妻子殉夫、童婚、近親婚配、殺嬰等，也允許寡婦再嫁。

耶穌基督出生 0—

君士坦丁統一羅馬
羅馬帝國分成兩部

波斯帝國 500—
回教建立

東羅馬馬其頓王朝
神聖羅馬帝國建立
1000—

英國征服愛爾蘭
蒙古第一次西征

歐洲流行黑死病

哥倫布發現新大陸
1500—

英國大破無敵艦隊

發明蒸汽機

美國獨立
拿破崙稱帝
美國南北戰爭開始
第一次世界大戰
第二次世界大戰

2000—

賈漢吉爾

兒子的叛亂

　　阿克巴的最後幾年苦惱於他的兒子薩利姆——即後來的蒙兀兒皇帝賈漢吉爾——的反叛。由於沒有一個明確的繼承順序，這個事實促使他的兒子們甚至在這位統治者還未去世時，就展開了爭奪王位的鬥爭。荒謬的是，這種王朝達爾文主義與其說擾亂了蒙兀兒體制，不如說穩固了這個體制。沒有誰是僅僅依靠他的繼承者資格而掌權的。爭奪王位兩敗俱傷的鬥爭對王子們來說往往是致命的，但對他們的追隨者來說並不如此——勝利者總是傾向於與被擊敗者的支持者和解，以利於穩定他自己的統治。這樣，從阿克巴到賈漢吉爾的權力移交並沒有對帝國精英集團傷筋動骨。但在賈漢吉爾統治時期，一個新的因素加入進來：他那來自波斯的美麗而野心勃勃的妻子努爾·賈漢，在蒙兀兒宮廷中引入了波斯文化和波斯隨從；他的父親也成為這個帝國的首相。

　　甚至從巴布林時代開始，蒙兀兒皇帝們就和波斯文化有著一種特別的親近關係。它在印度的作用可以和那個時候法國文化在歐洲的作用相媲美。德干上的伊斯蘭國家——它們甚至與波斯人同屬什葉派——也受到那種文化的深刻影響。波斯國王沙·阿巴思很好地利用了這一點：他在用許多甜言蜜語奉承賈漢吉爾的同時，又支持德干上的各位蘇丹，

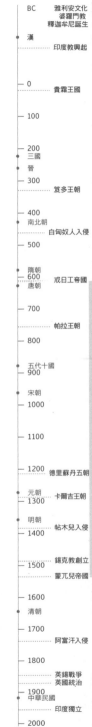

BC　　雅利安文化
　　　婆羅門教
　　　釋迦牟尼誕生
漢
　　　—印度教興起

—0　　—貴霜王國

—100

—200
三國
晉
—300　—笈多王朝

—400
南北朝
　　　—白匈奴人入侵
—500

隋朝
—600　—戒日工帝國
唐朝

—700
　　　—帕拉王朝
—800

五代十國
—900

宋朝
—1000

—1100

—1200　—德里蘇丹五朝
元朝
　　　—卡爾吉王朝
—1300
明朝
　　　—帖木兒入侵
—1400

—1500　—錫克教創立
　　　—蒙兀兒帝國

—1600
清朝
—1700
　　　—阿富汗入侵
—1800
　　　—英錫戰爭
　　　　英國統治
—1900
中華民國
　　　—印度獨立

—2000

BC

耶穌基督出生　0—

君士坦丁統一羅馬

羅馬帝國分成兩部

波斯帝國　500—

回教建立

東羅馬馬其頓王朝

神聖羅馬帝國建立
1000—

英國征服愛爾蘭

蒙古第一次西征

歐洲流行黑死病

哥倫布發現新大陸
1500—

英國大破無敵艦隊

發明蒸汽機

美國獨立
拿破崙稱帝

美國南北戰爭開始

第一次世界大戰
第二次世界大戰

2000—

並且首先出於自身利益的考慮，密謀奪回阿克巴已經獲得並保有的坎大哈。沙‧阿巴思在等待一個合適的機會，這個時機到來了：正如賈漢吉爾反叛阿克巴一樣，賈漢吉爾的兒子沙‧賈漢也反叛了他。甚至在賈漢吉爾還活著的時候，沙‧賈漢就已經是蒙兀兒軍隊的首領。在他征服了德干上的艾哈邁德納加爾蘇丹國之後，賈漢吉爾就將沙‧賈漢（意為「世界的統治者」）的尊稱給予了他。雖然受到如此尊崇，沙‧賈漢還是很快就著手極力謀求廢黜他的父親；儘管他作為一名武士能征善戰，他還是被多次擊敗。沙‧賈漢被迫依賴高爾康達蘇丹和沙‧阿巴思的支持。他將坎大哈拱手讓與了沙‧阿巴思，可能是為了在爭奪蒙兀兒王位的鬥爭中可以放手一搏。

世界征服者

　　17世紀是世界歷史上的關鍵時期，中國是明清之交，歐洲是民族國家形成時期，代表新興力量的思想先驅輩出，如培根、笛卡爾等，印度是蒙兀兒帝國的全盛時期，它向南擴展，幾乎一統南亞半島。1605年10月17日，阿克巴去世，至1707年的一百餘年中，蒙兀兒帝國歷經三位皇帝：賈漢吉爾、沙賈漢和奧朗則布。三人都是父子相傳，前兩人約占一半時間。

　　1707年，奧朗則布死，歷史重現王位爭奪的混亂，加之西方勢力進入，並不斷壯大，蒙兀兒王朝已日薄西山。

　　賈漢吉爾的王位得來不易，阻力來自他的父親和他的長子。阿克巴生有三子，二子穆拉德和幼子達尼亞爾死在阿克巴去世之前。賈漢吉爾本無兄弟爭王之虞，但他在阿克巴晚年曾有圖謀不軌之舉，為其繼嗣蒙上了陰影。1601年，他在阿拉哈巴德僭行獨立，組織自己的朝廷，發佈詔諭，封賞臣子。後在阿克巴的嚴詞訓斥下，才不得不有所收斂。再

者，阿布·法齊是阿克巴倚重的大臣，他為「聖王教團」的宗教改革四處奔走，深得阿克巴讚許，皇帝多次在公開場合稱其為「朋友」。賈漢吉爾懷疑阿布·法齊在阿克巴面前進讒言詆毀他，就唆使手下設伏將他暗殺。阿克巴聞訊十分悲傷，但出於父性的弱點，放過了賈漢吉爾，父子兩人因此長期不和。朝中若干大臣乘機慫恿賈漢吉爾的長子庫斯勞，利用祖父的蔭庇取得帝位。庫斯勞以和悅近人，頗得民心，一切似乎順利。然而，1604年11月，賈漢吉爾毅然回到都城，向父請罪。阿克巴將他足足監禁了十天，之後兩人關係有所緩和。阿克巴去世前，再三考慮後，終將頭巾和禮服授給了賈漢吉爾。在大多數貴族的擁戴下，1605年10月24日，賈漢吉爾在陪都亞格拉莊嚴即位，尊號為「信心之光、世界之王賈漢吉爾大帝」。

賈漢吉爾執政後首先處置庫勞斯的反抗。賈漢吉爾繼承人統，庫勞斯處於半拘留狀態，惴惴不安。1606年4月，庫勞斯從亞格拉宮中潛逃，密赴旁遮普，沿途獲得不少支持，組織了1.2萬人的軍隊。皇帝發兵親征，僅三個星期大敗反抗者，庫斯勞被五花大綁押到父親面前，遭受痛罵後被弄瞎眼睛，在監獄中度過餘生。

賈漢吉爾對叛逆的兒子十分絕情，但對夢寐以求的豔女努爾·賈漢卻一往情深，自一見鍾情到計娶立后，至沉醉以終，前後數十年未曾移情。儘管現代的研究學者一再提出質疑，但印度民眾一如既往地傳誦著他們兩人的浪漫史。努爾·賈漢原名米赫魯·妮莎，是波斯移民，其父攜妻投奔阿克巴，在赴印途中於坎大哈生下了她。當時，阿克巴每月在後宮辦遊園會，貴族妻女常奉命入宮，共遊助興。在一次遊園會中，已亭亭玉立的妮莎突遇太子賈漢吉爾。當時太子正在調教鴿子，錯把妮莎當作宮女，將兩隻鴿子交給她，不意失手，一鴿飛走，賈漢吉爾大怒，斥責她。倔強的妮莎不堪受氣，索性把另一隻鴿子放飛。太子正待發作，此時妮莎的面紗不意落下，嬌容立現，太子為之驚艷。以後，他日

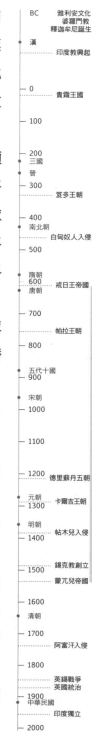

BC

耶穌基督出生　0—

君士坦丁統一羅馬

羅馬帝國分成兩部

波斯帝國　500—

回教建立

東羅馬馬其頓王朝

神聖羅馬帝國建立
1000—

英國征服愛爾蘭

蒙古第一次西征

歐洲流行黑死病

哥倫布發現新大陸
1500—

英國大破無敵艦隊

發明蒸汽機

美國獨立
拿破崙稱帝

美國南北戰爭開始

第一次世界大戰
第二次世界大戰

2000—

夜思念，欲娶為妻。阿克巴查實妮莎已許配貴族阿里庫利，又為了執行穆斯林與印度教徒通婚的親善政策，就強令賈漢吉爾娶印度教王公的女兒。為斷其思念，阿克巴促令17歲的妮莎與阿里庫利成婚。

1605年，賈漢吉爾登基，授阿里庫利封地。兩年後，聽到阿里庫利「不服從政令及圖謀背叛」時，遣孟加拉總督懲辦他，結果阿里庫利殺了總督，自己也被總督的隨從殺死。妮莎及其女兒被帶到了宮廷，其時她已34歲。賈漢吉爾幾次屈尊求愛，但妮莎認定他是預謀殺夫之人，幾次冷冷拒絕。皇帝震怒，奪其封地，斷其收入，但妮莎不屈，以針線自給，又摘花園玫瑰花製香水出售，撫養女兒。皇帝見此，心中對她更為敬愛，還其封邑，又處處照顧，並力辯殺其前夫之嫌。堅持幾年後，妮莎終於回心轉意，1611年正式冊立為后，加尊號努爾·賈漢，意為「世界之光」。

此後，賈漢吉爾由於健康不佳，且沉湎於酒，逐漸倦於政務，喜求安逸。從1613年起，實際執掌權柄的是皇后努爾·賈漢，專政達十四年之久，其間帝黨與后黨勾心鬥角不絕。1627年，賈漢吉爾崩，寡后盧墓相守十八年而死，葬帝側。據說，努爾·賈漢還擅長波斯詩文，死前曾自題墓碣，在印度流傳甚廣，「照我可憐墓，望勿耀明燈；玫瑰縱鮮豔，毋庸麗此墳。為免飛蛾撲火而長生，更何勞夜鶯為我啼辛酸」。（羅家倫《心影遊蹤集》）賈漢吉爾大體上因襲阿克巴的政策，本人在文治武功上也無足稱道，一生中唯有幾件事值得注意。在外交方面，英國、荷蘭、葡萄牙都已涉足印度，賈漢吉爾加強與英國接觸，利用英、荷勢力抗衡葡萄牙。在內政方面，除了后黨崛起外，他也曾東征孟加拉，南伐德干，西南發兵美華爾，但這些征戰僅僅是鎮壓當地的反叛，並沒有擴展蒙兀兒帝國的版圖。

賈漢吉爾在西北與波斯的爭鬥中，遭受了嚴重挫折。波斯王沙·阿巴思（1587—1629）是亞洲當時最強大的統治者之一。他十分清楚坎

大哈在商業和戰略上的重要地位，處心積慮欲奪取它。1606年，波斯人強攻坎大哈，但沒有成功。以後阿巴思改變策略，以和平面目出現。他不斷送禮並派遣使者以好言相慰，終使蒙兀兒人疏忽了坎大哈的防衛。1621年，他利用蒙兀兒帝國內部發生騷亂，突然包圍了坎大哈，經過連續45天的強攻，終於佔領了該城。

賈漢吉爾當然不甘心失敗，為奪回坎大哈，進行了大量的準備，隨後組織了一支龐大的遠征軍。領導這次遠征的是他的兒子沙・賈漢。其實，沙・賈漢此時更擔心后黨會利用他不在首都之機，危及他繼承王位的權力，因為皇后將她與前夫生的女兒嫁給賈漢吉爾的幼子沙里耶爾，並企圖使女婿成為王儲。於是，沙・賈漢佯裝攻勢，實質按兵不動，遠征就這樣夭折了。以後，沙・賈漢不堪后黨的壓力，起兵反叛，開始了三年內戰。皇帝派王子巴爾維茲和大將軍馬哈巴特汗討伐沙・賈漢。1623年3月，沙・賈漢被擊敗，由於不斷遭到追殺，他如喪家之犬，四處逃竄。至1625年，他無處藏身，只能請求饒恕。賈漢吉爾雖然寬恕了他，但予以痛斥，說他是搬起石頭砸自己的腳，這種自損行為在以後事業道路上會成為障礙。

皇帝背後的女人

一波未平，一波又起。馬哈巴特汗在平定沙・賈漢的叛亂中立下大功，他是阿富汗人的後裔，由於勇敢和有謀略，從一介武夫擢升到統兵大將，此時卻遭到努爾・賈漢的猜忌。后黨一面把他與王子巴爾維茲拆開，差遣他到孟加拉，一面迫害他的女婿，清算他的家產。馬哈巴特汗被逼反判，他趁皇帝與皇后等一干人去喀布爾的途中，在傑盧姆河畔大膽襲擊，俘虜了皇帝。逃脫後的皇后先以武力營救丈夫，失敗後就自投叛營，與皇帝同受監禁。馬哈巴特汗押著他們向喀布爾遠去，但多謀的

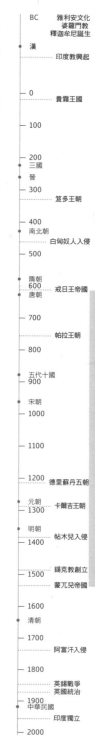

BC　雅利安文化
　　婆羅門教
　　釋迦牟尼誕生

漢

　　印度教興起

0　　貴霜王國

100

200　三國
晉
300　笈多王朝

400
南北朝
　　白匈奴人入侵
500

隋朝
600　戒日王帝國
唐朝
700

　　帕拉王朝
800

五代十國
900

宋朝
1000

1100

1200　德里蘇丹五朝

元朝
1300　卡爾吉王朝

明朝
　　帖木兒入侵
1400

　　錫克教創立
1500
　　蒙兀兒帝國

1600
清朝

1700
　　阿富汗入侵

1800
　　英錫戰爭
　　英國統治
1900
中華民國
　　印度獨立

2000

努爾・賈漢計騙叛將，終於逃脫，並另集大軍討伐。這回輪到馬哈巴特汗逃跑了，他最後竄到德干，投靠了宿敵沙・賈漢。隨著1626年巴爾維茲死去及1627年10月賈漢吉爾去世，沙・賈漢終於時來運轉，率兵從德干出發與后黨一爭天下。

關於賈漢吉爾，「他是一位很有血性並且感情豐富的人物，家庭親情觀念強烈，但卻不能將這熱情推及一切人」，傳記學家貝弗里奇如是說。確實，賈漢吉爾有著細膩的感情，愛與憎表現得淋漓極致。同時他有著很高的藝術鑑賞力。他贊助藝術、文學，熱愛大自然，本人就是一個畫家。他的回憶錄《賈漢吉爾的尊威》顯示出文學上有很高造詣。

耶穌基督出生　0—

君士坦丁統一羅馬

羅馬帝國分成兩部

波斯帝國　500—

回教建立

東羅馬馬其頓王朝

神聖羅馬帝國建立
　　1000—

英國征服愛爾蘭

蒙古第一次西征

歐洲流行黑死病

哥倫布發現新大陸
　　1500—

英國大破無敵艦隊

發明蒸汽機

美國獨立
拿破崙稱帝

美國南北戰爭開始

第一次世界大戰
第二次世界大戰

　　2000—

癡情種子沙・賈漢

王子叛亂記

當沙・賈漢在1627年承襲王位後，印度再一次被一位真正偉大的蒙兀兒皇帝所統治。無論在勇武方面，還是在文化抱負方面，他都能同巴布爾和阿克巴相提並論。他是這個帝國最偉大的建築師，在這個詞的任何一種意義上都是如此。他將蒙兀兒統治的影響擴展到南方，並主持修建了一些蒙兀兒時期最精美的建築：紅堡（德里）和亞格拉的泰姬陵——他的妻子穆姆塔茲的陵墓。沙・賈漢的風格是波斯和印度文化的一種絕妙的混合，正如中世紀笈多帝國的建築一樣，它為隨後時期的所有印度王公設立了標準。

1627年10月賈漢吉爾去世，1628年2月沙・賈漢即位，期間是印度歷史上慣常發生的王位之爭。爭鋒的另一方是王子沙里耶爾，一則他有岳母努爾・賈漢的后黨支持，二則他坐鎮北方，掌有地利。沙・賈漢一方則有足智多謀的朝臣阿薩夫汗相助。

賈漢吉爾死時，沙・賈漢尚在德干。阿薩夫汗一面火速派人給沙・賈漢送信，要他率兵日夜兼程北上，一面抬出已故的庫斯勞的兒子巴克什即位，以堵沙里耶爾稱帝之路。阿薩夫汗在爭取到兵馬統帥伊拉達特支持後，徹底打敗沙里耶爾的軍隊，弄瞎他的眼睛並投入監獄。沙・賈

BC　雅利安文化
　　婆羅門教
　　釋迦牟尼誕生

漢
　　　　印度教興起

0
　　　　貴霜王國

100

200
三國
晉
300
　　　　笈多王朝

400
南北朝
　　　　白匈奴人入侵
500

隋朝
600
唐朝　　戒日王帝國

700
　　　　帕拉王朝

800

五代十國
900
宋朝
1000

1100

1200
　　　　德里蘇丹五朝

元朝
1300　　卡爾吉王朝
明朝
　　　　帖木兒入侵
1400

1500　　錫克教創立
　　　　蒙兀兒帝國

1600
清朝
1700
　　　　阿富汗入侵
1800
　　　　英錫戰爭
　　　　英國統治
1900
中華民國
　　　　印度獨立

2000

BC

耶穌基督出生 0—

君士坦丁統一羅馬

羅馬帝國分成兩部

波斯帝國 500—

回教建立

東羅馬其頓王朝

神聖羅馬帝國建立 1000—

英國征服愛爾蘭

蒙古第一次西征

歐洲流行黑死病

哥倫布發現新大陸 1500—

英國大破無敵艦隊

發明蒸汽機

美國獨立
拿破崙稱帝

美國南北戰爭開始

第一次世界大戰
第二次世界大戰

2000—

漢趕到亞格拉後宣布為帝，「獻祭的羔羊」即過渡性皇帝巴克什被迫退位，先遭囚禁，後流亡波斯，作為波斯王的食客了其終生。為穩住王位，沙·賈漢以閃電方式滅殺王室中可與爭位的男子。

王位初定，曾有一度升平景象，其間沙·賈漢平定了兩次叛亂。第一次發生在即位第一年，是一名山地酋長的叛亂，他很快被制服，退回了山區。蒙兀兒王朝為絕後患，派兵進剿，將叛軍從老巢中趕出，酋長也死於逃竄中。第二次發生在即位的第二年，叛亂者是德干地區前副王、阿富汗貴族洛迪，叛亂爆發於德干中部。儘管困難稍多，經帝國精銳之師三年的無情打擊，叛軍被擊潰，洛迪及其兒子等一批頭目都慘遭分屍。

王者之城

沙·賈漢在德干地區繼續了傳統的擴張政策，主要對手是前輩們尚未征服的阿馬德納加爾、高康達和比賈普爾。沙·賈漢先對付阿馬德納加爾，他以重金賄賂對方的大臣法特汗，此人為阿比西尼亞人馬利克·阿姆巴爾的兒子，阿姆巴爾曾率領軍隊幾次挫敗了賈漢吉爾的進攻。當兒輩們較量時，沙·賈漢的策略十分成功，1633年他輕而易舉地將阿馬德納加爾併入蒙兀兒帝國。為嘉獎法特汗的幫助，皇帝也授予他高官厚祿。

對高康達和比賈普爾的征伐共有兩次，第一次是沙·賈漢親征，第二次則是他的兒子奧朗則布所為。1635年，伊斯蘭什葉派掌控的高康達和比賈普爾意圖秘密擁立阿馬德納加爾原王室的幼孩沙吉流亡蘇丹，並幫助他復國。遜尼派的沙·賈漢聞訊大怒，立即率師討伐，要求兩國承認他的宗主權、停止支持沙吉和每年定時納貢。在大軍壓境面前，高康達選擇了屈服，一一接受了蒙兀兒帝國的要求。比賈普爾為維護主權，

不惜拼死一戰。初期，比賈普爾人截斷敵人的補給線並在水井裡下毒，加之視死如歸的奮勇抗戰，在都城附近取得了局部的勝利。隨著戰局發展，他們在其他戰場全軍覆沒。

1636年5月，大勢已去的比賈普爾人被迫締結和約。蒙兀兒皇帝對德干地區兩國的宗主權正式確立。1636年7月11日，沙・賈漢勝利班師，留下年僅18歲的第三子奧朗則布任德干的副王，轄府設在以奧朗則布的名字命名的奧朗加巴德城。

沙・賈漢統治時期遭受的重大挫折在於自然災害和西北邊境內外的幾次戰爭。1630—1632年，德干和古查拉特地區連續三年發生特大旱災，原先肥沃富饒的糧倉變成滿目焦土，杳無人煙。據英國行商彼得・芒迪留下的紀實史料來看，災荒的景象十分恐怖，饑民易子而食，遺屍遍地，又造成疫病流行，僅德干高原就有幾千萬人喪生。

作為西北商貿中樞，坎大哈一直是蒙兀兒帝國力圖收復的重鎮。1629年，沙・賈漢利用波斯王國的坎大哈省長阿里・瑪律丹汗與其國王的矛盾，以授予皇室榮譽、贈與無數金銀為利誘，誘使瑪律丹汗把這座要塞交給了蒙兀兒人。波斯人曾企圖收復它，但被擊退。至1639年前，因波斯忙於第二次「波土戰爭」，坎大哈一直處於蒙兀兒帝國的掌控中。1648年12月，波斯王阿巴思二世在做了精心準備後，利用紛飛大雪，襲擊並包圍了坎大哈。印度坎大哈總督軟弱無能，援軍又渺無蹤影，在堅守了三個月後，於1649年2月11日率兵投降。同年5月，奧朗則布與薩杜拉汗率軍5萬，意圖奪回坎大哈，由於軍事技術差強人意，尤其火炮品質低劣，因此無法攻破城堡，最後不得不撤圍。經過三年準備，1652年時奧朗則布與薩杜拉汗再次率大軍遠征，但面臨波斯人精良的炮兵，印度火炮無法轟開缺口，重蹈失敗覆轍。1653年4月，王子達拉・蘇克指揮了第三次出征，火器方面的劣勢，使他與其弟一樣無功而返。三次遠征蒙兀兒人死傷眾多，不僅耗費了1.2億盧比，相當國庫歲入的一半

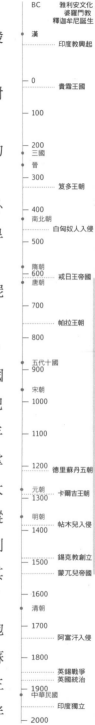

BC

耶穌基督出生　0—

君士坦丁統一羅馬

羅馬帝國分成兩部

波斯帝國　500—

回教建立

東羅馬其頓王朝

神聖羅馬帝國建立
　　　　1000—

英國征服愛爾蘭

蒙古第一次西征

歐洲流行黑死病

哥倫布發現新大陸
　　　　1500—

英國大破無敵艦隊

發明蒸汽機

美國獨立
拿破崙稱帝

美國南北戰爭開始

第一次世界大戰
第二次世界大戰

　　　　2000—

以上，而且屢次敗北嚴重影響了帝國的威望，結果是蒙兀兒帝國永遠失去了坎大哈。

沙·賈漢另一個夢想是奪回祖先在中亞細亞的舊領地。巴爾克和巴達克山是巴布林的世襲領地，這兩地位於通向撒馬爾罕的道路上，撒馬爾罕是帖木兒的都城和巴布林早期奮鬥的舞臺，所以佔領兩地是沙·賈漢實現夢想的第一步。

1646年，統治上述兩地區的烏茲別克人家族爆發父子內戰，沙·賈漢乘機派王子穆拉德率軍遠征。大軍越過興都庫什山脈，歷經艱辛後，終於佔領了巴爾克和巴達克山。然而，王子厭惡當地的蕭條和惡劣氣候，竟留下大軍，自行返回印度。沙·賈漢不得已，先派瑪律巴特汗前去領軍，次年又派奧朗則布率大軍去進一步鞏固佔領地。但此時，烏茲別克人已組織起全民族抵抗，他們神出鬼沒，到處攻擊和劫掠蒙兀兒人的據點。儘管奧朗則布全力以赴，但對局勢仍一籌莫展。1647年10月，皇帝終於決定放棄。兩年的征戰，印度白白耗費了4000萬盧比，沒有得到一寸土地。

沙·賈漢執政時期最大的災難是晚年四個兒子爭奪王位的戰爭。沙·賈漢共有四子兩女，太子達拉·蘇克遙領旁遮普及西北地方；次子舒賈，駐守奧里薩與孟加拉；三子奧朗則布治理德干地區；四子穆拉德派駐古查拉特。四子係同父同母，均有不同的行政治理及統兵打仗的經驗。王位爭奪主要在長子和三子間展開。長子深得沙·賈漢寵信，常居朝廷，接近權力中心，他具有學者風度，但個性倨傲，樹敵過多，缺乏政治家的敏銳和軍事統帥的威嚴。在眾兄弟中，奧朗則布的能力最強，他政治鬥爭經驗豐富，並有卓越的外交和軍事才能。

1657年9月6日，沙·賈漢突然重病不起，兄弟間的殘殺爭位迅即展開。舒賈在孟加拉稱帝，率兵向首都進軍，但被鎮守中央的達拉·蘇克擊敗。穆拉德在1657年12月5日自行稱王，與奧朗則布結成同盟。雙方歃

血宣誓，達成瓜分帝國盟約：戰利品的三分之一歸穆拉德，三分之二歸奧朗則布；帝國平定後，旁遮普、阿富汗、喀什米爾及信德歸穆拉德，穆拉德自立為王，自行樹立旗幟，發行錢幣。聯軍與達拉・蘇克軍的廝殺主要有兩大戰役。

1658年4月15日的達爾馬特戰役，聯軍獲勝。這一仗的結果是達拉・蘇克由巨大優勢的地位，下降到與奧朗則布相等的地位。1658年5月29日，雙方在亞格拉附近的薩姆加爾平原進行殘酷的生死決戰。穆拉德衝鋒陷陣，臉上三處受傷。

達拉・蘇克身先士卒，四處衝殺。就在雙方相持不下時，達拉・蘇克的座象被亂箭射中，他只能棄象騎馬。但這造成了他的最終慘敗，軍士們見座象上沒有指揮官，以為戰敗，於是軍心渙散，亂作一團。聯軍大獲全勝並乘勝追擊，6月8日攻佔了亞格拉。達拉・蘇克曾一度逃脫，顛沛流離，後來逃至波倫山口以東的達達爾，投奔他曾搭救過的一個阿富汗酋長，但這背信棄義的酋長將他交出。他被押至德里，在經歷了遊街等侮辱後，1659年8月30日終被斬首示眾（不是弄瞎眼睛）。大局穩定後，奧朗則布誘捕了昔日同盟穆拉德，幾年後將他處決。即位後，他率軍討伐二兄舒賈，併吞了他的領土，而舒賈僅帶40名隨從，向阿拉干方向逃竄，不知所終。

有趣的是，1657年11月中旬，正當兄弟爭位打得不可開交時，垂死的沙・賈漢竟然完全恢復了健康，但他對迅猛發展的殘殺局面已無法控制，只能坐觀其變。奧朗則布佔領了亞格拉後，就將沙・賈漢當作普通戰俘囚禁，未予任何優待。在八年的監禁生後中，他只能祈禱冥思，從宗教中尋求慰藉。1666年1月22日，沙・賈漢在淒涼中死去，終年74歲，死後附葬於泰姬陵。

沙・賈漢的一生與其父親賈漢吉爾頗為相似，兩人在軍政方面均沒有重大建樹，他們取得王位都是從兄弟或親人之間的殘殺中爭來，晚年

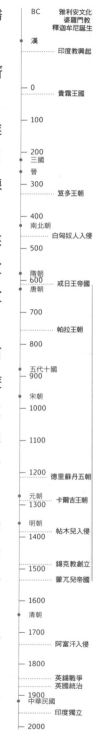

BC　雅利安文化
　　婆羅門教
　　釋迦牟尼誕生
漢
　　　印度教興起

0　　貴霜王國

100

200
三國
晉　300　笈多王朝

400
南北朝
　　　白匈奴人入侵
500

隋朝
600　戒日王帝國
唐朝

700

　　　帕拉王朝
800

五代十國
900

宋朝
1000

1100

1200　德里蘇丹五朝

元朝
1300　卡爾吉王朝

明朝
　　　帖木兒入侵
1400

　　　錫克教創立
1500
　　　蒙兀兒帝國

1600

清朝
1700
　　　阿富汗入侵

1800
　　　英錫戰爭
　　　英國統治
1900
中華民國
　　　印度獨立

2000

都遭遇兒子的背叛，憂鬱而死。同樣，兩人對王后的專情如出一轍，由於泰姬陵聞名遐邇，沙‧賈漢對愛姬的鍾情不渝，流傳更廣。

永遠的泰姬陵

1612年，沙‧賈漢娶波斯絕色美人為妃，入宮後尊號慕瑪泰姬‧瑪哈爾，意為「宮廷的冠冕」。兩人情深意篤，然而1631年她死於生第十四個孩子之際，年方39歲。臨終時，她請求沙‧賈漢為她「修建一座世界上空前壯麗的陵墓」。沙‧賈漢遵其遺言，歷時二十二年，花費500萬盧比，終有舉世傑作屹立於閻牟那河南岸。據有的歷史學家記載，沙‧賈漢原打算錦上添花，按泰姬陵的模式，在河的北岸再修建一座全黑色大理石的陵墓，作為自己身後安息地，與泰姬陵遙相呼應，相映成趣；然後河上再架一道飛虹，黑白兩陵成一線。由於時局變遷，他的夙願無法實現，致使又一傑作終未能問世。

泰姬陵整個陵園是一個長方形，長576公尺，寬293公尺，總面積為17萬平方公尺。四周被一道紅砂石牆圍繞。泰姬陵有兩個院子，從東門或者西門進入後，來到一個古樹參天、開闊幽雅的花園，這是前院。從一個兩層紅砂岩的門樓進入後，到第二個院子，就是我們經常看到照片的地方，亦即主體建築和十字水池所在。陵園無論構思還是佈局都是一個完美無缺的整體，它充分展現了伊斯蘭建築藝術的莊嚴肅穆、氣勢宏偉的獨特魅力。這個花園是典型的波斯花園，因為泰姬是波斯人，阿格拉人主要信奉伊斯蘭教。十字型水池把花園分隔成四塊，「四」字在伊斯蘭教中有著神聖與平和的意義。水池兩側種滿代表生命和死亡的果樹和松柏，而草地的圖案有西方花園的特點。

東羅馬其頓王朝

神聖羅馬帝國建立

　1000—

英國征服愛爾蘭

蒙古第一次西征

歐洲流行黑死病

哥倫布發現新大陸
　1500—

英國大破無敵艦隊

發明蒸汽機

美國獨立
拿破崙稱帝

美國南北戰爭開始

第一次世界大戰
第二次世界大戰

　2000—

沒有像其他建築一樣把主體規劃在花園的正中央，而是放在中軸線的末端，這種到高潮的鋪墊非常有藝術，在水池兩側行走過程中，白色

的寢宮一直在水面反射出不同的倒影，而建築由遠到近的感覺，仿佛在向天堂靠近，對心理有很好的暗示。

　　陵墓的基座為一座高7公尺、長寬各95公尺的正方形大理石。參觀者必須站在這個紅色砂岩下脫鞋，或者選擇套鞋套，如果選擇後者就體驗不到在滑滑的大理石上雲中漫步的快感。

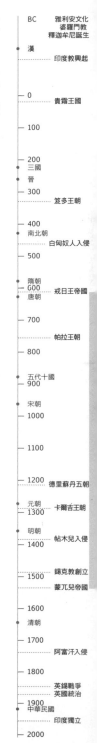

BC　　雅利安文化
　　　婆羅門教
　　　釋迦牟尼誕生
漢
　　　　印度教興起

0　　　貴霜王國

100

200
三國
晉
300　　　笈多王朝

400
南北朝
　　　　白匈奴人入侵
500

隋朝
600　　戒日王帝國
唐朝

700

　　　　帕拉王朝
800

五代十國
900

宋朝
1000

1100

1200　德里蘇丹五朝

元朝　　卡爾吉王朝
1300

明朝
　　　　帖木兒入侵
1400

　　　　錫克教創立
1500
　　　　蒙兀兒帝國

1600
清朝

1700
　　　　阿富汗入侵

1800
　　　　英錫戰爭
　　　　英國統治
1900
中華民國
　　　　印度獨立

2000

亂世梟雄奧朗則布

狡詐的代名詞

1658年7月21日，奧朗則布在亞格拉即位。1659年6月，在全印度平定後又舉行盛大的登基典禮，尊號「世界的征服者」。奧朗則布五十年的統治分為兩個階段，第一階段（1658—1681）以北方為中心；第二階段（1682—1707）重心移向德干。平定邊境騷擾是奧朗則布初期需要解決的重大問題。在帝國的東北疆，阿豪馬人利用蒙兀兒帝國內戰之機，不斷搶劫。1661年，孟加拉總督率精銳之師出征，意圖制止阿豪馬人的不斷騷擾。最終在付出很大代價後，迫使對方締結賠款及割地的合約。不過，這並沒有阻止住阿豪馬人，他們在不久後捲土重來，毫無結果的戰爭持續不斷。

西北邊境是另一塊騷亂不已的重災區。土地荒涼，物產稀少，迫使剽悍的阿富汗人以搶劫為生，不管是農村小鎮，還是旁遮普西北富裕的城市，都遭受過阿富汗人的騷擾和劫掠。1667年初，他們中的尤蘇夫紮人切斷了喀布爾通向德里及喀什米爾之間的交通，蒙兀兒地方政權幾經努力，局勢才平定下來。1672年，他們又相繼擊敗蒙兀兒的討伐軍。1674年6月，奧朗則布親自坐鎮西北指揮作戰，一年後才基本扭轉局勢。西北邊境對阿富汗人的戰爭對帝國的利益有著深遠的影響。戰爭不

僅加重了帝國的財政負擔，而且對政治和軍事的影響危害更大，因為在隨後征伐拉其普特人的戰爭中，就不可能僱傭阿富汗人作戰。還有，將帝國的精銳之師從德干抽調到西北前線，致使以西瓦吉為首的馬拉塔人異常活躍，他們幾乎搶遍了整個德干高原。奧朗則布在宗教方面進行了重大調整，一意孤行地推行歧視印度教徒的政策。1665年，法令規定穆斯林商人的關稅率是2.5%，印度教徒商人為5%；1667年，對穆斯林的關稅廢除，但對印度教商人的關稅依然不變。

1669年，帝國發出通令，拆毀異教徒所有的學校和寺院。1671年法令規定，稅務員和會計員必須由穆斯林擔當，但因穆斯林在人數上和技術上還無法全部承擔起來，後改為稅務員兩者各占一半。1679年4月，為「革除異教，增強伊斯蘭教」，全國再度開徵「人頭稅」。1668年，穆斯林地主積欠高利貸者（多為印度教徒）的債務宣布廢除。1695年，除了拉其普特人，禁止其他所有印度教徒坐轎、騎象、騎馬和攜帶武器。此外，奧朗則布還頒布禁止印度教的節日慶祝等等。

除了社會、經濟等方面的歧視政策外，奧朗則布更通過嚴厲的聖戰，迫使非穆斯林政權歸附正統的伊斯蘭教遜尼派。這不僅兇殘地摧毀異教政權，而且也偏執地排斥了什葉派穆斯林，如伊斯蘭教什葉派的布赫人、科查人就進行過激烈的抗爭。

為南方而戰

蒙兀兒帝國在北印度遭遇到兩股頗為強大的「異教」力量，他們是拉其普特人和錫克人。拉其普特人一度是蒙兀兒人的同盟者，為帝國的拓展南征北戰，立下汗馬功勞。奧朗則布為實現他的「伊斯蘭教王國」，改變了對拉其普特的政策，決定取消他們在邁華爾和美華爾地區的政權。1678年12月，邁華爾的拉托爾人首領賈斯萬特·辛格死去，奧

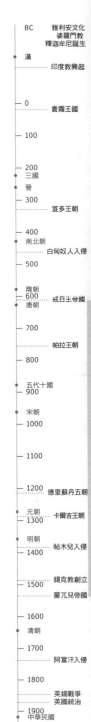

朗則布藉口此人無後嗣，立即委派親信去那兒任主要官員。次年2月，賈斯萬特的兩個遺腹子出生，拉托爾人要求皇帝承認其中倖存的阿其特・辛格為已故首領的繼承人；但皇帝提出要在德里後宮把他撫養成人，並改宗為穆斯林後再繼位。這種傷害激起了拉托爾人三十年不屈不撓的武裝抗爭。最後雙方締結了「體面」的合約。西索迪亞人佔據著美華爾地區，奧朗則布的侵略性政策，使他們走上了抵抗的道路。1679年，當奧朗則布大軍壓境時，他們放棄城鄉家園，堅壁清野，退入深山打游擊。他們神出鬼沒地襲擊蒙兀兒軍隊，搶走他們給養，陷其於受饑挨餓中。1681年6月，疲憊的雙方簽訂了合約，美華爾割讓三個縣代替人頭稅，蒙兀兒軍隊撤出，西索迪亞人維持了自治。

　　蒙兀兒人在征服印度的過程中，阿富汗人和拉其普特人是他們的左膀右臂，並且常在征伐阿富汗人時利用拉其普特人，反之亦然。此時，奧朗則布同時與兩者交惡，使他的軍隊失去了最好和最忠實的補充來源。更何況在與拉其普特的戰爭中，耗費了巨額金錢，並把數千條人命拋在了荒無人煙的土地上。

　　錫克人，不是一個人種或民族的概念，而是得名於錫克宗教，是錫克教徒的集合概念。他們主要是西北外族進入者的子孫，此時已完全同化於印度文化。錫克教徒間開始是宗教關係，然而他們在幾百年的歷史中不斷遭受嚴厲迫害，致使他們更加堅強團結，終於形成錫克人社會。錫克教的創建者是那納克，他以通俗易懂的語言，對吟游詩人迦比爾宣導「天下大教」的思想傾向，進行了令人信服的闡述。由於人們相信那納克表達了神諭，因此賦予他「古魯」的稱號，成為第一代古魯。

　　錫克教以西北五河地區為根據地，以旁遮普省的阿姆利則為中心。阿克巴在位時，全力推行「聖王教徒」，意圖令伊斯蘭教與印度教合一，所以對錫克教並不壓制，反而一再支持。阿克巴去世後，賈漢吉爾即位。因錫克教第四任古魯阿爾瓊在賈漢吉爾的王位之爭中支持過他的

對手，所以被處以叛逆罪投入監獄，不僅沒收了財產，而且最終折磨致死。自此，錫克人開始武裝自己，他們退至喜馬拉雅山腳下，初建了軍事組織。奧朗則布繼任後，身為一個偏執的伊斯蘭教遜尼派信徒，更不能容忍錫克教的抵制。

1675年，他逮捕了第九任古魯巴哈杜爾，並把他押解到德里，然後讓他進行選擇：死亡或者改宗。巴哈杜爾寧折不彎，五天後被處以極刑。古魯的遇難，更激發了錫克教徒的團結和鬥志。由於錫克人集聚西北一隅，距印度中心路途較遠，也由於錫克人的團結和強悍的戰鬥力，並且他們大多是武裝自守，而不採取咄咄逼人的攻勢，還由於此時奧朗則布領土拓展的鋒芒直指南方，因此錫克人得以在蒙兀兒王朝後期，繼續割據西北，建立自己的政權，並不斷壯大勢力，逐漸進入軍事封建階段。直至1849年，在英國人的猛烈炮火一再打擊下，他們才喪失了自治政權。

自1681年9月起，奧朗則布率軍親征，南下德干，帝國的統治中心也趨向南移。如前所述，奧朗則布在當王子時就曾有擴張帝國，併吞比賈普爾和高康達的野心，現在他可以放手作為了。

年輕的奧朗則布初露頭角時就顯示出好戰的個性。1638年，他拿巴格拉那初試牛刀，這不僅因為小王國位於到古查拉特的必經之路上，戰略位置十分重要，而且它膽敢收留妄圖復國的原阿馬德納加爾的小蘇丹沙吉。奧朗則布不費吹灰之力，攻佔了巴格拉那，並迫使躲在那裡的沙吉繳械。但是，奧朗則布初期的執政並非順風順水。1644年由於兄長達拉·蘇克敵視他，處處掣肘，而其父又偏向大王子，奧朗則布自認不能有效獨立主持德干政務，就知難而退，憤然辭職。此後，他作為古查拉特的總督，曾遠征坎大哈等地，但都無功而返。

1653年，奧朗則布因與達拉·蘇克敵對，不能長期留在朝廷，所以第二次南下德干任副王。這一次他決心大展拳腳，摧毀高康達和比賈

耶穌基督出生 0—

君士坦丁統一羅馬

羅馬帝國分成兩部

波斯帝國 500—

回教建立

東羅馬馬其頓王朝

神聖羅馬帝國建立

1000—

英國征服愛爾蘭

蒙古第一次西征

歐洲流行黑死病

哥倫布發現新大陸
1500—

英國大破無敵艦隊

發明蒸汽機

美國獨立
拿破崙稱帝

美國南北戰爭開始

第一次世界大戰
第二次世界大戰

2000—

普爾的獨立，獲取兩國的財富和資源。高康達十分富饒，其都城海德拉巴是世界鑽石貿易中心。比賈普爾的國土從阿拉伯海延展到孟加拉灣，橫跨印度半島，無論在戰略上，還是對外貿易上，都有著得天獨厚的優勢。

1656年，奧朗則布發兵征討高康達，藉口是「米爾‧朱姆拉」事件。「米爾‧朱姆拉」是高康達王國的一種官銜，穆罕默德‧薩伊德當時任米爾‧朱姆拉。薩伊德出生於波斯大油商家庭，本人是什葉派教徒。他在高康達從事鑽石和寶石的貿易，由於在財源上的貢獻，被提升為該國的米爾‧朱姆拉（史書後來就以此官名替代了他的真名）。朱姆拉是王國的首富，擁有20冒德（約合1600磅）的鑽石，有歲入400萬盧比的領地，還有一座優良的炮廠，並維持一支強大的軍隊，「雖然他的地位是貴族，卻擁有君主般的權力、財富和威勢」。這種地位使國王感受到了威脅，對他的打擊就不可避免了。1655年11月，高康達國王以朱姆拉的兒子穆罕默德‧阿明在朝廷上的無禮行為為由，將阿明（即朱姆拉的家屬）逮捕入獄。憤恨不已的朱姆拉就與蒙兀兒皇帝和奧朗則布暗中串通。

奧朗則布從沙‧賈漢那兒得到指示，要他命令高康達蘇丹釋放朱姆拉家屬。於是奧朗則布巧妙利用這一條件，他根本不給對方答覆的時間，就以不服從命令為由，出兵征戰。1656年1月，蒙兀兒士兵洗劫了海德拉巴，2月將高康達城團團圍住。但沙‧賈漢在長子達拉‧蘇克的挑唆下，意識到了奧朗則布的詭計，大為震怒，嚴令解圍。1656年3月30日，雙方締結合約，奧朗則布很不情願地撤圍，高康達蘇丹付出了100萬盧比賠款和割讓一個縣的代價。奧朗則布並不甘心，他讓自己的兒子穆罕默德娶了蘇丹的女兒，並強迫蘇丹答應新女婿為他的繼承人。米爾‧朱姆拉因功擢升，不久應召德里，出任帝國的首相。

1657年，奧朗則布對比賈普爾的征戰終於付諸實施。1656年11月4

日，比賈普爾的蘇丹去世，由他18歲的兒子阿迭爾沙二世繼位。奧朗則布認為阿迭爾沙不是已故蘇丹的親生子，並且來歷不明，要求父王允許他進兵討伐。沙·賈漢允許他「在處置比賈普爾的事務上便宜行事」。征戰之初，奧朗則布一路高歌猛進，由於達拉·蘇克深恐三弟聲譽日隆，權勢過人，因此在朝廷屢進讒言。8月，沙·賈漢突然干預，嚴令奧朗則布議和。這樣，比賈普爾蘇丹在付出巨大賠償並割讓比達爾等三地後，才得以苟延殘喘三十年。

1685年4月11日，帝國大軍將比賈普爾城堡團團圍住。儘管守軍浴血奮戰，無奈人員、馬匹傷亡慘重，補給缺乏，城內又發生饑荒，疾病流行，在頑強堅守一年後，1686年9月城堡終於被攻陷。奧朗則布進入比賈普爾，將錫坎達爾王宮裡的油畫、壁畫以及眾多精美藝術品統統搗毀。城市一蹶不振，逐漸荒蕪。

1687年2月初，奧朗則布親自指揮大軍圍攻高康達，無論火炮轟擊、雲梯登城還是坑道掘進，在糧食彈藥充足及鬥志昂揚的守軍面前，絲毫沒有占到便宜。於是他改變策略，仿效阿克巴「以金子為鑰匙」，賄賂城門守將。守城的統領是一名貪財的阿富汗將軍，他獻出了入城通道。高康達滅亡了，1687年9月，正式併入蒙兀兒帝國版圖。

新的敵人——馬拉塔

17世紀中，馬拉塔人在德干迅速崛起，成為一個強大的異教政權。他們不斷出擊，攪得整個德干地區天翻地覆。剿滅這股力量也是奧朗則布決死南下的目的之一。事實上，奧朗則布此次南下後再也未能返回北方，而馬拉塔人的強大和不屈不撓的抗爭，正是主要原因之一。馬拉塔原本是地區的名稱，位於德干西北，是西高止山北部與文底耶山、薩特普拉山的交匯處，為德干高原的最高區域。馬拉塔地區西邊是狹長地海

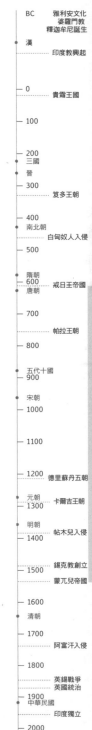

BC　雅利安文化
　　婆羅門教
　　釋迦牟尼誕生
漢
　　　　印度教興起

0　　　貴霜王國

100

200　　三國
三國
晉
300　　笈多王朝

400
南北朝
　　　白匈奴人入侵
500

隋朝
600　　戒日王帝國
唐朝

700

　　　帕拉王朝
800

五代十國
900

宋朝
1000

1100

1200　德里蘇丹五朝

元朝　卡爾吉王朝
1300

明朝
　　　帖木兒入侵
1400

　　　錫克教創立
1500
　　　蒙兀兒帝國

1600
清朝

1700

　　　阿富汗入侵
1800

　　　英錫戰爭
　　　英國統治
1900
中華民國

　　　印度獨立

2000

BC

耶穌基督出生　0—

君士坦丁統一羅馬

羅馬帝國分成兩部

波斯帝國　500—

回教建立

東羅馬其頓王朝

神聖羅馬帝國建立
1000—

英國征服愛爾蘭

蒙古第一次西征

歐洲流行黑死病

哥倫布發現新大陸
1500—

英國大破無敵艦隊

發明蒸汽機

美國獨立
拿破崙稱帝
美國南北戰爭開始

第一次世界大戰
第二次世界大戰

2000—

岸平原，東面是丘陵，以浦那為中心，方圓數萬平方公里，易守難攻。馬拉塔人自古為山民，當地的氣候和地理環境，使他們形成純樸、自信、剽悍的性格。由於山區物資貧乏，他們習慣於長期出山當僱傭兵。馬拉塔人有自己的語言和文字，作為紐帶，它將各部落民眾緊緊聯繫在一起。馬拉塔人歷史悠久，但一直默默無聞，此時迅速崛起、強大，如燎原之火，這與領袖人物西瓦吉的出現不無關係。

　　西瓦吉（1627—1680）出生於信仰印度教的貴族家庭，其父一度為浦那的統治者。他年少時就喜歡騎射，熱心宗教事務。19歲時，西瓦吉糾合一群族人到處打家劫舍，以穆斯林為攻擊目標。1646年，他奪取了比賈普爾的托爾納，在此建築新堡壘，開始了建立政權的征途。以後，他用武力、陰謀、暗殺、賄賂等各種手段，奪得了許多城堡，建立了獨立自主的根據地。

　　1659年，飽受打擊的比賈普爾派出大將阿夫紮勒率軍討伐，要「將這叛逆活捉或拉回屍體」。阿夫紮勒派一名婆羅門與西瓦吉談判，並邀請他會晤，乘機暗害。西瓦吉曉以宗教大義，策反了婆羅門來使。在得知阿夫紮勒的陰謀後，西瓦吉將計就計，內穿鎧甲，暗藏兵器，在剽悍武士的保護下赴會。在兩人見面擁抱時，穆斯林將軍用帶鐵夾的左臂將西瓦吉的脖子鉗住，右手握匕首刺來，但西瓦吉的鎧甲擋住了匕首，他迅速用稱為「虎爪」的鋼手套反擊，殺死了阿夫紮勒。後續的勇士們衝殺過來，擊潰其他群龍無首的穆斯林軍隊，俘獲馬匹4000餘，武器無數。西瓦吉擴大了自己的地盤，一時聲威大震。

　　1660年，奧朗則布決心鎮壓馬拉塔人，就命令德干總督發兵討伐。蒙兀兒軍隊初期得勝，並一度佔領了浦那。但經過兩年的游擊戰後，西瓦吉掌握了帝國軍隊的行止動向。1663年4月15日，他潛入敵營，殺死了總督的兒子和一些將領，總督本人也險些被斬首，在失去拇指後落荒逃命。

1664年1月16日至20日，西瓦吉洗劫了西印度最富庶的海港蘇拉特，獲得了1000萬盧比以上的錢財。

1665年初，蒙兀兒人在接連遭受挫折後，派遣有勇有謀的賈伊·辛格將軍率精銳之師遠征馬拉塔。經過半年苦戰，終於在6月22日迫使西瓦吉簽訂《普蘭達爾條約》。根據條約，西瓦吉割讓了23個堡壘和年產值達160萬盧比的土地，自己只剩12個堡壘和年產值為40萬盧比的領土。為消除後患，賈伊將軍採用招安的手段，竭力勸降西瓦吉，並讓他去亞格拉晉謁皇帝，還許諾給予高規格的榮譽和獎賞。1666年5月9日，兩人偕同進京，面覲皇帝。奧朗則布對西瓦吉既有英雄相惜之意，又不願放虎歸山，因此封他為五千夫長，常邀他出席宮廷大宴，同時對他實施監管，密探不離左右。西瓦吉意在地方封王，不願在朝廷為官，現在發現自己遭到軟禁，似甕中之鱉。於是他精心設計，決心逃脫樊籠。他先假裝生病一段時間，然後又裝作康復，接著吩咐手下每天晚上分送出一大籃一大籃水果，給貴族、婆羅門、醫生和托缽僧等，以答謝他們的關心和幫助。起先禮品籃受到嚴密檢查，幾天後監視人員鬆懈了。於是，西瓦吉和他的兒子就藏在大水果籃裡溜出了亞格拉。以後他扮成托缽僧，日夜兼程，於1666年11月30日回到了根據地。臨別之時，他給奧朗則布留下書信，以示豪俠之氣。西瓦吉重操舊業，逐個收復1665年交出的堡壘。1670年10月，他第二次洗劫了蘇拉特，虜獲大量錢財和物資。西瓦吉的勢力不斷增強，1674年6月16日，他在瑞加爾正式加冕為王，稱號是「獨立的君主」，並建立一棟華麗的宮殿。以後他逐一征服了毗連地區，地盤不斷擴大，財富不斷積累。1680年4月14日，他的事業戛然而止，終年53歲。

西瓦吉的兒子桑布吉（1680—1689）繼承王位，他勇敢生猛，卻貪圖享受。儘管他堅決抗擊帝國大軍，但由於內部叛變和宮廷陰謀，加之他「毫無禁忌的淫亂生活」，遭到一支蒙兀兒精兵的襲擊，在床上尋歡

BC　雅利安文化
　　婆羅門教
　　釋迦牟尼誕生

漢
　　　　印度教興起

0
　　　　貴霜王國
100

200　三國
晉
300　笈多王朝

400
南北朝
　　　　白匈奴人入侵
500

隋朝
600　戎日土帝國
唐朝
700
　　　　帕拉王朝
800

五代十國
900

宋朝
1000

1100

1200　德里蘇丹五朝

元朝
1300　卡爾吉王朝
明朝
　　　　帖木兒入侵
1400

1500　錫克教創立
　　　　蒙兀兒帝國

1600
清朝
1700
　　　　阿富汗入侵
1800
　　　　英錫戰爭
　　　　英國統治
1900　中華民國
　　　　印度獨立
2000

BC

耶穌基督出生　0—

君士坦丁統一羅馬

羅馬帝國分成兩部

波斯帝國　500—

回教建立

東羅馬馬其頓王朝

神聖羅馬帝國建立
　　　　　　1000—

英國征服愛爾蘭

蒙古第一次西征

歐洲流行黑死病

哥倫布發現新大陸
　　　　　　1500—

英國大破無敵艦隊

發明蒸汽機

美國獨立
拿破崙稱帝

美國南北戰爭開始

第一次世界大戰
第二次世界大戰

　　　　　　2000—

作樂時被活捉。桑布吉被遊街示眾，遭受各種酷刑，1689年3月11日，受盡折磨死去。許多馬拉塔人的堡壘，包括都城瑞加爾，都落入奧朗則布手中。奧朗則布的勢力在1689年達到了頂點，北印度和印度半島幾乎都歸入了帝國版圖。他將這遼闊的疆域分為21個省：亞格拉、德里、阿拉哈巴德、阿季米爾、比哈爾邦、孟加拉、拉合爾、喀什米爾、古查拉特、馬爾瓦、木爾坦、信德等。據統計，蒙兀兒帝國在奧朗則布統治下有3億3250萬盧比的歲入，而在阿克巴時代只有1億3200萬盧比。但是，奧朗則布的鼎盛時期沒有維持長久，留守德里的朝廷逐漸失去了控制，官員們陽奉陰違，整個行政鬆弛敗壞；地方上酋長們和稅務官員各行其是，中央鞭長莫及。對手從四方崛起，奧朗則布只能暫時打敗他們，但無法永久征服他們。而這首當其衝的強大對手仍是馬拉塔人。

　　馬拉塔人迅速恢復元氣，形成一場民族抗戰。儘管馬拉塔中央政府未能重建，但將領們各自為戰，他們以游擊戰、突擊戰的方式使蒙兀兒軍隊陷於泥沼之中。馬拉塔人「從孟加拉到馬德拉斯，橫掃印度半島，像風一樣不可捉摸。儘管頭領被俘、據點被占，但無法使抵抗力量陷於枯竭」。「他們完全掌握著主動權，打亂了帝國軍隊的每一項計畫」。

　　馬拉塔人無休止的戰爭把皇帝拖得筋疲力盡。1705年，奧朗則布在極端紊亂、痛苦和孤獨中，撤到阿馬德納加爾。1706年，一支馬拉塔軍尋蹤而至，一度威脅皇帝的軍營。1707年2月20日，奧朗則布滿懷惆悵，病死於南印度，享年89歲。

　　奧朗則布的一生顯現出十分強烈的個人印記。首先，他是一名狂熱的宗教信徒，以建立正統遜尼派的「伊斯蘭教王國」為己任，一生為之不懈努力。其次，他勤勉、認真、忠於職守。他每天上朝，每星期三主持司法審判，此外還親自書寫詔令，大量閱讀奏疏和來信，口授官方回文等。再者，他生活簡樸、嚴肅，盡力避免禁忌的食物、飲料、衣飾等。他在宮廷中嚴禁大肆鋪張，如簡化慶祝他生日的儀式；有時甚至到

了偏執的程度，如他禁止在宮廷奏樂，把樂手和歌手遣散出宮。他極少鼓勵藝術和文學，一生中唯一贊助的著作是《阿拉姆吉爾法典》，這是在印度指定的伊斯蘭教法律彙編。還有，奧朗則布對於敵手冷酷無情，即便自己的親人也不放過。長子穆罕默德‧蘇丹曾與二伯舒賈合作，奧朗則布一上臺就將他逮捕並終身監禁。王子阿克巴公然反叛，奧朗則布決不饒恕，在全印追捕，致使他無處藏身，只能逃遁波斯。1677年，另一王子阿槃姆與高康達國王協商，想挽救該王國的滅亡，結果被捕收監，七年後才得釋放。穆阿槃姆在代奧朗則布執掌大權時，也曾公開反對父皇，雖然他與其弟阿克巴不一樣，沒有舉兵反叛，但仍被囚七年，1694年才獲釋並被派往喀布爾任職。

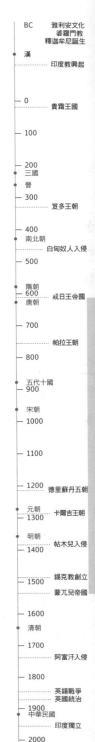

BC　雅利安文化
　　婆羅門教
　　釋迦牟尼誕生

漢

──────　印度教興起

──0
──────　貴霜王國

──100

──200
三國
晉
──300　　　笈多王朝

──400
南北朝
　　　　白匈奴人入侵
──500

隋朝
──600　　　戒日王帝國
唐朝

──700

──────　帕拉王朝
──800

五代十國
──900

宋朝
──1000

──1100

──1200　德里蘇丹五朝

元朝
──1300　卡爾吉王朝

明朝
──────　帖木兒入侵
──1400

──────　錫克教創立
──1500
──────　蒙兀兒帝國

──1600
清朝

──1700
──────　阿富汗入侵

──1800

──────　英錫戰爭
──────　英國統治
──1900
中華民國
──────　印度獨立

──2000

BC

耶穌基督出生 0—

君士坦丁統一羅馬

羅馬帝國分成兩部

波斯帝國 500—

回教建立

東羅馬馬其頓王朝

神聖羅馬帝國建立
1000—

英國征服愛爾蘭

蒙古第一次西征

歐洲流行黑死病

哥倫布發現新大陸
1500—

英國大破無敵艦隊

發明蒸汽機

美國獨立
拿破崙稱帝

美國南北戰爭開始

第一次世界大戰
第二次世界大戰

2000—

一個時代的終結

蒙兀兒帝國的解體

奧朗則布死後,蒙兀兒王朝加速衰落。中央內訌不絕,地方各行自治,境外勢力不斷入侵,僅僅過了二十年,龐大的帝國分崩離析,形成了地方割據的局面。到18世紀50年代,蒙兀兒王朝只能控制德里、亞格拉一帶了。

在統治王朝內部,王子們重複上演了爭奪王位的自相殘殺。倖存的三個兒子中,長子穆阿桑姆在喀布爾,二兒子阿桑姆、三兒子巴克什在德干,他們都立刻宣布自己繼任王位,紛紛率兵殺向亞格拉。1707年6月穆阿桑姆與阿桑姆兩軍激戰於亞格拉南面的賈焦,阿桑姆兵敗身亡。穆阿桑姆進入都城即位,上尊號「巴哈杜爾沙」。1708年初,新皇帝率軍遠征德干,擊敗巴克什,後者重傷身亡,王位之爭告一段落。

1712年,巴哈杜爾沙做了五年皇帝後,70高齡在拉合爾去世。血腥的王位繼承戰在他四個兒子中又一次展開。結果長子賈漢達爾先後打敗並殺死三個弟弟即位。新皇帝沉溺於寵妃,不思進取。僅十一個月,法魯赫西亞替父(巴哈杜爾沙的次子)復仇,將伯父打敗並將其在獄中斬首,奪得王位。

1719年,法魯赫西亞又被他的首相授意殺害。以後的幾個皇帝大多

是懦弱無能的傀儡，個別想有所作為者，也往往遭到廢黜。

宮廷貴族們同樣在明爭暗鬥，相互傾軋。他們分為兩大派，在印度長久定居的或原籍為印度的穆斯林，稱「印度穆斯林派」；外來的貴族統稱蒙兀兒人，根據他們的原籍，又可分為兩派，來自中亞屬遜尼派的貴族，形成「土蘭派」，來自伊朗什葉派的信徒，稱為「伊朗派」。皇帝為獲得貴族支持，常把珍寶分給他們，穆阿桀姆上臺時就如此。反之，貴族們為了自身利益，常施展陰謀，廢立皇帝，1719年就曾四度易帝。除非武力脅迫，各地的封邑主們也拒不納稅，他們常驕傲地自稱「不順從的柴明達爾」。

從18世紀20年代至50年代，獨立與半獨立的地方政權不斷湧現，割據局面逐步形成，其中較為強大的有孟加拉、奧德、海德拉巴以及馬拉塔人、錫克人等。

孟加拉、奧德和海德拉巴雖然沒有公開宣布脫離蒙兀兒帝國，但這些地區的省督紛紛自立，實際上是獨立的政權。1717年，莫爾希德·庫利正式被任命為孟加拉省督。以後，他發展自己的勢力，成為實際統治者。儘管地區內部傾軋不已，外部馬拉塔人的打擊不斷，但這種游離於帝國的自立狀態，一直維持到1757年才被英國人破壞。奧德地區的獨立始於薩達特汗，1724年他出任奧德省督，並把它演變為自己的獨立王國。直到1764年布赫爾戰役後，奧德地區逐漸為英國東印度公司控制。海德拉巴是地區名，也是城市名，1713年蒙兀兒皇帝任命尼查姆為德干總督。1722年尼查姆升遷為德里政府首相，後與其他朝臣政見分歧，擅自回到德干；1724年海德拉巴事實上獨立。海德拉巴的自治維持了兩百多年，直到1948年加入印度共和國。

馬拉塔人仍是蒙兀兒帝國的心腹之患，不僅是宗教對立，更主要是他們的力量日益強大。1689年，桑布吉死後，馬拉塔人一度群龍無首，他們一邊各自與蒙兀兒軍隊作戰，一邊傾力於內部的紛爭。結果桑布吉

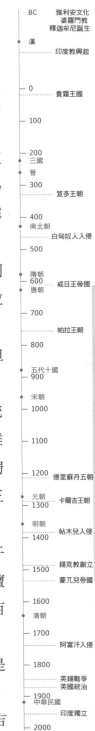

BC　雅利安文化
　　婆羅門教
　　釋迦牟尼誕生
漢
　　印度教興起

0　　貴霜王國

100

200　三國
晉
300　笈多王朝

400
南北朝
　　白匈奴人入侵

500

隋朝
600　戒日王帝國
唐朝

700

800　帕拉王朝

900　五代十國

宋朝
1000

1100

1200　德里蘇丹五朝

元朝
1300　卡爾吉王朝

明朝
1400　帖木兒入侵

1500　錫克教創立
　　蒙兀兒帝國

1600
清朝

1700
　　阿富汗入侵

1800
　　英錫戰爭
　　英國統治
1900
中華民國
　　印度獨立

2000

BC

耶穌基督出生　0—

君士坦丁統一羅馬

羅馬帝國分成兩部

波斯帝國　500—

回教建立

東羅馬其頓王朝

神聖羅馬帝國建立
　　　1000—

英國征服愛爾蘭

蒙古第一次西征

歐洲流行黑死病

哥倫布發現新大陸
　　　1500—

英國大破無敵艦隊

發明蒸汽機

美國獨立
拿破崙稱帝

美國南北戰爭開始

第一次世界大戰
第二次世界大戰

　　　2000—

的兒子沙胡在巴拉吉的幫助下獲得了勝利。巴拉吉是婆羅門出身，在亂世紛爭中，逐漸顯示出統掌政務和軍事的才能。

1712年至1720年，巴拉吉任佩什瓦（首相），實際執掌了朝政大權。他去世後由其兒子巴吉·拉奧繼任佩什瓦一職，由此變成世襲。此後巴吉·拉奧一世在浦那自號為中央政權，但各地的馬拉塔軍事首領仍自統一方，並不聽從他的調遣。馬拉塔的軍事領袖們在戰爭中征服大片土地，這些征服地就成了他們的領地，各自世襲統治，所以都成了半獨立的王公。馬拉塔王國就這樣演變成為馬拉塔聯盟。軍事領袖們四處征戰掠地，馬拉塔聯盟的版圖大大擴展，他們佔領了古查拉特、瑪律瓦、拉賈斯坦等，在德干他們向克里希納河以南的諸多王公強索錢財；在北方馬拉塔人的擴張也收穫不少，甚至德里一度在他們的掌控中。

1760年末，正當馬拉塔人風頭正勁，大有取代蒙兀兒王朝的趨勢時，他們在班尼派特遇上了侵入印度的阿富汗人，雙方在這聞名遐邇的古戰場激烈廝殺。結果馬拉塔人遭受了災難性的失敗，擴張主義無力繼續，他們永遠失去了1761年以前的主導地位。

錫克人在與蒙兀兒大軍一百多年（1606—1707）的殊死搏鬥中，越戰越強，愈來愈成熟，他們最終與印度教分道揚鑣，形成了自立的一族。

1708年，第十任古魯歌文德被一名阿富汗人刺死，班達繼任，他繼續著錫克人自治國家的建設歷程。錫克人與穆斯林幾次交戰互有勝負，班達曾率軍攻下希爾林，燒毀清真寺，盡殺城中的穆斯林，因為該城領導者瓦紮爾殺害了歌文德的兒子們。蒙兀兒大軍趕來復仇，又將班達趕回山區。1716年錫克人戰敗，班達被俘並死在「幾隻大象的踐踏下」。

錫克人的建國進程並沒有停頓，他們仍不屈不撓地抗爭著。由於波斯王納迪爾沙和阿富汗人領袖阿卜達利的入侵，以及蒙兀兒王朝的衰退，西北印度的局勢發生了很大變化，形成了幾強逐鹿的戰場。錫克人

抓住時機，積極採取主動，他們充分組織起來，增強作戰能力，逐漸擴大勢力。1760年代錫克人逐漸控制了旁遮普全境，到1767年左右，錫克教國家基本成型。

以後，錫克人進入了自身發展的第三階段，即封建軍事階段。錫克人的各股勢力把旁遮普瓜分，原先的「卡爾薩」組織演變成了「密斯爾」（意為「封邑」、「戰士社團」），組成了12個自主的「密斯爾」，各由強有力的酋長領導，形成了「神權政治的聯盟封建制度」。18世紀末，蘭吉特‧辛格統一了12個「密斯爾」，一度興盛。19世紀30年代後，隨著蒙兀兒王朝日薄西山和英國軍隊步步進逼，錫克人的主要敵手成了英國人。

外族入侵加劇了蒙兀兒帝國的解體，入侵的勢力主要有三：波斯王納迪爾沙、阿富汗國王阿卜達利，以及英國和法國為首的西方力量。

納迪爾沙是突厥後人，出生於貧窮之家，原是占山為王的強盜。1722年阿富汗人開始在波斯統治，當波斯人進行反抗時，納迪爾沙的勇敢和才能有了用武之地。在逐出阿富汗人後，他已成為波斯國的實際統治者。

1732年他廢黜了無能的主子，成為攝政王；1736年，正式成為波斯王。第二年他舉兵向東，攻下坎大哈，城堡中許多阿富汗人逃亡到蒙兀兒王朝統治下的喀布爾。納迪爾沙派出大使到德里交涉，結果大使被扣留，要求被拒絕。

1738年，心懷憤恨的納迪爾沙進軍印度，一路輕而易舉地佔領了伽茲尼、喀布爾和拉合爾，並繼續逼近德里。雙方主力在卡納爾決戰，戰鬥僅進行了三個小時，蒙兀兒軍隊一觸即潰，德里皇帝無奈，只能親赴波斯王營帳求和，結果成了階下囚。1739年2月，納迪爾沙帶著俘虜的蒙兀兒皇帝進入德里。波斯將領們縱兵洗劫都城，屠殺民眾2萬餘人。波斯王在德里逗留了兩個月，掠得財富達7億盧比，包括印度兩件著名的

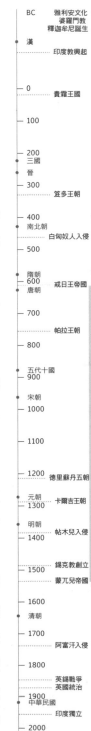

國寶：以「燦爛之山」聞名的鑽石和沙‧賈漢的孔雀寶座，還有無價的珍貴文物——論印度音樂的波斯文手稿。納迪爾沙離開時，還帶走300頭大象、1萬匹馬和1萬匹駱駝。經此洗劫，德里一蹶不振，再也沒有復興。這次入侵使蒙兀兒帝國威信掃地，並「流血而衰竭」。

新力量的誕生

1747年，納迪爾沙遭到暗殺，其手下的一名阿富汗軍官馬德沙‧阿卜達利乘機先後征服坎大哈、喀布爾和白沙瓦等地，將阿富汗建成一個獨立王國。1748年以後，他的鋒芒直指印度，在以後十多年中阿富汗軍隊12次侵入印度，佔領了旁遮普、喀什米爾等西北地方，並多次打到德里。相比納迪爾沙對印度的瘋狂劫掠，阿富汗人的入侵在客觀上對印度歷史的發展造成了更大的影響。

其一，如前文所述，他們嚴重阻礙了馬拉塔人勢力的蔓延。阿富汗人在西北印度的肆虐，與馬拉塔人對北印度的征伐勢必發生衝突。兩者的決戰不可避免，這就引發了第三次班尼派特戰爭。1760年10月29日，馬拉塔人挾佔領德里的勝果到達班尼派特；11月1日，阿卜達利在與北印度若干穆斯林聯盟後，也兵抵這著名戰場。馬拉塔軍由4.5萬名騎兵和步兵組成，阿富汗軍兵力6萬，步、騎兵各3萬，其中2.3萬步兵和7000騎兵是印度同盟者提供的。阿卜達利的火炮佔有明顯優勢，其威力更大、射速更快。阿富汗人的軍官都有甲冑護體，馬拉塔人幾乎身不披甲。阿富汗軍訓練有素，在軍紀和機動能力方面均比馬拉塔軍更強。經過幾個月的拉鋸戰後，馬拉塔人已處於糧盡無援的地步，唯有拼死決戰。1761年1月14日，雙方的決戰從拂曉開始，一直進行到下午三點，戰況慘烈。馬拉塔軍除極少數人逃生外，「一代領袖人物幾乎全部慘遭殺戮」。此外，馬拉塔人還喪失了5萬匹馬、20萬頭牛、數千匹駱駝和500

東羅馬馬其頓王朝

神聖羅馬帝國建立
　　　1000—

英國征服愛爾蘭

蒙古第一次西征

歐洲流行黑死病

哥倫布發現新大陸
　　　1500—

英國大破無敵艦隊

發明蒸汽機

美國獨立
拿破崙稱帝

美國南北戰爭開始

第一次世界大戰
第二次世界大戰

　　　2000—

頭大象。經此殊死一戰，馬拉塔人元氣大傷，再也無力稱雄印度。

其二，阿卜達利入侵印度，至少在旁遮普，間接地使錫克人爭取獨立的抗爭獲得了最後的勝利。錫克教古魯歌文德曾宣布要建立一個從白沙瓦到拉合爾的錫克國家，所以他們為實現這一目標，前撲後繼地不懈努力。阿富汗人的入侵，摧毀了蒙兀兒朝廷在這一地區的力量，又粉碎了馬拉塔人染指那兒的念頭，並且在長期征戰中，阿富汗人本身的力量也遭到了削弱。錫克人抓住時機，以切斷對手供給線的巧妙戰略，更因為本身生死存亡的自覺所激發的驚人活力，終於迫使阿富汗人自認失敗，並在1767年完成了夙願。

其三，波斯王納迪爾沙將阿富汗從印度版圖割出，阿卜達利又從伊朗人手中促使阿富汗獲得獨立，同時他以強大力量進一步鞏固其自主地位，最終使阿富汗與印度徹底分離了。

18世紀上半葉，英國和法國在東方已佔有不少根據地，他們在印度的力量也逐漸由小到大。法國人利用印度內部衝突，逐漸控制了部分地區；英國人效仿法國，也取得良好成果。之後兩國在印度的利益發生衝突，相互不斷爭鬥，最終英國人占了上風。馬克思對印度這段歷史有過概括性地描述：「大蒙兀兒的無限權力被他的總督們打倒，總督們的權力被馬拉塔人打倒，馬拉塔人的權力被阿富汗人打倒，而在大家這樣混戰的時候，不列顛人闖了進來，把所有的人都征服了。」

蒙兀兒王朝衰落的原因主要是蒙兀兒王朝的專制統治，自始至終缺乏堅實的基礎。它的崛起與壯大，主要依賴開國君主的才能以及軍事的力量；但是它沒有得到被統治者的支持，不是以印度傳統文化為基礎，不能在內憂外患時激發出群眾的愛國情操。它是完全孤立在印度國土之上的外國統治政權。

1498年，葡萄牙人達伽馬到了印度。在印度史上，這是一件有意義的事情，它給印度人民帶來了新的問題和災難。從這時候起，印度開始

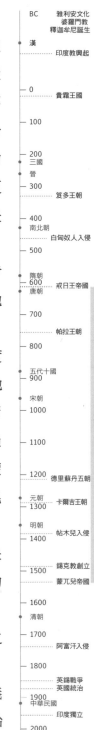

BC　雅利安文化
　　婆羅門教
　　釋迦牟尼誕生

漢
　　—　印度教興起

—　0　—　貴霜王國

—　100

—　200　三國
　　晉
—　300　—　笈多王朝

—　400
　　南北朝
　　—　白匈奴人入侵
—　500

　　隋朝
—　600　—　戒日王帝國
　　唐朝

—　700　—　帕拉王朝

—　800

　　五代十國
—　900

　　宋朝
—　1000

—　1100

—　1200　德里蘇丹五朝
　　元朝
—　1300　卡爾吉王朝

　　明朝
　　—　帖木兒入侵
—　1400

　　—　錫克教創立
—　1500　蒙兀兒帝國

—　1600
　　清朝

—　1700
　　—　阿富汗入侵
—　1800

　　—　英錫戰爭
　　—　英國統治
—　1900
　　中華民國
　　—　印度獨立

—　2000

轉變為西方新興的資本主義國家的殖民地。

　　葡萄牙人來到以後，在西部沿海一帶占了幾個據點。殖民主義者就利用這些據點來壟斷對印度的貿易，剝削和掠奪印度人民。繼葡萄牙人之後而來的有荷蘭人、英國人、法國人等。這些殖民主義者在印度展開了無情地角逐。

耶穌基督出生　0—

君士坦丁統一羅馬

羅馬帝國分成兩部

波斯帝國　500—

回教建立

東羅馬馬其頓王朝

神聖羅馬帝國建立　1000—

英國征服愛爾蘭

蒙古第一次西征

歐洲流行黑死病

哥倫布發現新大陸　1500—

英國大破無敵艦隊

發明蒸汽機

美國獨立
拿破崙稱帝

美國南北戰爭開始

第一次世界大戰
第二次世界大戰

2000—

| 第七章 | 英屬殖民地時期

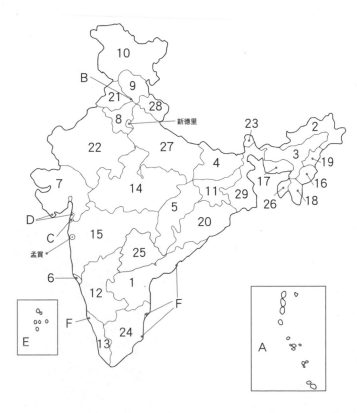

1.安得拉邦
2.阿魯納恰爾邦
3.阿薩姆邦
4.比哈爾邦
5.恰蒂斯加爾邦
6.果阿邦
7.古吉拉特邦
8.哈里亞納邦
9.喜馬偕爾邦
10.查謨和克什米爾邦
11.賈坎德邦
12.卡納塔克邦
13.喀拉拉邦
14.中央邦
15.馬哈拉施特拉邦

16.曼尼普爾邦
17.梅加拉亞邦
18.米佐拉姆邦
19.那加蘭邦
20.奧里薩邦
21.旁遮普邦
22.拉賈斯坦邦
23.錫金邦
24.泰米爾納德邦
25.特倫甘納邦
26.特里普拉邦
27.北方邦
28.北阿坎德邦
29.西孟加拉邦

A.安達曼和尼科巴群島
B.昌迪加爾
C.達德拉-納加爾哈維利
D.達曼-第烏
E.拉克沙群島
F.本地治里

全新的統治理念

耶穌基督出生　0—

君士坦丁統一羅馬
羅馬帝國分成兩部

波斯帝國　500—

回教建立

東羅馬其頓王朝

神聖羅馬帝國建立
　　　1000—

英國征服愛爾蘭
蒙古第一次西征

歐洲流行黑死病

哥倫布發現新大陸
　　　1500—

英國大破無敵艦隊

發明蒸汽機

美國獨立
拿破崙稱帝

美國南北戰爭開始

第一次世界大戰
第二次世界大戰

　　　2000—

東印度公司改組

東印度公司（The Honourable East India Company），又稱不列顛東印度公司或「英國東印度公司」（British East India Company），簡稱BEIC、EHIC，有時也被稱為約翰公司（John Company），它是一個股份公司。

1600年12月31日，英格蘭女王伊莉莎白一世授予該公司皇家特許狀，給予它在印度貿易的特權。實際上這個給予「可敬的東印度公司」（The Honourable East India Company）的特許狀授予東印度貿易的壟斷權21年。隨時間的變遷，東印度公司從一個商業貿易企業變成印度的實際主宰者。直至1858年被解除行政權力為止，它還獲得了協助統治和軍事職能。

英國東印度公司創立於1600年，最初的正式全名是「倫敦商人在東印度貿易的公司」（The Company of Merchants of London Trading into the East Indies）。它是由一群有創業心和有影響力的商人所組成，這些商人在1600年12月31日獲得了英國皇家給予他們對東印度的15年貿易專利特許。公司共有125個持股人，資金為7.2萬英鎊。1613年，英國在印度西部的蘇特拉設立貿易站，不久，又在印度東南部的馬德拉斯建立商

館。1698年，東印度公司向印度蒙兀兒政府買下了位於孟加拉灣恆河口岸的加爾各答。加爾各答村莊雖小，作用卻非常大，其周圍盛產大米、黃麻，河流縱橫交錯，平原一望無邊。東印度公司在這裡設立了貿易總部，把印度的糧食和工業原料，源源不斷地運回英國，從中獲得了豐厚的利潤。

東印度公司實力越來越強，逐漸佔領了上面提到的馬德拉斯、加爾各答和另外一個城市孟買。在這裡設立了三個管區，各設一名省督管轄，把這些地方變成了進一步侵佔印度其他地區的根據地。

東印度公司訓練僱傭軍，表面上是印度封建王公所擁有，但這些封建王公因受到東印度公司的「保護」，實際上是為英國人服務的。它由歐洲軍官指揮，對英國佔領印度發揮了極其重要的作用；可以說，如果沒有這支僱傭軍，英國就不可能征服印度。東印度公司在印度瘋狂進行殖民掠奪，除了上述搶劫孟加拉國庫外，1799年，攻陷邁索爾首府時，又搶劫了價值1500萬英鎊的王室珍寶。英國透過東印度公司在印度的另一種掠奪手段是壟斷鴉片、食鹽和菸草貿易。其中，鴉片收入約占公司總收入的七分之一。強迫孟加拉農民種植鴉片，再走私運到中國銷售，從中牟取暴利。在18世紀，中國對鴉片的需求十分之高，而在1773年，東印度公司在孟加拉取得了鴉片貿易的獨佔權。但由於東印度公司的船隻被禁止運送鴉片到中國，所以在孟加拉地區生產的鴉片要先在加爾各答出售，再從那裡運到中國。儘管中國政府一直禁止鴉片入口，又在1799年重申禁菸，但公司仍從孟加拉透過貿易商和仲介走私鴉片到中國廣州等地，平均每年高達900噸。鴉片源源不絕地輸入中國，使中、英貿易形成了巨大的逆差，儘管中國輸出茶葉、絲綢和瓷器，仍未能阻止白銀大量流出的問題。在1838年，當時鴉片輸入中國的數量高達1400噸，中國不得不對走私者處以死刑，並派出欽差大臣林則徐監督禁菸。禁菸與日後的硝煙引發了1840年鴉片戰爭，最終使中國租借香港島予英國。

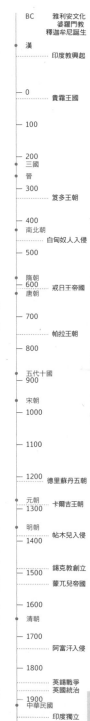

BC

耶穌基督出生　0—

君士坦丁統一羅馬

羅馬帝國分成兩部

波斯帝國　500—

回教建立

東羅馬其頓王朝

神聖羅馬帝國建立
1000—

英國征服愛爾蘭

蒙古第一次西征

歐洲流行黑死病

哥倫布發現新大陸
1500—

英國大破無敵艦隊

發明蒸汽機

美國獨立
拿破崙稱帝

美國南北戰爭開始

第一次世界大戰
第二次世界大戰

2000—

七年戰爭的結果是法軍戰敗，這打擊了法國的帝國夢，也削弱了法國境內工業革命的影響。英軍統帥羅伯特・克萊武少將在印度獲得了一次出奇的勝利，擊敗了那裡的法軍，重占聖喬治堡。在1763年的巴黎條約中，法國在印度的勢力僅限於本地治里、馬希、雅南等幾個沒有武裝的貿易點。雖然這些小貿易點在此後兩百年裡保留在法國手中，但法國對印度土地的願望已被打破了，對東印度公司來說是消滅了它一個強大的經濟對手。相反，東印度公司此時擁有一支有紀律、有經驗的軍隊，它得以從其在金奈的基地出發，不受任何其他殖民強國的影響，從而保障其從孟加拉到加爾各答的利益。與此同時，當地統治者依然反抗東印度公司的統治。1757年克萊芙在普拉西戰役中擊敗了法國支持的最後一支反抗力量。這次勝利卻使得英國與蒙兀兒帝國之間的關係惡化。在奧朗則布皇帝被廢黜後，蒙兀兒帝國已經處於分裂狀態中。在與公司作戰失敗後，蒙兀兒皇帝放棄了對孟加拉、比哈爾邦邦和奧里薩邦的統治。克萊芙由此成為第一位英國在孟加拉的總督。傳奇的邁索爾國王提普蘇丹也為英軍製造了一些麻煩。他是法國的同盟者，在四次英國對邁索爾戰爭中，他持續反抗東印度公司的統治。

　　1799年，英軍佔領邁索爾，提普蘇丹被殺。此後公司逐漸削弱當地的反抗勢力，佔據了孟買及其附近地區。在這些戰爭中，亞瑟・威爾斯利，後來的第一代威靈頓公爵，初露鋒芒，這是他通向半島戰爭和滑鐵盧戰役的道路起點。自此英國佔據了整個南印度、東印度和西印度。最後的阻力來自北部德里、奧德、拉傑普塔納和旁遮普的地方勢力。公司透過施加壓力、挑撥離間、提供可疑的保護等手段，有效地防止了這些公國聯合抗英。從1757年到1857年，東印度公司不斷加固其統治，它變得越來越像一個國家，而不像一個貿易企業了。

　　一旦變成了英國殖民者的殖民地，印度就落入了苦難的深淵。英國殖民統治給印度帶來的最大災難，就是毀滅了印度的傳統手工業。在

18世紀中葉前，手工棉紡織業是印度最具有「比較優勢」的產業；然而到了18世紀末的產業革命發生前，上千年來曾經輝煌於世界的印度手工業從此一蹶不振。英國的殖民統治沉重地打擊了印度的手工業，使千百萬的手工業者失去了經濟來源，大批人因饑餓而死亡。達卡城的人口由18世紀中期的十五萬下降到1840年的三、四萬人。「這種災難在商業史上幾乎是絕無僅有的。織布工人的屍骨把印度的平原漂白了。」一位東印度總督曾經這樣說。英國的殖民統治還造成了印度的饑荒。英國東印度公司為了賺錢而橫徵暴斂，在其統治印度東部後不久就將田賦提高了近一倍，造成了連年的饑荒，僅1770年的孟加拉大饑荒就餓死了一千萬人，約占孟加拉人口的三分之一！「在1769年到1770年間，英國人用囤積全部大米，不出駭人聽聞的高價就拒不出售的辦法製造了一次饑荒。」在西歐殖民者到來之前，印度一直是世界上最繁榮富庶的地區之一；而在變為英國的殖民地之後，印度就成了一個被西方人鄙視的「落後國家」。從18世紀60年代起，東印度公司開始走下坡路。1813年，東印度公司對印度的貿易壟斷權被取消；同年，英政府又取消了它對中國的貿易壟斷權。東印度公司對華貿易特權被取消後，來廣州十三行貿易的英國商人從原來統一由東印度公司組織而變為散商，英國政府特派官員與中國政府交涉商務事宜，使原來商人與商人之間的交涉一變而成為政府間的交涉，由此埋下了中、英兩國衝突導火線的種子。種種權力被取消後，東印度公司走向了破產的道路。1858年，東印度公司用盡畢生精力為英國聚斂到足夠的財富之後被一腳踢開，東印度公司被英國政府正式取消，英國政府開始直接統治印度至1947年。

東印度公司的破產不是偶然的，其原因有三：

1.公司職員貪污，走私成風，使公司總收入銳減。

2.因公司對印度人民的橫徵暴斂，造成印度人民不斷起義。而公司要鎮壓起義，就需大筆開支。如此造成了惡性循環，使公司陷於重重危

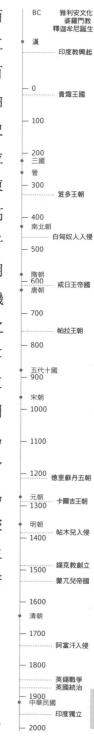

BC 雅利安文化
   婆羅門教
   釋迦牟尼誕生
漢
   印度教興起

0 貴霜王國

100

200 三國
   晉
300 笈多王朝

400
南北朝
   白匈奴人入侵
500

隋朝
600 戒日王帝國
唐朝
700
   帕拉王朝
800

五代十國
900
   宋朝
1000

1100

1200 德里蘇丹五朝
   元朝 卡爾吉王朝
1300
明朝
   帖木兒入侵
1400

   錫克教創立
1500 蒙兀兒帝國

1600
清朝
1700
   阿富汗入侵
1800
   英錫戰爭
   英國統治
1900 中華民國
   印度獨立
2000

機之中。

3.東印度公司是商業壟斷資本的代表，而工業資本在英國迅速發展壯大，商業資本逐漸失去了它往日的地位。這點也是公司垮臺的最主要原因。

東印度公司對印度的行政管理成為英國公務員制度的原型。1813年公司的壟斷地位被打破後，公司漸漸脫離了貿易業務。1857年印度民族

起義後，公司將它的管理事務也交付給了英國政府，印度成為英國的一個直轄殖民地。1860年代中，公司把在印度的所有財產交付政府，公司

僅幫助政府從事茶葉貿易（尤其是與聖赫勒拿島）。《東印度公司股息

救贖法案》生效後，公司於1874年1月1日解散。《泰晤士報》評論說：在人類歷史上它完成了任何一個公司從未肩負過，和在今後的歷史中可能也不會肩負的任務。它的主要表現為：

1.擴張大英帝國領土。

2.殖民掠奪，積累商業資本。

3.戰略要地，北指阿富汗、南指東南亞、東指中國，成為有力的戰略支撐點。

4.加深殖民化，成為英國工業品的銷售市場，支持了國內資本主義的發展，從而推進了殖民化浪潮。

5.排擠了歐洲其他殖民大國。

6.東印度公司的統治為日後帝國政府的直接統治管理積累了經驗。

在1987年，有位咖啡商人成立了一間名為「東印度公司」的有限公

司，並於1990年申請以原東印度公司的紋章作為自己的商標。但專利

局表示「使用這個紋章的公司不能稱呼自己為『東印度公司』」，但到

了1996年，該公司更為自己成立了網站。該公司現時仍以「東印度公

司」的名義販售聖赫勒拿島的咖啡，並出版一本介紹東印度公司歷史的書。但是要注意的是，儘管該公司聲稱成立於1600年，但它與原公司

在法律上完全沒有關係。

東印度公司與今天的跨國公司並不相同，它是從自己政府那裡獲得貿易獨佔權而且擁有軍隊（包括艦隊），在殖民地建立政府機構，對殖民地進行殘暴的政治統治、經濟掠奪，乃至於販賣奴隸、毒品的軍政經合一的殖民機構。它們產生和存在於16世紀末到19世紀上半期，對各國資本主義原始積累產生了重要作用。

16世紀末至17世紀初，先後有葡、英、荷、丹、法等國在東半球的印度、印尼、馬來亞等地成立東印度公司。至於為什麼都取名「東印度公司」，這和哥倫布錯把美洲當作印度並以訛傳訛有關。1492年，哥倫布航行到達今天中美洲的西印度群島，錯把它當作印度，把當地土著當作印度人（今天仍把美洲原住民稱為印第安人，在英文裡與印度人是同一個單詞）。以後人們雖發現錯了（哥倫布本人至死都不承認自己錯了），但仍然將錯就錯，把真正的印度（甚至印尼等一些東南亞國家）叫作「東印度」，把美洲加勒比海的島嶼叫作「西印度」，上述這些殖民公司的名稱就由此而來。

永久殖民

荷、英、法為什麼都在東半球設立東印度公司，這是因為17世紀至18世紀時，這三國是世界上主要的殖民國家（還有西班牙，不過它主要在西半球擴張），它們在東半球的爭奪尤其激烈，爭相成立東印度公司是它們之間爭奪的重要表現和手段。最後，英國取得勝利，英國東印度公司也最有名。

隨著工業革命的開展和逐步完成，自由競爭、自由貿易已成為新興工業資產階級的強烈要求，這種特權公司已不適應資本主義進一步發展的要求，18世紀中期，先後被各國政府解散。

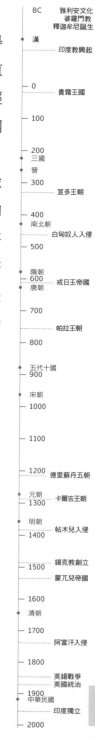

BC　雅利安文化
　　婆羅門教
　　釋迦牟尼誕生

漢　　印度教興起

0　　　貴霜王國

100

200　笈多王朝
三國
晉
300

400
南北朝　　白匈奴人入侵
500

隋朝　600　戒日王帝國
唐朝
700
　　　帕拉王朝
800

五代十國
900
宋朝
1000

1100

1200　德里蘇丹五朝
元朝
1300　卡爾吉王朝
明朝
　　　帖木兒入侵
1400
　　　錫克教創立
1500　蒙兀兒帝國

1600
清朝
1700　阿富汗入侵
1800
　　　英錫戰爭
　　　英國統治
1900
中華民國
　　　印度獨立
2000

東印度公司始建於1600年。最初,英國人主要是利用東印度公司做生意,慢慢地,東印度公司就成了英國殖民者侵略印度的工具。1613年,英國在印度西部的蘇特拉設立貿易站,不久,又在印度東南部的馬德拉斯建立商館。

英國人在印度大肆掠奪,勢必引起印度人民的不滿,所以英國東印度公司為了更順利地入侵其他地區,便在加爾各答修築了一個巨大的堡壘,裡面是荷槍實彈、全副武裝的英國軍人,這些英軍還積極訓練印度人幫助他們打仗。

本來是做生意的東印度公司,光是經濟掠奪就已經使印度人民非常不滿,這時,他們又建立了軍隊,印度政府理所當然地出面進行干預。

1756年,孟加拉的納瓦布(相當於總督)向東印度公司提出抗議,要求他們在加爾各答拆除堡壘,英國人根本不理睬,納瓦布非常氣憤,發兵趕走了英國人,收回了加爾各答。這就開始了歷史上著名的英、印「七年戰爭」。

這個時候,因為英國政府授予了東印度公司各種權力,如壟斷貿易權、訓練軍隊權、宣戰媾和權、設立法庭審判本國或殖民地居民權等,由此可見,東印度公司實際已成為英國政府入侵印度的代理機構。

1757年1月,克萊武率軍在恆河口登陸,經過短時間激戰,重新佔領了加爾各答。6月,納瓦布調遣7萬大軍與克萊武的900英軍在普拉賽地區作戰。英國士兵面對強大的印度軍隊早已嚇破了膽,初戰就失敗了。但是,他們用大量金錢、珠寶收買了印度的不少軍官,使印度軍隊向後撤退,這時英軍迅速追擊,印軍四散逃跑,連納瓦布也被英軍殺死。

英國軍隊趁勢向孟加拉庫進軍,當打開國庫大門。他們看到了滿庫的金銀珠寶的時候,「搶啊!」英軍頓時像開了閘的水一樣衝向國庫的各個角落。

國庫空了,英國軍人卻滿載而歸。幾年以後,克萊武在向議會陳述

這次搶劫時，非常遺憾地說：「當時我真傻，我周圍滿是金銀珠寶，整箱整箱的金條，整袋整袋的各色寶石。可我卻只拿走了20萬鎊！」

據不完全統計，孟加拉國庫被搶，英軍拿走的金銀珠寶，總價值達3700萬英鎊，這還不包括個人私藏的，如東印度公司職員們個人搶走的總數價值2100萬英鎊。光這兩項總價值就達5800萬英鎊。

這次戰役之後，英軍又擊敗了法軍，從此，獨自霸佔了孟加拉，並任命親英派印度人作了納瓦布。

1767年，英國議會通過了「東印度公司管理法」，此法規定，原加爾各答的省督改為總督，並由國家直接任命，其任務是代表英國政府全權管理英國佔領下印度的全部領土。至此，英國政府開始直接統治印度。

以後，英國繼續佔領印度其他地區，1774年，佔領了奧德；1799年，經過持續二十三年的戰爭之後，英國又佔領了印度南部具有很強實力的封建國邁索爾。1849年，又佔領了印度西北部的旁遮普。從此，英國完全佔領了印度，印度全國淪為英國的殖民地。

東印度公司能夠一步步吞食印度並牢牢地控制印度，其秘訣在於「分而治之」。印度是南亞的一個大國，從16世紀初期，蒙兀兒帝國就開始統治印度。表面看，印度是一個統一的龐大帝國，實際上，印度從未實現過統一。不僅各封建割據王國互相爭鬥，連中央內部也問題重重，同時，又不斷受到外來勢力的入侵。所以，國力非常弱小。再加上傳統的種姓制度，使社會各階層對立非常尖銳。在這種情況下，英國順利闖入印度。英國殖民者佔領印度後，便充分利用了印度國內的各種衝突勢力，讓「印度人打印度人」，從而坐收漁利。如18世紀末，東印度公司先唆使印度教封建王公攻打伊斯蘭教的邁索爾，後又唆使海德拉巴王公進攻馬拉特，並挑撥馬拉特王公之間的關係，造成極度混亂局面後，東印度公司才出面收拾殘局，進而確立自己的殖民統治權。

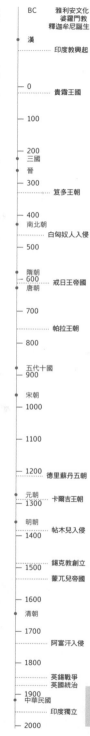

BC　雅利安文化
　　婆羅門教
　　釋迦牟尼誕生
漢
　　　印度教興起

0　　貴霜王國

100

200
三國
晉
300　笈多王朝

400
南北朝
　　　白匈奴人入侵
500

隋朝
600　戒日王帝國
唐朝

700

800　帕拉王朝

五代十國
900

宋朝
1000

1100

1200　德里蘇丹五朝

元朝　卡爾吉王朝
1300

明朝　帖木兒入侵
1400

　　　錫克教創立
1500　蒙兀兒帝國

1600
清朝

1700
　　　阿富汗入侵

1800
　　　英錫戰爭
　　　英國統治
1900
中華民國
　　　印度獨立

2000

BC

耶穌基督出生　0—

君士坦丁統一羅馬

羅馬帝國分成兩部

波斯帝國　500—

回教建立

東羅馬馬其頓王朝

神聖羅馬帝國建立
　　　　1000—

英國征服愛爾蘭

蒙古第一次西征

歐洲流行黑死病

哥倫布發現新大陸
　　　　1500—

英國大破無敵艦隊

發明蒸汽機

美國獨立
拿破崙稱帝

美國南北戰爭開始

第一次世界大戰
第二次世界大戰

　　　　2000—

由於東印度公司殘酷掠奪和壓榨印度人民，使印度人民遭受了無窮的災難，僅1770年孟加拉大饑荒，就餓死1000萬人，占孟加拉人口的三分之一。早期的東印度公司以「1702年公司危機」案為界，大致可分為兩個階段：第一階段，公司處於內外交困的境地；第二階段，公司逐步興隆，壟斷地位鞏固，貿易有了飛速的發展，尤其以印度三大商港為中心，設立了三個管區。

英國人貪婪的目光早就盯向這富饒的次大陸。早在1527年，一名頗有遠見的英國富商就曾向亨利八世建議，開闢一條直達印度的新航線，但兩次試航都以失敗告終。半世紀後又有一夥商人攜帶女王寫給阿克巴大帝的信，遠赴印度，遊歷八年後，他們帶著大量情報返回倫敦。

1599年，倫敦大貿易商集會，籌備對東印度貿易的公司。他們集資了2萬多英鎊的資金，向國王申請貿易特許狀。是時，荷蘭人剛剛將歐洲的胡椒價格提高一倍以上，香料貿易的暴利產生了強烈的示範效應，這是英國東印度公司獲得特許狀的直接原因之一。就在1600年的最後一天，女王頒發了特許狀，授予公司十五年東方貿易的專利權。1609年，詹姆士一世又將專利權的十五年期限，改為永久性授予。

初期，東印度公司海上力量尚處弱勢，在東方常常受到荷蘭人的排擠。在國內，其他一些英國公司也想染指它的特許壟斷權。例如，1637年「柯坦協會」在查理一世的支持下成立；「阿薩達公司」也企圖在印度海岸建立殖民地。英國革命後，原先國王頒發的特許狀失效，公司在貸款給新政府助其渡過難關後，1657年「護國公」克倫威爾才發給新的特許狀。更糟糕的事接踵而來，議會為了解決財政困難，1698年通過法案：凡向政府貸款200萬英鎊者，即可成立對東印度貿易的新公司。結果「英國東印度貿易公司」應運而生，並獲得對印度貿易的獨享權利。那家老公司按現行法案條款，三年後將自動解散。公司的董事們面臨著「國無二主，兩個東印度公司必毀其一」的險境，在英國和印度全力以

赴，據理力爭並努力調解，終於在1702年達成兩者合併的協定。

1708年，新公司組建完畢，定名為「英商東印度貿易聯合公司」，雙方股金各占一半。隨著東印度公司在印度的進展，它的性質漸漸發生了變化。1600年，特許狀允許公司制定內部法律；1615年，國王授權公司在內部具有司法權，可對罪犯判罰直至死刑。以後公司將立法與司法權擴大至印度殖民地。

1677年，公司被授權鑄造印度貨幣，在殖民地使用。1683年，特許狀授予公司招募軍隊、宣戰及媾和的權力。17世紀下半葉起，英人以馬德拉斯、孟買和加爾各答三大商港為中心，設立三大管區，各設一名省督管轄。至此，東印度公司已從最初的貿易公司，演變成商業、政治、軍事、司法合一的組織。

1757年普拉西戰役後，東印度公司全力向內陸發展，它的權力迅速在次大陸蔓延、膨脹。1767年，英國議會通過議案，要求公司每年向國庫繳納40萬英鎊。而事實上，東印度公司的利潤不僅不足以支付龐大的行政管理費，而且還需向財政部借款百萬英鎊。尤其1773年公司發生財政危機，又一次請求政府貸款時，促使議會下決心進行干涉。

1773年在諾思首相的建議下，制定了《管理法案》，這是議會關於印度一連串法案中的第一個，它主要解決財政問題和管理問題。法案規定，公司董事必須向財政部呈交由印度發來的涉及稅收的所有信件；每半年應向財政部長提呈報告。法案也具體確定了印度殖民政府的組織形態。統治印度的最高行政機構設於孟加拉管區的加爾各答，管理以前的三大管區。總督由首相提名，國王任命（第二任總督改由公司提名，國王批准），任期五年。設立一個四人組成的參事會，輔助總督管理。第一任全印總督是華倫・哈斯丁斯，他原是孟加拉管區的總督，1774年10月正式就任。法案還規定在加爾各答設立最高法院，由一名首席法官和三名法官組成。印度總督和參事會成員不受加爾各答最高法院的管轄；

BC　雅利安文化
　　婆羅門教
　　釋迦牟尼誕生

漢　　印度教興起

0　　貴霜王國

100

200
三國
晉
300　　笈多王朝

400
南北朝
　　白匈奴人入侵
500

隋朝
600　　戒日王帝國
唐朝

700

800　　帕拉王朝

五代十國
900

宋朝
1000

1100

1200　德里蘇丹五朝

元朝　　卡爾吉王朝
1300

明朝
　　帖木兒入侵
1400

　　錫克教創立
1500
　　蒙兀兒帝國

1600
清朝

1700
　　阿富汗入侵

1800
　　英錫戰爭
　　英國統治
1900
中華民國
　　印度獨立

2000

另外，法院對稅收事務也沒有審理權。

　　1773年，法案對管理和監督東印度公司，對有關印度行政、司法、

人事等諸多方面，都作出了規定。這樣，英國在印度的管理體制已初步

奠立，治理也大大改善。然而，各項規定只有廣泛的原則，缺乏明確的

責權的具體區分，例如總督本身的職權及範圍，行政與司法部門之間的

關係，參事會如以多數票否決了總督的裁決將如何處理……等等。

　　實際施行幾年後，《管理法案》的缺陷越來越明顯，哈斯丁斯總督

在公司董事會的支持下，權力不斷膨脹；另一方面，政府欲控制東印度

公司的願望也越來越強烈。當1783年，公司又一次向議會提出財政援助

時，改革已勢在必行。

　　1784年，議會通過《印度法》，由於該法案由首相皮特提出，所以

也稱「皮特法案」。法案的核心是制定了「雙重管制」的政策。法案規

定，在倫敦成立一個督察委員會，它由財政大臣、國務大臣和國王任命

的4名顧問組成，全權監督東印度公司的民政和軍政。以前，公司在倫

敦由24人組成的董事會權力很大，印度的各項政策基本由董事會定奪。

現在，政府設立督察委員會，它對政府和議會負責，這就形成了兩個系

統。以後有關印度的政策由公司提出，但決策權由政府掌控；反之，已

決定的政策則需經過公司具體貫徹執行。這種雙重管理體制一直實行至

1858年。「1813年法案」進一步削弱了公司在印度的權勢。此前，英國

對印度貿易基本上由東印度公司承辦，1813年法案取消了它的壟斷權，

以後英國的公司都能夠直接經營對印度貿易。同時，法案確定了英王對

印度領地的「當然主權」。1833年《特許狀法》又進了一步，停止東印

度公司在印度的貿易活動，撤銷其在印度的貿易機構。此後，東印度公

司成了英國政府轄下的一個純粹的行政機構。

　　「1858年法案」是受1857年印度大起義衝擊後制定的。此後，英國

政府改變了統治印度的政策，取消了東印度公司管理印度行政的權力，

使它退回到一般的商業機構。公司在印度的領地成為英王的直轄殖民地，女王任命總督進行治理，並在內閣設立印度事務大臣。

總之，在1600年至1858年的二百五十多年間，英屬東印度公司在印度從一個特許壟斷貿易的商業組織，發展成為佔有廣大領土並建立政權的一個政治軍事商業集團；以後，權勢不斷下降，逐漸演變為英王直轄殖民地的一個非壟斷性一般的商業機構。1874年1月1日，不堪重負的東印度公司正式解散。

殖民當局對印度附屬國的政策

英國殖民者在征服印度的過程中，由於政治管理的欠缺和軍事力量的不足，所以採用「直接或間接由英國主宰整個印度」的方法，即在軍事征服後，使用直接兼併與訂立「輔助金條約」的不同策略，這樣就產生了直轄殖民地和附屬國兩種統治形式。

但是這兩種形式，尤其是附屬國形式，不是固定不變的，而是視殖民政府形勢的需要，恣意將其改變。哈斯丁斯在將奧德等附屬國作為「籬笆」來緩衝馬拉塔人等強勁對手的攻擊時，以所謂的「平等」、「友好」對待它們。為使附屬國能俯首貼耳，他甚至在1775年2月26日上書英國諾斯首相，建議欲長久保持權勢及強化與附屬國關係，這樣做不僅會令土邦主們覺得地位提高，權位也獲得了保障。隨著大局初定，當殖民當局稍有餘力時，他們就將那些在經濟上、軍事戰略上具有重要地位的附屬國兼併了，如貝拿勒斯、加爾納迪等。但此時對一般附屬國，大多數認為應予以保留，只是英國政府應加強對其控制。根據這一精神，威爾斯利總督就曾迫使附屬國成為「從屬同盟」的關係，它們的軍事、外交等都受到東印度公司的監察和嚴控。英人還派遣駐紮官常駐他們的都城，因此這些附屬國只是在形式上仍保持著內部的主權。

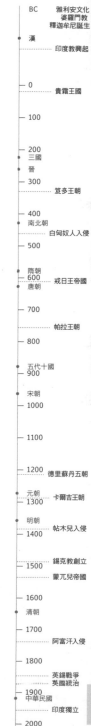

BC　雅利安文化
　　婆羅門教
　　釋迦牟尼誕生
漢
　　印度教興起

0　　貴霜王國

100

200
三國
晉
300　　笈多王朝

400
南北朝
　　白匈奴人入侵

500

隋朝
600　　戒日王帝國
唐朝

700
　　帕拉王朝

800

五代十國
900

宋朝
1000

1100

1200　德里蘇丹五朝
元朝
1300　　卡爾吉王朝
明朝
　　帖木兒入侵
1400

1500　　錫克教創立
　　蒙兀兒帝國
1600
清朝
1700
　　阿富汗入侵

1800
　　英錫戰爭
　　英國統治
1900
中華民國
　　印度獨立

2000

隨著征服印度的大局已定，存在眾多附屬國的弊病漸漸顯露出來。這些附屬國在領土上與英屬印度交錯在一起，隨著印度成為英國商品市場和原料供應地，在貨物運輸與徵稅方面帶來了極大的不方便，如公路、河運等交通要道都要穿越一些附屬國；儘管英屬領地之間已取消了過境稅，但一些王公依然要有自己的關卡稅。

在政治上，這些附屬國承襲著舊傳統，內部王位之爭的事端層出不窮，造成一邦或多邦的政局動盪，戰亂不已。這對英國在全印度的商品銷售及原料收購形成很大威脅，如那格浦爾是著名的棉花產地，內亂一起，棉花就很難如期如數地收購上來。因此殖民政府在1834年和1841年制定方針，採取有選擇兼併的策略，即衡量利弊後，擇其重要的予以兼併。為了使兼併附屬國師出有名，殖民當局製造了種種藉口，「轉屬說」和「善政說」是最常用的藉口。所謂「轉屬說」，意即王公無嗣，死後其領土由殖民當局收歸兼併統轄，其養子和他人都無權繼承。「善政說」也稱王公「治理不善說」，英人指責王公行政敗壞，民眾承受著莫大的痛苦，所以必須由良好的政府替代，以便給「千萬人民帶來幸福」。總之，英人有選擇性地兼併一些附屬國，有的是為了擴大政治勢力，有的是為全面通商，增加稅收，有的是為增強軍隊的機動能力，有的是為了對其他附屬國形成一種威懾力量。

耶穌基督出生　0—

君士坦丁統一羅馬
羅馬帝國分成兩部

波斯帝國　500—

回教建立

東羅馬馬其頓王朝

神聖羅馬帝國建立
　　　1000—

英國征服愛爾蘭
蒙古第一次西征

歐洲流行黑死病

哥倫布發現新大陸
　　　1500—
英國大破無敵艦隊

發明蒸汽機

美國獨立
拿破崙稱帝

美國南北戰爭開始
第一次世界大戰
第二次世界大戰

　　　2000—

平叛：異族統治的必然難題

馬拉塔戰爭

17世紀60-70年代，德干和南印度地區戰亂不斷。由於這一地區存在著四種主要力量，即印度本土的馬拉塔聯盟（印度教）、海德拉巴、迅速崛起的邁索爾（均為伊斯蘭教）以及英國人的孟買管區和馬德拉斯管區，所以相互之間的爭戰不斷。

1767年至1769年爆發了第一次英國-邁索爾戰爭。海德爾‧阿里時任邁索爾邦蘇丹，他是個很有才華的冒險家，早先投入邁索爾總司令南賈拉傑門下，很快扶搖直上，不久取代了恩主保留傀儡國王，成為邁索爾真正的掌權者。接著他不斷擴張領土，終於在1766年招致海德拉巴和馬拉塔人的聯合進攻。一支英軍分遣隊以與海德拉巴有約在先為藉口，開進了邁索爾地區。海德爾以割地及納貢為條件，誘使馬拉塔人退出戰爭；又以同樣方式促使海德拉巴與英國人毀約，與自己訂立軍事同盟條約。這樣，交戰的雙方由原先三家聯盟攻擊邁索爾，演變成邁索爾和海德拉巴聯手對抗英國人。

1767年9月，英軍擊敗邁索爾與海德拉巴聯軍。1768年海德拉巴以割讓幾個縣的代價與英媾和。1769年3月，邁索爾誘敵深入，然後用騎兵突襲英軍老巢馬德拉斯，並擊敗了從孟買管區遣來的英人援軍。這

BC　　雅利安文化
　　　婆羅門教
　　　釋迦牟尼誕生
漢　　　印度教興起

0　　　貴霜王國

100

200
三國
晉
300　　笈多王朝

400
南北朝
　　　白匈奴人入侵
500

隋朝
600　　戒日王帝國
唐朝

700

　　　帕拉王朝
800

五代十國
900

宋朝
1000

1100

1200　德里蘇丹五朝
元朝
1300　卡爾吉王朝
明朝
　　　帖木兒入侵
1400

1500　錫克教創立
　　　蒙兀兒帝國

1600
清朝
1700
　　　阿富汗入侵
1800
　　　英錫戰爭
　　　英國統治
1900
中華民國
　　　印度獨立
2000

BC

耶穌基督出生　0—

君士坦丁統一羅馬

羅馬帝國分成兩部

波斯帝國　500—

回教建立

東羅馬其頓王朝

神聖羅馬帝國建立
　　　　　1000—

英國征服愛爾蘭

蒙古第一次西征

歐洲流行黑死病

哥倫布發現新大陸
　　　　　1500—

英國大破無敵艦隊

發明蒸汽機

美國獨立
拿破崙稱帝
美國南北戰爭開始
第一次世界大戰
第二次世界大戰

　　　　　2000—

出其不意的打擊，迫使英人於4月4日簽訂合約。根據合約，雙方交換俘虜，歸還彼此所占領土。並且，英人利用印度三強之間有隙，答應邁索爾在遇到其他勢力攻擊時給予援助，為以後行動留下伏筆。

1775年至1784年期間，第一次英國-馬拉塔聯盟戰爭（1775—1782）與第二次英國-邁索爾戰爭（1780—1784）交織在一起。馬拉塔聯盟內部的佩什瓦（意為「首席」，馬拉塔聯盟最高統帥的稱呼）位置之爭，給一直在尋求擴張的孟買管區的英國人，提供了良好時機。1773年，拉古納特‧拉奧串通他的一些心腹，將時任佩什瓦的親侄子納拉揚‧拉奧殺害，自己登位。但其政敵們群起而攻之，他們擁立已故佩什瓦的遺腹子即位，並將拉古納特‧拉奧逐出。喪家的拉古納特‧拉奧投靠了孟買的英國人。

1775年3月7日，為獲得英人軍事援助，拉古納特‧拉奧與孟買管區締結了《蘇拉特條約》。據約，英人派遣2500人的軍隊援助他，軍費由他承擔。作為報酬，拉古納特‧拉奧割讓撒爾塞特島與巴塞因港給英國人，並將布羅奇和蘇拉特兩地的一部分稅收轉讓給他們。

1775年5月18日，戰爭正式打響，英人初戰小勝。1778年11月，孟買管區派出一支3900人（其中3000人為印度土兵）的遠征軍，攻擊馬拉塔首府浦那，途中遭到馬拉塔軍的猛烈打擊。英軍退敗瓦德崗，被迫簽訂求和條約。在《瓦德崗條約》中，英人許諾：交還自1773年起所佔領的馬拉塔人土地，撤回從孟加拉派來的軍隊，讓出布羅奇稅收的一部分。然而，自1773年起，英國政府在孟加拉設計總督，監管馬德拉斯、孟買兩管區，諸如宣戰、媾和等重大事宜，均須有孟加拉總督允准。此時哈斯丁斯總督不承認《瓦德崗條約》，並決心洗刷恥辱。他派出一支大軍橫跨印度大陸，安全抵達蘇拉特，戰爭又繼續進行。

這時，一種新的格局出現了。馬拉塔聯盟、邁索爾和海德拉巴在飽受英國人陰謀詭計、各個擊破的痛楚後，以及在對唇亡齒寒有所覺悟

後，在1780年組成了抗英總聯盟，並且還打算爭取法國人的援助。按照約定，海德拉巴向北出擊沙卡爾地區，邁索爾進攻加爾納迪，馬拉塔人兵分兩路，一路征戰孟加拉，一路攻擊孟買，與統一指揮和統一行動的英軍展開決戰。

但是，利己主義和目光短淺的印度王公們，在強力威脅和利益誘惑下，最終未能將抗英戰爭進行到底。1780年，抗英大聯盟的軍事行動開始不久，英國人將所占的貢土爾縣還給海德拉巴，以反覆無常出名的王公尼查姆下令班師，海德拉巴脫離了聯盟。同時，英國人用一大筆錢收買了馬拉塔聯盟中主攻孟加拉的邦斯勒系，致使大本營無後顧之憂。此時只有馬拉塔聯盟中的另兩派佩什瓦和信迪亞以及邁索爾仍堅持抗英戰鬥。1781年，英軍深入信迪亞領土中心進行攻擊，2月攻陷西帕利。信迪亞在震驚之餘，1781年10月與英方單獨媾和。1782年2月15日，英軍孟加拉部隊以強攻佔領了阿瑪達巴德，8月攻佔瓜廖爾，但進攻浦那的企圖遭遇挫折。以後在信迪亞的斡旋下，1782年5月17日，佩什瓦與英人簽訂了《薩爾培條約》，這象徵著第一次英國-馬拉塔聯盟戰爭的結束。根據條約，英國人佔有了薩爾塞特島，但歸還其他所占領土。該條約使英國人與馬拉塔人休戰二十年，為英國人從容征服邁索爾和其他一些地區提供了時機。

馬拉塔聯盟的單獨退出，對邁索爾人是沉重的打擊，但頑強的邁索爾人仍不屈不撓地抗擊著英軍。經過一年多的拉鋸戰，雙方雖在戰場上互有勝負，但都無法取勝。1784年3月，雙方簽訂了《曼加洛爾條約》，在相互歸還征服的領土和釋放俘虜的基礎上，第二次英國-邁索爾戰爭結束了。

1790—1792年，英國發動了第三次英國-邁索爾戰爭。自1784年停戰後，英國人集中精力鞏固已有成果並積蓄力量，而印度王公們卻為了爭奪領土戰亂不已，處處顯出疲態。同時，英國人冷靜地分析局勢，意

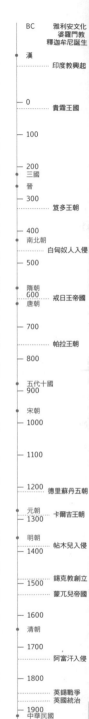

BC　雅利安文化
　　婆羅門教
　　釋迦牟尼誕生
漢
　　　印度教興起

0　　貴霜王國

100

200　三國
晉
300　笈多王朝

400
南北朝
　　白匈奴人入侵
500

隋朝
600　戒日王帝國
唐朝
700
　　　帕拉王朝
800

五代十國
900
宋朝
1000

1100

1200　德里蘇丹五朝

元朝　卡爾吉王朝
1300

明朝　帖木兒入侵
1400

1500　錫克教創立
　　　蒙兀兒帝國

1600
清朝
1700
　　　阿富汗入侵
1800
　　　英錫戰爭
　　　英國統治
1900
中華民國
　　　印度獨立
2000

BC

耶穌基督出生　0—

君士坦丁統一羅馬

羅馬帝國分成兩部

波斯帝國　500—

回教建立

東羅馬其頓王朝

神聖羅馬帝國建立
　　　　1000—

英國征服愛爾蘭

蒙古第一次西征

歐洲流行黑死病

哥倫布發現新大陸
　　　　1500—

英國大破無敵艦隊

發明蒸汽機

美國獨立
拿破崙稱帝

美國南北戰爭開始

第一次世界大戰
第二次世界大戰

　　　　2000—

識到三支印度主要對抗力量中，馬拉塔聯盟較為強大，邁索爾抗英最堅決，因此摧毀邁索爾是其主要戰略目標。另外，印度王公們的紛爭，使英人慣用的詭計有了施展機會，甚至發展到利用印度王公攻打另一印度王公的地步。

1790年，英國人以共同瓜分邁索爾領土為條件，分別誘使海德拉巴和馬拉塔人於6月1日及7月4日加入反邁索爾的三國聯盟。馬拉塔人和海德拉巴各派出1萬人協同英人作戰。在強弱懸殊的局勢下，邁索爾人英勇奮戰，經過三次較大戰役的拼殺後，終究寡不敵眾。1792年3月，邁索爾的掌權人提普在其首府，被迫簽訂《塞林加帕坦條約》。根據這個城下之盟，提普割讓一半領土，由英國、馬拉塔聯盟和海德拉巴瓜分。此外，邁索爾還賠款300萬英鎊，並把他的兩個兒子送到英人軍營中充當人質。對於英國而論，「這些領土的獲得，強化了東印度公司的力量和佔領區域的完整性」。

第四次英國-邁索爾戰爭（1799）短暫且慘烈。1792年失敗以後，元氣大傷的提普蘇丹不甘沒落，他竭力爭取法國人為「得力的同盟軍」，以與英人抗爭。是時，法國的督政府在歐洲與英國正處於一場殊死的戰爭中（1795—1799）。提普向法國伸出了橄欖枝，結果法國政府與提普簽訂了攻守同盟，並在1798年4月，一些法國志願者在曼加洛爾登陸。

英國威爾斯利總督在1798年到任（英國歷任印度總督），經一年的部署與備戰，1799年2月正式向提普宣戰。英軍分別由馬德拉斯及孟買壓來，從東南、西北兩面夾攻，直取都城塞林加帕坦。此外，英人促海德拉巴作為附庸參戰，拉攏馬拉塔人維持中立。再者，英人使出一貫伎倆，收買了邁索爾的首相和輕騎兵司令等一批內奸，在他們的配合下，英軍長驅直入。尤其當英軍轟破都城，提普與之血戰時，內奸關閉了城門，斷絕邁索爾軍退路，結果提普陣亡，全境被英軍佔領，整個戰爭費時僅兩個半月。邁索爾被瓜分了，西部、東南部和東部的大片地區被英

人吞併。東北約兩個半縣的領土割讓給海德拉巴。其餘部分由英人扶植原先印度教舊王室的後裔統轄，這名年僅5歲的新君王與英人簽訂「輔助金條約」，一支英軍常駐邁索爾，並由當地負責供養。1800年，海德拉巴被迫將其從邁索爾獲得的土地轉交給東印度公司，充作供養英軍的輔助金。

　　第二次英國-馬拉塔戰爭（1803—1805）是爭奪印度統治權的決戰。

　　如果說邁索爾的淪陷，使馬拉塔人感悟到唇亡齒寒的含義，那麼本次戰爭的結局，則使他們體悟到鷸蚌相爭的後果。以浦那為首府的馬拉塔佩什瓦，只是馬拉塔人象徵性的首領。浦那王公名義上管轄四個屬邦，實際上他們各自為政，各有企圖，相互爭鬥愈演愈烈。1802年10月，霍爾卡邦首先發難，打敗了佩什瓦和信迪亞兩邦的聯軍，直搗浦那。佩什瓦逃至巴塞因，請求英國人助其復國，12月雙方簽訂了《巴塞因條約》，規定一支不少於6000人的英軍長期駐紮在佩什瓦復辟的領土上，費用250萬盧比由浦那政府承擔；將蘇拉特割讓給英國；馬拉塔各邦若與海德拉巴等英人附屬國發生糾紛，悉聽英屬東印度公司處理。

　　1803年5月，英國開入浦那，恢復了佩什瓦的統治。接著，英人宣布《巴塞因條約》適用於所有馬拉塔屬邦。各邦王公當然予以拒絕，戰爭爆發。以信迪亞邦為首，聯合邦斯勒，派遣大軍25萬，加上法國訓練的新軍4萬，合力攻擊浦那。霍爾卡邦和蓋克瓦邦再一次讓英國人的離間得逞，他們按兵不動，袖手旁觀。英軍以5.5萬人避強攻弱，歷時五個月終將參戰的兩邦擊敗。英人分別在1803年12月17日與邦斯勒訂立《德奧岡條約》，12月30日與信迪亞簽訂《蘇爾吉-阿爾金岡條約》。霍爾卡邦終究未能置身事外，1804年4月，獲勝的英軍騰出手來攻擊它。孤立無援的馬拉塔人儘管浴血奮戰，最後還是喪失了大部分國土。

　　1805年12月，雙方訂立和約，霍爾卡邦總算要回一部分淪陷的土地。藉由這場戰爭，英國人獲得大片割地，不僅有富饒的朱木拿河與恆

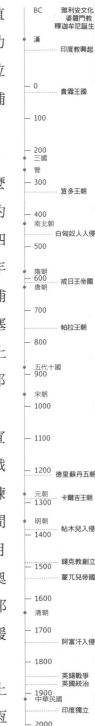

BC　雅利安文化
　　婆羅門教
　　釋迦牟尼誕生

漢
　　印度教興起

0　　貴霜王國

100

200
三國
晉
300　　笈多王朝

400
南北朝
　　白匈奴人入侵
500

隋朝
600　　戒日王帝國
唐朝
700
　　帕拉王朝
800

五代十國
900
宋朝
1000

1100

1200　德里蘇丹五朝
元朝　卡爾吉王朝
1300
明朝　帖木兒入侵
1400
　　錫克教創立
1500　蒙兀兒帝國

1600
清朝
1700
　　阿富汗入侵
1800
　　英錫戰爭
　　英國統治
1900
中華民國　印度獨立

2000

BC

耶穌基督出生　0—

君士坦丁統一羅馬

羅馬帝國分成兩部

波斯帝國　500—

回教建立

東羅馬馬其頓王朝

神聖羅馬帝國建立
　　　　1000—

英國征服愛爾蘭

蒙古第一次西征

歐洲流行黑死病

哥倫布發現新大陸
　　　　1500—

英國大破無敵艦隊

發明蒸汽機

美國獨立
拿破崙稱帝

美國南北戰爭開始

第一次世界大戰
第二次世界大戰

　　　　2000—

河之間的河間地，而且把馬德拉斯管區與孟加拉管區的領地連接起來了。馬拉塔三大屬邦不得不接受讓英國駐兵境內（佩什瓦），或駐兵邊境（信迪亞），或官員駐紮首府（邦斯勒）的要求，並且所有駐軍開銷由馬拉塔人承擔。那些條約還規定，馬拉塔任何屬邦與英國盟邦發生衝突時，悉聽英人仲裁。戰後，英軍佔領了德里，蒙兀兒皇帝處於英人控制下。皇帝被迫宣布：凡東印度公司的轄地與保護邦，均不再受蒙兀兒王朝的統治。由此可見，馬拉塔人的獨立地位已基本喪失，蒙兀兒皇帝也形同傀儡。難怪英國評論家蒙羅囂張地說：「我們現在完全是印度的主子了。」

　　1817年至1818年是第三次英國-馬拉塔戰爭。第二次英馬戰爭後，英國人變本加厲，進一步迫使佩什瓦、信迪亞和邦斯勒分別與之簽訂新約。根據三個新條約，佩什瓦放棄馬拉塔聯盟的領導身份，這沉重打擊了他的權力和威望；英人借道信迪亞，取得對拉其普特各邦的控制，而它們本來是信迪亞的掠財之地；邦斯勒喪失獨立，置於「輔助金條約」的體系中。在如此苛刻條約的壓抑下，馬拉塔人不甘沉淪，他們對英國人的敵視日益增加，各屬邦秘密串聯，意圖反撲。1817年11月，佩什瓦巴吉‧拉奧二世在浦那起兵，他們焚毀英國駐紮官的邸所，發兵2.7萬人襲擊英軍軍營。邦斯勒和霍爾卡兩邦也起兵回應，但先後被英軍擊敗。1818年6月，佩什瓦的疲憊之師最終慘敗，他走投無路，只得向英軍投降。失敗的三邦不得不再次簽訂屈辱條約。邦斯勒將納爾馬達河北岸割讓給英人，其未成年的孫子被立為王公，轄有其餘地區。霍爾卡將納爾馬達河南岸割讓給英人，並供養一支英國駐軍。佩什瓦的職位被廢除，巴吉‧拉奧二世受禁於坎普爾，淒涼度殘年；原領地由英人管轄，劃出一部分交由西瓦吉的後裔統治，是為薩塔拉土邦。

錫克戰爭

　　儘管征服了邁索爾和馬拉塔兩大勁敵，英人還面臨著另一種不得不認真對付的局勢。由於蒙兀兒帝國的疆土破裂得極為細碎，大小王公多達數百。為控制這類弱小土邦，英國人使用訂立條約的方法將它們納於轄下。「輔助金條約」（又稱「軍事輔助金條約」）是最常用的方法，即印度王公同意把對外交涉權授予英國，同意英軍駐紮境內，以擔負防禦職責。駐軍一般僅是幾名英人軍官，大部分是印度土兵，而供養軍隊的費用由王公承擔，這就是輔助金。這種方式始於1740年，法國的杜佈雷首先在海德拉巴實行。後來英國人學用此方法，並把它擴大到全印度。1765年先試行於奧德，1787年用於加爾納迪，1798年海德拉巴、1802年佩什瓦等均也接受了輔助金條約。在邁索爾、馬拉塔被征服以前，王公們往往是被迫簽訂「輔助金條約」，當兩者被征服後，簽約形成風氣，王公們唯恐處於受打擊或遭排擠的不利地位，常常是主動爭著與英國人訂約。

　　英國征服印度，戰略上是以三塊鞏固的殖民管區為基地，四處攻擊，不斷擴張。西南是孟買管區，東南是馬德拉斯管區，東北是以加爾各答為中心的沿孟加拉灣地區，三者都瀕臨大海，可以充分得到海上支持，有利於兵源和後勤的補給。

　　突破的機會出現於孟加拉。1756年，孟加拉的納瓦布阿拉瓦迪去世，他沒有直系子嗣，納瓦布之位就傳給外孫西拉吉。此前，英國人不經納瓦布允許，曾擅自在加爾各答整修武備，增建炮臺，西拉吉對此極為不滿，即位後，他照會英國人，告誡他們應安分經營商業，不得構築城堡，並命令他們撤除新增炮臺。英國人未予理會，反而肆無忌憚地收容他的政敵。同年6月，憤怒的西拉吉發兵5萬，攻佔了加爾各答。

　　英人絕不會坐視財源喪失，他們大肆渲染「黑洞事件」，以「復

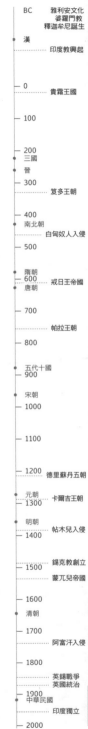

BC　雅利安文化
　　婆羅門教
　　釋迦牟尼誕生
漢
　　　印度教興起

0　　貴霜王國

100

200
三國
晉
300　笈多王朝

400
南北朝
　　　白匈奴人入侵
500

隋朝
600　戒日王帝國
唐朝

700

　　　帕拉王朝
800

五代十國
900

宋朝
1000

1100

1200　德里蘇丹五朝

元朝　卡爾吉王朝
1300

明朝　帖木兒入侵
1400

　　　錫克教創立
1500
　　　蒙兀兒帝國

1600

清朝
1700

　　　阿富汗入侵
1800

　　　英錫戰爭
　　　英國統治
1900
中華民國
　　　印度獨立

2000

BC

耶穌基督出生　0—

君士坦丁統一羅馬

羅馬帝國分成兩部

波斯帝國　500—

回教建立

東羅馬其頓王朝

神聖羅馬帝國建立
1000—

英國征服愛爾蘭

蒙古第一次西征

歐洲流行黑死病

哥倫布發現新大陸
1500—

英國大破無敵艦隊

發明蒸汽機

美國獨立
拿破崙稱帝

美國南北戰爭開始

第一次世界大戰
第二次世界大戰

2000—

仇」、「懲戒」為藉口，立即從馬德拉斯派兵反撲。所謂「黑洞事件」，係指1756年6月印軍進入加爾各答時，英國人大多撤到停在港口的軍艦、商船上。滯留城內的英人被印軍抓獲，關在東印度公司關押輕犯人的小屋中，因小屋空間十分狹小，僅僅有兩扇小窗可以透光，所以歐洲人稱之為「黑洞」。一星期後，局勢平靜，關押者被放出。豪威爾是獲釋者之一，時任東印度公司高級職員。他發表文章稱，關入小房者多達146人，活著出來的僅23人。此誇大事端的言論一出，英國人怒不可揭，誓言報復。

克萊武率3000名遠征軍在孟加拉登陸，其中2200名是印度土兵，土兵是葡萄牙語的意譯，即為歐洲人登陸驅使的印度僱傭兵。1757年1月2日，英軍佔領了加爾各答；2月9日，西拉吉與英軍議和，恢復東印度公司原有權益，賠償損失。克萊武繼而在3月攻下法國屬地昌德納戈爾，阻斷法軍干預。隨後他又以西拉吉收容法人為藉口，再興戰端。克萊武是施展政治陰謀的行家，他洞悉納瓦布與其手下重臣的關係，並竭力收買遭疏遠的大臣。他拉攏最大的錢莊主賽特，收買執掌兵權的將軍，並許諾將其扶上納瓦布寶座。

雙方的決戰在普拉西展開。普拉西是森林中的一塊開闊地，納瓦布投入5萬步兵、1.8萬騎兵、50門大炮，英軍有3000人，僅10門大炮且火力稍遜。戰爭僅打了一天（6月23日），由於賈法爾和杜爾拉布兩名將軍按照事前所約，按兵不動，致使印度軍隊大潰敗。英軍僅付出死18人、傷56人的代價，就取得了史稱「劃時代」的勝利。西拉吉逃到首都，幾天後被俘，遭到殺害。賈法爾當上新的納瓦布，成為英國人的傀儡。他在與英國簽訂的條約中表示：「英國人的敵人就是我的敵人，不論他們是印度人還是歐洲人」；「當我需要英國人援助時，我將負責供養他們」。

奧德是第二個遭到英軍踐踏的地區，事情的起因與孟加拉局勢有一

定關係。賈法爾初即孟加拉納瓦布之位時，幾乎是以全區之物力，來討英國之歡心。他賠款1770萬盧比，給英國陸、海軍及官員的禮物約為125萬英鎊，送給克萊武一人就達23.4萬英鎊。但是，1760年隨著克萊武辭職回英國，賈法爾受寵的日子也結束了。後繼者豪威爾及範悉多特認為賈法爾無信且無能，就將他廢黜，扶植凱西姆為新納瓦爾。

凱西姆實際是個很有心計的人，他即位之初，兌現了承諾，付給英國人一大筆錢，並割讓百德瓦、米達普爾和吉大港三地。待地位稍穩，他對英國人在孟加拉進出貨物可全部豁免關稅，提出了異議。但英國人依然我行我素，甚且變本加厲，以致雙方矛盾不可調和並且兵戎相見。

1763年6月10日，英軍5100人（4000人為印度士兵）與納瓦布1.5萬人對陣。凱西姆兵敗，在殺掉全部英國俘虜及他懷疑的暗通英國人的一些重要官員後，逃到毗鄰的奧德求援。他與當時身在奧德的蒙兀兒皇帝沙·阿拉姆二世及奧德納瓦布舒賈結成同盟，聯兵反擊。1764年10月22日，雙方在布克薩爾決戰，聯軍大敗，皇帝向英國人求和，凱西姆與舒賈遁逃。英軍進佔奧德。

這場戰爭使孟加拉及奧德的地位又一次產生變化，更加有利於東印度公司了。在孟加拉，由於凱西姆的據柄反抗，賈法爾又當上了納瓦爾，並作出重大讓步。1765年初，賈法爾死去，其兒子納傑姆繼位，不得不接受英國人挾持，同意他們的條件：全部的行政管理權交由副王執掌，副王由英國人推薦，未得英國人同意不得撤換。加之同年8月，蒙兀兒皇帝正式將孟加拉等地的財稅管理權授予東印度公司。這樣，孟加拉的行政、財稅等實權完全由英人掌控。1772年，英國人認為這種雙頭統治已無必要，最終接管了全部統治權，首府也從穆希達巴德遷至加爾各答。

由於東印度公司在奧德沒有良好基礎，直接統治的時機尚未成熟，加之奧德與馬拉塔聯盟接壤，馬拉塔人的襲擊令人頭痛，於是1765年第

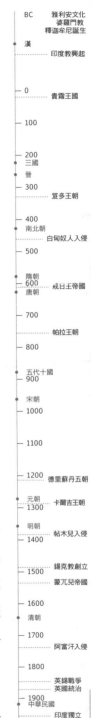

BC　雅利安文化
　　婆羅門教
　　釋迦牟尼誕生

漢　　印度教興起

0　　貴霜王國

100

200　三國
　　晉

300　笈多王朝

400
南北朝
　　白匈奴人入侵
500

隋朝　戒日王帝國
600
唐朝

700
　　帕拉王朝
800

五代十國
900

宋朝
1000

1100

1200　德里蘇丹五朝

元朝　卡爾吉王朝
1300

明朝　帖木兒入侵
1400

　　錫克教創立
1500　蒙兀兒帝國

1600
清朝

1700
　　阿富汗入侵

1800
　　英錫戰爭
　　英國統治
1900
中華民國
　　印度獨立

2000

BC

耶穌基督出生　0—

君士坦丁統一羅馬

羅馬帝國分成兩部

波斯帝國　500—

回教建立

東羅馬馬其頓王朝

神聖羅馬帝國建立
　　　　1000—

英國征服愛爾蘭
蒙古第一次西征

歐洲流行黑死病

哥倫布發現新大陸
　　　　1500—
英國大破無敵艦隊

發明蒸汽機

美國獨立
拿破崙稱帝
美國南北戰爭開始
第一次世界大戰
第二次世界大戰

　　　　2000—

二次出任孟加拉總督的克萊武考慮再三，與奧德的納瓦布締結了《阿拉哈巴德條約》。根據條約，奧德的大部分還給原納瓦布，但需交付贖款500萬盧比；英軍長駐奧德，維持費用由印度方面支付；將阿拉哈巴德及周圍地區從奧德劃出，作為蒙兀兒皇帝的王室領地，以示酬謝。皇帝則頒布敕令，正式授予英屬東印度公司在孟加拉、比哈爾邦、奧利薩的財稅管理權。這樣，奧德開始淪為英國人的附屬國，同時成為抵制馬拉塔人或阿富汗人的緩衝地。蒙兀兒皇帝從1765年起寓居阿拉哈巴德，受英人控制，直至1771年才被馬拉塔人接回德里。由於蒙兀兒皇帝回歸原都城，英人趁機收回阿拉哈巴德及周圍地區，將其歸還奧德，又榨得贖金500萬盧比。

孟加拉兵變

進入19世紀30年代，印度尚處於獨立的地區，只剩下西北印度的信德和以旁遮普為中心的錫克教政權。

信德地區存在著三個弱小但又相互獨立的伊斯蘭教國家，它們與東印度公司簽訂了友好互不侵犯條約，並且都忠實履行條約的義務。在英國進攻阿富汗不順時，它們不僅沒有乘人之危，反而在道路運輸等方面給予英國人諸多方便。然而，1842年2月英國人卻藉口東印度公司在信德的專員公署受到攻擊，次年派軍打敗三國，將它們併入孟買管區。

如前所述，1767年錫克人擊敗了阿富汗人後，成為西北地方的支配力量，自身形成12個類似王國模式的「密斯爾」。到19世紀20年代，一位傑出的領袖人物蘭吉特・辛格出現了，他以武力和豪邁氣概一統眾多密斯爾，之後征服喀什米爾，佔領白沙瓦，建立了以旁遮普為中心的強大的錫克教國家。正當事業一帆風順之際，1839年時59歲的蘭吉特因酗酒中風，不久死去。錫克教政權頓時陷入無政府的混亂狀態，各派系發

生了長達四年的權力鬥爭，這大大削弱了錫克人的力量。1843年，無趣的各方終於同意5歲的小孩達利普‧辛格為國王，由其母攝政。

　　1845年12月13日，英人藉口錫克軍隊渡過蘇特里傑河，「無故挑釁，侵犯英屬領土」，亨利‧哈丁總督發佈了宣戰公告。早已集結的4萬英軍、100門大炮和70艘艦船，開始進攻錫克人佔領區。錫克人以勇猛善戰著稱，是英國人侵佔印度以來從未遭遇的強勁對手。哈丁總督曾參加過滑鐵盧大戰以及其他大戰役上百次，他以老將身份親自督戰，仍屢陷險境。可惜每每在激戰的緊要關頭，錫克將官不時會犯下愚蠢錯誤，致使戰場形勢逆轉。如第一次戰役，在英軍陣腳動搖時，錫克首相兼軍事指揮拉爾‧辛格沒有讓軍隊猛撲上去，給予狠狠一擊，結果英軍獲得喘息機會，反敗為勝。又如12月21日，英軍攻擊錫克人費羅茲沙的防禦陣地時，錫克人防守穩固，一次次擊退來犯之敵，但軍隊總司令特吉‧辛格無端下令退卻，導致戰略要地失守。再如索布拉昂鎮戰役，當英軍總司令哀歎「我們幾乎身陷絕境」時，錫克將軍泰吉‧辛格突然棄職離開戰場，軍士們不得不放棄戰鬥。由於錫克指揮官屢屢犯下的低級失誤，加之英人慣用收買內奸的手段，因此至死不屈的錫克民眾很可能又是一次次陰謀的犧牲品。

　　頑強的錫克人在勝利無望的戰爭中，堅持了近兩個月。1846年2月20日，英軍佔領了拉合爾；3月9日，錫克人簽下屈辱的《拉合爾條約》，主要內容是：割讓蘇特里傑河以南領土以及該河與比阿斯河之間的河間地；賠款1500萬盧比，三分之一付現金，餘款以喀什米爾抵充；改組錫克政府，幼主留任君王，但需服從英人派遣的行政專員的監督；大幅裁軍，步兵不得超過2萬人、騎兵以1.2萬名為限，大炮幾乎全部交出；英人派官員長駐拉合爾。3月6日，英印當局以100萬英鎊的價格，將印度教徒居多的喀什米爾和查漠賣給戈拉布‧辛格，褒獎他在征服錫克人時立下的戰功，也離析了錫克人的勢力。

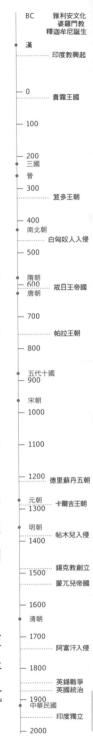

BC　雅利安文化
　　婆羅門教
　　釋迦牟尼誕生
漢
　　印度教興起
0　　貴霜王國
100
200　三國
晉
300　笈多王朝
400
南北朝
　　白匈奴人入侵
500
隋朝
600　戒日王帝國
唐朝
700
　　帕拉王朝
800
五代十國
900
宋朝
1000
1100
1200　德里蘇丹五朝
元朝
1300　卡爾吉王朝
明朝
1400　帖木兒入侵
1500　錫克教創立
　　蒙兀兒帝國
1600
清朝
1700
　　阿富汗入侵
1800
　　英錫戰爭
　　英國統治
1900
中華民國
　　印度獨立
2000

BC

耶穌基督出生　0—

君士坦丁統一羅馬

羅馬帝國分成兩部

波斯帝國　500—

回教建立

東羅馬馬其頓王朝

神聖羅馬帝國建立
1000—

英國征服愛爾蘭

蒙古第一次西征

歐洲流行黑死病

哥倫布發現新大陸
1500—

英國大破無敵艦隊

發明蒸汽機

美國獨立
拿破崙稱帝

美國南北戰爭開始

第一次世界大戰
第二次世界大戰

2000—

　　錫克教王國的真正覆滅是第二次英國-錫克戰爭（1848—1849）。木爾坦省督莫爾拉傑暗中抗拒英國專員的節制，並且拖延交納稅款。1848年3月，英方讓他到拉合爾述職，他以辭職的方式來周旋。當拉合爾政府派官員前去接替空缺時，他在4月2日將兩名陪同的英國官員謀殺。達耳豪濟總督決心興兵討伐，他在10月10日宣布：「錫克人未經示警宣戰，向我全面攻擊……他們將遭遇猛烈的戰事。」隨後發兵2萬人，火炮百門，進攻木爾坦。錫克人為保衛政權浴血奮戰，英國人為擴張霸權全力拼戰，戰況激烈，雙方死傷慘重。1849年2月，古查拉特一戰，英方取得決定性勝利。3月29日，英印總督宣布兼併旁遮普省，廢除錫克教國王。英國最終完成對印度的征服。

政治改革，為時未晚

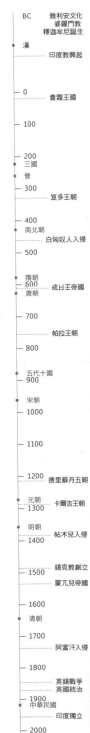

對印政策的根本轉變

印度大起義是英國入占印度以來矛盾積累的大爆炸，也是印度民族意識積澱的初步體現。自17世紀初起，英國殖民者借經商貿易之名，以掠奪性的剝削來壓榨印度人民，以武力來蠶食和霸佔印度國土。由於外來者成為統治者，使這古老的國度在政治、經濟、社會、軍事和文化各方面發生激烈的變革。在這變革中，印度民眾除了最初的仇恨外，慢慢地形成朦朧的民族意識，隨著對立情緒不斷增長，終於選擇了反抗的大起義。

印度上層勢力，由於與英國殖民當局積累的矛盾，已到達難以調和的地步。大賀胥總督在八年任期（1848—1856）中，曾計畫等到蒙兀兒皇帝巴哈杜爾沙二世死後取消皇帝稱號，並將王室從皇宮遷至庫特卜。殖民政府直接管轄奧德後，將原王公廢棄，逐出宮邸。還有，殖民當局不僅兼併那格普爾、加色等伊斯蘭教統轄的附屬國，而且也停止印度教王公的年金，取消封號等。這些舉措在政治上沉重打擊了穆斯林和印度教的貴族們。因此兩教的政治領袖都在暗中推動著反英的抵抗運動。

農村的稅制改革，使眾多士紳喪失了權力。大賀胥總督曾進行若干項目建設，徵用了大批地主的土地，卻沒有給予任何補償。這些權勢人

BC　雅利安文化
　　婆羅門教
　　釋迦牟尼誕生
漢
　　　印度教興起

0　　貴霜王國

100

200
三國
晉
300　笈多王朝

400
南北朝
　　　白匈奴人入侵
500

隋朝
600　戒日王帝國
唐朝

700

　　　帕拉王朝
800

五代十國
900

宋朝
1000

1100

1200　德里蘇丹五朝

元朝　卡爾吉王朝
1300

明朝　帖木兒入侵
1400

　　　錫克教創立
1500
　　　蒙兀兒帝國

1600
清朝

1700
　　　阿富汗入侵

1800
　　　英錫戰爭
　　　英國統治
1900
中華民國
　　　印度獨立

2000

物的既得利益遭到剝奪，心中憤憤不平。英國商品大量傾銷印度，手工業者失業，農民破產，他們遊蕩於社會，群起怨尤。

宗教的因素更是錯綜複雜。當時，一般印度民眾對基督教文明深感震驚，竭力排斥。印度教徒和穆斯林對殖民政府用立法來鼓勵印度人皈依基督教的做法深惡痛絕。各地的宗教領袖們也感到地位動搖，權利受到威脅，所以他們都奮力抗爭。

英國人在東方開疆辟土，連年征戰，所需的兵員大部分是印度土兵。起先這些僱傭兵享有戰時額外津貼，英國指揮官對他們的欺壓還有

所收斂，雙方矛盾相對平緩。後來，隨著英軍戰事增多，士兵們的死傷逐漸增大，怨恨之情日增。士兵也曾要求加薪，但結果非但沒有加薪反

而將其津貼裁減掉，這一舉措徹底將士兵的不滿之情推向高潮。

此外，英國人在軍隊部署方面，客觀上也為大起義創造了條件。是時，英國人正在進行克里米亞戰爭、伊朗戰爭和中國第二次鴉片戰爭，

因此在印度的兵力十分空虛。一些重要的戰略地區全由印度部隊把守。

在這種種原因和條件下，起義隨時可能爆發。1857年，英軍更新裝備，採用新式的恩菲爾德步槍，為保護槍械，表層塗有一層油脂。當時

軍中到處傳言，這種油脂含有牛油和豬油的成分。豬油是穆斯林教徒的禁忌，而牛油則是印度教徒的禁忌。由此士兵們認為受到了侮辱，兵營

中一片憤怒，起義一觸即發。

1857年5月10日，起義的槍聲首先在距德里40英里的密拉特爆發。士兵們槍殺英國軍官，衝進監獄，釋放囚犯，縱火燒毀官府。第二天起

義軍佔領了德里，宣布擁戴蒙兀兒皇帝巴哈杜爾沙二世，於是號召力大

增。各地士兵和民眾紛紛回應，不到四個月，起義的熊熊烈火迅速燃遍

幾乎整個北印度。

德里是起義的中央政權所在地，皇帝也在那裡。德里附近各支印軍都匯集首都，武裝力量達到5萬多人，聲勢浩大。最終英軍以慘重代

價，才攻克德里。蒙兀兒皇帝被俘，放逐仰光，亦死於斯，殘存的蒙兀兒王朝正式滅亡。坎坡爾起義的領導者是馬拉塔王裔那·沙西布，他原已退休在家，因遭大賀胥總督停發年金，而加入起義，被印軍擁為首領。圍攻英國部隊，雙方激戰18天，英軍不支求和。4個月後，英軍反攻，慘死的印度民眾不計其數。勒克瑙起義爆發後，遭到英方駐軍的全力死守，有些招架不住的英軍請來援軍支援。經過一番激戰，最終勒克瑙被英軍佔領。除了三大中心外，其他地區的戰爭也十分激烈。其中最有名的是詹西保衛戰。詹西女王拉克濕米·芭依（1835—1858）被印度人民視為民族英雄。芭依出身寒微，7歲時嫁給詹西王公拉奧，以後在宮中受過良好教育，長大後有勇有謀，體恤寬厚，深受民眾愛戴。詹西土邦在1804年與英印殖民當局簽約，成為附屬國。1853年12月王公病故，無子，由收養的幼兒繼承。殖民當局根據「轉屬說」，以王公無親生子為由兼併了詹西土邦。年輕的王后多次抗爭，無果。大起義爆發後，芭依投入戰爭。1858年3月20日，英軍圍困詹西城，芭依一面指揮修築防禦工事，一面領導民眾堅壁清野，切斷英軍補給。不過最終詹西城在英軍的強攻下淪陷。女王身先士卒，奮力拼殺，壯烈犧牲，時年23歲。她的大無畏精神一直激勵著印度人民爭取民族解放的抗爭勇氣。1947年印度獨立後，人們在她犧牲地普爾巴克豎立一座石碑，以示紀念。

　　大起義的後階段主要是各地的游擊戰，至1859年4月，最後一股起義力量在中印度被鎮壓，局勢基本穩定下來。由於兵力不足、武器落後、缺少強有力的中央指揮機構，以及英方對起義的王公採用懷柔手段等原因，導致起義失敗。不過大起義對印度社會依舊產生了強烈的震撼，對印度的歷史進程有著深遠的影響。由於這次大起義，不僅讓有名無實的蒙兀兒王朝最終消亡，而且讓一度權勢顯赫的東印度公司在印度的統治走向終結。

　　大起義的衝擊帶來了英國的「全面的重新審視」，審視的結果是原

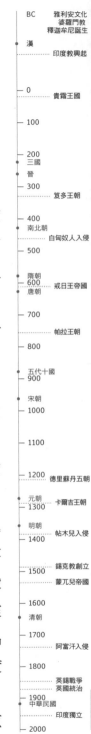

BC　雅利安文化
　　婆羅門教
　　釋迦牟尼誕生

漢
　　　　印度教興起

— 0　　　貴霜王國

— 100

— 200　三國
晉
— 300　　笈多王朝

— 400
南北朝
　　　　白匈奴人入侵
— 500

隋朝
— 600　　戒日王帝國
唐朝
— 700

— 800　　帕拉王朝

五代十國
— 900

宋朝
— 1000

— 1100

— 1200　德里蘇丹五朝

元朝
— 1300　卡爾吉王朝

明朝
— 1400　帖木兒入侵

— 1500　　錫克教創立
　　　　　蒙兀兒帝國

— 1600
清朝
— 1700
　　　　阿富汗入侵
— 1800
　　　　英錫戰爭
　　　　英國統治
— 1900
中華民國
　　　　印度獨立

— 2000

執政者「錯誤嚴重」，是「軟弱無能且笨拙」。於是英國女王在1858年11月1日發佈詔書。依據詔書精神，英印殖民地在統治體制和統治政策各方面，進行了重新建構，這種重組決定了英屬印度此後約六十年的特點和性質。「重新審視」首先宣告了東印度公司在印度統治的終結，因為它必須為「錯誤嚴重」負責。1858年8月2日，《改善印度政府法案》宣告，印度由英國女王接管，並以她的名義直接統治。依據新法案，在英國內閣設立印度事務大臣，他對英國議會負責，主管印度事務，該大臣由一個15人組成的印度參議會輔助，參議會成員主要是前英印殖民當局的高級官員，一般在印度生活過十至十五年，任職期間表現良好。原先監督東印度公司的督察委員會撤銷，東印度公司董事會和督察委員會的權力集中到印度事務大臣及其參議會手中。

由於英國國內的政客們對印度事務的瞭解很少，因此議會對印度事務大臣的監督往往有名無實，加之1858年法案授予印度參議會控制印度政府財政的決策權，及1870年英印間設置直接電報線，致使印度事務大臣手握重權，並能有效地控制印度局勢。

印度總督由女王任命，並被特授副王銜位，代表英王成為印度最高統治者。總督在印度事務大臣的指導下，根據政府的總方針，制訂實施於印度的具體政策及責任日常管理。換言之，總督的參事會被授予印度的立法權和行政權。原總督甘寧擔任英王通知的第一位總督。

總督參事會過去在成員間沒有明確的分工，事無巨細均由總督依據欲處理之事的性質臨時分派交辦。為使印度殖民政府更好地運轉，以適應英王直接統治後的新需要，1861年的《印度參事會法》明確地制訂了參事會的組織結構及職責。

在行使行政權時，總督依據需要將外交、稅收、財政、內政、軍事、法律等部門，分別授權各成員專門負責，除非重大政務或牽涉其他部門的業務係由總督召集參事會商討外，各參事會成員均可自行處理職

耶穌基督出生　0—

君士坦丁統一羅馬

羅馬帝國分成兩部

波斯帝國　500—

回教建立

東羅馬馬其頓王朝

神聖羅馬帝國建立　1000—

英國征服愛爾蘭

蒙古第一次西征

歐洲流行黑死病

哥倫布發現新大陸　1500—

英國大破無敵艦隊

發明蒸汽機

美國獨立
拿破崙稱帝

美國南北戰爭開始

第一次世界大戰
第二次世界大戰

2000—

責內的政務，這就逐步形成部長負責制的政府狀態。

立法方面，根據法案規定，參事會設六至十二名委員組成立法會議，人員由總督任命，任期兩年，其中非政府官員不得少於半數。但立法會議權力有限，有關公債、預算、宗教、軍事及土邦政策等重大立法，沒有總督指示，不得擅自提出；通過法案需有總督批准方為有效；遇有緊急情況，總督可頒布緊急命令，具有與法律同樣的效力。軍隊改組是顯而易見和當務之急的。大起義始於兵變，兵變的發起者是孟加拉兵團的印度僱傭兵。雖然起義士兵大部分戰死於英軍的炮火下，但對其重新整編是勢所必然。

「分割與平衡」是英印政府徹底改組軍隊及以後幾十年建軍政策的原則。第一，在印度維持一支有不可抗禦優勢的英籍駐軍。英籍軍隊不僅人數大量擴充，而且裝備和後勤也大大加強。同時，英軍將戰略要地和主要交通線牢牢控制在手。

即使在以後的二次世界大戰中，英國也只抽調印籍部隊赴其他戰場作戰，絕不減少英籍駐軍。第二，東印度公司留下約1.6萬人的歐籍軍隊，或遣散，或吸收進英人軍隊。第三，大起義前，印籍士兵中高級種姓人數較多；改組後，高級種姓人數大大縮減。錫克人以及尼泊爾的廓爾喀人因幫助英人鎮壓起義士兵，因此被大量招募入伍。北方的帕坦人和拉其普特人替代了大量南印度土邦的印籍士兵。第四，孟加拉、孟買和馬德拉斯三管區分置三個軍團。將不同種姓、不同民族和不同宗教的印籍士兵分別單獨建成班、排，再把他們混編成連、營等建制，這樣使印籍士兵既能協同作戰，又難以形成合力。第五，戰略性的兵種，如炮兵、海軍等，絕對由英人掌控。軍隊中校以上的軍官，全部由英籍或歐籍軍官擔任。

1861年《印度高等法院組織法》出臺，據此分別在加爾各答、孟買、馬德拉斯各設立一個高等法院，替代原先混亂的雙重法院機構，統

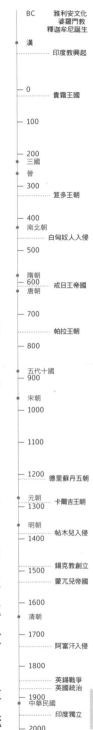

| BC | 雅利安文化 |
| 婆羅門教 |
| 釋迦牟尼誕生 |
漢	印度教興起
0	貴霜王國
100	
200	
三國	
晉	
300	笈多王朝
400	
南北朝	
白匈奴人入侵
500	
隋朝	
600	戒日王帝國
唐朝	
700	
800	帕拉王朝
五代十國	
900	
宋朝	
1000	
1100	
1200	德里蘇丹五朝
元朝	卡爾吉王朝
1300	
明朝	帖木兒入侵
1400	
1500	錫克教創立
蒙兀兒帝國
1600	
清朝	
1700	
阿富汗入侵
1800	
英錫戰爭
英國統治
1900	
中華民國	
印度獨立
2000	

一司法體系。在此期間，將1833年版《印度刑法》再次修訂，成為法律。

不列顛和平

地區性的統治分為兩大類，即英屬殖民地與印度土邦。英屬印度分為11個省，由總督任命省督進行管轄，並設置省參事會予以輔助。省參事會是總督參事會的地方翻版，沒有多大實權，只是在拉攏當地印度上層人物和知識界人士方面起了一些作用。印度土邦在大起義中，有的成為反抗殖民政府的中堅力量，有的成為鎮壓起義的忠實幫手，這些教訓和經驗，使得英國政府深切認識到妥善處理土邦的重要性。因此，女王在詔書中宣布了對土邦王公的保護政策：「印度王公與東印度公司簽署的所有條約和協議，我們均予以接受，並審慎維護」；「我們無意擴張目前已經擁有的領土和主權」；「我們尊重本地王公的權利、尊嚴和榮譽，亦如對我們自己一樣」。根據詔書精神，「轉屬說」被廢除。當然，並非所有土邦的屬地都被予以歸還，大起義戰況最激烈的奧德省，不僅未回歸邦國建制，而且大部分實有土地都被新建的殖民政府下令沒收。其他未恢復土邦的還有詹西、那格浦爾、比拉爾等，因為這些地區是大起義的中堅，更重要的是它們在經濟、交通上具有重要性。

根據女王詔書，土邦與英印政府應是平等的同盟國關係。因為按照土邦與東印度公司簽訂的條約，雙方是盟國，而詔書宣告是「接受」和「審慎維護」這些條約。女王詔書中的「直接領土」和「主權」也不包括眾多土邦，詔書還表示「無意擴張」。事實上，土邦在形式上也僅僅保持半獨立地位，每一土邦都有副王派駐的行政專員一人，他代表副王行使職權。為破除這「名」與「實」不符的狀況，1877年元旦生效的法令宣稱，維多利亞女王兼任「印度皇帝」，這就把印度土邦歸列於英帝

哥倫布發現新大陸
　　　　　1500—

英國大破無敵艦隊

發明蒸汽機

美國獨立
拿破崙稱帝

美國南北戰爭開始

第一次世界大戰
第二次世界大戰

　　　　　2000—

國之內，土邦的王公及民眾都成了英王的臣屬和子民。

英國女王還在詔書中標榜，對待印度本土臣民就像對待帝國其他地區的臣民一樣，「我們一定忠實履行我們應盡的義務」，並表示「所有我們的臣民，不論其種族和信仰，只要教育和能力符合規定，具有勇於負責的精神，都可自由、公正參與公職工作。」據此原則，印度的統治政策發生了變化。印度事務大臣查理斯・伍德要求印度總督選擇印度人擔任立法參事。這個提議獲得批准。1862年，甘寧總督提名帕提亞拉土邦的王公和貝拿勒斯的王公參加總督參事會。為使更多的印度人從事政府公職，不斷演進的文官制度多少發揮了一些作用。大起義前幾乎沒有印度人能夠透過文官考試制度而步入仕途。

1864年，薩丁德拉納特・泰戈爾成為通過考試後擔任文官的第一名印度人。以後透過這一途徑任文官的印度人略有增加，但仍屬鳳毛麟角。1870年，英國政府通過法令，准許不經過考試任用印度人擔任官職。1879年《法定文官條例》出臺，規定印度人未經考試出任文官者，應有省督提名，總督參事會批准，最高可占文官名額六分之一。這種官員稱為「法定文官」，地方政府推薦時，考核其年齡、家庭、社會背景、能力及受教育程度等。「法定文官」制度到1886年停止實行。新的文官制度將文官分成三個等級，高級文官稱為「印度文官」和「帝國文官」；次一級的稱為「省文官」；省文官以下則稱下級文官。一般第一級文官主要由英國人擔當，印度人充任省文官者居多，下級文官幾乎全由印度人擔任。這個制度一直維持到英國人統治結束。儘管印度人擔任國家高級官員者寥寥無幾，但中下級官職向他們全面開放，這對印度人積極參政，表達民族的願望以及在近代人力資源的培養等方面有一定的積極意義。

英印政府「與民參政」的另一方式是建立地方自治會，其成員由地方政府官員和當地非官方人士組成，並規定其中的三分之二必須是民選

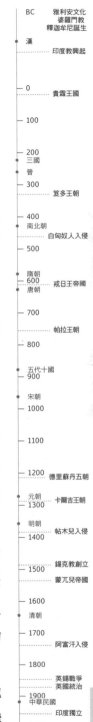

BC　雅利安文化
　　婆羅門教
　　釋迦牟尼誕生
漢
　　　印度教興起

0　　　貴霜王國

100

200
三國
晉
300　　笈多王朝

400
南北朝
　　　白匈奴人入侵
500

隋朝
600　　戒日王帝國
唐朝

700

　　　帕拉王朝
800

五代十國
900

宋朝
1000

1100

1200　德里蘇丹五朝

元朝　卡爾吉王朝
1300

明朝
　　　帖木兒入侵
1400

　　　錫克教創立
1500
　　　蒙兀兒帝國

1600
清朝

1700
　　　阿富汗入侵

1800
　　　英錫戰爭
　　　英國統治
1900
中華民國
　　　印度獨立

2000

BC

耶穌基督出生 0—

君士坦丁統一羅馬

羅馬帝國分成兩部

波斯帝國 500—

回教建立

東羅馬馬其頓王朝

神聖羅馬帝國建立
1000—

英國征服愛爾蘭

蒙古第一次西征

歐洲流行黑死病

哥倫布發現新大陸
1500—

英國大破無敵艦隊

發明蒸汽機

美國獨立
拿破崙稱帝

美國南北戰爭開始

第一次世界大戰
第二次世界大戰

2000—

的非官方人士。自治並非政治意義的,其實質是擔當市政職能,負責舉辦監督教育、衛生等公益事業。這對英印政府來說,借用了印度的人力和財力,擴大了公益事業;而對印度人而言則有了參與管理地方事務的機會。1882年,里彭總督頒行地方自治法,建立縣自治會,縣以下的鄉鎮設立鄉鎮公所,甚至一度實行由鄉鎮民選的代表選出鄉鎮長。不久以後,印度事務大臣認為此舉不妥,修改了自治法,規定各鄉鎮代表大會應以縣長為主席。

印度殖民地的財政原先由印度總督及其參事會控制。大起義後新的財政改革開始實施。

1858年法令規定,印度事務大臣及其參議會對於印度財政具有最高控制權。未經印度事務大臣參議會批准,英印政府不得動用印度國庫的歲入費用。授權印度總督監督全印度的財務行政,沒有總督批准,各省政府亦不得動用經費。1859年,詹姆斯・威爾遜制訂了印度財務管理制度,規定將必要的開支先做成不同的專案,再加以分配,地方政府必須遵行。威爾遜的後繼者薩默爾・萊因實踐了他制訂的計畫。不久,那種地方財政自我支配的舊方式,開始慢慢與世界通行的財政制度接軌。透過威爾遜和萊因的努力,1864年時印度的年度赤字消失,而他兩人的工作也標誌著現代印度財政的開端。

印度宗教的敏感性是不言而喻的,大起義使統治者意識到,若想長治久安,宗教政策的調整勢所必然。女王在詔書中宣稱:「我們決不將我們的宗教信仰,強加於我們的臣民,也決不因為他們所持各種不同的信仰而差別對待,他們都將依法享受到公正平等的保護。我們一定嚴格約束相關官員,用最大的包容,決不干預人民的宗教信仰和崇拜方式。」此後,除傳教士進行基督教傳播外,官方不再向印度民眾直接宣揚西方宗教,也不再直接鼓勵傳教。

英國統治的影響

印度成為宗主國的原料供應地、商品市場和投資場所之前，其農業屬自給自足的自然經濟，種植物主要是為了自我消費，現在開始轉向為商品經濟服務。世界市場需要的農產商品，如罌粟、棉花、黃麻、藍靛、菸草、茶葉、桑蠶、咖啡等，在印度擴大了種植。1813—1844年，印度輸往宗主國的原棉由4000多噸猛升至4萬噸，升幅高達10倍。

這帶動印度的生產方式產生變化。其一，強迫種植制，由於這些作物非農民生活所需，殖民當局透過行政干預，規定農民種什麼以及種多少，然後由東印度公司統購包銷。其二，種植園經濟，由英商或東印度公司職員興辦茶葉、藍靛、咖啡等種植園。關於園地的來源，興辦者或者依靠殖民當局支持，以很低、甚至全免的租金租用國家土地，或者由政府給予長期帶息貸款，租用地主土地。他們募工進行生產，產品主要銷往歐洲。其三，由殖民當局或英商預付資本組織生產，他們與農民簽訂合約，向農民提供種子、技術培訓及必要的投入，產品由出資方收購。藍靛、罌粟、菸草等大都採用此方式。對於印度人來說，新的近代生產方式，除了辛酸和痛苦，並未給他們其他任何好處。他們生產的這些非生活所需商品，完全由殖民當局和英人擔任出資者、管理者和購買者。

同樣，在城鎮除了工藝品和奢侈品等少數行業外，傳統的手工業有

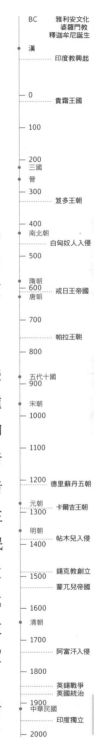

BC　雅利安文化
　　婆羅門教
　　釋迦牟尼誕生
漢
　　印度教興起

0　　貴霜王國
100

200
三國
晉
300　笈多王朝

400
南北朝
　　白匈奴人入侵
500

隋朝
600　戒日王帝國
唐朝
700
　　帕拉王朝
800

五代十國
900

宋朝
1000

1100

1200　德里蘇丹五朝
元朝
1300　卡爾吉王朝

明朝
　　帖木兒入侵
1400

1500　錫克教創立
　　蒙兀兒帝國
1600
清朝
1700
　　阿富汗入侵
1800
　　英錫戰爭
　　英國統治
1900
中華民國
　　印度獨立
2000

些為英商控制，專門生產用於世界貿易的商品，其他大多數行業因為市場萎縮，生產規模狹小，入不敷出，已趨衰敗。人們日常生活所需品，許多已改由英國進口商品來替代。在商業方面，印商在內外貿易中受到歧視和排擠，有些商人為了商行能維持下去，只能充任英商在印度的代理商、分銷商或零售商，這促使印度商業的業態發生了轉型。印度的商業網絡向外與世界市場溝通，向內深入城鎮鄉村，他們推銷英國商品，為宗主國收購當地的原料和土產，在殖民宗主國變印度為商品市場及原料供應地的過程中，發揮了輔助作用。

印度的近代產業完全是在新的基礎上發展起來的。鐵路、港口、電訊、採礦、公路及重大水利工程等基礎設施建設，大都是英印殖民政府籌劃啟動，依靠大舉入侵的英國資本建成的。所以這些領域基本上掌握在殖民政府和英國資本家手中。

印度鐵路始建於約1848年，距宗主國興建鐵路高潮僅幾十年，其發展經歷了從藉助私人公司投資，到政府舉債築路兩個階段。1853年，從加爾各答至恆河河畔拉傑馬哈爾的鐵路首先建成。在接下來五十多年裡，修建鐵路的進程發展迅猛，至1914年，鐵路網已貫通全印度，成為亞洲之最。鐵路便利了交通，大大促進工商業的發展，使商業網絡遍佈沿海、內地，對商品流通、原料採購以及吸引投資發揮著巨大作用。同時，藉助鐵路網，遼闊土地上的印度人民聯繫更密切了，這有助於民族精神的培養。泰戈爾亦為之感歎：「沒有鐵路，就沒有現代印度。」

電訊業的發展與修建鐵路幾乎同步進行。1865年，印度與歐洲間的第一條電報線設置並開通。到19世紀末，電報線的架設已達3.8萬英里。隨後，郵政制度也因其低廉、效果顯著而很快發展到全印度。港口、公路和河運等基礎設施，同樣有了顯著發展。

在印度當時的三大支柱產業中，英國人主要投資於黃麻業和採煤業，印度資本則集中在棉紡織業，這種英、印雙方各有側重的投資，客

觀上避免了矛盾激化以及相互殺傷，有利於剛起步的印度近代工業的發展。鋼鐵業是英、印資本都青睞的目標。英國資本率先涉入，但後來居上並獲得成功的卻是印度民族資本。由印度民族資本家賈姆謝德浦爾·塔塔創辦的塔塔鋼鐵公司，成為當時唯一名副其實的近代冶金企業。

英國資本的另一投向是水利工程和種植園產業，這使印度農業滲入一些新的因素。1867年，勞倫斯總督大舉公債扶植水利工程，亞格拉運河、恆河下游運河、西爾欣德運河等水利工程相繼建成，到19世紀末，政府投資興建的水利工程擴大灌溉面積達1200萬英畝。投資種植園的首選是種茶業。

1834年，本廷克總督派人去中國尋求茶樹種、學習栽種技術並招募中國茶農。政府投資創建了茶葉種植園，其中還附有茶葉加工廠。1850年後，種茶業和製茶業迅速發展，茶葉種植園遍及阿薩姆、孟加拉、北印度山區及南印度。五十年後，印度已替代中國成為出口英國的茶葉大國。與此同時，印度的咖啡種植業、藍靛種植業、罌粟種植業則由於各種因素的影響，而逐步走向衰亡。即便這樣，從宏觀角度看，印度的農業依然已踏上近代化的發展道路。

在印度，英國人和印度人分別建立了兩類不同經理行，兩者的規模和職能有所差異，而且印度經理行是仿效英國經理行而建立的。英國經理行初創於1813年，是年東印度公司的東方貿易壟斷特許權被取消，其他英國公司的商品和資本可以自由進入印度。由於對印度市場尚不熟悉，他們需要在印度尋找代理行，以確保利益，經理行由此應運而生。經理行一般採股份公司形式，對當地的社會、習俗、行情有相當的瞭解，並且具有豐富的實務經驗。

經理行主要是作為英國金融資本的代理，幫助他們在印度投資實業；此外，它還提供仲介服務，如幫助英資企業從當地官員、大地主那裡長期租用土地、礦山、種植園；也代辦設備採購和人力資源招募等。

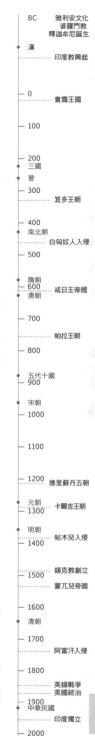

再者，它們還擔負金融職能，透過社會吸納存款，經營貸款，幫助企業融資；也可充當擔保，幫助不同公司間相互拆借資金，或向英國銀行貸款。還有，它們常常有自營企業或商業，也常常直接承包企業工程和政府市政工程。另外，它們常收購印資公司的部分股權，也把自己控制的英資公司的股票出售給印度投資人，使得英、印資本相互滲透。

經理行經營代理的廣泛性，決定了它收益來源的多樣性。它的收益來自各種代理佣金、仲介佣金、管理費用、銷售提成、貸款利息、股票分紅及自營利潤等。一般而言，印度經理行的開辦，有的是為了鞏固家族利益，而後做大、做強，擴大自身勢力；有的是幾家企業或同行企業為了自保，聯合成立股份公司式的經理行，為原料採購和佔有產品市場，為資金的籌畫和調度，統一計畫和行動，以便在英印大集團的陰影下，掙得自身的生存空間。

與世界進展的步調不同，印度工業近代化深受本土環境和傳統的影響，形成一種印度式的近代管理模式。印度大多數工廠的規模很小，雇工少於五人的工廠比比皆是，它們很難獨立自主。一個印度經理行往往將幾十個，甚至幾百個小工廠，納於轄下的控制網內，負責它們的原料供應和產品銷售，也為它們拆借資金。這樣就形成一個以經理行為中心，網羅一大群小工廠，貌似兩個時代的生產管理體制的結合。

印度人在被征服的過程中，認識到歐洲人船堅炮利及軍事素養的優越，在傳統農業、手工業、商業被摧毀的事實中，意識到科學技術及良好的經營管理的重要性，就在這些血和淚的教訓中，印度的近代意識開始萌芽，逐漸學習和吸納一些先進的東西。

18世紀中葉，英國人開始入侵印度。為了更好、更深入瞭解這個東方國度和古老民族，殖民當局、傳教士以及東印度公司開辦了一些學院和研究機構。

美國獨立
拿破崙稱帝

美國南北戰爭開始

第一次世界大戰
第二次世界大戰

　　　2000—

1813年，新法案的制訂，促使英國政府開始正式介入印度教育。

它規定每年從東印度公司稅收中撥出不少於10萬盧比用於英屬印度居民的文化教育。但是對於印度教育應當奉行什麼體制，在實施中產生了兩種意見。有些人主張應資助印度傳統的教育制度，有些人則力挺西方式教育制度，實行英語教學。前者形成「東方學派」，後者稱為「英語學派」。最終在印度近代意識的先驅拉姆·莫漢·羅易等當地知識人士對西方教育的影響支援下，殖民當局決定教育撥款全部用來推廣西式教育。

1854年7月19日，議會監督會主席查理斯·伍德對印度的西方式教育進行調查及規劃後，提出了《伍德教育文告》，制定了信德教育體系。此後英屬印度的教育有了穩定的發展。新體系的要點是，建立從小學至大學相互銜接的教育系統；設立獎學金制度，獎勵優秀學生；私人可以興辦學校，由政府基金給予補助；各省設有教育部門，負責教育領導工作；在各灌區的中心城市分別設立一所大學。鑑於《伍德教育文告》奠定了印度近現代教育體制的基礎，它被稱為「印度教育大憲章」。

英國人入印後，雖標榜對各宗教採取寬容公正的態度，但從它制定的指導政策看，一些變化不可避免地發生了。其一，將宗教教育從政府教育機構中分離出來，這對印度傳統的宗教領導學校的舊觀念，形成了破壞性的衝擊。其二，鼓勵基督教的傳播。殖民當局在1832年和1850年兩次通過法律，取消了改宗基督者被剝奪繼承權和其他一些權利的陳規。殖民當局的宗教政策對印度近代意識的形成，客觀上起了一定的推動作用。

現代新聞事業的開展和報紙的創辦，對傳播先進思想起了重要作用。

1780年，第一家英文報紙《孟加拉新聞》創刊。以後三大管區先後都出版了英文報紙。1813年，傳教士大量入印，有些人創辦了印度文字

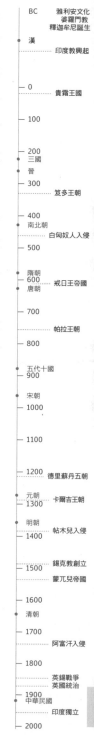

BC 雅利安文化
婆羅門教
釋迦牟尼誕生

漢　　印度教興起

0　　貴霜王國

100

200　三國
晉

300　笈多王朝

400
南北朝
　　　白匈奴人入侵

500

隋朝
600　戒日王帝國
唐朝

700

　　　帕拉王朝

800

五代十國
900

宋朝

1000

1100

1200　德里蘇丹五朝

元朝　卡爾吉王朝
1300

明朝　帖木兒入侵
1400

　　　錫克教創立
1500
　　　蒙兀兒帝國

1600
清朝

1700
　　　阿富汗入侵

1800
　　　英錫戰爭
　　　英國統治
1900
中華民國
　　　印度獨立

2000

的報刊。

　　1818年，印度總督參事會廢除了出版預審制度，自由辦報風氣日漸。新的意識逐漸為人們接受，一些社會陋習越來越遭到人們的厭惡。如殺嬰溺嬰、寡婦焚身殉夫、匪幫殺人越貨等幾項陋習先後被剷除。同時，殖民當局也頒布廢除奴隸條例，當時各種形式的奴隸和變相奴隸在印度有好幾百萬。條例規定自動釋放奴隸，對主人不做任何補償。

耶穌基督出生　0—

君士坦丁統一羅馬
羅馬帝國分成兩部

波斯帝國　500—

回教建立

東羅馬馬其頓王朝
神聖羅馬帝國建立
1000—

英國征服愛爾蘭
蒙古第一次西征

歐洲流行黑死病

哥倫布發現新大陸
1500—
英國大破無敵艦隊

發明蒸汽機

美國獨立
拿破崙稱帝
美國南北戰爭開始
第一次世界大戰
第二次世界大戰

2000—

| 第八章 | 民族的自由之路

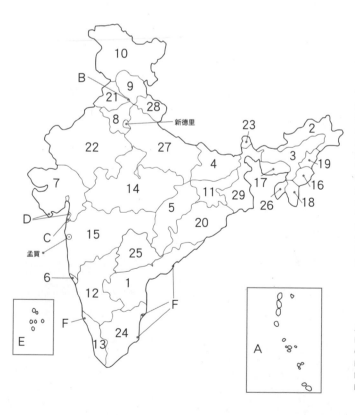

1.安得拉邦
2.阿魯納恰爾邦
3.阿薩姆邦
4.比哈爾邦
5.恰蒂斯加爾邦
6.果阿邦
7.古吉拉特邦
8.哈里亞納邦
9.喜馬偕爾邦
10.查謨和克什米爾邦
11.賈坎德邦
12.卡納塔克邦
13.喀拉拉邦
14.中央邦
15.馬哈拉施特拉邦

16.曼尼普爾邦
17.梅加拉亞邦
18.米佐拉姆邦
19.那加蘭邦
20.奧里薩邦
21.旁遮普邦
22.拉賈斯坦邦
23.錫金邦
24.泰米爾納德邦
25.特倫甘納邦
26.特里普拉邦
27.北方邦
28.北阿坎德邦
29.西孟加拉邦

A.安達曼和尼科巴群島
B.昌迪加爾
C.達德拉-納加爾哈維利
D.達曼-第烏
E.拉克沙群島
F.本地治里

BC

耶穌基督出生　0—

君士坦丁統一羅馬

羅馬帝國分成兩部

波斯帝國　500—

回教建立

東羅馬其頓王朝

神聖羅馬帝國建立
1000—

英國征服愛爾蘭

蒙古第一次西征

歐洲流行黑死病

哥倫布發現新大陸
1500—

英國大破無敵艦隊

發明蒸汽機

美國獨立
拿破崙稱帝

美國南北戰爭開始

第一次世界大戰
第二次世界大戰

2000—

偉大的覺醒

傳統文化的回歸

　　步入近代，印度教體系陷入一種令人困惑的境地。雖然它依然是大多數印度人重要的信念支柱，但其陳腐的種姓制度，卻妨礙了民族意識的形成。不過隨著英國在印度的全面統治，印度教徒感受到了西方思想和文化所帶來的衝擊，面對將要爆發的宗教危機，他們開始覺醒。

　　最先發起宗教改革運動的，是一批受過西方教育和受到西方思想影響的知識份子。1828年，拉姆・莫漢・羅易在大力開展思想啟蒙的同時，在加爾各答創立了「梵天齋會」，後稱為「梵社」，這是第一個宗教改革團體。「梵社」初期改革致力於團結和思想解放，宣導不分教派，崇拜一神。羅易之後，「梵社」進一步的宗教改革是在德文德拉納特・泰戈爾領導下進行的。德文德拉納特・泰戈爾是印度詩哲，國際學院創辦人，是諾貝爾文學獎得主拉賓德拉納特・泰戈爾的父親。老泰戈爾主持梵社工作期間，將鬆散型的梵社轉變成緊密型的組織，並擬定信仰宣言，制定規約，出版刊物等，致使梵社影響迅速擴大，成員數目不斷上升。19世紀60年代，梵社內部以凱沙布・錢德拉・森為首的青年激進派崛起，他們將宗教改革引向社會改革，公開挑戰種姓制度，提出不同階級的男女可以通婚，寡婦可以再嫁。這種作法為老泰戈爾一派所不

容，最終導致梵社分裂。

　　1865年森一派自創「印度梵社」，原梵社改稱為「真梵社」。印度梵社開辦婦女教育、工人教育，慈善事業以及組織禁酒，將改變狹隘的印度教教規為己任，並成功使印度政府頒布《婚姻法》。不過隨著森的居功自大，屢破社規，對他不滿的一批激進青年遂退出印度梵社，另建「大眾梵社」。大眾梵社提出了更進一步社會改革思想，主張女子可以接受教育，並首推立憲制度，要求有目的、有計畫地社會改造。這些主張受到廣大民眾，尤其是青年們的歡迎，因此大眾梵社的影響壓倒了真梵社和印度梵社。印度宗教改革進程中出現的另一個團體是「祈禱社」，又名「福利社」。它是在凱沙布・錢德拉・森的指導下創立的，森的同仁拉納德成為組織者。該社遵行一神論，廢除偶像崇拜，並致力於建立社會的福利事業。他們各地創辦許多孤兒院、育嬰堂、夜校、寡婦收容所、賤民福音堂等。拉納德本人在組織工作，同時也提出了自己的改革理論，強調革新運動要著眼於內心的覺悟，並且也要遵循社會成長與發展的延續性，切忌蠻幹。與梵社和祈禱社受西方文化影響不同，另有一些宗教改革運動是從印度的傳統中吸取養料，從古代經典中尋求改革的依據和基本原則。雅利安社，又稱聖社，1875年由達亞南達・薩拉斯瓦蒂在孟買創立。

　　薩拉斯瓦蒂是婆羅門僧侶，精通梵文。他的信條是回到吠陀時代去，主張崇拜一神與廢除偶像，並提出帶有明顯民族主義傾向的「印度是印度人的印度」口號。雅利安社提出的觀念深得民心，到19世紀末，它成為印度北部、旁遮普和聯合省最有影響力的宗教改革團體。

印度教復甦

羅摩克里希納傳道會是以高僧羅摩克里希納・帕拉馬漢薩（1836—

BC　雅利安文化
　　婆羅門教
　　釋迦牟尼誕生
漢
　　　　印度教興起

0　　　貴霜王國

100

200
三國
晉
300　　笈多王朝

400
南北朝
　　　　白匈奴人入侵
500

隋朝
600　　戒日王帝國
唐朝

700

　　　　帕拉王朝
800

五代十國
900
宋朝
1000

1100

1200　德里蘇丹五朝

元朝　卡爾吉王朝
1300

明朝
　　　　帖木兒入侵
1400

　　　　錫克教創立
1500
　　　　蒙兀兒帝國

1600
清朝

1700
　　　　阿富汗入侵

1800
　　　　英錫戰爭
　　　　英國統治
1900
中華民國
　　　　印度獨立

2000

BC

耶穌基督出生　0—

君士坦丁統一羅馬

羅馬帝國分成兩部

波斯帝國　500—

回教建立

東羅馬馬其頓王朝

神聖羅馬帝國建立
　　　　1000—

英國征服愛爾蘭

蒙古第一次西征

歐洲流行黑死病

哥倫布發現新大陸
　　　　1500—

英國大破無敵艦隊

發明蒸汽機

美國獨立
拿破崙稱帝

美國南北戰爭開始

第一次世界大戰
第二次世界大戰

　　　　2000—

1886）名字命名的，它原本稱為「苦行社」，其實它並沒有明確的會社形式，只是以苦行潛修來感召世人。羅摩克里希納從未受過高等教育，但他聰明、勤奮、好學，不僅精通印度教教義，還熱衷於學習伊斯蘭教教義以及基督教《聖經》。他與梵社的領袖們經常交往，共同探討宗教問題。他善於用幽默的寓言和簡單有力的諺語講道，經他指點迷津者，無不深深感動。他的品格和學識吸引了一群受過高等教育的孟加拉青年，其中一位名叫拉倫德拉納特・杜塔青年與他關係最為密切，後來成為其門徒，即後來聞名世界的維韋卡南達（1863—1902年）。

1893年，世界宗教會議在美國芝加哥舉行，維韋卡南達在大會上介紹了羅摩克里希納的思想，引起國際宗教界的注目，羅摩克里希納教義也被公認為一種世界博愛思想。維韋卡南達回國後創辦了羅摩克里希納傳道會，進一步弘揚其導師的思想。維韋卡南達在國際上的有力宣傳，使西方人對印度的歷史文化有了更深一層的瞭解，並產生廣泛的興趣。他在國內激勵印度民眾認識過去的光榮，又提倡學習他人長處，竭力融合東西思想。同時他強調改革者應該親身體驗苦修生活，並以身作則。在他的努力下，羅摩克里希納傳道會發展成為孟加拉地區最大的宗教改革組織，並在海外幾十個國家、尤其是美國建有數百個傳道會活動中心。

1875年，布拉瓦茲基在美國創辦神智學社；1886年，該組織在馬德拉斯市郊建立分社，然而它在印度真正得到發展，應歸功於貝桑特夫人。貝桑特夫人（1847—1933）原籍愛爾蘭，出生於倫敦，早年熱衷於自由主義，1889年加入神智學社，1893年來到印度。貝桑特夫人居留印度四十年間，由宣導宗教改革轉而致力於教育文化事業，最後獻身於爭取印度自治的抗爭。在她看來，要解決印度當前存在的問題，必須依賴印度古典文化的復興。經由她的努力，神智學社得到了很大發展，分社遍佈全印各地，這對於印度、尤其是南印度的宗教改革和社會改革，有

著不可磨滅的貢獻。與此同時，貝桑特夫人在貝拿勒斯創辦了一所中央印度教學校，作為實踐基地。她將自己的財產和精力幾乎全部投入進去，以後學校發展為一所學院，後合併於印度教大學，即今天頗負盛名的貝拿勒斯印度教大學。

總之，19世紀下半葉至20世紀初的近代宗教改革運動，與以往的宗教改革不一樣，它的特點在於涉及整個印度，具有濃厚的民族意識，並且與社會改革和政治思潮密切地結合在一起。

民族主義嶄露頭角

自19世紀70年代起，民族主義運動在印度漸趨發展，在達達拜·瑙羅吉和馬哈提瓦·羅奈爾得等人的努力下，形成了初步的理論體系。

瑙羅吉（1825—1917）是民族運動先驅的著名領袖，國大黨的奠基人之一。他出生於孟買，就讀埃爾芬斯頓學院，後成為該學院的數學和哲學教授。19世紀30年代，他是孟買管區主要的社會活動家，建立了許多文化教育社團，還主辦《真理之聲》雜誌。1852年，他與幾名民族主義者共同創建了孟買協會，團結了一大批進步的知識份子。1855年後，他去了倫敦，次年建立倫敦協會，以後印度的孟買、加爾各答等地建立了分會。

瑙羅吉1901年出版的著作《印度的貧困和非英國式的統治》中，全面闡述了他的理論。首先，他提出「財富流失論」，指出由於英國殘酷而無休止的榨取，印度的財富大量流往宗主國，致使印度元氣大傷，陷入貧困和災難的境地。其次，他提出「回歸公正論」，認為英國在印度的殖民統治違背了英國人固有的「公正和寬大」，所以是「非英國式的統治」。因此，只要向明智的英國人揭露真相，呼籲回歸公正，那麼英國就會改變殖民政策，「財富流失」的問題就迎刃而解了。為此，他身

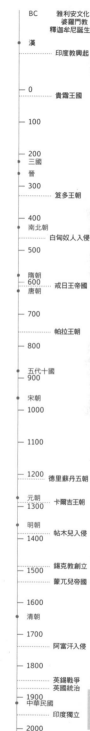

BC　雅利安文化
　　婆羅門教
　　釋迦牟尼誕生
漢
　　　　印度教興起

0　　　貴霜王國

100

200　　三國
晉
300　　笈多王朝

400
南北朝
　　　　白匈奴人入侵
500

隋朝
600　　戒日王帝國
唐朝

700

　　　　帕拉王朝
800

五代十國
900
宋朝
1000

1100

1200　德里蘇丹五朝

元朝　卡爾吉王朝
1300
明朝
　　　　帖木兒入侵
1400

1500　錫克教創立
　　　　蒙兀兒帝國

1600
清朝
1700
　　　　阿富汗入侵

1800
　　　　英錫戰爭
　　　　英國統治
1900
中華民國
　　　　印度獨立

2000

體力行，遠赴英國，加入自由黨，並在1893年通過競選，進入下院，並在演講時極力宣揚自己的民族主義思想，呼籲英國應以其公正和寬大的本能治理印度。

羅奈爾得（1842—1901）是孟買管區另一位民族運動的領袖。他出生於一個婆羅門家庭，畢業於埃爾芬斯頓學院。他通過考試，成為文官系統的一員，擔任過法官、治安官和孟買殖民政府高等法院的法官。他的觀點主要透過他大量精彩的演講表達出來，並彙編於《印度經濟學文集》。他提出「附庸論」，指出印度由於在農業、手工業上只能充當宗主國的附庸，所以擺脫不了貧窮和落後。為改變這一境況，他提出「工業振興論」，指出印度要復興，其根本出路在於興辦民族工業，實現工業化，同時他呼籲英國政府給予貸款和技術幫助。在農業上，羅奈爾得主張土地兼併，資本集中，經過對農業資本家的引導，進行大土地耕作，從而使農業經濟近代化。為振興民族工業，他提倡開展國貨運動，刻意培養民族市場。

19世紀70年代以後，印度地區性的民族組織不斷湧現，這些組織以新的面貌示人，且有著廣泛的群眾基礎。

1870年，卓施創建了浦那人民大會，他與羅奈爾得一起領導了提倡國貨運動，他們紡棉紗、穿土布衣服，開辦國貨商店，一度將這一運動開展得有聲有色。

1876年，蘇倫德拉特・班納吉（1848—1925）在加爾各答建立了印度協會。該協會以義大利復國三傑之一的馬志尼為榜樣，積極展開印度統一運動。1877年，印度協會在針對文官考試制度的鬥爭中取得初步勝利。是年，文官考試的規定將應考者的年齡從21歲降為19歲，這項修正使印度青年幾乎喪失了求仕的機會。由此，引發印度青年的憤恨。班納吉抓住時機，透過印度協會發起全國性的抗議運動，喚起民眾團結的意識。一連串集會後，印度協會派遣加爾各答的著名律師戈什，攜帶請願

耶穌基督出生 0—

君士坦丁統一羅馬

羅馬帝國分成兩部

波斯帝國 500—

回教建立

東羅馬其頓王朝

神聖羅馬帝國建立 1000—

英國征服愛爾蘭

蒙古第一次西征

歐洲流行黑死病

哥倫布發現新大陸 1500—

英國大破無敵艦隊

發明蒸汽機

美國獨立
拿破崙稱帝

美國南北戰爭開始

第一次世界大戰
第二次世界大戰

2000—

書前往倫敦，請求英國議會不要降低文官考試的年齡限制，並在英國和印度同時舉行考試。1878年，英印政府發佈《武器法》和《地方語出版法》，企圖限制持有武器和控制地方新聞報刊的出版。班納吉領導印度協會與浦那人民大會攜手抗鬥透通過聯合抗鬥，民族主義者們認識到了自身的潛力，鬥志更加昂揚。他們提出了參政的更高要求，甚至表達了實行代議制度的願望。由於班納吉廣泛吸收會員，尤其是中產階級和青年學生，使印度協會的影響擴大到北印度許多地區，成為孟加拉的第一大組織。

其他較重要的民族組織還有1884年成立的馬德拉斯士紳會，以及1885年建立的孟買管區協會等。

在二十多年間，印度民眾的民族主義意識越來越強，而其中不斷壯大的中產階級逐漸凝聚為民族主義理論及其組織的社會基礎。從中不難看到，印度中產階級相對總人口而言還是少數，卻已成為最有能力改變全印度的態勢。

穆斯林聯盟

儘管民族主義組織遍佈全印度，但它們都是地區性的，各自獨立的。

經過一系列的抗爭後，民族主義者深深瞭解，只有建立永久性和全國性的組織，才能使他們發起的社會改革和政治改革真正有效。

對於印度民族日益高漲的改革運動，英印政府不得不認真面對。休謨此時是英印政府的一名高級文官，崇尚自由主義，1882年退休。他默察印度當時局勢，建議創辦一個參議會之類的機構，由政府主辦，每年開會一次，集各方各派人士，反映方方面面的意見，供政府參考，同時提供各方精英彼此交流的機會。他的努力獲得幾位印度賢達的贊助，和

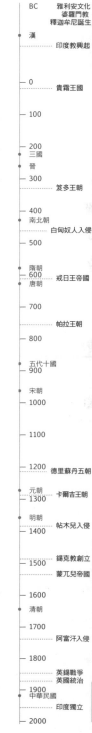

BC 雅利安文化
婆羅門教
釋迦牟尼誕生
漢
印度教興起

0 貴霜王國

100

200
三國
晉
300 笈多王朝

400
南北朝
白匈奴人入侵
500

隋朝
600 戒日王帝國
唐朝

700
帕拉王朝
800

五代十國
900
宋朝
1000

1100

1200 德里蘇丹五朝
元朝
1300 卡爾吉王朝
明朝
帖木兒入侵
1400

1500 錫克教創立
蒙兀兒帝國

1600
清朝
1700
阿富汗入侵
1800
英錫戰爭
英國統治
1900
中華民國
印度獨立
2000

一批優秀青年的熱情支持。

1885年12月28日，印度國民大會首次全國議會在孟買召開，宣告印度國大黨誕生。出席成立大會的共70人，包括瑙羅吉、羅奈爾得等人士。國大黨的成立是印度民族精神成長的標誌，它成為尋求民族自治、自主的領導力量。

此後，國大黨年會每年都在耶誕節前後舉行，會址一般都選在大城市，第二、三屆會議分別在加爾各答和馬德拉斯召開。國大黨建立之初持溫和改良的態度，主要是批評時政和提出改革，他們通過各種決議，送陳殖民政府參考。為了更方便與宗主國打交道和更好地影響英國議會和民眾，國大黨主動積極地在英國進行宣傳。1887年瑙羅吉擔任國大黨在英國的代表，1888年班納吉和諾頓也前往英國，同年，在倫敦克雷文街25號設立了「印度政治代理處」，開展對英國的鼓動工作。

許多在印度任職的英國官員對初建的國大黨抱有很大的熱情，不過這種熱情並未持續多久。達弗林總督曾經批准休謨的計畫並同意國大黨成立，甚至在國大黨第二屆年會上，邀請全體代表至總督府參加遊園會。但到1888年年底他任滿離印前，對國大黨的喋喋不休已大為不滿。事實上，英印政府當時允許國大黨成立，更多的只是一種政治裝飾，標榜大英帝國的民主以及對殖民地民意的重視。他們僅僅視國大黨為擺設，讓它提建議、評時政、高談闊論。因此，國大黨呈送政府的提議常被束之高閣，英國官僚依舊我行我素。就這樣，兩者的關係發生了新的變化，從20世紀初直至印度獨立，國大黨與英印政府總體上處於互相鬥爭的對立狀態。

印度穆斯林的覺醒始於19世紀中葉的文化教育運動，賽義德・艾哈邁德汗（1817—1898）是穆斯林近代啟蒙運動的主要活動家之一。他出生於德里一個貴族家庭，母親是蒙兀兒王朝宰相的女兒。自1960年起，他全力投入穆斯林的復興事業，在教育、宗教和政治諸方面均有建樹。

耶穌基督出生　0—

君士坦丁統一羅馬

羅馬帝國分成兩部

波斯帝國　500

回教建立

東羅馬馬其頓王朝

神聖羅馬帝國建立
1000—

英國征服愛爾蘭

蒙古第一次西征

歐洲流行黑死病

哥倫布發現新大陸
1500—

英國大破無敵艦隊

發明蒸汽機

美國獨立
拿破崙稱帝

美國南北戰爭開始
第一次世界大戰
第二次世界大戰

2000—

賽義德看到穆斯林傳統的教育體系，在鐵路、電報和新式企業的時代裡已窮途末路，墨守成規的穆斯林教育需要改革已刻不容緩。1864年，賽義德創辦了科學社，將西方自然科學和社會科學的一些名著譯成烏爾都語，還出版雙語對照的雜誌，介紹西方科學。賽義德在教育改革上有更遠大的目標，認為只在傳統教育的基礎上自我更新是不夠的，應提倡西方教育。1875年，他在阿利加爾建立了英國-東方伊斯蘭教學院，並且繼續努力，力圖把學院升格為穆斯林大學。不過由於穆斯林內部保守派對於西方教育的抵抗勢力尚盛，賽義德在有生之年未能如願。

自賽義德起，印度穆斯林在思想、理論上逐漸成熟起來，堅持自身獨立力量的信念越來越強。在他們的不懈努力下，穆斯林大學終於在1920年成立。雖然在英印政府的軟硬兼施下，穆斯林內部經過爭執後同意穆斯林大學會「依照印度大學為條件」辦學。但穆斯林大學的興辦不僅大大強化了穆斯林的獨立意識，傳播了先進的理念與文化，同時也培養出了一代印度穆斯林領袖。今日，它仍是印度共和國最著名的伊斯蘭教大學。

與賽義德主張西方式教育不同，烏爾瑪領導的德奧班德以及弗朗吉·馬哈爾運動則主張在伊斯蘭教教育基礎上進行改革。

德奧班德傳統復興運動始於1867年，中心在德奧班德神學院。早期著名人物有穆罕默德·凱西姆·南諾塔維和佐爾菲誇·阿里，他們是19世紀伊斯蘭教改革家沙·瓦利烏拉的門生，意欲秉承師恩，復興傳統，建立自己的教育體制，以引導印度穆斯林遵循正統宗教和傳統社會的道路。

傳統派的另一據點是弗蘭吉·馬哈爾學院。它有著悠久的歷史，在奧朗則布時期建成，一直是次大陸伊斯蘭教傳統教育的中心。步入20世紀，阿布杜爾·巴厘是引導弗蘭吉與現代世界融合的革新者。他建立了一套正規的組織結構，打破了學校由家庭世襲主宰的舊制。1910年，他

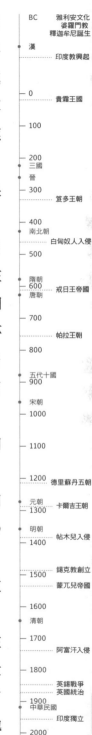

BC　雅利安文化
　　婆羅門教
　　釋迦牟尼誕生
漢
　　印度教興起

0　　貴霜王國

100

200　三國
　　晉
300　笈多王朝

400
南北朝　白匈奴人入侵
500

隋朝
600　戒日王帝國
唐朝
700
　　帕拉王朝
800

900　五代十國

宋朝
1000

1100

1200　德里蘇丹五朝
元朝　卡爾吉王朝
1300
明朝　帖木兒入侵
1400

1500　錫克教創立
　　蒙兀兒帝國
1600
清朝
1700　阿富汗入侵
1800
　　英錫戰爭
1900　英國統治
中華民國
　　印度獨立
2000

BC

耶穌基督出生　0—

君士坦丁統一羅馬

羅馬帝國分成兩部

波斯帝國　500—

回教建立

東羅馬其頓王朝

神聖羅馬帝國建立
　　　　　1000—

英國征服愛爾蘭

蒙古第一次西征

歐洲流行黑死病

哥倫布發現新大陸
　　　　　1500—

英國大破無敵艦隊

發明蒸汽機

美國獨立
拿破崙稱帝

美國南北戰爭開始

第一次世界大戰
第二次世界大戰

　　　　　2000—

建立了兩個組織，在政府現行的法律內進行伊斯蘭教的社會工作，也幫助穆斯林在世俗事務方面獲取進展。

藉由文化教育運動，整個穆斯林的自我意識有了明顯增強。不管是西方派還是傳統派，對於本身的舊觀念以及官方的政治霸權都是一種挑戰，他們一再強調自己的目標，並且廣泛地宣傳和動員群眾，促使穆斯林意識到自身；另一方面，西方派和傳統派在個性上互相彌補，相得益彰。西方派的改革著重於吸取外部先進的養料，促使穆斯林進入現代，接觸世界並與世界連成一片。烏爾瑪則著眼於傳統，從內向外對教育和社會進行改革，促使它們與當代的穆斯林社會結合。

穆斯林文化教育運動培養了一批穆斯林新一代的領導人，這些人物活躍在印度穆斯林現代的歷史舞臺上，為全印穆斯林聯盟的成立和發展發揮了重大作用。

隨著國大黨不斷壯大，各階級成員紛紛加入，它的組織構成日益複雜，其內部分化的趨勢日漸顯現。1895年，國大黨第十一屆年會上，以戈帕爾·克里希納·郭克雷為首的溫和派與巴爾·甘加達爾·提拉克等人為代表的激進派產生了明確的分歧。溫和派認為，維護英國在印度的統治是不得已的選擇，因此要與英印當局合作，而那些存在的問題應透過改革加以解決。激進派則要求政治自由，謀求印度自治。他們認為，如果不是國家的主人，社會改革、發展教育和實業救國，都純屬空談。提拉克（1856—1920）是早期國大黨的一位領袖人物，他出生於一個婆羅門家庭，1881年創辦了英文《月光報》和馬拉塔語週刊《獅報》，從事愛國思想宣傳。1895年他組織一年一度的西瓦吉祭奠，並在《獅報》上提出「司瓦拉吉」（該詞出自梵文，意為「自治」）的政治主張，這顯然是將印度正統的觀念，與民族英雄西瓦吉的愛國精神結合起來，為新的民族主義服務。

郭克雷（1866—1915）與提拉克是同鄉，也同樣生長在婆羅門知識

分子家庭。他與提拉克一樣富有領導才能，積極投身於民族事業，但在許多事情的見解上，兩人卻截然相反。郭克雷以自由主義為政治標榜，更讚賞西方式的憲政道路。他希望印度獲得如加拿大一樣的自治，進而在英國的保護和指導下，爭取民族的平等權和參政權。郭克雷創辦「印度之僕社」，訓練和培養了一批有宗教獻身精神，並投身印度民族事業的人才。

1889年，郭克雷加入國大黨，很快進入最高層，並成為溫和派的領袖。溫和派只是希望改革現存制度，而不是在根本上拋棄殖民統治，因此積極走議會道路。

1899年，寇松就任印度總督，時年40歲。他一到印度就肆無忌憚放言：英國既是過去印度的管理者，也是未來印度的指導者，印度必須辛勞以事，才能期待酬償。帶著這種帝國主義思想，以恩賜者自居，寇松開始了他對印度的治理。

他首先解決邊疆問題。寇松針對西北邊境的山民部落暴亂，改用部落稅吏管理部落，著重建立聯絡通道，積極改善交通，建置西北邊省，加強對該地區的監控。其次，他以拉攏和威嚇兩手對待土邦的王公們，並對官僚機構進行了大調整。

同時，他將加爾各答市政局的民選代表名額削減了一半，這顯然打擊了印度民族主義者。

在賽義德等老一代的啟蒙下，印度穆斯林覺醒了，青年一代穆斯林迅速崛起，並逐漸匯聚力量，向政治運動轉型。同時，殖民當局也動用權力，在經濟上有目地支持有影響力的穆斯林貴族，希望他們支持殖民政府的決策。

1906年，印度穆斯林不失時機地進行兩方面的準備。11月9日，以阿加汗為首的穆斯林代表團向明托總督提出請求，讓穆斯林在立法議會選舉時設立單獨選區，並得到更高百分比的代表名額，且不須通過選拔

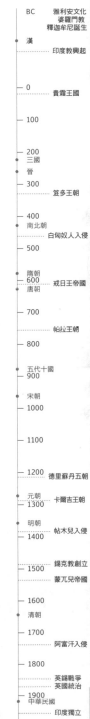

BC　雅利安文化
　　婆羅門教
　　釋迦牟尼誕生
漢
　　　印度教興起

0
　　　貴霜王國

100

200
三國
晉
300
　　　笈多王朝

400
南北朝
　　　白匈奴人入侵

500

隋朝
600　戒日王帝國
唐朝

700

　　　帕拉王朝
800

五代十國
900

宋朝
1000

1100

1200　德里蘇丹五朝

元朝　卡爾吉王朝
1300

明朝
　　　帖木兒入侵
1400

　　　錫克教創立
1500
　　　蒙兀兒帝國

1600
清朝

1700
　　　阿富汗入侵

1800
　　　英錫戰爭
　　　英國統治
1900
中華民國
　　　印度獨立

2000

BC

耶穌基督出生　0—●

—

—

君士坦丁統一羅馬
羅馬帝國分成兩部 —

波斯帝國　500—

—

回教建立

—

—

東羅馬馬其頓王朝

神聖羅馬帝國建立
1000—

—

英國征服愛爾蘭
蒙古第一次西征

—

歐洲流行黑死病

—

哥倫布發現新大陸
1500—

英國大破無敵艦隊

—

發明蒸汽機

—

美國獨立
拿破崙稱帝

美國南北戰爭開始

第一次世界大戰
第二次世界大戰

2000—

考試，直接任命穆斯林擔任各級文官。明托總督對代表團的要求給予了口頭允諾。另一方面，印度穆斯林意識到需要有一個自己的政治組織，以便保護本教派的利益。薩里穆拉具體實行了第一步，向總督提交了一份備忘錄，呈請建立一個全印穆斯林的組織。1906年12月30日，「全印穆斯林聯盟」在達卡正式成立。1907年12月，穆斯林聯盟在卡拉奇召開年會，通過聯盟章程，選舉在文化教育運動中做出貢獻的阿加汗為聯盟的常任主席。

穆斯林聯盟成立後，為「保衛和發展印度穆斯林在政治和其他方面的權利」，他們繼續爭取設立單獨選區的既定方針，不斷向英國和英印政府申明這一要求。1909年《印度議會法》第一次規定了設立單獨選區的原則。

隨著局勢的發展，印度穆斯林堅持本身獨立的傾向越來越明顯地表現出來，這與新興的青年一代進入穆斯林領導階層有著密切的關係。新一代穆斯林的代表人物有阿里兄弟、阿布林・卡勒姆・阿薩德、真納、安薩利等。

阿里兄弟出生於一個有著根深蒂固的伊斯蘭教傳統家庭，卻又有系統地接受了西方式教育。穆斯林聯盟創建時，他們倆是積極的參與者。兄長邵克特・阿里（1873—1938）作為「賽義德紀念基金會」的成員，流露出非凡的演說才能，以及在籌款、理財上的天賦。穆罕默德・阿里（1878—1931）比兄長更為知名，他是「伊斯蘭教傳統和牛津大學教育的奇怪混合體」。他不僅熟讀《可蘭經》，而且是蘭普爾第一位牛津大學畢業生。他為了鼓勵穆斯林積極參與改革，創辦了《同志》和《難友》報刊，他們在啟發穆斯林的自尊、自覺、自主方面產生了重要作用。

阿布林・卡勒姆・阿薩德（1888—1958）出生於知識份子家庭。淵博的知識、咄咄逼人的筆鋒及動員、宣傳、組織群眾的才能，加上充滿

思想火花的詩篇，這些才幹使他在穆斯林社會，無論是宗教還是知識份子中，均得到了領袖的地位。阿薩德對西方派的先驅賽義德有著濃厚的興趣，導致他對傳統教育提出質疑。最終，阿薩德綜合了東方和西方的因素來追求自己的模式。同時，阿薩德以激進、堅決的反英態度著稱。為了發表自己的主張與觀點，他創辦了《新月報》，並使它成為反對英國統治者的有力武器。

穆罕默德・阿里・真納（1876—1948）出生於皮革商人家庭，15歲時就讀於卡拉奇基督教傳道會中學。1892年赴英攻讀法律，畢業於倫敦林肯法學協會。1896年回印度後在孟買當律師。1906年加入國大黨。

1910年，真納當選為立法議會議員。1912年，真納應邀出席穆斯林聯盟年會，並在會上暢談自己對時政的看法，為穆斯林聯盟的政策調整，發揮了很大作用。此後，他一度為促進國大黨與穆斯林聯盟的合作做出了貢獻。穆克塔爾・阿赫默德・安薩利（1880—1936）是一位穿針引線的人物，在穆斯林內部的團結，在印度教徒與穆斯林的合作方面，發揮了相當的作用。他深受西方教育的薰陶，並且與阿里兄弟有著密切關係。由於他的兄長的緣由，其家庭與德奧班德派過往甚密。同時，阿薩利早在1898年就加入國大黨，與許多印度教的領袖保持良好的關係。穆斯林的青年一代，都試圖以自己的方式去復興伊斯蘭教文化，強化穆斯林的內聚力，加強教派的地位。同時，在其內部一個新的領導階層正在逐步形成。

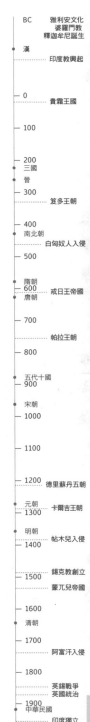

BC 雅利安文化
　　婆羅門教
　　釋迦牟尼誕生

漢　　印度教興起

0　　貴霜王國

100

200
三國
晉
300　　笈多王朝

400
南北朝
　　白匈奴人入侵
500

隋朝
600　　戒日王帝國
唐朝

700

　　帕拉王朝
800

五代十國
900

宋朝
1000

1100

1200　　德里蘇丹五國

元朝　　卡爾吉王朝
1300

明朝
　　帖木兒入侵
1400

　　錫克教創立
1500
　　蒙兀兒帝國

1600

清朝
1700

　　阿富汗入侵
1800

　　英錫戰爭
　　英國統治
1900
中華民國
　　印度獨立

2000

聖雄甘地

耶穌基督出生　0—

君士坦丁統一羅馬

羅馬帝國分成兩部

波斯帝國　500—

回教建立

東羅馬馬其頓王朝

神聖羅馬帝國建立
　　　　1000—

英國征服愛爾蘭

蒙古第一次西征

歐洲流行黑死病

哥倫布發現新大陸
　　　　1500—

英國大破無敵艦隊

發明蒸汽機

美國獨立
拿破崙稱帝

美國南北戰爭開始

第一次世界大戰
第二次世界大戰

　　　　2000—

馬拉塔戰爭

　　莫漢達斯・卡拉姆昌德・甘地（1869—1948）出生於印度西海岸的波爾邦達城。他家世原本鉅賈，到甘地祖父時棄商從政。甘地的父親卡蘭昌德25歲時繼承父業，為波爾邦達土邦的首相。卡蘭昌德最小的兒子就是甘地。甘地母親篤信印度教，這對他後來的思想成長打下了深刻烙印。1888年甘地中學畢業後，赴英留學，不久進入倫敦大學，主修法律。1891年甘地通過律師考試，並取得英國高等法院的律師註冊證，隨後他啟程回國。回到印度後，甘地從事律師業，因業務不興，1893年他應徵南非一家印度僑民公司，出任其律師顧問。此後他在南非生活二十一年，累積了豐富的抗爭經驗。

　　南非也是英國的殖民地，印度僑民因是有色人種，受到雙重的不平等待遇。甘地以他的法律知識和奉獻精神，全力領導印僑進行反歧視抗爭。

　　1913年，甘地曾因主持的學校有學生品行墮落而以此自譴，第一次絕食七天，最後學生悔改。透過這些活動，甘地顯露了卓越的組織和領導才能。另一方面，他在抗爭實踐中，不斷總結經驗，用「愛」來團結群眾，創立「消極抵抗」的新政治抗爭方式，並逐漸形成非暴力的思想

體系。甘地嚴以律己的品德，全力奉獻的高尚人格，堅韌不拔的抗爭精神，讓他不僅成為印僑的領袖和精神旗幟，在印度也博得同胞們的尊重和崇高聲譽。

1915年1月，甘地被冠以「聖雄」的尊稱。

1915年1月，甘地因病回到印度。從此他步入印度的政治生涯，並以其獨特的思想為指導，結合日臻完善的抗爭藝術，喚起民眾、組織民眾，為印度的民族解放和獨立，立下不朽功勳。

甘地的宗教思想是以印度傳統宗教為基礎，吸收西方宗教以及近代西方思想而形成的。甘地是虔誠的印度教徒，同時他也十分欣賞佛教以及其他一些宗教的教義，在他看來，自我犧牲贖救世人是最積極而決非消極的行為。所以他不是尋求自我解脫，而是歷經磨難，奉獻犧牲，服務社會與民族。

甘地將這種出世的泛愛精神，納入其入世的政治主張。在前期，他以堅持真理和非暴力為鬥爭手段，力圖糾正英印殖民政府所施行的種種不公；後期他以追求真理和非暴力不合作的方式，藉由合法的和平手段，獲得印度民族的解放和獨立。

甘地出生於印度教家庭，是印度教徒，但是他說：「我所信仰的印度教，不是有別於其他宗教的一種宗教，它包含了伊斯蘭教、基督教、佛教、錫克教等宗教中最善德教義。」所以他不是信仰某一尊神，在他看來，神以真理指導世界，人們只要堅持真理，追求真理，就能感悟到神的存在。從這一意義上，甘地提出，「神即真理，真理即神」的論斷。同時，他又進一步演繹出「真理就是我所信仰的宗教」，從而為他一生追求真理奠定了基礎。

如何追求真理，甘地表示：「非暴力是實現真理的唯一途徑。」甘地認為「暴力，有它自己的傾向，無法使我們實現目標。非暴力不是一個否定的概念，它是一個比暴力更遠遠有效的實在的力量」。在他看來

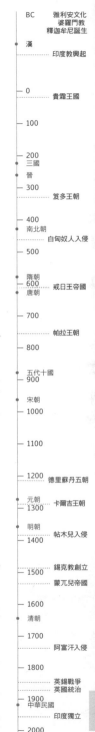

BC　雅利安文化
　　婆羅門教
　　釋迦牟尼誕生

漢
　　　印度教興起

— 0　　貴霜王國

— 100

— 200　三國
　　　晉

— 300　笈多王朝

— 400
　　　南北朝
　　　白匈奴人入侵
— 500

　　　隋朝
— 600　戒日王帝國
　　　唐朝

— 700

— 800　帕拉王朝

　　　五代十國
— 900

　　　宋朝
— 1000

— 1100

— 1200　德里蘇丹五朝

　　　元朝　卡爾吉王朝
— 1300

　　　明朝
　　　帖木兒入侵
— 1400

— 1500　錫克教創立
　　　蒙兀兒帝國

— 1600
　　　清朝

— 1700
　　　阿富汗入侵

— 1800
　　　英錫戰爭
　　　英國統治
— 1900
　　中華民國
　　　印度獨立

— 2000

BC

耶穌基督出生　0—

君士坦丁統一羅馬

羅馬帝國分成兩部

波斯帝國　500—

回教建立

東羅馬其頓王朝

神聖羅馬帝國建立
　　　1000—

英國征服愛爾蘭

蒙古第一次西征

歐洲流行黑死病

哥倫布發現新大陸
　　　1500—

英國大破無敵艦隊

發明蒸汽機

美國獨立
拿破崙稱帝

美國南北戰爭開始

第一次世界大戰
第二次世界大戰

　　　2000—

「非暴力應該被認為是印度對於世界最大的貢獻。」

經過大戰炮火的洗禮，印度民族已經覺醒，要求自治的呼聲一浪高過一浪。面對如此局勢，從戰爭中喘過氣來的英國政府，經過周密思考，制訂了軟硬兼施的策略。

1918年7月，印度事務大臣蒙塔古與印度總督蔡姆斯福德，以《蒙塔古宣言》為基礎，擬定了具體的改革方案，經修改後定名為《印度政府法》，1912年開始實施。這就是英國殖民政府推出的所謂憲政改革，以圖用「撫」的手段，將印度民族的自治要求，納入設想的軌道。

《印度政府法》規定的目標，與蒙塔古宣言如出一轍，仍是透過一連串漸進階段，逐步建立責任政府。蒙塔古—蔡姆斯福德改革方案與印度人民渴求戰後獲得自治的願望相差甚遠。印度各派對改革方案提出質疑。在國大黨1918年8月孟買特別會議上，激進派反對改革方案，溫和派主張有條件接受，最後的決議認為這是「不適當，不令人滿意」的，建議修改方案。1918年12月的德里年會，國大黨完全拒絕了改革方案。貝桑特夫人認為這「既不值得英國提出，也不值得印度接受」。真納認為這一方案「要持慎重態度」，「面對這樣重要的改革，我們應以自己全部的智慧和精力，先喚起民眾」。

大戰結束後，殖民政府為了穩定統治，阻止印度民族運動發展，也使出了一連串的強硬手段。1917年，殖民政府成立了以英國法官羅拉特為首的委員會，調查處理印度社會治安問題。1919年3月，「羅拉特法」正式實施，它授權殖民當局可以隨意拘捕任何嫌疑犯，不審訊就可予以不定期監禁；被捕者不得聘請律師及證人辯護；警方有權解散群眾集會和示威遊行等。

印度人民的強烈不滿爆發了，甘地號召印度人民把3月30日作為「抗議日」並進行總罷工，掀起一個公民不服從運動。3月30日，德里工人罷工、商人罷市、學生罷課，人們紛紛走上街頭，舉行抗議示威。隨

後，大罷工在孟加拉等各地聲勢浩大地開展起來。對此殖民當局大為惱火，一度逮捕了甘地。

「阿姆利則慘案」顯示了殖民政府對待印度人民反英的示威行動時，不惜進行嚴厲鎮壓，甚至斥諸血腥屠殺。對此，印度人民表示了十分強烈的憤慨，甘地及許多印度民族領袖譴責了這種「肆意殘暴和違反人道的罪行」。五十餘個城市和地區的民眾舉行了聲勢浩大的示威遊行，抗議殖民政府的暴行。以甘地為首的國大黨調查委員會在1920年3月發表報告，指責這次血腥屠殺是「一次精心策畫的殘忍行徑」。

覺醒的印度民族再也不會任人宰割，甘地領導的非暴力不合作運動與穆斯林為主的哈里發運動結合在一起，互相合作，彼此聲援，迅速在全國掀起了民族運動的第二次高潮。

哈里發運動是第一次世界大戰剛結束時，印度穆斯林為了表達自己的願望，爭取自身的利益，為了反對列強肢解土耳其帝國、保衛穆斯林精神領袖哈里發而發動的一次政治運動。哈里發運動從1918年開展至1924年末，前後延續約六年。1918年5月14日，英國等國對土耳其的停戰草案公布，土耳其面臨肢解，聖地前程垂危，哈里發地位受到威脅。消息傳到印度，穆斯林焦躁不安，西方派和傳統派迅速打出保衛伊斯蘭教、保衛哈里發和聖地的旗幟，紛紛行動起來，匯成一股力量。不久，「哈里發委員會」作為一個新的全印穆斯林政治機構，在1919年建立。隨後的幾年裡，它代替境遇不佳的穆斯林聯盟，成為全印穆斯林的政治中心。1919年11月，在勒克瑙大會的基礎上，穆斯林在德里召開全印哈里發大會。甘地主持了其中一天的會議，並宣稱以「患難之友才是真友」表示對哈里發運動的支持。這是甘地對哈里發運動影響的開始。1920年，孟買全印哈里發大會又相繼發表了宣言和組織法，哈里發運動的司令部形成。

印度穆斯林在哈里發運動中主要運用的抗爭手段有二：起先是遵循

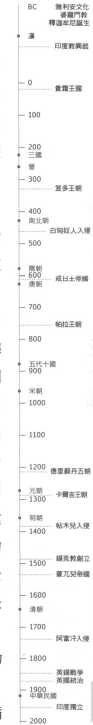

BC　雅利安文化
　　婆羅門教
　　釋迦牟尼誕生
漢
　　印度教興起

0　　貴霜王國

100

200　三國
　　晉
300　笈多王朝

400
南北朝　白匈奴人入侵
500

隋朝　戒日土帝國
600
唐朝

700
　　帕拉王朝
800

五代十國
900
宋朝
1000

1100

1200　德里蘇丹五朝
元朝　卡爾吉王朝
1300
明朝　帖木兒入侵
1400
　　錫克教創立
1500　蒙兀兒帝國

1600
清朝
1700
　　阿富汗入侵
1800
　　英錫戰爭
　　英國統治
1900　中華民國
　　印度獨立
2000

舊模式，向英國政府和英印殖民政府請願、呼籲，以及派出赴歐代表團遊說英、法、義等國，陳述印度穆斯林的要求。在遭受冷遇和失敗後，「不合作」的抗爭方式應運而生，轟轟烈烈地展開了。

不合作的抗爭方式作為印度穆斯林的議案，是在1919年德里哈里發大會召開時，由《獨立報》的賽義德·侯賽因最早提出的。他提議，如果哈里發由於不公正的土耳其和平協定而受到危害時，撤銷與政府的合作是全體穆斯林的宗教責任。1920年5月，中央哈里發委員會在孟買召開會議，制訂不合作綱領。它分四步驟：放棄頭銜；辭去政府職務；

從軍隊和員警中辭職；拒納稅。四步驟依序進行，前者完成後進入下一步，避免過激，杜絕暴力。大會還任命以甘地為首的一個「小組委員會」，直到不合作運動的進行，這是一個真正的實權機構。

1919年8月1日，印度穆斯林不合作運動如期展開。它是在悲壯的氣氛中揭幕的，印度著名領袖提拉克就在那天去世，這更壯大了不合作運動的氣勢。此後的一年多時間裡，穆斯林與印度教徒並肩戰鬥，哈里發運動與非暴力不合作運動交織在一起，形成規模大、聲勢壯的群眾政治運動新局面。

印度之父

英國征服愛爾蘭

蒙古第一次西征

歐洲流行黑死病

哥倫布發現新大陸
　　　1500—

英國大破無敵艦隊

發明蒸汽機

美國獨立
拿破崙稱帝

美國南北戰爭開始

第一次世界大戰
第二次世界大戰

　　　2000—

甘地在宣導非暴力不合作策略的初始時期，曾遭到穆斯林和印度教徒兩方面的種種阻力，一度身陷困境。對印度教徒而言，他是穆斯林採用非暴力手段的保證人；對於穆斯林來說，他又成為印度教徒堅持不合作運動的保證者。為了消除阻力，甘地做了大量工作。他在《青年印度》、《新生活》等報刊上大力宣傳非暴力不合作思想；同時他走訪各地，與眾多領導人廣泛接觸、溝通，進行耐心的說服工作。另一方面，他積極支持印度穆斯林舉行總罷工，並順利開展不合作運動。

1920年9月，國大黨在加爾各答召開特別會議。甘地在會上提出的不合作議案，除了哈里發委員會通過的不合作綱領的內容外，還適時把「自治」列為不合作運動的目標，以與國大黨歷來的決議合拍，並號召抵制英貨以及建議大規模推行土布運動。12月，國大黨那格浦爾年會在印度歷史進程中留下光輝的一頁。大會按照程序，以明顯優勢確認了特別會議上通過的甘地的議案，並以不合作策略作為國大黨的行動綱領。隨著甘地非暴力不合作思想得到認可，他在國大黨的領導地位也獲得確立，國大黨進入了「甘地時代」。年會還通過了甘地主持制訂的新黨章，再次將國大黨的奮鬥目標釋定為「透過合法的和和平的手段實現自治」。

有了一位新的領袖，國大黨的面貌更新了，甘地引導群眾投入非暴力不合作運動，與印度穆斯林的哈里發運動迅速匯成一股強大力量。甘地和阿里兄弟在全國各地巡迴演說，鼓吹不合作運動。從城市到農村，印度各階層人民紛紛放棄稱號、官職；抵制法庭；自動從公立學校退學；抵制洋貨等。青年學生們成為運動主力，他們紛紛退學，組織了「志願團」，到群眾中去，到邊遠地區去，宣傳不合作思想，成立運動的地方組織，為民族運動募捐、組織集會、遊行等。

運動不斷升級，殖民政府也在行動。當局認為：這種運動的公開目標是反對英國統治，如果讓其得逞，將很快讓國家陷入無政府狀態。1921年9月，殖民當局逮捕了阿里兄弟。即便如此，阿里兄弟在獄中也沒有放棄抗爭。11月，甘地發表一個聲明，表示將進一步推動不合作運動，甚至包括拒絕納稅。就在不合作運動和哈里發運動處於高潮時，英國王儲威爾士親王訪印。抵制者與少數參加歡迎王子的人發生了衝突，這使政府顏面掃地，當局惱羞成怒，宣布「志願團」為非法，並開始了全印大逮捕，兩教許多領導人都被捕入獄。

令殖民政府始料未及的是，印度民眾響應甘地的號召，高高興興甚

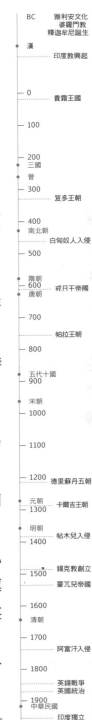

BC

耶穌基督出生　0—

君士坦丁統一羅馬

羅馬帝國分成兩部

波斯帝國　500—

回教建立

東羅馬其頓王朝

神聖羅馬帝國建立
　　　　1000—

英國征服愛爾蘭

蒙古第一次西征

歐洲流行黑死病

哥倫布發現新大陸
　　　　1500—

英國大破無敵艦隊

發明蒸汽機

美國獨立
拿破崙稱帝

美國南北戰爭開始

第一次世界大戰
第二次世界大戰

　　　　2000—

至爭先恐後要求入獄，以抗議殖民當局的大逮捕。結果三萬多人被抓，監獄人滿為患。1921年12月，國大黨在阿拉哈巴德年會上，宣布即將開展拒絕納稅和公民不服從運動。1922年2月，甘地眼見政府無意和談，就向總督里丁提出最後通牒，要求政府在七天內釋放所有政治犯、保證不干涉人民的愛國行動、取消對報刊的限制，否則將發動全面性的公民不服從運動。

　　就在事態一觸即發之際，接下來發生的曹里曹拉村事件改變了整個局勢，約2000志願團員和農民在舉行遊行示威時，遭到員警開槍鎮壓，死傷多人。第二天，憤怒的民眾襲擊並火燒了曹里曹拉村員警所，打死員警多人。甘地認為，群眾運動正在發展為暴力革命。於是，決定停止展開公民不服從運動。在甘地主持下，國大黨通過了巴多利決議，以印度人民對非暴力還沒有做好充分的精神準備為由，決定中止非暴力不合作運動。這個決定不僅令國大黨內許多人驚愕、不解，甚至憤怒，同樣也讓印度穆斯林感到憤怒，他們認為自己被出賣了。因為在運動中99%的穆斯林官員辭去了官方職務，被政府拘捕的人中90%是穆斯林。他們的憤恨難以控制，教派間的猜忌和對立在這樣的背景下再次返潮。這個決定卻讓殖民政府得到了喘息機會。3月10日，距巴多利決議宣布僅一個月，甘地就以煽動罪被拘捕並判刑六年。

　　不合作運動中止，國大黨與哈里發委員會的同盟關係結束。導致它們關係破裂的原因有三：首先，從領導層來說，哈里發委員會的頭頭們認為，甘地和國大黨片面停止不合作運動，以及國大黨內「主變派」，是對穆斯林利益的出賣。加入國大黨的穆斯林紛紛脫黨，就連與甘地情義最深的阿里兄弟也在1924年離開了國大黨，並最終與甘地矛盾公開化。其次，英印政府為瓦解哈里發運動，使用了離間手段，用於削弱、破壞兩教關係；使用大肆逮捕的手段，造成運動群龍無首，並摧垮中堅力量；使用血腥鎮壓，以圖威懾廣大民眾；使用利誘手段，令兩教的一

些著名領袖參加議會選舉，使民族主義陣營發生分裂。再有，1924年凱末爾領導的土耳其國民議會通過決議，廢黜哈里發，並放逐其家族成員，這讓印度穆斯林震驚萬分。阿里兄弟等氣憤之餘，無奈地淡出歷史舞臺。而與此同時，哈里發運動也走到了盡頭。

就在阿里兄弟與哈里發委員會漸趨消退時，真納與穆斯林聯盟正在重新崛起。真納是一位民族主義者，自20年代前後期，他始終不渝地堅持印度穆斯林社會的利益。他的戰略目標是要穆斯林社會自主、強大，成為印度獨立的第三力量。真納對穆斯林聯盟十分重視。他的政治概念是爭端只能在兩個平等的、相互尊敬和相互傷害的黨派之間解決，這就必須培育起並立於殖民政府和印度教的第三力量。因此他需要一個能夠主宰的組織，以便推行自己的戰略。這個組織就是穆斯林聯盟。1919年，真納在阿姆利則會上欣然就任穆斯林聯盟永久主席。第二年，他發表與「不合作」對立的意見，隨後開始實施壯大穆斯林聯盟的計畫。1924年，真納的地位已無人挑戰。重新崛起的真納和穆斯林聯盟，首先要求調整穆斯林在中央與省立法機構中的席位。之後，真納又提出了「十四點計畫」，表示了穆斯林聯盟在憲法原則上的強硬立場。「十四點計畫」被稱為穆斯林的「權利憲章」，得到穆斯林各派的回應，讓人們聚集在穆斯林聯盟的周圍。真納也朝著他的目標邁出了一大步。

青年激進派與國民不服從運動。民族運動的第二次高潮戛然而止後，甘地以煽動罪被拘捕，經審訊後判處監禁六年。1924年1月11日，甘地在獄中患急性盲腸炎，獲准獄外就醫。2月5日，殖民政府宣布提前釋放甘地。待身體恢復後，甘地積極推行建設性綱領，主要是推進土布運動以及為解救賤民奔走呼號。其間，甘地數次以絕食來呼喚國民團結，呼籲他們遵守非暴力。就這樣，甘地保持著對群眾的接觸，使高亢的革命氣氛維繫著，等待著掀起另一次民族運動的時機。

非暴力不合作運動中止後，國大黨形成三股力量。以達斯和莫提

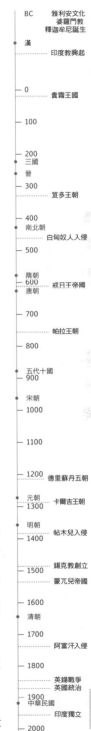

拉爾‧尼赫魯為首的一派，提出不再抵制立法會議，力主重新參加選舉，以便在議會中形成反對派，爭取印度民族利益，這一派稱為「主變派」。另一派認為，參加立法會議實際上就形成了與政府合作，這是對信念的背叛。他們原則上響應甘地的號召，投入到建設性綱領的工作中去，這一派稱為「不變派」。黨內的一些激進青年則努力探尋新的道路，以強烈的民族責任感，提出更大膽的抗爭目標，這一派稱為青年激進派。後成為國大黨左翼，主要的領導人是賈哈拉瓦爾‧尼赫魯（1889—1964）和蘇巴斯‧錢德拉‧鮑斯（1897—1945）。

賈哈拉瓦爾‧尼赫魯（後簡稱賈‧尼赫魯）出生於阿拉哈巴德的一個婆羅門家庭，祖先是著名的波斯文學作者、詩人拉傑‧考爾。1716年祖上遷居德里，皇帝賜土地房產，為答謝皇恩，考爾將居住地西朱木拿運河中的「運河」一詞，波斯語「nahr」，英譯「Nehru」，即「尼赫魯」作為家族新的姓氏。賈哈拉瓦爾意為「寶石」。父親莫提拉爾‧尼赫魯與「聖雄」甘地關係密切，積極參與反對英國殖民統治的抗爭。賈‧尼赫魯1910年畢業於英國劍橋大學三一學院，1912年獲得律師證書，同年秋回到印度。他追隨甘地投身印度民族運動。1926年，他陪伴妻子赴歐洲看病，訪遍義、法、英、德和蘇聯等國家。1927年他出席了在布魯塞爾召開的「反對殖民壓迫和帝國主義的國際大會」，加深了被壓迫民族的相互瞭解。他與中國代表會晤並發表聯合聲明，強調兩國三十年來緊密的文化聯繫，譴責英國在中國使用印度軍隊，以及共同商定有關兩國民族運動的九點建議。

蘇巴斯‧錢德拉‧鮑斯（簡稱蘇‧鮑斯）出生於奧里薩首府庫塔克，父親是孟加拉立法會議成員。1913年，鮑斯進入加爾各答大學學習法律。因從事學生運動，1916年被除名。1919年他進入劍橋大學，為參加文官考試做準備，次年以第四名的優異成績通過考試。但他未為名利所困，毅然回國，投身於不合作運動，並在後來成為孟加拉大黨領袖，

耶穌基督出生　0—

君士坦丁統一羅馬

羅馬帝國分成兩部

波斯帝國　500—

回教建立

東羅馬其頓王朝

神聖羅馬帝國建立
1000—

英國征服愛爾蘭

蒙古第一次西征

歐洲流行黑死病

哥倫布發現新大陸
1500—

英國大破無敵艦隊

發明蒸汽機

美國獨立
拿破崙稱帝

美國南北戰爭開始

第一次世界大戰
第二次世界大戰

2000—

與賈‧尼赫魯一起成為國大黨秘書長。

青年激進派已經不滿足「主變派」與「不變派」提出的目標和制定的條條框框。他們以爭取民族獨立作為自己的責任和方向，大力鼓吹經濟改革，號召民眾積極投入民族運動。1927年底，在國大黨馬德拉斯年會上，賈‧尼赫魯提出關於印度完全獨立的議案，並獲得了通過。這在國大黨歷史上是第一次把「自治」的目標上升為爭取「完全獨立」。1929年12月，國大黨拉合爾年會召開，經甘地力薦，賈‧尼赫魯擔任年會主席。會議再次通過了爭取完全獨立的決議案，並規定每年1月26日為「獨立節」，還決定開展國民不服從運動，並授權甘地為運動的領導人。1930年1月31日，甘地開始實施計畫，他向總督歐文提出十一點要求，其中包括禁酒、降低田賦50%、取消食鹽專營等，歐文總督予以拒絕。

1930年3月12日，甘地以「顯示其獨特風格」的食鹽長征，開始了國民不服從運動。是日，他芒鞋足杖，率領78名「嚴格遵守紀律、確信非暴力真理、言行一致、視死如歸」的成員，從薩巴馬帝真理學院出發，向240英里之外的海濱丹迪村落進發。一路上，他們疾呼「鹽法不修改，自治不得到，永不回頭」，由此吸引了眾多記者和民眾，極具轟動效應。4月5日，甘地一行達到目的地，6日早上8點30分，甘地在海邊拾起鹽塊，以示破壞了食鹽專賣法。此後，甘地天天演講，並在《青年印度》上不斷發表文章，號召大家都來抗拒食鹽法。接著，抵制洋布與禁酒的運動、抵制法庭和公立學校、放棄公職的不合作浪潮迅速在全國開展起來。

殖民當局為制止運動，頒布了戒嚴法。4月14日，賈‧尼赫魯被捕，遭到審訊後依鹽法判刑半年。各地的集會和遊行也遭到鎮壓。政府針對國大黨的宣傳報刊，下令修改出版法，強迫停刊。甘地也毫不退縮，一面號召人民見官鹽就拿，一面準備率領志願者發動一次進佔政府

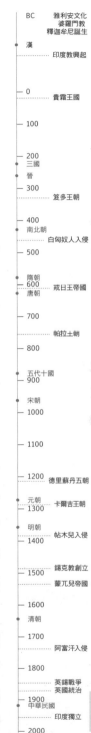

鹽庫的行為。

5月4日，甘地被捕入獄。全印度憤怒了，孟買5萬工人罷工，鐵路工人也奮起回應。全國商人聯手抵制英國貨。

5月21日，依照甘地擬訂的計畫和人事安排，奈都夫人率2000名志願軍，進軍距孟買150英里的鹽場，上演了一場震撼世界的非暴力英雄主義的抗爭。殖民當局在鹽場外修了壕溝，築了鐵絲網，工事前方幾百

名軍警手持帶鋼尖的大頭木棍，嚴陣以待，後面是全副武裝的士兵，舉

槍瞄準。據在場的美籍記者密勒報導，志願隊員編組前進，「第一組走

近時，一聲令下，軍警用木棍暴風雨似地劈頭猛打，隊員們無一人抱頭

或後退，一個個像保齡球擊中的球瓶，應聲倒下。我可以清楚聽到棒打

頭顱駭人心懸的聲音。在旁觀看的人們噙著眼淚，屏息而立。每看到志

願隊員被擊中，即發出同情怒號。頭破血流的志願隊員倒在地上，有的

失去知覺，有的掙扎著向前爬行，直到又一陣猛擊」。第一組完全倒下

後，第二組人員踏著血跡照樣前進。「雖然每一個人都知道後果，但他

們沒有絲毫畏縮退卻，昂頭挺胸英勇前進，不需任何吶喊助陣，也沒有

鼓角助戰，更沒有防範死傷的掩護。第二批隊員被打倒，沒有反擊，沒

有搏鬥，只有靜靜向前走，直到被打倒。倒下去的時候，甚至沒有憤怒

的咒罵，只傳來低微的呻吟」。至上午11時，兩人被打死，320人受傷，

許多人尚處於昏迷中。帕特爾感歎道：「任何企圖調和印度與大英帝國

的希望，從此永不再有。」抗爭進入白熱化，全印風起雲湧的反抗震驚

了英國。

一方面，殖民當局採取更加嚴厲的鎮壓。另一方面，英國政府宣布

在倫敦召開有印度各政黨代表參加的圓桌會議，一起制訂進一步的憲政

改革方案，並明確表示最終目標是給予印度自治領地權。

1930年11月12日，第一次圓桌會議在倫敦召開，會議由英王主持，

但國大黨拒絕參加，穆斯林聯盟、印度教大會、錫克教派等58人，出席

了會議。會議結束後，初定印度政府下一步的發展應以聯邦制為基礎，國防、財政仍由英國國王掌控，其餘部門可由印度人負責。

為貫徹既定策略，英國當局繼續謀求國大黨參加。1931年1月25日，總督下令釋放甘地及國大黨工作委員會所有成員，並撤銷禁止國大黨集會的禁令。隨後，甘地與總督歐文進行了前後八次談判。3月5日，雙方在德里簽訂了「休戰協議」，即「甘地—歐文協定」。協議規定，殖民政府停止鎮壓；釋放約9萬名政治犯；廢除戒菸法令等。甘地同意停止國民不服從運動；停止抵制英貨；參加第二次圓桌會議。

1931年9月8日，甘地出席了在倫敦舉行的第二次圓桌會議。這是一次充滿爭執的會議，各派陷入了無休止地爭吵，最後毫無結果。12月28日，甘地返回孟買。在印度各派領袖滯留英國期間，殖民政府並未遵守協議，又開始濫捕民眾，包括賈·尼赫魯等又一次入獄。甘地見狀極為不滿。

1932年1月2日，甘地主持國大黨工作委員會，決定恢復國民不服從運動。

1月4日，殖民政府先發制人，下令逮捕甘地等領導人。同一天，英印政府又接連發佈《緊急權力法》等四個鎮壓法令，在全印絕大多數地區實行戒嚴。四個月內又有8萬餘人入獄。

1932年8月17日，英國政府又拿出分化瓦解的法寶，麥克唐納首相簽署裁定書，規定賤民亦可設立單獨選區，保障他們在中央和地方議會中的席位。甘地在獄中宣布絕食至死，用以揭露殖民當局將賤民從印度民眾中分化出來形成新的分裂陰謀。甘地的做法最終讓英政府不得不撤銷裁定書。

1932年11月17日，第三次圓桌會議在倫敦召開，國大黨又一次進行抵制。會議期間麥克唐納提出《教派自治裁定書》，主張給各教各派單獨的議會席位。會議還審查了《印度政府法草案》，這就是1935年《印

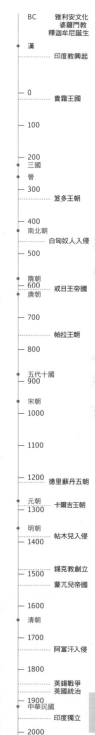

度政府法》的藍本。1933年8月23日，甘地被釋放。第二年國大黨孟買年會正式宣告停止國民不服從運動。此時，經過兩年多的宣傳和抗爭，爭取獨立的目標已在印度人民的心中深深扎根。

在國民不服從運動漸趨消退時，國大黨發生了一些變化。作為領袖的甘地，此時更多地投入建設性的事業，尤其是解救賤民的工作。為讓賤民在印度社會享有平等地位，甘地首創以「哈里真」即「神的兒子」來稱呼賤民。他數次絕食，致力為賤民爭取利益。如1932年年底，喀拉拉邦的一所印度教神廟不准賤民入廟禮拜，甘地要求他們改正，否則他就絕食。又如1933年5月，甘地為取消賤民制度又一次絕食二十一天。1932年，甘地一度將《青年印度》改為《哈里真週刊》。1933年2月，另一份《哈里真》週報正式創刊。1934年甘地為考察賤民的實際狀況，足跡歷經12500英里，募集了80萬盧比的基金。

甘地另一個果敢行動是退出國大黨。在他眼裡，國大黨大多數黨員已厭倦了他的理論和做法。許多黨員與他本人對發展前景的看法存在很大的分歧。對於甘地所熱衷的建設性綱領，如推廣紡車及土布運動、禁酒、建設農村等，大多數黨員既無信心又無興趣。另外，甘地認為採用非暴力行為是唯一正確的方法，而事實上許多黨員並不認同，尼赫魯為代表的青年激進派就認為非暴力方法並不適用於一切場合。1934年10月26日，國大黨大會在孟買舉行，甘地提出的幾項修正案，多數未得到同意，這更促使甘地痛下退黨決心。10月28日，在幾次挽留未果的情況下，國大黨接受了甘地的退黨決定，全場數萬人一致起立，肅穆致敬，目送甘地一步步離去。

東羅馬馬其頓王朝

神聖羅馬帝國建立
　　　1000—

英國征服愛爾蘭

蒙古第一次西征

歐洲流行黑死病

哥倫布發現新大陸
　　　1500—

英國大破無敵艦隊

發明蒸汽機

美國獨立
拿破崙稱帝

美國南北戰爭開始

第一次世界大戰
第二次世界大戰

　　　2000—

國大黨的另一變化是黨內社會主義思潮蔓延。接受者和傳播者主要是青年激進派和民族主義知識份子。同時，英印政府也在加緊制訂憲政改革方案。1932年，英國政府白皮書批准了第三次圓桌會議審查的《印度政府法草案》。據此，議會制訂了1935年《印度政府法》。1934年11

月，英印政府召開中央立法會議，參加會議的國大黨和穆斯林聯盟的議員及其他民選議員對《印度政府法草案》都持反對態度，這與官方及官方指定議員的態度，形成尖銳對立。但法案因官方成員居多數而最終獲得通過。

1935年《印度政府法》的內容分為兩部分：其一，建立全印聯邦，包括英屬印度和印度土邦；其二，實行省自治，省議會議員民選產生，多數派組織省政府，省政府對省議會負責。此法案還對行政區進行調整，緬甸從印度劃出，新建信德和奧里薩兩省。這樣，英屬印度的省共有11個，另9省為：孟買、孟加拉、馬德拉斯、聯合省、中央省、西北邊省、旁遮普、比哈爾邦和阿薩姆。

由於印度人民的激烈反對，印度教、穆斯林及其他諸教諸派的利害衝突始終存在。英國政府只能將全印聯邦事宜暫時擱置一邊，決定從1937年初開始，實施1935年《印度政府法》中省自治的部分。隨後，國大黨、穆斯林聯盟以及其他一些政黨團體開始為各省競選積極做準備。

1937年2月，省自治競選開始進行。最終國大黨獲得了較鞏固的主導地位。國大黨在選舉後，關於要不要在獲勝的省份組建省政府產生了爭執。以尼赫魯為首的左翼，不贊成組建省政府；右翼則相反，希望獲得各省執政的機會。為此，國大黨召開了兩次會議，最終在徵求了甘地的意見後，國大黨工作委員會正式決議，凡國大黨取得絕對多數議席的省份可以組閣，議員可接受省部長職位。因此，在11個省中，國大黨握有8省，另3省主要由穆斯林政黨控制。

以國大黨為首的省自治維繫了兩年多的時間，如果不是第二次世界大戰的爆發，理應延續下去。在此期間，國大黨依據競選綱領的承諾，做出了一定的成績。他們釋放了許多被長期關押的政治犯。進一步組織也恢復了活動，新聞和出版自由也放寬了。農村實行新的租佃法，工人的待遇有了改善。各省政府在推廣教育、提高婦女的地位及消除歧視賤

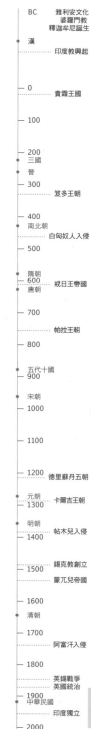

BC　雅利安文化
　　婆羅門教
　　釋迦牟尼誕生
漢
　　印度教興起

— 0　　貴霜王國

— 100

— 200　三國
　　晉
— 300　笈多王朝

— 400
南北朝
　　白匈奴人入侵
— 500

隋朝
— 600　戒日王帝國
唐朝
— 700
　　帕拉王朝
— 800

五代十國
— 900
宋朝
— 1000

— 1100

— 1200　德里蘇丹五朝

元朝　卡爾吉王朝
— 1300
明朝　帖木兒入侵
— 1400

— 1500　錫克教創立
　　蒙兀兒帝國
— 1600
清朝
— 1700
　　阿富汗入侵
— 1800
英錫戰爭
英國統治
— 1900
中華民國
　　印度獨立
— 2000

BC

耶穌基督出生　0—

君士坦丁統一羅馬

羅馬帝國分成兩部

波斯帝國　500—

回教建立

東羅馬馬其頓王朝

神聖羅馬帝國建立
　　　1000—

英國征服愛爾蘭

蒙古第一次西征

歐洲流行黑死病

哥倫布發現新人陸
　　　1500—

英國大破無敵艦隊

發明蒸汽機

美國獨立
拿破崙稱帝

美國南北戰爭開始

第一次世界大戰
第二次世界大戰

　　　2000—

民方面，也有顯著政績。由於執政的成功，國大黨的威望有了很大提升。

在此期間，國大黨陣營內發生了一起紛爭，它對印度當時的局勢產生了一定影響。國大黨左翼的一部分在蘇·鮑斯的領導下，對甘地和右翼的權威發起了一次挑戰。鮑斯採取對英絕不妥協的強硬態度，並且意圖利用黨主席的職位影響國大黨，以便發動一場新的不合作運動。鮑斯激烈冒進的做法令甘地和右翼不甚滿意。最終在他們的反對聲浪中，鮑斯沒能按計畫坐穩黨主席的位置。鮑斯離職後，於1939年5月單獨在黨內組織了前進集團，主張利用一切手段對英國做不妥協的抗爭，並且不必讓非暴力哲學束縛手腳，只要有利於印度民族事業，甚至可以利用軸心國的反動力量。鮑斯與國大黨主流漸行漸遠。

印度穆斯林據有次大陸人口總數的四分之一，懷著曾經幾個世紀統治印度的美好記憶，步入近代。真納和穆斯林聯盟的重新崛起、壯大，加上殖民帝國自始至終對兩大教派的矛盾有意識地利用，分治的道路越來越難以挽回。

穆罕默德·伊克巴爾（1877—1938）最早提出了建立單獨的穆斯林國家的思想。伊克巴爾是20世紀印度最優秀的穆斯林詩人、哲學家和政治思想家，出生於旁遮普省錫亞爾科特。他在名詩《國家主義》中就提出過一個民族即一個國家的概念。1930年，他任穆斯林聯盟阿拉哈巴德年會主席，並提出「我願意看到旁遮普、西北邊省、信德和俾路支斯坦構成一個單獨的國家，無論在英帝國之內自治或者在英帝國之外自立，我認為建立一個鞏固的西北印度穆斯林國家，至少是西北印度穆斯林的必然歸宿。」

1933年，就讀於英國劍橋大學的印度學生拉赫馬特·阿里，提出了「巴基斯坦」的概念。「巴基斯坦」（Pakistan）是烏爾都語，源自波斯文「Pak」（純淨）和「Stan」（國土），意為「純淨的國度」或

「清真之國」。「巴基斯坦」的另一釋義由印度穆斯林故鄉名稱的字母組成，即旁遮普的「P」，西北邊省即阿富汗尼亞的「A」，喀什米爾的「K」，信德的「S」以及俾路支斯坦的詞尾「stan」。

真納一直為使穆斯林成為印度的一支獨立的政治力量，堅毅地努力著。1937年2月的選舉，國大黨在大多數省份獲得了勝利。穆斯林聯盟儘管在選舉中遭受一些挫折，但真納仍希望以獨立的協力夥伴身分參與共同治理，但是國大黨拒絕了穆斯林聯盟的提議。他們在印度教徒占多數的省份中建立了清一色國大黨人組成的政府。這種排斥性的做法，深深刺傷了穆斯林，此後雙方的關係更是急劇惡化。

國大黨的錯誤策略刺激了穆斯林各派，反而引起他們的強烈抗爭。真納不失時機地大力宣傳，使本來眾多而分散的穆斯林組織，紛紛匯聚於真納與穆斯林聯盟。很快，真納被穆斯林稱為「偉大領袖」，穆斯林聯盟也真正成了代表印度穆斯林的政黨。為乘勢推進「獨立的穆斯林」的思想，真納適時提出了理論依據，即「兩個民族」論。他認為印度教教徒和伊斯蘭教教徒之間的差別不僅僅在於宗教，而且在法律、經濟和文化傳統等諸多方面，實際上兩者代表了兩種根本不同的文明。

1943年3月23日，在全印穆斯林聯盟的拉合爾年會上，正式通過了建立「穆斯林國家」的決議，即著名的「拉合爾決議」。決議要求對印度的行政區進行一些必要的調整，讓穆斯林占人口多數的西北地方和東部地區合併為一個獨立的國家，並且這國家有完全主權和自治權。第二天，印度報刊以「巴基斯坦決議」一次登載拉合爾決議的報導，真納和穆斯林聯盟採納了這一名詞，因為它包含了他們的政治志向。

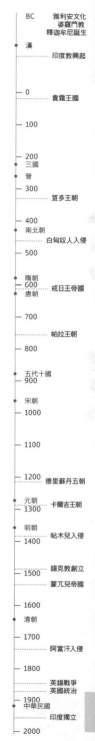

BC　雅利安文化
　　婆羅門教
　　釋迦牟尼誕生

漢
　　印度教興起

0　　貴霜王國

100

200
三國
晉
300　笈多王朝

400
南北朝
　　白匈奴人入侵
500

隋朝
600　戒日王帝國
唐朝

700

　　帕拉王朝
800

五代十國
900

宋朝
1000

1100

1200　德里蘇丹五朝

元朝　卡爾吉王朝
1300

明朝　帖木兒入侵
1400

　　錫克教創立
1500
　　蒙兀兒帝國

1600
清朝

1700
　　阿富汗入侵

1800

　　英錫戰爭
　　英國統治
1900
中華民國
　　印度獨立

2000

帝國的終結

對印政策的根本轉變

1939年9月3日，在英國向德國宣戰的同一天，殖民政府按照內閣的命令，宣布印度進入戰爭狀態。印度民族又一次被剝奪自主的權利，無端被拖入了世界大戰。但是，印度的態度比之於1914年時有了很大的不同，各黨各派的反應也不同。

1938年7月23日，甘地沿用其一貫的非暴力思想，去信希特勒，企圖進行勸解。英、德宣戰後，甘地發表聲明，表示「同情英、法兩國」。

9月8日，甘地收到波蘭前總統巴特列維斯基的電報，籲請甘地：「為波蘭人民爭取同情與友情。」甘地覆電表示「全心全意同情為自由而奮鬥的波蘭人民」，「為勇敢的波蘭人民祈禱」。9月11日，甘地在社論《我的同情》中表示：「總之，我的結論是希特勒應該承擔發動戰爭的責任。」

1938年9月14日，國大黨工作委員會通過了尼赫魯起草的決議，對殖民政府未經印度人民的同意就宣布印度參戰，表示強烈的不滿。決議譴責了法西斯，譴責了納粹的理論和制度。同時，表示印度人民不同意將他們的資源用於帝國主義目的，也決不願意被捲入一場所謂的為了民

主和自由的戰爭中去。鮑斯一派則冷眼旁觀，等待時機。

穆斯林聯盟帶著明顯的教派主義色彩注視著歐洲，尋求著可利用的機會，為印度穆斯林的現實服務。英、德宣戰後，穆斯林聯盟通過決議，表示了對英、法等國的同情，決議還指出，英國要獲得穆斯林聯盟的全力支持與合作，需滿足兩項要求，即在國大黨執政的省能予穆斯林公平待遇；制訂新憲法應徵得穆斯林聯盟的同意。印度教大會則通過決議，支持英國作戰來保衛印度；同時希望能進入中央議會及政府，希望殖民政府不偏袒穆斯林，以及多徵募印度士兵。許多土邦的王公聲稱，將盡其力量並無條件地支持英國作戰。殖民政府繼續著一貫的「撫慰與鎮壓」和「分而治之」的手段。

10月17日，英國政府發表白皮書，承諾戰時擴大總督行政會議，增加印度人士的名額；成立戰時指導委員會，由印度各政黨和王公的代表組成；戰後協商修改1935年《印度政府法》，但只承諾給予印度自治領地位。

國大黨對英國政府的表態深感失望。10月22日，工作委員會通過了較為強硬的新決議，宣布不支持英國的戰爭，要求宗主國承諾印度戰後獨立，並表示，英國政府若不滿足這些要求，國大黨將再次發動國民不服從運動。為此，國大黨主政的八省省政府全體辭職。

穆斯林聯盟從伊斯蘭教教派的利益出發，採取了與國大黨針鋒相對的政策。當國大黨省政府辭職，省督接管並重組政府時，穆斯林聯盟表示願意參加，並號召穆斯林以12月22日為「解救和感恩日」，慶祝穆斯林擺脫了國大黨的「壓迫、暴虐和非正義」。穆斯林聯盟此時要求殖民政府承認其是印度穆斯林的唯一代表。殖民政府則又一次祭出「分而治之」法寶，1940年4月18日，印度事務大臣聲明，印度制訂憲法必須以國大黨與穆斯林聯盟達成協議為前提。

1940年春夏，德國在西線攻勢凌厲，英國陷入越來越困難的境地。

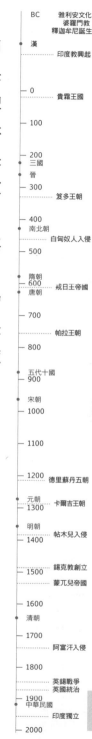

BC　雅利安文化
　　婆羅門教
　　釋迦牟尼誕生

漢
　　　　印度教興起

0　　　　貴霜王國

100

200　　三國
晉
300　　　笈多王朝

400
南北朝
　　　　白匈奴人入侵
500

隋朝
600
唐朝　　戒日王帝國

700

　　　　帕拉王朝
800

五代十國
900

宋朝
1000

1100

1200　德里蘇丹五朝
元朝
1300　卡爾吉王朝

明朝
　　　　帖木兒入侵
1400

　　　　錫克教創立
1500　　蒙兀兒帝國

1600
清朝
1700　　阿富汗入侵

1800

　　　　英錫戰爭
　　　　英國統治
1900
中華民國
　　　　印度獨立
2000

6月，印度總督林立茲哥分別邀請甘地與真納到西姆拉會談。真納在會談中提出了印度分治等一連串試探性要求。總督與甘地的會談，則涉及組建戰時責任政府、印度戰後獨立、重新實施省自治等內容。甘地表示，若上述條件得到滿足，國大黨允諾放棄反對戰爭的信條，全力支持英國作戰。8月8日，林立茲哥根據真納的要求以及國大黨的浦那建議，發表了聲明，即「八月建議」。

聲明暗指，英國不會把權力只移交給一黨統治的政府。聲明拒絕了印度戰後獨立，其政策仍停留在1939年10月的白皮書的承諾。英國政府贊同戰後成立「基本上由印度人自行負責」的制憲會議，制訂新憲法，但希望戰時暫不討論。

值得一提的是，6月甘地與真納同時滯留西姆拉期間，當地印度民族主義者希望兩位領袖能推心置腹交換意見，但由於雙方的分歧難以彌補，遭到兩人的拒絕。

對於「八月建議」，穆斯林聯盟是靜觀時局，等待時機，如真納所說，持「善意的中立」。國大黨則又一次體會到甘地的無奈之言：「國大黨要求麵包，得到的卻是石頭。」9月15日，國大黨工作委員會孟買會議授權甘地領導新的不合作運功。10月17日，甘地宣布展開「個人不服從運動」。運動又一次充分展現了獨特的「甘地風格」。從個人到集體開始進行反戰演說，接下來一批批被捕入獄。最後包括國大黨領袖尼赫魯在內約2萬人被關押。由於運動的組織和進展全部操縱在甘地手中，它的每一步都受到條條框框的限制。因此這次不合作運動全無前兩次民族運動時的聲勢，對殖民當局亦無多大損失，但國大黨組織卻大傷元氣，一度運轉不暢。

不列顛和平

大戰之初，儘管英國早早將印度拖入戰爭，但他們更多專注於自身民族的命運，更積極地爭取民族自主的前程，因此戰爭似乎與他們關係不大。這種狀況一直維持到蘇德戰爭爆發，以及日本人將戰火燃燒到印度的大門口。

戰場擴大到中東，印度成為這一地區物資供應的中心。當東方海上運輸線不暢時，孟買成為最繁忙的海港，大批戰備物資運抵這兒，然後源源不斷輸往緬甸戰場。印度客觀上已深深捲入了戰爭。

龐大的軍需和戰區物資供應中心的地位，刺激了印度工業的發展。紡織業、鋼鐵業此時有了迅猛發展，水泥工業、化學工業、鋁業乃至雲母產業都有了長足的發展。

1941年6月，德軍進攻蘇聯，國際局勢劇變。8月，羅斯福與邱吉爾簽訂《大西洋憲章》，憲章宣稱：「世界人民有權自由選擇政府形式，雙方願意對被強行剝奪此項權利的民族，恢復他們的主權和自主政府。」但邱吉爾聲稱該憲章不適用於印度，世界各國對英國的僵硬態度進行了譴責。12月3日，殖民政府在壓力下釋放了所有被囚的國大黨成員。

1941年底，太平洋戰爭爆發，日本軍在東南亞步步進逼，印度人嗅到了家門口的火藥味。對於英國一味蠻橫的印度政策，美國等國家指出在日本的軍事威脅重壓下，對印度民族的獨立必須做出明確表態。1942年2月，蔣介石為聯合抗日事宜訪問印度時，曾呼籲英國「給予印度人民政治實權」。在各方壓力下，1942年3月11日，英國政府派遣斯坦福·克里浦斯赴印，推行所謂解決印度問題新方案，但這個英國內閣早已定調的方案公布後，印度人民大失所望。

儘管東南亞戰局每況愈下，日本軍的腳步越來越近，但英國仍頑

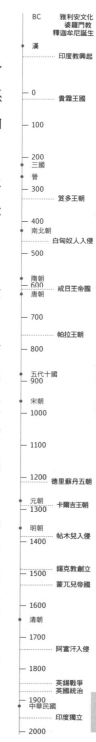

BC

耶穌基督出生　0—

君士坦丁統一羅馬

羅馬帝國分成兩部

波斯帝國　500—

回教建立

東羅馬馬其頓王朝

神聖羅馬帝國建立
　1000—

英國征服愛爾蘭

蒙古第一次西征

歐洲流行黑死病

哥倫布發現新大陸
　1500—

英國大破無敵艦隊

發明蒸汽機

美國獨立
拿破崙稱帝

美國南北戰爭開始

第一次世界大戰
第二次世界大戰

　2000—

固堅持殖民政策。甘地策略性地宣告，英國人留在印度就等於是一種刺激，將招致日本人進犯。他創造性地提出英國人「撤出印度」的口號，要求給予印度自治，然後以自主國家的地位，抗擊日本入侵。這實際上是一場新的國民不服從運動。甘地意識到他的這個行動將會打亂盟國在遠東的全盤戰略，因此在1942年6月14日，他分別寫信給羅斯福和蔣介石，解釋了印度民族主義者擬採取的行動，希望獲得中、美兩國的諒解。他在給蔣介石的信中表示，印度看到了馬來西亞、新加坡和緬甸的相繼淪陷，所以必須記取教訓，不可一切寄望於英國。印度應該獲得自由，自由的印度應該適當地擔負起應有的責任，這樣悲劇才不會重演。

7月14日，國大黨工作委員會通過了甘地起草的《英國政權退出印度》的決議。決議表示，由於英國一貫的「分而治之」政策，使得少數派集團的問題一直解決不了。唯有英國撤出，大家才能面對實際，面對印度本身，求得彼此同意的解決。決議還表示，英國撤出後，印度抗日不變，援助中國不變，與盟國的軍事合作不變。自由印度將組織包括一切重要黨派的臨時政府。決議最後表示，如果印度的要求遭到拒絕，國大黨將在甘地的領導下，不惜犧牲，以非暴力為武器，進行不屈不撓的抗爭。

於是殖民政府以憲法制人，在第二天凌晨四點就逮捕了甘地，同時還將尼赫魯、阿薩德等主要領導人在內的近150名國大黨高層人士投入監獄。進一步的大逮捕迅速在全印度展開，各省的中堅分子都被捕收監。國大黨從中央到省區的組織均被宣布為非法。這突如其來的大逮捕，使國大黨群龍無首，幾近癱瘓。

全印民眾在焦慮和憤怒中，爆發了更猛烈的反應抗爭，罷工、罷市、罷課、集會和遊行示威在全國各地迅速展開，甚至流血暴動也比比皆是。殖民當局進行了殘酷鎮壓，甚至出動軍隊，用重武器掃射。74歲高齡的甘地為抗議殖民當局的暴行，在獄中絕食二十一天，中途脈搏十

分微弱，已入彌留階段，但這位堅毅的老人最終戰勝了死神。

　　這場抗爭風暴是國大黨基層和廣大群眾民族激情的大爆發，標誌著印度民族走入成熟。殖民政府用盡全力才把這場運動鎮壓下去，首相邱吉爾也不得不坦承，這次抗爭的聲勢和規模是1857年以來從未有過的。印度整個民族已經行動起來，獲得自由對他們而言已為時不遠。

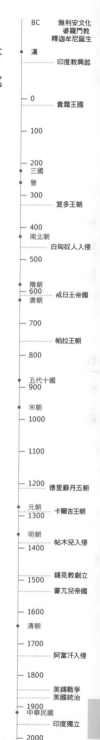

印度的分治

BC

耶穌基督出生　0—

君士坦丁統一羅馬

羅馬帝國分成兩部

波斯帝國　500—

回教建立

東羅馬馬其頓王朝

神聖羅馬帝國建立
1000—

英國征服愛爾蘭

蒙古第一次西征

歐洲流行黑死病

哥倫布發現新大陸
1500—

英國大破無敵艦隊

發明蒸汽機

美國獨立
拿破崙稱帝

美國南北戰爭開始

第一次世界大戰
第二次世界大戰

2000—

西姆拉會議

　　1943年10月20日，原英印軍總司令魏弗爾就任印度總督，他深知二戰後印度國內的平靜只是表面現象，自主的概念已根植於印度民心，一旦大戰結束，獨立運動又將掀起風暴。因此，魏弗爾的第一個行動是努力將憲政改革納入克里浦斯方案的行動步驟中。1944年5-6月，殖民當局釋放了甘地及國大黨的領袖們，解除了對國大黨的禁令。1945年6月25日，總督召集國大黨、穆斯林聯盟及其他黨派的領導人在西姆拉開會，商討建立方案承諾的制憲會議，及兩大組織參與政府的席位安排。其間，由於真納所代表的穆斯林聯盟所提出的條件不被國大黨接受，致使會議未能有結果。

　　此時，發生了兩樁意料之外的事情，使得印度爭取民族自主的步伐加快了。其一，1945年7月，工黨出人意料地在英國議會大選中獲勝。其二，1945年8月14日，日本宣布無條件投降，這讓英國對印度政策也必須適時調整。

　　9月19日，新任首相艾德禮在倫敦就印度政策發表了講話，宣布英國政府會盡全力促使印度早日組成自治政府，並立即著手舉行新的中央和省立法會議的選舉，以及在省一級重建印度人士執掌的責任政府。結

果，中央立法會議104個選舉席位中，國大黨獲得57席，穆斯林聯盟獲得30席。省選舉結果，國大黨重新在八省建立了省政府，穆斯林聯盟在信德和孟加拉主政，旁遮普建立了多黨的聯合政府。

內閣使團方案和分治的到來

在英國大選中，英國的民意顯示，他們認可戰後印度獨立。1946年2月19日，首相艾德禮順應英、印民心，宣布派內閣使團赴印，就制憲和組建臨時政府等問題，與印度各方領袖協商。內閣使團由印度事務大臣勞倫斯、商務大臣克里浦斯和海軍大臣亞歷山大三個人組成。3月23日，使團抵達新德里。他們與總督、省督們及行政官員商討綱領及方案，討論印度形勢，與印度各黨派領袖、土邦王公尋求憲政問題的解決方案。尤其與國大黨和穆斯林聯盟的領導進行大量探討和協商。國大黨認為，獨立的印度應是統一的聯邦政體，地方政府享有充分的自治權；英國人應先撤出印度，遺留問題由印度人自行解決。穆斯林聯盟主張建立巴基斯坦，管轄孟加拉、阿薩姆、旁遮普、信德和西北邊省；英國須安排好分治大局後，才能撤離印度。為協調雙方的矛盾，內閣使團、總督以及國大黨和穆斯林聯盟的各四名代表，一起在西姆拉商談，但是協調毫無結果。

5月16日，英國政府根據內閣使團的建議，發表了印度問題的白皮書，給出未來印度的設想方案。方案的主要內容是：印度由英屬印度和土邦組成統一的聯邦國家，中央政府掌控國防、外交和交通，各省和土邦享有充分的自治權。英屬印度的省份劃分成三個聯區。第一聯區為印度教占多數的省份，第二個聯區是穆斯林占人口多數的西北各省，第三個聯區是穆斯林占人口多數的東部省份。各聯區建立自己的立法機構和行政機構，制定單獨的憲法；中央制憲會議將制訂印度聯邦的新憲法。

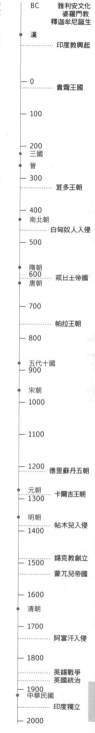

BC　雅利安文化
　　婆羅門教
　　釋迦牟尼誕生
漢
　　印度教興起

0　　貴霜王國

100

200
三國
晉
300　笈多王朝

400
南北朝
　　白匈奴人入侵
500

隋朝
600　戒日土帝國
唐朝

700
　　帕拉王朝

800

五代十國
900
宋朝
1000

1100

1200　德里蘇丹五朝

元朝　卡爾吉王朝
1300
明朝
　　帖木兒入侵
1400

　　錫克教創立
1500
　　蒙兀兒帝國

1600
清朝

1700
　　阿富汗入侵

1800
　　英錫戰爭
　　英國統治
1900
中華民國
　　印度獨立

2000

BC

耶穌基督出生 0—

君士坦丁統一羅馬

羅馬帝國分成兩部

波斯帝國 500—

回教建立

東羅馬其頓王朝

神聖羅馬帝國建立
1000—

英國征服愛爾蘭

蒙古第一次西征

歐洲流行黑死病

哥倫布發現新大陸
1500—

英國大破無敵艦隊

發明蒸汽機

美國獨立
拿破崙稱帝
美國南北戰爭開始
第一次世界大戰
第二次世界大戰
2000—

在新憲法制訂以前，建立過渡時期的臨時政府，臨時政府係在總督行政會議的基礎上改組而成。希望新獨立的印度將來仍留在英聯邦之內。國大黨和穆斯林聯盟都宣布基本上接受內閣使團方案。

6月16日，內閣使團和總督發表聯合公報，宣布邀約14人組成臨時政府。其中印度教徒6人（5人為國大黨成員，1人為哈里真），穆斯林5人，錫克教徒、基督教徒和襖教徒各1人。公報還宣布，如有政黨不接受，就授權接受的政黨組建政府。24日，國大黨決定不接受，因為名單中國大黨的人選不是原來定好的名單。26日，國大黨宣布拒絕參加臨時政府。

此時，真納和穆斯林聯盟表現出了強硬和咄咄逼人的態度，要求總督依照公報的規定，由他們單獨來組建政府。這次是穆斯林聯盟對一系列舉措表示不滿了。首先，它認為這不僅是言而無信，而且是一種恥辱。第二，尼赫魯曾表示將在制憲會議上，利用國大黨的絕對多數廢黜聯區的方式，這就根本動搖了巴基斯坦的基礎。第三，7月29日，穆斯林聯盟孟買會議通過決議，不再接受內閣使團方案，不參加臨時政府，也不參加制憲會議。它進一步宣布，為強力推進巴基斯坦事業，訂8月16日為「直接行動日」。16日，大規模的教派流血衝突在加爾各答爆發，印度教徒遭受的損失更為慘重，三天的衝突中有5000人喪生，2萬餘人受傷，約10萬人的家園被毀。接著，印度教徒在比哈爾邦與穆斯林少數派相互仇殺，很快雙方冤冤相報，殘殺進一步擴大到東孟加拉和聯合省。

在穆斯林聯盟拒絕內閣使團方案後，8月8日，總督力邀國大黨組織政府。國大黨的臨時政府就職，總督魏弗爾任主席，尼赫魯任副主席。同一天，穆斯林舉行了抗議活動，全印幾百萬穆斯林家庭在屋頂上升起黑旗，「默默地表示蔑視」。鑑於現狀以及著眼將來，真納為避免被長期排斥在中央政府之外，決定改變政策。而總督意欲引進穆斯林聯盟，這樣既可使臨時政府完整，又可對國大黨有所牽制。於是二次邀請穆斯

林聯盟商談。

　　10月13日，真納通知總督決定參加臨時政府。於是臨時政府改組，新政府共有14名成員，國大黨和穆斯林聯盟各5人，錫克教徒、基督教徒、襖教徒和賤民各1人。由於雙方不可調和的對立，臨時政府常常陷於毫無結果的反覆爭論，無法正常展開工作。

　　首相艾德禮12月初邀請尼赫魯、真納、錫克教的巴爾德夫・辛格赴倫敦會談，希望召開舉國一致的制憲會議，制訂印度憲法，但始終未能取得一致意見。穆斯林聯盟希望制憲會議暫緩召開，國大黨一再要求會議召開。最終，1946年12月9日，第一次制憲會議在德里舉行，不過穆斯林聯盟拒絕參加，土邦也沒有參加，無奈，此次會議只能宣布休會。

蒙巴頓方案和「巴爾幹計畫」

　　1947年初，印度各地教派衝突不斷，而且規模越來越大。中央的政治危機愈演愈烈，穆斯林聯盟堅持不參加制憲會議，尼赫魯則致信總督魏弗爾，要求穆斯林聯盟或者派遣代表參加制憲會議，或則乾脆從臨時政府退出。印度的形勢十分緊張。

　　二次大戰嚴重削弱了英國國力，飽經戰火摧殘的英國國民思念安寧，不願再受動盪的印度拖累。而且，戰後民族解放運動已成為不可抗拒的世界潮流，民族自決的國際輿論已成大勢。因此英國政府決定儘快從印度撤出。首相艾德禮宣布對印政策主要為：英國擬於1948年6月以前將政權移交移交給印度人組織的政府；英王任命蒙巴頓接替魏弗爾任印度總督，他的使命就是儘早以合適的方式移交政權。

　　蒙巴頓是英王喬治六世的表兄弟，二戰期間是東南亞盟軍的最高統帥，素以率領皇家海軍打空襲戰著稱。3月22日，蒙巴頓到達印度，與雙方領導會晤，交換意見。當他意識到統一的印度無望時，就拋棄內閣

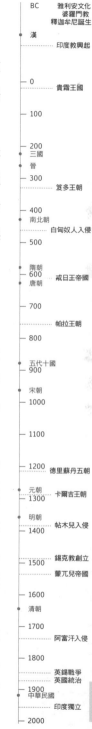

BC　雅利安文化
　　　婆羅門教
　　　釋迦牟尼誕生
漢
　　　印度教興起

0　　貴霜王國

100

200
三國
晉
300　笈多王朝

400
南北朝
　　　白匈奴人入侵
500

隋朝
600　戒日王帝國
唐朝

700

　　　帕拉王朝
800

五代十國
900

宋朝
1000

1100

1200　德里蘇丹五朝

元朝　卡爾吉王朝
1300

明朝
　　　帖木兒入侵
1400

　　　錫克教創立
1500
　　　蒙兀兒帝國

1600

1700
清朝
　　　阿富汗入侵

1800
　　　英錫戰爭
　　　英國統治
1900
中華民國
　　　印度獨立

2000

BC

耶穌基督出生 0—

君士坦丁統一羅馬

羅馬帝國分成兩部

波斯帝國 500—

回教建立

東羅馬其頓王朝

神聖羅馬帝國建立
1000—

英國征服愛爾蘭

蒙古第一次西征

歐洲流行黑死病

哥倫布發現新大陸
1500—

英國大破無敵艦隊

發明蒸汽機

美國獨立
拿破崙稱帝
美國南北戰爭開始

第一次世界大戰
第二次世界大戰

2000—

使團方案，努力說服國大黨接受現實，接受分治。

　　起初，國大黨反對「巴基斯坦」的出現，經蒙巴頓一個多月的遊說，以尼赫魯為首的領導層經過仔細研究時局後，還是以務實的態度接受了分治。他們意識到，只要兩大政黨達不成協議，教派間的流血衝突將永無寧日。其次，兩大教派的鬥爭由來已久，既有歷史的和文化的因素，又有政治的和經濟的因素，並且兩者之間的和解在短期內根本無望。強行統一帶來的只是破碎的聯邦，充滿了動亂，甚至內戰。印度民族經過幾代人的艱苦卓絕的抗爭，才贏得眼前即將到來的勝利，與其繼續磨難，不如兩大政黨分享獨立的成果。

　　蒙巴頓不間斷地與國大黨、穆斯林聯盟、錫克教等各方面商談，然後提出建議，形成結論，彙報倫敦，獲得批准。6月2日，蒙巴頓攜分治方案，邀約印度各黨派領袖集會新德里總督府，進行最後商討。第二天，蒙巴頓透過廣播向全印度人民發表了英國政府的聲明，宣布8月15日前印度完成分治，此後英國撤出印度，並且詳細公布了分治方案，即史稱的「蒙巴頓方案」。

　　蒙巴頓方案的要點是：印度獲得自治領地位，如果穆斯林人口占多數的地區希望單獨建立政權，可以建立單獨的自治領，原英印政府的政權分別移交給這兩個自治領。兩個自治領可分別籌建制憲會議，制定各自的憲法。孟加拉和旁遮普的省立法會議，按照印度教徒和伊斯蘭教徒人口占多數的地區，將議員劃分為兩組，分別投票。只要有一組贊成分治，該省就一分為二，分別加入印度和巴基斯坦。土邦可自由選擇加入任何一個自治領，總體原則仍同1946年5月16日的內閣使團方案。

　　6月14日，國大黨全印委員會在德里召開會議，討論蒙巴頓方案。反對派和支持派對此各持己見，最後不得不由甘地出來說話。甘地開始時竭力反對分治，他甚至斥責蒙巴頓的分治方案是「活體解剖」。他向總督進言，寧可將英印政府的政權移交給真納，3億印度教徒受穆斯林統

治，也不願印度分治。但現實終於讓甘地發生了轉變，最終，甘地以長者的口吻，說服大家接受了分治方案。甘地的這一次講話，後來成為罪犯行刺他的理由之一。

6月9日，穆斯林聯盟的中執委開會，儘管孟加拉和旁遮普有可能一分為二，但「殘缺不全的巴基斯坦總比沒有巴基斯坦好」，分治方案基本上符合穆斯林聯盟的要求。大會以壓倒多數通過決議，接受方案。

錫克人對於蒙巴頓方案的反應，更多的是無奈。錫克教徒約400萬人，遍居於旁遮普省，如該省分為印度和巴基斯坦，那麼錫克教徒將被迫分屬於兩個自治領。因此，以達達・辛格為首的一派堅決反對分治方案，要求他們自成為一個行政單位。而錫克人公認的領袖巴爾德夫・辛格與國大黨尼赫魯較為接近，因此還是接受了方案。

按照蒙巴頓方案的規定，自6月20日至7月17日，孟加拉、旁遮普和信德三省由省議會投票，俾路支透過部落首領會議投票，西北邊省和阿薩姆的錫爾赫特縣由全民投票，決定了意向。這樣巴基斯坦就包括東孟加拉、西旁遮普、信德、西北邊省、俾路支斯坦和阿薩姆的錫爾赫特縣。

為了劃定孟加拉和旁遮普的印度教徒和穆斯林的邊界，組建由英國法官拉德克里夫主持的劃界委員會。儘管他的仲裁立場被印、巴雙方認可是可信的、不偏不倚的，但他的分界線不管怎樣劃定，總會受到指責，這是客觀現實造成的無可奈何。

多少年來積聚的資源和財富，從領土、人口、軍隊、資產、軍用物資到運輸工具乃至圖書、辦公用具等，都要劃分給兩個自治領。三分之一的軍隊劃歸巴基斯坦，14.7%的土地面積劃歸巴基斯坦，17.5%的財產劃歸巴基斯坦（同時負擔同樣比例的債務）。分治後，巴基斯坦的人口是6760萬人，印度為27010萬人。

作為政權移交的最後一道程序，7月4日英國議會正式討論分治方

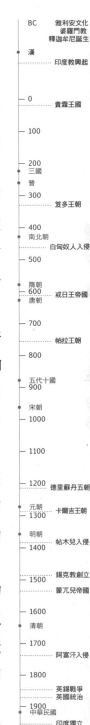

案。

18日，經英王簽署，以蒙巴頓方案為基礎的《印度獨立法》（共二十條，副款三則）頒布施行，並將建立印度和巴基斯坦兩個自治領的日期法定為1947年8月15日。同時，英王對於印度土邦的宗主權也自然消亡。英國和印度之間的一切條約和協定都將失效。

1947年8月14日，巴基斯坦自治領宣告成立，建都卡拉奇，真納出任首屆巴基斯坦自治領總督。8月15日，巴基斯坦內閣閣員們宣誓就職，列雅格特・阿里汗出任政府總理。

8月15日，印度自治領宣告成立，首都在新德里。國大黨邀請蒙巴頓出任印度自治領首屆總督，尼赫魯擔任總理。8月14日晚上11時58分，一面飾有印度星徽的英國國旗，從新德里總督府的旗桿上悄然降下。12時，會議代表全體起立，宣誓，歡呼新印度的誕生。尼赫魯對全國發表了演說。當朝陽升起時，印度赭、白、綠的三色國旗在晨曦中迎風飄揚。

BC

耶穌基督出生　0—

君士坦丁統一羅馬

羅馬帝國分成兩部

波斯帝國　500—

回教建立

東羅馬馬其頓王朝

神聖羅馬帝國建立
1000—

英國征服愛爾蘭

蒙古第一次西征

歐洲流行黑死病

哥倫布發現新大陸
1500—

英國大破無敵艦隊

發明蒸汽機

美國獨立
拿破崙稱帝

美國南北戰爭開始

第一次世界大戰
第二次世界大戰

2000—

| 第九章 | 共和國時期

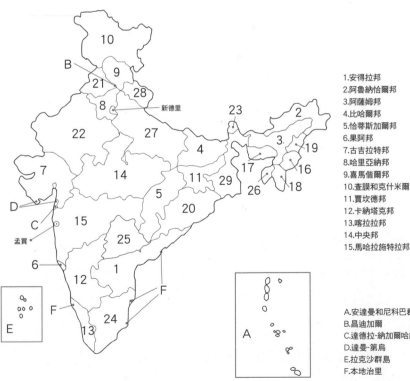

1.安得拉邦
2.阿魯納恰爾邦
3.阿薩姆邦
4.比哈爾邦
5.恰蒂斯加爾邦
6.果阿邦
7.古吉拉特邦
8.哈里亞納邦
9.喜馬偕爾邦
10.查謨和克什米爾邦
11.賈坎德邦
12.卡納塔克邦
13.喀拉拉邦
14.中央邦
15.馬哈拉施特拉邦

16.曼尼普爾邦
17.梅加拉亞邦
18.米佐拉姆邦
19.那加蘭邦
20.奧里薩邦
21.旁遮普邦
22.拉賈斯坦邦
23.錫金邦
24.泰米爾納德邦
25.特倫甘納邦
26.特里普拉邦
27.北方邦
28.北阿坎德邦
29.西孟加拉邦

A.安達曼和尼科巴群島
B.昌迪加爾
C.達德拉-納加爾哈維利
D.達曼-第烏
E.拉克沙群島
F.本地治里

BC

耶穌基督出生　0—

君士坦丁統一羅馬

羅馬帝國分成兩部

波斯帝國　500—

回教建立

東羅馬馬其頓王朝

神聖羅馬帝國建立
　　　　1000—

英國征服愛爾蘭

蒙古第一次西征

歐洲流行黑死病

哥倫布發現新大陸
　　　　1500—

英國大破無敵艦隊

發明蒸汽機

美國獨立
拿破崙稱帝

美國南北戰爭開始

第一次世界大戰
第二次世界大戰

　　　　2000—

尼赫魯與新印度

黎明之前

　　1947年8月15日，印度自治領成立，蒙巴頓任總督，他只是象徵性的國家元首，並不擁有行政實權。以尼赫魯為首的部長會議成為行政的決策和執行機構。尼赫魯任總理，兼管外交、公共關係、科學研究等部門。帕特爾為副總理，兼管內政、宣傳和土邦關係等部門。新政府成員共14人，其中國大黨8人、其他政黨團體6人，分任12部部長。

　　自治領建立時，原來的中央立法議會被制憲會議取代，它是印度獨立前後的一個承上啟下的機構。1947年，第二次制憲會議任命了憲法起草委員會，全力以赴制訂印度獨立後的新憲法。在新憲法制訂前的過渡時期，印度根據1935年《印度政府法》及其補充的修正性法令，即1947年的《印度（臨時憲法）法令》進行操作，賦予制憲會議具有制憲和議會的雙重職能。

　　同時，印度成立了國防決策機構，即以總理為首席的內閣國防委員會。1948年，印度廢除了總司令統轄陸、海、空三軍的制度，實行三軍分立，分別設置參謀長職位，均由國防部長負責。在司法系統方面，按照1935年《印度政府法》設立聯邦法院，由一名首席法官和兩名助理法官組成，具有初審權、受理上訴權和解釋憲法的權力。

新政府建立後進行了文官制度的改革，建立印度的行政官制和警官制，制訂文官法規。公職文官須通過公開考試選拔。政府對考試、任用、晉升、薪金等做出規定，並建立了「特別任用委員會」的人才機構。

新政府在過渡時期的一個特點是所謂的「雙頭政治」。由於甘地只是國大黨的精神領袖，實際上已退居幕後，因此黨內還沒有形成一名無可爭議的領頭人。尼赫魯代表了民主派勢力，元老派特爾則是保守派的代表，兩人分別擔任總理與副總理，分享著權力。

派特爾（1875—1950）出生於古吉拉特的正統的印度教家庭。雖留學英國，但更注重傳統文化。儘管尼赫魯與派特爾在印度民族利益大局上的立場基本一致，但在具體的黨和國家政策的制度和實施上，常有衝突，並且越來越激烈。

1950年9月，尼赫魯意圖將黨內左派力量團結起來，建立黨內派別組織「國大黨民主陣線」與右翼對抗。派特爾則針鋒相對，保守派勢力也積極串聯起來，意圖在年底國大黨工作委員會會議上，對民主陣線進行紀律制裁。由於12月15日派特爾病逝，雙方的攤牌才沒有進行；同時，「雙頭政治」也終告結束。以後尼赫魯的領袖地位日益鞏固，副總理一職也成為無實權的虛位。

由於英、印之間的政權移交是和平方式進行的，因此殖民統治沒有經過暴風驟雨式的滌蕩，它的痕跡在印度延續了相當長的時間。如英王的畫像仍懸掛在公共場合，英國國歌常在儀式典禮上演奏，殖民統治者的紀念碑予以保留，充滿殖民痕跡的街名、地名，一度仍然沿用。

英國女王頭像的郵票與甘地像郵票一起，在自治領的郵政通信上並行使用。隨著印度共和國成立，民族事業的不斷興旺，這些烙印才慢慢消磨掉。

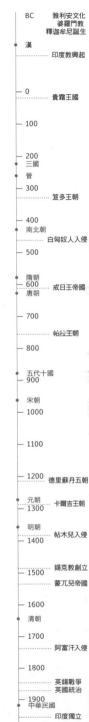

BC	雅利安文化
	婆羅門教
	釋迦牟尼誕生
漢	
	印度教興起
0	貴霜王國
100	
200	
三國	
晉	
300	笈多王朝
400	
南北朝	
	白匈奴人入侵
500	
隋朝	
600	戒日王帝國
唐朝	
700	
	帕拉王朝
800	
五代十國	
900	
宋朝	
1000	
1100	
1200	德里蘇丹五朝
元朝	卡爾吉王朝
1300	
明朝	帖木兒入侵
1400	
	錫克教創立
1500	蒙兀兒帝國
1600	
清朝	
1700	
	阿富汗入侵
1800	
	英錫戰爭
	英國統治
1900	
中華民國	
	印度獨立
2000	

五年計畫

　　1947年8月17日，拉德爾克利夫邊界劃定書公布，本已遍及各地的教派衝突愈加激化。邊界劃定書引起頗多爭議，尤其對三處界線，反應更為強烈，焦點集中在印度教徒與穆斯林雜居的孟加拉和旁遮普兩地區。巴基斯坦對於將加爾各答從東孟加拉劃出感到憤怒。旁遮普地區的印、巴分界線造成頗多爭端。

　　原本共同享用的水資源和運輸線常常被人為切斷。世代為鄰的人們成了相互對立的雙方，為此無人不心存恐慌，毫無安全感。同時，為民族解放事業做出了犧牲和貢獻的錫克教徒，也被人為地均分於印、巴兩個自治領，「所羅門提議平分一個活生生孩子的故事，真實地發生在錫克教徒的身上」。況且，錫克人與穆斯林在旁遮普的衝突由來已久，這更使雙方劍拔弩張。

　　在教派主義極端分子的煽動下，大規模的教派仇殺迅速展開，並不斷升級。在印度一方，眾多穆斯林被殺害，房屋、土地和財產遭搶劫；在巴基斯坦一方，大批的印度教徒和錫克教徒被殺戮和驅逐。居住在兩國的少數教派的居民處於極度恐慌中，為了活命，穆斯林逃往巴基斯坦，印度教徒和錫克教徒逃命印度。

　　巨大的難民遷徙洪流終日綿延數十里，並且不斷發生相互殺戮和遭到武裝暴徒的襲擊，橫屍遍野，慘不忍睹。當大量對方國家的難民充斥內地城市的街頭時，他們的慘狀震撼了市民，本來氣氛稍緩的內地，對立教派的居民間也充滿了憤恨。隨之，宗教仇殺席捲了內地的許多城市。

　　仇殺的野火漫遍次大陸，印、巴兩個自治領政府不得不擱置其他政務，全力以赴處理教派殘殺事務。它們制止並且鎮壓暴亂，動用一切交通工具從對方境內搶運難民，以及遣送對方難民出境，而且還要安置

耶穌基督出生　0
君士坦丁統一羅馬
羅馬帝國分成兩部
波斯帝國　500
回教建立
東羅馬馬其頓王朝
神聖羅馬帝國建立　1000
英國征服愛爾蘭
蒙古第一次西征
歐洲流行黑死病
哥倫布發現新大陸　1500
英國大破無敵艦隊
發明蒸汽機
美國獨立
拿破崙稱帝
美國南北戰爭開始
第一次世界大戰
第二次世界大戰
2000

千百萬的流入難民。

為了呼籲民眾冷靜、克制，並且用愛來喚醒真知，甘地離開了德里，8月初他來到了加爾各答，加市一向是印度教徒和穆斯林的雜居地，也是歷次教派仇殺的禍亂中心之一。甘地帶著孫女在仇殺重災區的破瓦殘垣中找到一所人去樓空的穆斯林住宅。此後他到暴亂地區，用一顆愛心去感動瘋狂的民眾。在他的努力下，雙方醞釀已久的獨立日大暴亂，終於在加爾各答倖免。

教派騷亂逐漸蔓延到了西孟加拉。眼看血腥仇殺就要大爆發，9月1日起甘地開始絕食，如果不能使兩教間重新親善，他打算絕食至死。當地的黨、政、教領導人在他的感召下，用盡各種方法，終於阻止了暴亂。甘地絕食72小時候，領袖們紛紛以生命向他保證，宗教仇殺的惡劣局面不會再現。

西孟加拉局勢平定後，甘地前往禍患重災區旁遮普。10月他路過德里，那兒正處燒殺動亂中，甘地見狀，心急如焚，馬上停留腳步，投入勸阻的工作中。79歲的甘地，雖已心力交瘁，但決定再次以絕食抗爭。如他所說：「有一種絕食是非暴力者為了糾正社會的不義，被迫採取的一種行動。我作為一個非暴力者，已別無選擇。現在正是時候。」1948年1月12日，儘管尼赫魯和派特爾曾苦口婆心勸說，但甘地心意已決，在晚禱會上宣布，自明日起無限期絕食，以期停止教派間的仇視。這是甘地一生中18次絕食的最後一次。絕食五天後，甘地在各方再三保證接受他的要求的情況下，停止了絕食。

甘地全身心致力於各教派的和平親善，卻招致一部分印度教極端分子的怨恨。他們認為這是向巴基斯坦投降，欲除之而後快的憤激情緒在暗中醞釀。

1948年1月30日下午5時，甘地從寄居的比爾拉寓所出來，前往室外草坪與靜候著的500餘人一起舉行晚禱會。當甘地邊走邊與聽眾相互合

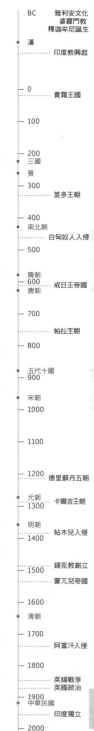

BC　雅利安文化
　　婆羅門教
　　釋迦牟尼誕生
漢
　　印度教興起

0　　貴霜王國
100
200
三國
晉
300　笈多王朝
400
南北朝
　　白匈奴人入侵
500
隋朝
600　戒日王帝國
唐朝
700
　　帕拉王朝
800
900　五代十國
　　宋朝
1000
1100
1200　德里蘇丹五朝
元朝　卡爾吉王朝
1300
明朝
　　帖木兒入侵
1400
1500　錫克教創立
　　蒙兀兒帝國
1600
　　清朝
1700
　　阿富汗入侵
1800
　　英錫戰爭
　　英國統治
1900
中華民國
　　印度獨立
2000

十行禮並喃喃說「我來遲了」時,一個青年擋住他的去路,先向甘地合十俯身行禮,然後順勢掏出手槍向甘地連發三槍,兩槍射中前胸,一槍擊中腹部。甘地雙手合十,口中微念印度教大神羅摩,徐徐倒在青草地上。兇手名叫納·戈德塞,是浦那《印度教民族報》的編輯,印度教極端組織「國民服務團」的成員。尼赫魯等印度領導人迅速趕到現場,總理向全國發表了廣播講話。

甘地之死在全世界引起了巨大反響。美、蘇、英、法等國紛紛發去唁電,對甘地去世表示哀悼。蔣介石夫婦也致電尼赫魯弔唁,稱甘地為「一代主張非暴力主義、實現人類和平之神聖鬥士」。

中華民國駐印大使羅家倫出席了追悼會並赴火葬場送葬。按中國習俗,甘地火葬後七日,南京舉行了大規模的甘地追悼會,並由蔣介石親自主祭。

甘地之死震驚了印度,憤怒的印度教徒搗毀了印度教大會、國民服務團的組織機構。政府也下令取締了國民服務團。秉承甘地遺願,在印、巴兩國政府的努力下,教派仇殺在1948年春季後逐漸緩和下來。

自治政府的建立

當蒙巴頓的印巴分治方案成為大趨勢後,國大黨和穆斯林聯盟傾力展開爭取土邦的工作,力圖說服它們加入自己的自治領。此時一個棘手的問題出現了,少數土邦王公們開始策劃土邦獨立,有些王公甚至主張成立一個單獨的「土邦斯坦」。尼赫魯在這一問題上決不妥協。

1947年6月15日,國大黨全印委員會通過決議,不承認印度境內土邦獨立,並對海外宣告:任何國家承認「獨立」的土邦,將被視為對印度不友好。至印度獨立日時,除少數與巴基斯坦毗鄰或在其境內的土邦加入了巴勒斯坦外,其餘絕大部分土邦都選擇加入印度,只有朱納格

美國獨立
拿破崙稱帝

美國南北戰爭開始

第一次世界大戰
第二次世界大戰

　　2000—

特、海德拉巴和查漠-喀什米爾等少數土邦，還游離在印、巴之外。

印度政府在土邦歸屬的同時，進行了土邦行政區的合併和重組。其一，根據地理位置毗連，文化、語言和習俗相通，以及歷史淵源密切關聯等因素，眾多土邦或者併入鄰近的省份。其二，其餘21個土邦因戰略地位、交通樞紐或其他一些特殊原因，均置於中央政府的直接統轄。至1949年底，除了海德拉巴和喀什米爾外，印度政府基本完成了對土邦的合併。

但是朱納格特和海德拉巴土邦的歸併，並不是順順當當的，而是經歷了大規模的軍事衝突，喀什米爾則更為錯綜複雜。朱納格特是一個擁有海港的小土邦，其中印度教徒占80%以上，但納瓦布（王公稱號）是伊斯蘭教教徒。1947年8月15日，納瓦布宣布加入巴基斯坦，印度政府表示不予承認，並立即陳兵邊界，實行經濟封鎖。10月，印軍進入朱納格特邦，納瓦布逃往巴基斯坦。儘管巴基斯坦抗議印度侵略並要求聯合國干預，但印度仍在11月7日接管了朱納格特政權，並在1948年2月進行邦內全民公決，將其合併。

海德拉巴地處南印度中心地帶，是印度人口最多的土邦，面積僅次於喀什米爾邦。居民85%是印度教徒，而尼紮姆（王公稱號）是伊斯蘭教教徒。尼紮姆不願加入印度，由於地理位置的關係，又不可能併入巴基斯坦。由於海德拉巴可能成為印度國中之國，這是印度政府「心中的結石」。1948年上半年，印度聯邦與海德拉巴的種種談判均告破裂。於是，印度政府實施經濟制裁，而王公不願就範，一面擴軍備戰，一面爭取巴基斯坦援助。1948年9月13日，印度政府宣布採取員警行動，同時聲明這絕非是戰爭行為。就這樣，印度軍隊進入海德拉巴邦。土邦軍隊總司令率部投降，尼紮姆見大勢已去，改變了態度，宣布海德拉巴加入印度自治領。1950年1月26日，海德拉巴正式加入印度聯邦，1956年再度改組後，它已不復是一個獨立的土邦。王公僅保留了一些特權，還有500萬

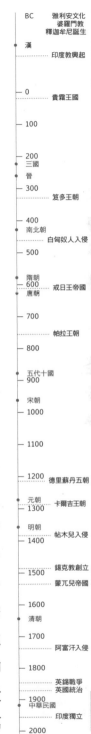

盧比養老年金。

　　查漠-喀什米爾是面積最大的土邦，戰略位置十分重要，水力資源十分豐富，巴基斯坦的三條主要河流，包括印度河在內，均發源於此。邦內人口77%是穆斯林，但王公哈里・辛格是印度教徒。巴基斯坦自然渴望將其置於版圖內；而印度的態度是針鋒相對且決不退讓。哈里・辛格深知事情的複雜性和潛藏危機的嚴重性，他希望維持獨立，保全自身利益。1947年10月22日，武裝的帕坦部落民眾從巴基斯坦一側進入喀什米爾，威脅首府斯利那伽。哈里・辛格見形勢危急，向印度求援，蒙巴頓表示，只有喀什米爾加入印度，印度才能出師援助。哈里・辛格接受了這一條件，自願成為印度一行省。於是印度以最快速度將印軍空運至喀什米爾，很快控制了局勢。巴基斯坦進行了反擊，並指控印度以陰謀和暴力侵佔了喀什米爾和朱納格特。1948年初，印、巴第一次戰爭爆發，經聯合國調停，1949年元旦雙方停火。依照確定的停火線，印度控制了包括斯利那伽在內的三分之二地區和四分之三的人口，其餘為巴基斯坦控制區。

大國戰略的發端

　　二戰爆發後，英國大量調用印度的人力和物力，從而激發了印度人民的民族感情。1939年9月，尼赫魯曾經訪問抗戰中的中國，對中國人民的抗日戰爭表示出同情。1942年，尼赫魯領導國大黨展開「退出印度」運動。英印殖民當局立即宣布國大黨非法，並逮捕了甘地和尼赫魯等人。這是尼赫魯第九次，也是最後一次入獄。直到1945年6月二戰結束前，尼赫魯才獲釋。

　　此時的尼赫魯雖陷囹圄卻豪氣勃發，他相信這是黎明到來前的黑暗。他在獄中冥思苦想，並求教於同在獄中的學識淵博的同行，寫成

BC

耶穌基督出生　0—

君士坦丁統一羅馬

羅馬帝國分成兩部

波斯帝國　500—

回教建立

東羅馬馬其頓王朝

神聖羅馬帝國建立
　　　　　1000—

英國征服愛爾蘭

蒙古第一次西征

歐洲流行黑死病

哥倫布發現新大陸
　　　　　1500—

英國大破無敵艦隊

發明蒸汽機

美國獨立
拿破崙稱帝

美國南北戰爭開始

第一次世界大戰
第二次世界大戰

　　　　　2000—

了《印度的發現》一書。書中詳細記述了自己的過失和發現新思想的經過，高瞻遠矚地展望了印度的未來，最後得出結論：「印度以它現在所處的地位，是不能在世界上扮演二等角色的，要嘛就做一個有聲有色的大國，要嘛就銷聲匿跡。」時至今日，這句名言仍是印度人耳熟能詳的名句，也是印度大國戰略的最好注釋。

1947年8月15日印度獨立時，尼赫魯宣布：「不管風多大，浪多高，我們將永遠不讓自由的火炬熄滅。」隨著印度獨立，尼赫魯時代也真正來臨。他在一次演講中說：「印度有許多東西可以給予，但不是金銀或出口貨物，而是它目前的地位。今天，全世界都已認識到未來的亞洲將有力地決定於印度的未來，印度將日益成為亞洲的軸心。」

印度獨立後，尼赫魯出任第一任總理。1954年6月，尼赫魯與應邀訪印的中國總理周恩來發表聲明，公開提出「和平共處五項原則」。次年，又與印尼總統蘇加諾等人共同發起萬隆會議，與廣大發展中國家共商大計。尼赫魯一直注重對女兒英迪拉的培養，為其日後登上印度的權力頂峰鋪平了道路。1964年1月，在國大黨年會上，尼赫魯突然中風，出現左偏癱。1964年5月26日清晨，尼赫魯突覺下腹疼痛難忍。待醫生趕來時，他已奄奄一息。27日下午1時40分，尼赫魯的心臟停止了跳動，享年75歲。

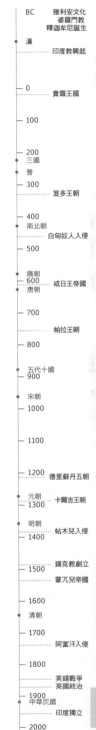

BC　雅利安文化
　　婆羅門教
　　釋迦牟尼誕生
漢
　　　印度教興起

0　　貴霜王國

100

200
三國
晉
300　　笈多王朝

400
南北朝
　　　白匈奴人入侵
500

隋朝
600　　戒日王帝國
唐朝

700

　　　帕拉王朝
800

五代十國
900

宋朝
1000

1100

1200　德里蘇丹五朝

元朝
　　　卡爾吉王朝
1300

明朝
　　　帖木兒入侵
1400

1500　錫克教創立
　　　蒙兀兒帝國

1600

清朝
1700

　　　阿富汗入侵
1800

　　　英錫戰爭
　　　英國統治
1900
中華民國
　　　印度獨立

2000

「鐵娘子」英迪拉

BC

耶穌基督出生　0—

君士坦丁統一羅馬

羅馬帝國分成兩部

波斯帝國　500—

回教建立

東羅馬馬其頓王朝

神聖羅馬帝國建立
1000—

英國征服愛爾蘭

蒙古第一次西征

歐洲流行黑死病

哥倫布發現新大陸
1500—

英國大破無敵艦隊

發明蒸汽機

美國獨立
拿破崙稱帝

美國南北戰爭開始

第一次世界大戰
第二次世界大戰

2000—

「唯一的男子漢」

2009年10月31日是印度前總理英迪拉・甘地逝世二十五周年。

1984年10月31日早上，她在自己的寓所院裡被兩個叫作Beant Singh和Satwant Singh的錫克族衛兵刺殺，身中31顆子彈。在前往醫院的汽車裡，在兒媳索尼婭・甘地的懷裡，離開了自己曾經執政十五年的國家。終年66歲。

毫無疑問，她是印度現代史上，乃至世界現代史上一位偉大的女政治家，儘管她被稱為印度內閣中「唯一的男子漢」，被德國前總理施密特稱為「沒有性別的政治動物」。印度著名記者MJAkbar在一篇題目為「偉大的英雄會犯偉大的錯誤」的博客裡這樣寫道：甘地給了我們自由，尼赫魯維護了我們的獨立，英迪拉・甘地拯救了我們的國家（nation）。

英迪拉・甘地是尼赫魯的女兒，儘管甘地姓氏很容易讓人誤認為她和聖雄甘地有某種關係。其實她的姓氏來自自己的丈夫費羅茲・甘地（Feroze Gandhi）。然而，這種巧合更能讓我們看到甘地家族和尼赫魯家族在整個印度現代政治中的重要地位。雖然英迪拉・甘地作為一個政治家是非常輝煌的，但是作為一個孩子和女人卻經歷著人生的不幸。她

小的時候，父親尼赫魯長期在外從事民族獨立運動，並多次被英國人關入監獄，所以她一直和多病的母親相依為命；19歲的時候，母親病逝。她一個人在英國留學，而她似乎並不喜歡學習，所以成績也不理想。

與當記者的費羅茲結婚後，也是聚少離多。兩個孩子（拉吉夫和桑賈伊）出生後，她又投身政治運動。1952年，印度舉行第一次大選，英迪拉分別管理尼赫魯家族以及她丈夫費羅茲這兩個競選陣營。當時費羅茲並未詢問他岳父尼赫魯的意見就自行參選。最後他成功當選遷回德里，但他卻選擇在德里另外找一間房子居住而沒有與妻子同住。費羅茲當選議員後不久，就迅速建立起自己的名聲和地位，最主要是他揭發了一些國家保險業的醜聞，為自己樹立了一個反政府貪污的戰士形象。這一事件導致財政大臣，亦是他岳父尼赫魯的助手下臺。在這一連串事件之後，費羅茲和英迪拉分開了。不久，費羅茲便有了婚外情。而在1957年印度大選後不久，費羅茲心臟病發需入院治療，這事件卻戲劇性地挽救了夫婦二人瀕臨破裂的婚姻。英迪拉悉心照料患病的丈夫，令她和費羅茲以及孩子們之間的關係拉近。但好景不長，1960年9月8日英迪拉正在國外陪伴父親出國訪問之際，費羅茲終於因病過世。

1966年，印度總理夏斯特里因病突然去世，英迪拉被黨內大老們推選為總理，從此開始了她在印度政壇上富有爭議的長期執政。在她執政時候，印度經濟發展落後，貧困嚴重；政治上動盪不安，國大黨內部出現分裂，以印度人民黨為代表的各類政黨發展迅速，挑戰著國大黨長期的一黨獨大地位；地區分裂勢力抬頭，喀什米爾及南部各邦紛紛對中央提出挑戰；宗教方面敵對情緒強烈，以穆斯林、錫克教為甚；國際上與巴基斯坦關係惡化，並發生戰爭；與美國關係惡化，失去了美國的經濟援助。

面對這些挑戰，英迪拉表現出強硬的政治態度，並採取了各種政治措施，儘管其中一些措施被認為充滿政治權術和詭計。她於1969年

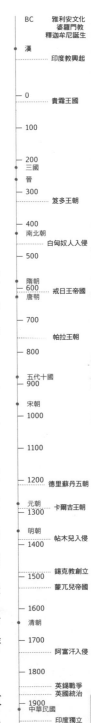

BC　雅利安文化
　　婆羅門教
　　釋迦牟尼誕生

漢
──── 印度教興起

── 0 ──　貴霜王國

── 100

── 200　三國
晉
── 300　笈多王朝

── 400　南北朝
　　　　白匈奴人入侵
── 500

隋朝
── 600　戒日王帝國
唐朝
── 700

── 800　帕拉王朝

── 900　五代十國

宋朝
── 1000

── 1100

── 1200　德里蘇丹五朝

元朝
── 1300　卡爾吉王朝

明朝
── 1400　帖木兒入侵

── 1500　錫克教創立
　　　　蒙兀兒帝國

── 1600

清朝
── 1700　阿富汗入侵

── 1800

　　　　英錫戰爭
　　　　英國統治
── 1900　中華民國
　　　　印度獨立

── 2000

被國大黨開除後成立了新的國大黨，後來被稱為「國大黨英迪拉派」（Congress），並在1971年的大選中獲勝，競選口號是「消除貧困」（garibi hatao）。在同年的第三次印、巴戰爭中印度取得勝利，並且直接推動了孟加拉的獨立；也是在這一年的8月，她與前蘇聯簽訂了二十年的「和平、友好與合作協定」，從而彌補了與美國關係交惡導致的國際支持的損失。

英迪拉統治

在經濟發展方面，英迪拉推動了印度的綠色革命，實行土地改革，提高了農業生產積極性，從而提高了農業產量，減少了饑餓人口；推動了白色革命，使牛奶進入印度普通人的生活，從而改善人們的營養結構。她實行了銀行國有化，在最近這次金融危機中，國有化銀行成為印度金融業穩定的制度根源。她還徹底取消了印度土邦王公的俸祿，從根本上消除了印度土邦政治的影響。在她執政期間，印度也進行了第一次核爆炸試驗。1983年，英迪拉的國際地位達到了頂峰，那一年不結盟運動首腦會議和英聯邦大會在新德里召開，她儼然成為第三世界的領袖。

然而，1975年6月開始實行的「緊急狀態」，使英迪拉‧甘地成為了印度民主體制的破壞者，儘管她的舉動得到許多人，尤其是社會精英的支持或默認。以至於有人擔心本來脆弱的印度民主制度會退化為獨裁政治。十九個月後，「緊急狀態」解除。她雖然在接下來的大選中失敗，但是很快由於競選對手的力量分散和她個人的出色魅力，在1980年重回政壇。

「緊急狀態」不僅成為印度當代政治史上的重要轉捩點，也成了她個人政治生涯上的污點。以至於至今許多人對於她由此留給印度政治的一些傳統依然持強烈的批評態度。在《印度報》紀念她去世二十五年

耶穌基督出生　0—

君士坦丁統一羅馬

羅馬帝國分成兩部

波斯帝國　500—

回教建立

東羅馬馬其頓王朝

神聖羅馬帝國建立
　　　　　1000—

英國征服愛爾蘭

蒙古第一次西征

歐洲流行黑死病

哥倫布發現新大陸
　　　　　1500—

英國大破無敵艦隊

發明蒸汽機

美國獨立
拿破崙稱帝

美國南北戰爭開始

第一次世界大戰
第二次世界大戰

　　　　　2000—

的一篇文章中，SiddharthVaradarajan寫道，她還沒有時間去總結錯誤，那麼我們還有什麼要指責的呢？在作者看來，在英迪拉執政之時形成的家族政治、金錢政治、黨內高度服從、缺乏民主、政治交易、政府和員警對族群暴力放任、對法治的輕視等，至今依然影響著印度政治。隨著時間的推移，在她執政時期國大黨形成的政治風格，已經成為了所有政黨的行為規則。一方面，妻子兒女分享著各個層次的政治權力；另一方面，「資源政治」使各種利益糾結在一起，政治力量和經濟力量實現了聯姻。而她也為自己在宗教問題上的權術付出了生命的代價。在她去世後三天內，印度國內近4000名錫克族人被印度教徒屠殺，再次說明了這種政治權術的血腥。

「英迪拉」來源於印地語和梵語，意思是「傑出」。在印度神話中，英迪拉是大神維斯奴的妻子，也是印度財富女神Lakshmi的另一個名字。可以說，這是一個印度教中的著名女神。用在英迪拉‧甘地身上，這個名字再貼切不過了。也許有人會問，為什麼印度世俗社會中婦女地位普遍低下，而在印度神話中，女神又是如此強大呢？也許英迪拉‧甘地在印度政治生活中的地位，充分說明了這種世俗社會與神話社會的巨大反差。也許也說明了，其實在印度人的生活中，婦女的地位遠不是我們用現代的標準所能衡量和理解的。

「鐵娘子」不朽

1965年印巴戰爭開始，英迪拉卻選擇前往喀什米爾首府斯利那加度假。當時巴基斯坦部隊正集結於相當接近的位置，有不少人都勸她改往查漠或德里等較為安全的地方，但英迪拉卻堅持己見。她重整了當地政府並邀請傳媒到訪，務求令國家民眾消除疑慮。當時的大眾就形容英迪拉為「一群婦人內閣中唯一的男子漢」。1966年1月，夏斯特里在蘇聯

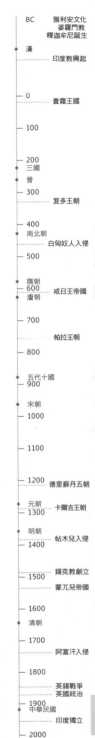

BC　雅利安文化
　　婆羅門教
　　釋迦牟尼誕生
漢
　　印度教興起

0　　貴霜王國

100

200
三國
晉
　　　笈多王朝
300

400
南北朝
　　白匈奴人入侵
500

隋朝
600　戒日王帝國
唐朝

700

　　　帕拉王朝
800

五代十國
900

宋朝
1000

1100

1200　德里蘇丹五朝

元朝　卡爾吉王朝
1300

明朝
　　　帖木兒入侵
1400

　　　錫克教創立
1500
　　　蒙兀兒帝國

1600
清朝

1700
　　　阿富汗入侵

1800
　　　英錫戰爭
　　　英國統治
1900
中華民國
　　　印度獨立

2000

塔什干與巴基斯坦簽署和議之後數小時突然去世，他的死因至今依然是一件懸案。

　　當夏斯特里的死訊傳到印度首都後，一場激烈的繼承權爭奪戰就正式展開了。其中一名熱門繼承人是莫拉爾吉・德賽（Morarji Desai），早於首任總理尼赫魯去世時，他就有意坐上總理之位，可惜敗於夏斯特里手下。另外一位就是已宣誓為代總理的南達，他亦曾在尼赫魯死後任代總理。英迪拉則靜觀其變，看來並無意爭奪政權。正當德賽和南達爭

得火熱、互數不是之際，人們的眼光開始轉移到英迪拉這位前總理的女兒身上。當時的國大黨主席卡馬拉奇認為英迪拉在全國都享有盛名，且

又是尼赫魯的女兒，故推選其出任總理一職，並獲得十個邦的首席部長

的支持。故此，英迪拉宣布參選，並於議會兩院中獲得355票，超過德賽所得的169票，成功當選印度第三任總理。

　　早於1947年印度宣布獨立之始，印度與巴基斯坦已經就國土、政治

等問題不斷發生衝突，更於1947年和1965年分別發生了兩次印巴戰爭，死傷無數。當時巴基斯坦本身被印度領土分割為不相連的東巴基斯坦和西巴基斯坦，當時大部分政府官員、軍隊人員等都是西巴基斯坦人，引

起了不少東巴基斯坦的孟加拉人的不滿。1966年，東巴基斯坦成立了人民聯盟要求實行聯邦制，令東巴能得到自治權利以及經濟獨立。在1970

年的巴基斯坦大選中，人民聯盟獲得大勝，並於翌年與總統會談要求自治但遭到拒絕。1971年3月25日，巴基斯坦總統葉希亞頒布了軍事管制條

例，將人民聯盟的骨幹成員逮捕，引起東巴基斯坦人的強烈反對。由於

大批東巴基斯坦的孟加拉人湧入印度國境避難，印度遂以此為契機通過

了協助東巴基斯坦分離分子的決議，於1971年4月開始對西巴基斯坦展開

零星的攻擊，並於同年11月21日展開大規模進攻。12月16日印度軍隊戰勝了駐守東巴基斯坦的守軍，身為總理的英迪拉宣布於翌日停火，第三

次印巴戰爭隨之結束。之後，東巴基斯坦在印度協助下獨立，成為現時

的孟加拉。

在1971年的戰事中，美國曾派遣第七艦隊到孟加拉灣戒備，並警告印度不要以東巴基斯坦的種族屠殺為藉口，而對西巴基斯坦以及有主權爭議的喀什米爾地區進行大規模的攻擊。美國的這種行徑令印度與其關係更加疏遠，有鑑於此，英迪拉開始加速制定一連串新的國防以及外交方針。印度和蘇聯在之前已簽訂友好與合作條約，亦令印度在這次戰事中獲得更多政治以及軍事上的支持，從而在這次戰事中獲勝。戰後，英迪拉邀請新任的巴基斯坦總統阿里·布托到西姆拉做一星期的會談。在談判幾乎破裂之際，印、巴雙方突然簽署了西姆拉協定，注明喀什米爾地區的主權爭執應以談判等和平方式解決。英迪拉因此和約被印度輿論猛烈批評，認為她應該利用手上的93000名巴基斯坦戰俘作為籌碼，以取回喀什米爾的土地。但這項條約確實減低印、巴雙方在不久將來會發動戰爭的可能性，從而亦避免了聯合國或其他國家的干涉事件。在不觸及一些敏感問題的前提下，英迪拉允許印、巴貿易正常化，但很多其他往來則仍凍結多年。

經過1960年代的農業改革以及政府的資助，印度由長期糧食短缺國轉變為糧食出口國，亦令商業作物更多元化，這次改革亦被稱為「綠色革命」。與此同時，被稱為「白色革命」的向學童提供牛奶的計畫，也有效地解決了營養不良問題。印度的政策也帶來了工業的發展。

英迪拉在遇刺前不久曾經發表過以下言論：「我一生都用來為人民服務。即使我死了，我相信，我每一滴血都會用來哺育印度，讓她變得更加強大。」而事實上，隨著時日的變遷，不少印度人民都懷念這位硬朗的「印度鐵娘子」，甚至有人稱她為「印度國母」。

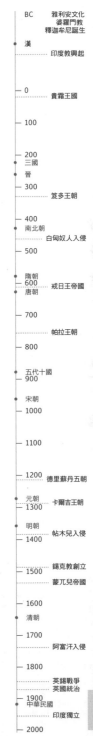

BC　雅利安文化
　　婆羅門教
　　釋迦牟尼誕生
漢
　　印度教興起

0　　貴霜王國

100

200
三國
晉
　　　300　笈多王朝

400
南北朝
　　白匈奴人入侵
500

隋朝
600　戒日王帝國
唐朝

700

800　帕拉王朝

五代十國
900

宋朝
1000

1100

1200　德里蘇丹五朝

元朝　卡爾吉王朝
1300

明朝　帖木兒入侵
1400

1500　錫克教創立
　　　蒙兀兒帝國

1600
清朝

1700

　　阿富汗入侵

1800

　　英錫戰爭
　　英國統治
1900
中華民國
　　印度獨立

2000

拉吉夫・甘地執政

BC

耶穌基督出生　0—

君士坦丁統一羅馬

羅馬帝國分成兩部

波斯帝國　500—

回教建立

東羅馬馬其頓王朝

神聖羅馬帝國建立
1000—

英國征服愛爾蘭

蒙古第一次西征

歐洲流行黑死病

哥倫布發現新大陸
1500—

英國大破無敵艦隊

發明蒸汽機

美國獨立
拿破崙稱帝

美國南北戰爭開始

第一次世界大戰
第二次世界大戰

2000—

　　一開始拉吉夫・甘地更希望成為一個飛行員，直到他的弟弟山齊・甘地（Sanjay Gandhi）在一次空難中喪生後，他才勉強進入政治生涯。母親英迪拉・甘地遇刺後，他走上前臺。

　　1984年，英迪拉・甘地被她的兩個錫克族保鏢刺殺後僅數小時，拉吉夫・甘地就被印度國民大會黨推舉為新總理。有人指責拉吉夫・甘地刺激了此後發生的對錫克教徒的迫害。在這次迫害中有上萬名錫克教徒喪命。拉吉夫・甘地對此評論說：「假如一棵大樹倒了，那麼下面的地面總會震動的。」兩個月後他在全民大選中獲得了巨大的勝利。這次勝利當然有很大部分得歸功於對他母親不幸遇刺的同情。

　　拉吉夫・甘地在1944年8月20日出生於印度孟買，1980年從政，1984年10月出任國大黨（英）主席和政府總理。1989年11月，國大黨在大選中失敗後，拉吉夫・甘地下臺。先後上臺執政的兩位總理，均因政局不穩而難以為繼。印議會人民院（下院）決定提前舉行大選，選舉於1991年5月20日拉開帷幕。拉吉夫・甘地打算東山再起，重展宏圖。不幸的是母親的遭遇再次發生在他身上。5月21日晚上10點10分，拉吉夫・甘地在幫助印度統一共產黨競選時，在泰米爾納德首府馬德拉斯以南40公里處，被一名獻花女子用炸彈炸死。

　　拉吉夫・甘地遇刺後，印度中央調查局和專門成立的特別調查組立

即著手偵破此案，最後查明此案是斯里蘭卡泰米爾猛虎組織所為，主謀為該組織的總頭目普拉哈卡蘭，具體行動的指揮是負責情報工作的西瓦拉錢，而身纏炸彈，借獻花行觸腳禮之機引爆炸彈的是斯泰米爾婦女塔努（真名為佳雅特麗）。1987年7月，拉吉夫‧甘地在訪問斯里蘭卡時曾同該國總理簽署了《關於在斯里蘭卡建立和平與正常狀態的協定》。據此印度派5萬名維持和平部隊進駐斯里蘭卡，監督斯里蘭卡政府軍和泰米爾反政府軍實行停火。後印軍捲入斯內戰，多次同泰米爾猛虎組織發生衝突，打死不少泰米爾人。直到拉吉夫‧甘地下臺，印軍才撤回。為防止拉吉夫‧甘地重新上臺執政，出兵鎮壓斯里蘭卡反政府武裝，泰米爾猛虎組織精心策劃了這次事件。

事發後，印度警方捕獲了在泰米爾納德邦各地的近500名猛虎分子，查獲了該組織在印境內的武器彈藥庫和地下工廠。8月20日，國家保安部隊突擊隊衝進了西瓦拉錢等人的藏身之地，發現刺殺拉吉夫‧甘地行動組的7名案犯均已服毒自殺。

拉吉夫‧甘地遇刺在國內外引起強烈反響。印度報界稱之為「民族的不幸」、「國家不可彌補的損失」。謝卡爾總理宣布為他舉行國葬，全國放假一天，降半旗致哀。聯合國秘書長佩雷斯‧德奎利亞爾對這位「傑出的政治領袖」英年早逝深表悲傷。

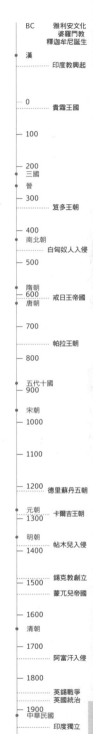

BC　雅利安文化
　　婆羅門教
　　釋迦牟尼誕生
漢
　　　印度教興起

0　　貴霜王國

100

200
三國
晉
300　笈多王朝

400
南北朝
　　　白匈奴人入侵
500

隋朝
600　戒日王帝國
唐朝

700

　　　帕拉王朝
800

五代十國
900

宋朝
1000

1100

1200　德里蘇丹五朝

元朝　卡爾吉王朝
1300

明朝
　　　帖木兒入侵
1400

　　　錫克教創立
1500
　　　蒙兀兒帝國

1600
清朝

1700

　　　阿富汗入侵
1800

　　　英錫戰爭
　　　英國統治
1900
中華民國
　　　印度獨立

2000

汲古閣 08
你一定想看的印度史

作者	梁捍江、韓夢澤
美術構成	騾賴耙工作室
封面設計	斐類設計工作室
發行人	羅清維
企劃執行	張緯倫、林義傑
責任行政	陳淑貞

企劃出版	海鷹文化
出版登記	行政院新聞局局版北市業字第780號
發行部	台北市信義區林口街54-4號1樓
電話	02-2727-3008
傳真	02-2727-0603
E-mail	seadove.book@msa.hinet.net

總經銷	知遠文化事業有限公司
地址	新北市深坑區北深路三段155巷25號5樓
電話	02-2664-8800
傳真	02-2664-8801
網址	www.booknews.com.tw

香港總經銷	和平圖書有限公司
地址	香港柴灣嘉業街12號百樂門大廈17樓
電話	（852）2804-6687
傳真	（852）2804-6409

出版日期	2021年04月01日　二版一刷
定價	380元
郵政劃撥	18989626　戶名：海鴿文化出版圖書有限公司

國家圖書館出版品預行編目（CIP）資料

你一定想看的印度史 ／ 梁捍江, 韓夢澤作.
-- 二版. -- 臺北市：海鴿文化，2021.04
面 ； 公分. --（汲古閣；8）
ISBN 978-986-392-370-1（平裝）

1. 印度史

737.01　　　　　　　　　　　　　110001956